Carmen Fischer / Helmut Walter

Sizilien per Rad

Ein CYKLOS-Fahrrad-Reiseführer

Verlag Wolfgang Kettler

Carmen Fischer / Helmut Walter

Sizilien per Rad

Ein CYKLOS-Fahrrad-Reiseführer

Verlag Wolfgang Kettler

Die Deutsche Bibliothek – CIP-Einheitsaufnahme

Fischer, Carmen:
Sizilien per Rad / Carmen Fischer/Helmut Walter.
– 1. Aufl. – Neuenhagen b. Berlin : Kettler, 2001
(Ein CYKLOS-Fahrrad-Reiseführer)
ISBN 3-932546-16-4

Das Frontispiz zeigt ein Aquarell von Carmen Fischer, entstanden in Taormina.

1. Auflage August 2001

ISBN 3-932546-16-4

Druck: Druckhaus Köthen

Inhalt

Mille grazie an Piero Siciliando/Módica. Tanti saluti an Asphaltprofessor Stefano da Berlino, Catania-Beraterin Jana/Berlin und Etappeninspekteur Werner Weber/Aachen. Vielen Dank an alle beteiligten APT- und AST-Büros der Region Sizilien sowie ENIT München. Allen Freunden und Bekannten wünschen wir viel Spaß auf der Insel.
Carmen und Helmut, Mai 2001.

Korrekturen zu diesem Buch veröffentlichen wir nach Bekanntwerden auf unserer Internetseite:
http://www.kettler-verlag.de

Land und Leute

Palazzo Adriano, das Leben nach „Cinema Paradiso“

Fläche und Topografie

Form und Fläche

Trinacria – der antike Name Siziliens wird wegen der dreieckigen Inselform mit „die Dreispitzige" übersetzt. Wörtlich heißt es „drei Vorgebirge", womit Capo Peloro (auch Capo Faro genannt) im Nordosten, Capo Passero im Südosten und Capo Lilibeo im Westen gemeint sind. Als größte Insel des Mittelmeers verweist Sizilien mit einer Fläche von 25.426 km² Sardinien (23.813 km²) knapp auf Rang zwei (Deutschland 357.000 km², Mallorca 3640 km²). Das entspricht 8,5 % von Gesamtitalien.

Lage

Sizilien scheint geografisch verbinden zu wollen, was die Sizilianer mit ihrer Geschichte und Kultur längst verbunden haben: Südeuropa mit Nordafrika. Nur 3,3 Kilometer breit ist der sogenannte *Stretto* zwischen Messina und der Stiefelspitze Italiens. Auf afrikanischer Seite sind es gerade mal 160 Kilometer von Marsala bis zur tunesischen Küste.

Topografie

Die geografische Lage Siziliens ist für die Trennung des Tyrrhenischen Meers (Nordküste) vom Mittelmeer (Südküste) verantwortlich. An der Ostküste brandet das Ionische Meer. Neben der abwechslungsreichen, über 1000 km langen Küste wird Sizilien in erster Linie von Bergen geprägt. An der gesamten Nordküste Trinacrias erhebt sich ein langer Gebirgszug, der bei den Egadischen Inseln nochmals auftaucht. Der erste und höchste Teil dieses Rückgrats ist die geologische Fortsetzung des Apennins und besteht aus den Peloritani, Nebrodi und der Madonie. Von Termini Imerese bis Trápani ist die Bergkette wesentlich aufgelockerter und wird von einzelnen Kalkmassiven, wie dem Monte Pellegrino, der Zingaro-Bergwelt und dem Monte Erice, bestimmt. An der Ostküste greift Europas höchster aktiver Feuerberg, der Etna (3340 m), in die Wolken. An klaren Tagen sieht man seine aufsteigende Rauchfahne. Ebenfalls vulkanischen Ursprungs ist die karge Bergwelt der Monti Iblei im Südosten. Zentralsizilien wird von einem weiten, bis zu 1000 Meter hohen Hügelland bestimmt, das zur Südküste hin sanft ausläuft. Dem Flachland bleiben ganze 14 %, die überwiegend im äußersten Westen und in der Ebene *Piana di Catania* zu finden sind.

Inselgruppen, die Sizilien zugerechnet werden:
Die Liparischen Inseln, auch Äolische Inseln genannt, sind eine Inselkette vulkanischen Ursprungs, zwischen Siziliens Nordküste und Neapel gelegen. Die noch aktiven Vulkane von Stromboli und Vulcano gehören zur Feuerlinie zwischen den Vulkangiganten Etna und Vesuv. Für einen Besuch sollten Sie mindestens zwei Tage einplanen! Wenn der Etna-Aufstieg zu gefährlich erscheint,

ist die Stromboli-Besteigung eine gute Alternative (für Hobbyvulkanologen ohnehin ein Muß). Fährverbindungen bestehen von Messina und Milazzo.

Ústica liegt 80 km vor der Bucht Palermos. Die gesamte Insel ist ein Naturschutzgebiet und gilt als Unterwasserparadies.

Die Egadischen Inseln, vor den Toren Trápanis gelegen, markieren den westlichsten Punkt Siziliens. Die *Isola Favignana* ist für Tuffsteinabbau, vor allem aber wegen der *mattanza*, dem Thunfischfang, berühmt. Ein Fahrrad-Tagesausflug lohnt sich (Etappe 39).

Wetter, Wind und Reisezeit

Wetter

Sizilien wirbt mit den meisten Sonnenstunden in Europa, und tatsächlich hat die *Isola del Sole* laut Statistik im Jahresdurchschnitt dreihundert Sonnenstunden mehr als das italienische Festland. Aber trotz des mediterranen Klimas liegen Hitze und Kälte nirgends so nah beisammen wie auf Sizilien, und das nicht nur in den unzähligen Eisdielen, sondern besonders am Etna, dessen Gipfelregion je nach Hanglage vier bis sechs Monate schneebedeckt ist. An der Gebirgskette der Nordküste stauen sich regelmäßig Wolken auf und bringen erfrischenden Regen. Weniger Regentage haben Ost- und Südküste vorzuweisen. Dank einer kühlenden Meeresbrise sind an der Küste – selbst im Hochsommer – die Temperaturen erträglich. Angeblich soll in Taormina das Thermometer auch im Winter nie unter 10 °C fallen. Im „Land der blühenden Zitronen" beträgt die sommerliche Durchschnittstemperatur 26 °C. Dem ausgeglichenen Küstenklima steht ein hartes Inlandsklima gegenüber. Im Sommer ist der „Backofen" ausgedörrt, und ganze Landstriche verwandeln sich in eine Steppe. Im Winter gleicht die weite Hügellandschaft einem Eiskanal, in dem der Wind ungebremst durchpfeifen kann. Schön ist es dennoch: im Frühjahr und im Herbst!

Regen fällt sommers im allgemeinen selten, in den Übergangsmonaten nur kurzzeitig, aber dafür wolkenbruchartig. Tagelangen Dauerregen gibt es normalerweise nur von Mitte Dezember bis Mitte Februar. Sollten Sie trotz dieser Prognose in einem regenreichen Tiefdruckgebiet radfahren, lohnt sich ein Blick auf die Wetterkarte, z.B. in der Tageszeitung *La Sicilia*, und Sie werden sehen: die „Insel der Sonne" ist selten komplett mit Wolken bedeckt.

Wind

Von irgendwo bläst er fast immer, für Radfahrer meist von vorn, sonst oft aus westlicher Richtung. Wenn sich in den Sommermonaten der Himmel bleigrau färbt, ist die Zeit des **Sciroccos** (Südost) oder seines Bruders **Libeccio** (Südwest) gekommen. Sie fegen von Afrika herüber – die heiße Luft hat sich über dem Mittelmeer mit viel Feuchtigkeit angereichert. Der Scirocco bringt zusätzlich jede Menge Saharasand mit. Radprofis, die zu Hause auch im Windkanal trainieren, können den „Kampf" wagen. Normal Konditionierte sollten frei nach der Sportlerweisheit „der Weg ist das Ziel" mit dem Wind radeln oder pausieren. Ein laues Lüftchen bringen dagegen die beiden Schönwetter-Winde: der **Maestrale** aus Nordwest und der **Tramontana** aus Nordost. *Azzurro*-blauer Himmel und erfrischende Luft sind ihr Markenzeichen.

Reisezeit

„Im Frühjahr zum Staunen, im Herbst zum Genießen", so die immer noch gültige Empfehlung von Goethe. Fazit von uns: zweimal hinfahren! Dem sei noch hinzugefügt, daß der berühmte sizilianische Frühling, *la primavera siciliana,* schon **ab Mitte Februar** beginnt. Wenngleich am Etna die Skisaison noch boomt, die Nächte und das Meer unterkühlt sind, kann tagsüber oft schon im kurzärmeligen Trikot gefahren werden. Die Mandelblüte verzaubert ganz Sizilien, Orangen munden frisch vom Baum, und nur wenige Touristen sind unterwegs. **April bis Ende Mai** sind ideale Velo-Monate: prächtige Blüten, wohin das Auge blickt, der Weizen im Inland goldgelb, am Etna leuchtet der gelbe Ginster unterhalb der weißen Schneekappe hervor – nur der Badespaß kennt eine Grenze: 17 Grad. **Von Juni bis Mitte September** explodieren Besucherzahlen und Preise – kaum zu glauben, wo doch jetzt zu Hause die beste Radzeit ist! **Mitte September bis Mitte November:** Während Wein, Mandeln und Kastanien heranreifen, blüht es mancherorts ein zweites Mal. Die Weiden färben sich wieder saftig grün, das Laub in den Wäldern herbstlich, der Himmel tiefblau, und das Meer ist mollig warm. Beste Radzeit. Der Berg ruft auch Gipfelstürmer, Mountainbiker und alle, die per pedes hoch hinaus wollen. Baden kann man noch bis **Mitte Dezember**, die Tage sind aber verregnet – behaupten zumindest Einheimische, die nicht als Gastarbeiter in Nordeuropa gelebt haben. **Januar:** wenn Ihr Sommerurlaub Island per Rad heißt, sind Sie richtig.

Umwelt

Vorweg das Positive: In den letzten 15 Jahren sind auf Sizilien einige sehr schöne Naturschutzgebiete angelegt worden. Aktuell sind 98 Schutzzonen als *Riserva Naturale* ausgewiesen, und zusammengenommen gehören die *Parchi* des Etna, der Nebrodi und Madonie sogar zu den größten Naturparks Europas. Dort können Sie die Landschaft noch in ihrer unverfälschten, vom Menschen fast unveränderten Schönheit erleben und feststellen – die „Schöne" könnte noch viel schöner sein, wenn nicht Profitgier, Unwissenheit und Kurzsichtigkeit tiefe Narben im Antlitz Trinacrias hinterlassen hätten. Im übrigen liegt es uns fern, mit dem Finger auf Sizilien zu zeigen, solange in weiten Teilen Europas Schadstoffausstoß, Bodenübersäuerung und dergleichen wesentlich stärker sind.

Die ersten Umweltsünder waren die alten Griechen, Phönizier und Römer. Da Holz damals ein wertvolles Baumaterial war, rodeten sie das einst dichtbewaldete Landesinnere rücksichtslos ab. Eine Wiederaufforstung in nennenswertem Maß gab es nicht, zudem stellen die angepflanzten Monokulturen (Getreide, Oliven- und Zitrusbäume) ein weiteres Problem dar: die Schädlingsvermehrung, die mit umweltschädlichen Chemikalien bekämpft werden muß. Heute sind weite Landesteile kahl und von der Bodenerosion ausgespült. Klimaextreme und Wassermangel im Inland sind die Folge.

Das Meerwasser an den Badestränden ist zwar überwiegend sauber, doch hat die Verschmutzung, wie im gesamten Mittelmeerraum, in den letzten Jahren zugenommen. Vor allem in der Nähe der Petrochemieanlagen von Gela, Augusta, Priolo, Milazzo und Termini Imerese, aber auch rund um die Großstädte Palermo, Catania, Messina und im Nahbereich aller Hafenstädte ist Baden nicht zu empfehlen. Keine bzw. nur unzureichende Kläranlagen tragen auch nicht gerade zur Entschärfung des Problems bei. Entwarnung: An den dünner besiedelten Küstengebieten ist Baden völlig unbedenklich, vor den sizilianischen Inseln ist das Wasser sogar noch glasklar. Die schönsten Badeplätze befinden sich unserer Meinung nach im Westen Siziliens im Parco dello Zingaro und bei Selinunte.

„Bei allen Heiligen! Sagt mir, woher kommt die Unreinlichkeit Eurer Städte?" fragte sich schon 1787 Johann Wolfgang von Goethe, und seitdem ist die Müllentsorgungsproblematik sicher nicht geringer geworden. Weil die Müllabfuhr eher schlecht als recht funktioniert und die Sensibilität der Sizilianer für Umweltschutz noch nicht so weit entwickelt ist, dient der Straßenrand vielerorts als Müllkippe, der Wind tut ein Übriges. Recycling von Altpapier, Glas und Plastik sowie die Trennung von Haushaltssondermüll (Batterien, Farben etc.) findet bisher nur in wenigen Kommunen statt. Im letzten Jahr hat sich auf diesem Gebiet aber einiges getan. Es bleibt abzuwarten, ob diese ersten Schritte bei der Mülltrennung letztendlich auch konsequent weiterverfolgt werden. Erfreulicherweise ist die Luftverschmutzung außerhalb der Großstädte gering, da es bis auf die genannten Petrochemieanlagen kaum Großindustrie gibt und zudem fast immer ein frischer Wind weht.

Eine „zum Himmel schreiende“ Sünde ist die Verschandelung der Städte durch eine katastrophale Neubaupolitik. Zwar protzten Bauherren in der Geschichte Siziliens fortlaufend mit prunkvollen Tempelanlagen, römischen Prachtvillen, riesigen Normannenkastellen und verspielten Barockbauten, aber seit den siebziger Jahren des 20. Jahrhunderts werden die hübschen Altstädte der Insel von einfallslosen Neubauvierteln förmlich erdrückt, genauer gesagt ummantelt. Durch Korruption und Gesetzeslücken begünstigt, sind legale und illegale Bauten wie Pilze aus dem Boden gesprossen. Leider ist dabei unübersehbar an allen Ecken und Enden gespart worden, und Subventionen sind scheinbar in falsche Kanäle geflossen. Deshalb stehen nicht wenige der schmucklosen Stahl- und Fertigbetonhäuser noch im „Rohbau“, kurioserweise sind viele dennoch bewohnt, aber bei genauerer Betrachtung eigentlich schon wieder abrißreif.

Äußerst problematisch ist auch der enorme Autoverkehr, an dem viele Städte zu ersticken drohen. Die mittelalterlichen Stadtzentren mit ihren engen Gassen besitzen weder die Kapazität, den immensen Verkehr durchzuschleusen, noch die nötigen Parkplätze, teilweise sind nicht einmal Bürgersteige vorhanden. Erst seit ein paar Jahren versuchen umweltorientierte „Stadthäuptlinge“, mit Fußgängerzonen *(zona pedonale)* ihre Altstädte lebenswerter zu gestalten. Vorbild ist einmal mehr der Bürgermeister von Palermo, der sogar autofreie Sonntage angeordnet hat. In der Studentenstadt bewegt sich was – manchmal sogar Fahrräder! *Palermo in bici – andiamo ciclisti!*

Bevölkerung

Mittwoch 21.03.2001, 14.30 Uhr, Catania. Wir fahren mit unseren Rädern die Via Etnea stadtauswärts. Plötzlich kommt der Verkehrsfluß zum Stillstand. Trotz Siesta-Zeit – nicht unbedingt ungewöhnlich – oder doch? – kein Hupen, kein Durchdrängeln der Motorinos – eine bedrückende Ruhe herrscht. Dann sehen wir den Grund des Staus – ein Leichenzug kreuzt Catanias Hauptstraße – ein Priester trägt ein hölzernes Kreuz, dahinter acht mit schwarzen Anzügen gekleidete Männer, die einen prunkvollen Sarg tragen, danach einige hundert Trauernde – zu Fuß und im Auto. Mehr als 10 Minuten dauert die Szene, dann nimmt der Hauptstraßen-Alltag wieder seinen gewohnten Lauf. Warum wir mit dem Sterben anfangen, wenn es um das Leben geht? Trauer gehörte lange Zeit zum Alltag der Sizilianer, und der Schmerz hat sie geprägt. Nach dem Motto: „Genieße die Zeit zwischen zwei Katastrophen" leben heute viele Bewohner. Fröhlich, freundlich, gelassen und kommunikationslustig sind sie uns begegnet, die Sizilianer. Die häufig pauschale Vorstellung, daß jeder Südländer ein verkappter, lautstarker Betrüger ist, können wir nicht bestätigen. Aber blicken wir zuerst auf die Statistik:

Einwohner
Mit rund 193 *abitanti* pro qkm ist Siziliens Bevölkerungsdichte im Vergleich mit den anderen Mittelmeerinseln sehr groß, entspricht aber in etwa dem Durchschnitt des italienischen Festlandes. Die 5,1 Millionen Sizilianer wohnen überwiegend in küstennahen Städten. Allein 700.000 in der Inselhauptstadt Palermo, 350.000 in Catania und 270.000 in Messina. Die Insel hat zwar mit durchschnittlich zwei Kindern pro Familie die höchste Geburtenrate in Italien, aber die gesamte Republik belegt derzeit in dieser Statistik einen der letzten Plätze in Europa. Apropos Statistik: in puncto Lebenserwartung haben die Inselbewohner die „Nase vorn". Die Einwohnerzahl stagniert dennoch, da die Auswanderungsrate ins arbeitsintensive Norditalien bzw. nach Westeuropa immer noch anhält, allerdings längst nicht mehr im Ausmaß der 70er Jahre.

Menschen
Den Insulanern ist die Vermischung mit den Völkern der alten Welt deutlich anzusehen, denn gut zwei Dutzend verschiedene Fremdherrschaften haben über 3000 Jahre hinweg die Inselbewohner geprägt. Deshalb trifft man keinesfalls nur kleinwüchsige, dunkelhäutige und schwarzhaarige, sondern auch stattliche, große *Siciliani* mit *capelli biondo* (hellen Haaren).

Aber ungeachtet der Abstammung, Mittelpunkt im Leben der meisten Sizilianer ist die Familie. „Der italienische Staat ist nichts als ein Haufen Familien" zitierte einst ein italienischer Präsident und meinte damit nicht die Mafia, die auch gern schlicht als *„famiglia"* bezeichnet wird. Natürlich leben längst nicht mehr alle als Großfamilie unter einem Dach, aber das Zusammengehörigkeitsgefühl ist nach wie vor sehr stark und die Liebe zu den *bambini*, den Kleinen, ungebrochen groß. Im Mittelpunkt der *famiglia* steht die *Mamma*, die aber im Vergleich zu früher häufig eine Berufsausbildung oder gar einen Universitätsabschluß vorweisen kann und nicht mehr einzig und allein den Haushalt regiert. Die Frau beherrscht das Leben der ganzen Insel. Ganz gleich, ob in der Rolle einer Mutter, Schwester, Ehefrau oder Geliebten. Die Erziehung liegt in ihren Händen, sei es im Haus oder in der Schule, und vor dem Gesetz ist sie dem Mann vollkommen gleichgestellt. Immer häufiger begegnet man Ärztinnen und Rechtsanwältinnen, und 90 % der Lehrer sind weiblichen Geschlechts! Von Geburt an wird der Frau die Rolle einer „Schönheitskönigin" anerzogen. Schon als Baby hört sie nur, daß sie das schönste Geschöpf der Welt sei, nach dem sich alle Männer später einmal umdrehen würden. Und das tun sie, die *Uomini*, denen die Rolle des Geldverdieners und „Umwerbers" zukommt. Letzte reine Männerdomäne ist die Bar geblieben. Hier ist ER noch unter sich und kann ungestört über *calcio* (Fußball), *ciclismo* (Radsport) und Michael Schumacher plaudern. Fragt sich nur, wie lange noch? In Catania und Palermo haben sich die selbstbewußten Studentinnen und modernen Frauen längst in den letzten Zufluchtsort der Sizilianer eingenistet und schrecken auch nicht davor zurück, den Herren ihre „*Gazzetta dello Sport* (täglich erscheinende Sportzeitung) wegzuschnappen. Was IHM wohl bleibt, sind die Fischerboote frühmorgens, weit draußen im Meer, und die sonntäglichen Rennradtouren.

Es gibt pubertierende Jungs, die mit ihren *Motorini* auf- und abfahren, Machos, die mit schnieken Anzügen und dunklen Sonnenbrillen unterwegs sind, und ältere, liebenswerte Herren, die augenscheinlich ständig auf dem Piazza oder in der Bar herumlungern. Allesamt sind sie freundlich, hilfsbereit und entzückt von der schicken und hübschen Weiblichkeit, die sich auf dem „Laufsteg" der *Passeggiata* hinreißend präsentiert. Aufgefallen ist uns außerdem, daß die Inselbewohner sich nur selten selbst als Sizilianer bezeichnen, sondern mit besonderen Stolz darauf hinweisen, *Catanesi*, *Siracusani*, *Palermitani* etc. zu sein.

Passeggiata

Aus dem sizilianischen Alltag ist die allabendliche *Passeggiata* nicht wegzudenken. Kein noch so kleines Dorf, in dem das „Sehen und Gesehenwerden" nicht zelebriert wird. Allabendlich, mit zunehmender Intensität zwischen Donnerstag- und Sonntagabend, flanieren Familien, Pärchen, Freunde oder Cliquen auf der Hauptgeschäftsstraße, dem Dorfpiazza oder der Strandpromenade. Zwischen 18 und 21 Uhr ist „der Bär los". ER kleidet sich sportlich-schick und dunkel, SIE präsentiert die modisch-elegante Version, auch dunkel, allerdings mit einem Farbtupfer als Blickfang. BEIDE wandeln mit dunklen Sonnenbrillen Arm in Arm auf und ab, wobei SIE den Platz an seiner rechten Seite einnimmt. Ungewöhnlich für Nordeuropäer ist dabei, daß man sich auf der Straße trifft und schwatzt, ohne eine Kneipe, ein Caffè oder einen Biergarten aufzusuchen.

Tip: Falls Sie abends beim Bummeln oder Essengehen nicht der bunte Kanarienvogel in einer vornehmen Amselschar sein wollen, müssen Sie weder Anzug noch Abendkleid einpacken – eine Garnitur mit dunklen Freizeitklamotten ist ıusreichend. Helmut: als Mann unbedingt eine lange Hose mitnehmen. ;armen: als Frau das schwarze, knitterfreie Röckchen nicht vergessen.

Sport

Bekanntermaßen gehört Italien zu den Ländern, in denen die passive Sportbegeisterung bei weitem die aktive übersteigt. Unbestrittene *numero uno* ist dabei *calcio* (Fußball). Die sizilianischen *tivosi* (Fußballanhänger) haben allerdings seit 17 Jahren kein italienisches Serie-A-Spiel mehr live erlebt. Die Clubs von Palermo und Catania dümpeln trotz Unterstützung des italienischen Fußballverbands in der dritten Liga. Am „Fußball Italiens", wie die Insel wegen der Lage an der Spitze des „Stiefels" genannt wird, ist die Begeisterung für *calcio* dennoch ungebrochen. Fußball ist immer und überall ein Thema, und während zahlreicher TV-Übertragungen sind die Bars, in denen ohnehin immer ein Fernseher läuft, gut gefüllt. Naturgemäß sympathisieren die meisten Fans nicht mit den Großvereinen Norditaliens (*Milano, Torino* etc.), sondern mit *Napoli*, und obwohl Sizilianer alles andere als patriotische Italiener sind, ist die Begeisterung für die *azzurro*-farbene Nationalmanschaft sehr groß. Das Stadion in Palermo war 1990 WM-Spielort, und das Nationalteam kickt auch heute noch regelmäßig dort. Genau wie auf dem Festland sind auch Rennrad- und *Formula-Uno* Rennen hoch geschätzt. Die *Giro d'Italia* trägt regelmäßig Etappen auf *Sicilia* aus und erfreut sich größter Beliebtheit.

San Biágio Plátani, Oster-Brotteig-Arkaden

Aktiver Sport wird, von den auf Straßen und Plätzen kickenden Jugendlichen einmal abgesehen, nur von wenigen ausgeübt. Viele ältere Insulaner haben nie schwimmen gelernt, geschweige denn Skifahren, und für Outdoorsportarten ist es im Sommer ohnehin viel zu warm. Ganz oben auf der Betätigungsliste steht Rennradfahren. Sonntags schwärmen riesige Gruppen aller Altersklassen mit den Trikos ihrer Clubs aus. Die „Jungen" sind seit Neuestem auch ganz wild auf Mountainbikes, freilich weniger, um tatsächlich im Gelände zu fahren, als bei der abendlichen *Passeggiata* oder am Strand entlang. „Total abgefahren" sind Jugendliche, die per Snowboard über die schneebedeckten Hänge des Etna *carven*. Ganze Schulklassen fahren per Bus von Catania ins Skiparadies hinauf, um einmal so berühmt zu werden wie ihr großes Vorbild Alberto Tomba.

Die Mafia

Sizilien und Mafia, Mafia und Sizilien. Wer bringt die Wiege der Mafia nicht mit der organisierten Kriminalität in Verbindung? Immerhin kann Sizilien auf eine fast 200-jährige Mafia-Tradition zurückblicken. Die wirkliche Blüte der „Ehrenwerten Gesellschaft" (auch Krake oder Cosa Nostra genannt) begann nach dem 2. Weltkrieg. Zuvor setzten Großgrundbesitzer bewaffnete Banden ein, um die Pachtbauern zu überwachen und einzuschüchtern.

Waren es in den fünfziger und sechziger Jahren auf der einen Seite Zigarettenschmuggel, Glücksspiel, Erpressung von Schutzgeldern und Prostitution, auf der anderen Seite das Baugewerbe, der Großhandel und die Großmärkte, die ihr Macht und Geld verschafften, so sind es heute vor allem illegaler Drogen- und Waffenhandel und die ungesetzliche Verschiebung von hochgiftigem Sondermüll. Mit den so verdienten Milliarden hat sich die Mafia inzwischen Touristikfirmen, Hotelketten, Leasing-Unternehmen, Privatbanken, Versicherungsgesellschaften und anderes gekauft. Einen großen Teil ihrer unvorstellbaren Milliardengewinne legt sie auf den internationalen Finanzmärkten via „ehrenhafter" Mittelsmänner profitabel an. Rund eine Million Menschen, schätzt man, arbeiten heute allein in Italien direkt oder indirekt für die Mafia. Sie sitzt in Institutionen, nicht nur in Politik, sondern auch in der Polizei und Justiz. Mit ungeheuren Summen finanziert sie ihren Gewährsmännern die Wahlkämpfe und läßt sie in Parteien Karriere machen. Einmal oben angelangt setzen sich diese Politiker dafür ein, daß beispielsweise Bauaufträge an befreundete Firmen gehen, daß Spielbankkonzessionen an Personen ihres Vertrauens vergeben werden und daß illegale Handlungen der Mafia vertuscht werden. Die Cosa Nostra wird häufig mit einer Krake verglichen, die mit ihren unzähligen Fangarmen alles in den Würgegriff nimmt. Gegen diesen Würgegriff kämpft einer ganz massiv an.

Aktivster und bekanntester Anti-Mafia-Kämpfer ist Palermos Ex-Stadtoberhaupt, **Leoluca Orlando** (Spitzname Luca), Sohn eines der bekanntesten Anwälte der Stadt und einer Mutter aus ältestem sizilianischen Adel. Er wurde 1947 in

Palermo geboren, absolvierte überaus erfolgreich sein Jurastudium und wurde 1985 zum Bürgermeister von Palermo gewählt. Diesen Posten hatte er, mit Unterbrechung zwischen den Jahren 1990-93, bis Ende 2000 inne. Seit Jahresbeginn 2001 ist er nach zwei vom Volk gewählten Legislaturperioden nicht mehr im Amt und kandidiert nun für das Ministerpräsidentenamt seines Landes Sizilien. Er läutete den *Primavera di Palermo*, den Frühling Palermos, ein (gleiches tat Enzo Bianco, Bürgermeister von Catania, in seiner Stadt). Heute ist sein Name Synonym für den Kampf gegen die Mafia. Sein Ziel war und ist es, die Grundlagen der Mafia mit politischen Mitteln zu beseitigen. In jüngster Vergangenheit wurden alle erschossen, die so etwas versucht hatten – Richter, Polizisten und Politiker. Lange Zeit hetzte auch Orlando durch den Alltag, als stünde an jeder Ecke ein schießbereiter Mafia-Attentäter. Er lebt unter höchsten Sicherheitsvorkehrungen. Sein Auto ist mit Panzerplatten ausgerüstet. Jahrelang schlief er jede Nacht an einem anderen Ort. 20 Leibwächter schützten ihn im Schichtdienst rund um die Uhr. Auftritte begrenzte er allenfalls auf zwei Stunden an einem Ort, um der Mafia keine Zeit zur Organisation eines Mordes zu geben, und im Ausland reiste er zeitweise unter falscher Identität. Trotzdem schaffte er es kleine Rollen in den Kinofilmen „L'Opera", „Gezählte Tage" und „Palermo flüstert (siehe Literatur)" zu übernehmen. Während seines erfolgreichen Kampfes gegen die Mafia begleiteten ihn brutalste Morde an Bekannten, Freunden und Politikern. Darunter der Mord an den Richtern und Staatsanwälten **Giovanni Falcone** und **Paolo Borsellino**. Ihnen gelang eine grundlegende Untersuchung der Mafia-Strukturen und die Festnahme mehrerer Clan-Oberhäupter. Das Programm Orlandos sah folgendermaßen aus: Absolute Offenheit und Durchschaubarkeit der Stadtregierung. Die italienische Unsitte, Posten nur nach Empfehlung zu verteilen, wurde abgeschafft. Öffentliche Aufträge wurden nur noch nach Ausschreibung vergeben und auf keinen Fall an Firmen, die mafiöser Verbindungen verdächtig waren. Als Beispiel sei folgender Fall aufgeführt: Zen, ein Neubaugebiet, in dem Tausende von Familien leben, deren Häuser aus der Ferne betrachtet zwar wie jedes moderne Großstadtareal aussehen, doch bei genauerer Betrachtung stellt man viele Mängel fest. Wer durch die Straßen oder besser über die ungepflasterten Pisten geht, sieht einen Slum aus Rohbauten, halbfertigen Betonkonstruktionen, in denen z.B. die Kanalisation „vergessen" wurde. Einige Häuser wurden tatsächlich ohne Genehmigung gebaut. Nur die überhöhten Rechnungen der Mafia-Unternehmen waren bezahlt. Orlando ist es zu verdanken, daß die Mafia fast nicht mehr in Palermo investiert. Ihm sind die Wiedereröffnung des Teatro Massimo, die Renovierung der Kirche Santa Maria dello Spassimo und auch des alten Hafenviertels Kalsa zu verdanken. Sein Bekanntheitsgrad ist mittlerweile so groß, daß die Mafia zögert, ihn öffentlich zu bekämpfen oder gar zu ermorden.

Wenn von Mafia gesprochen wird, denkt man an schnieke Herren in Nadelstreifenanzügen, mit Lackschuhen, ausgerüstet mit Koffern und schwarzen Sonnenbrillen. Das Bild des „Paten", der zwar Böses tut, aber doch immer um das Wohl seiner Leute besorgt ist, hat sich eingeprägt. Vielleicht ist auch noch der Skandal des Doms von **Monreale** in unseren Köpfen, der 1997 in die Schlagzeilen der Weltpresse gelangte. Weniger wegen seiner Kunstschätze, sondern wegen der Verbindungen des Klerus zu den großen Mafia-Familien. Im Bistum Monreale besaß die Mafia einen eigenen Priester – Don Agostino Coppola –, und während 1993 ganz Sizilien nach dem Mafia-Boss Toto Riina suchte, vermählte er Riina mit dessen Geliebten Ninetta. Ebenfalls wurde gegen Salvatore Cassisa, den Erzbischof, ein Gerichtsverfahren wegen Verdachts der Korruption bei der Restauration des Doms eröffnet. Zum legendären **„Goldenen Dreieck“** der Cosa Nostra zählen neben Monreale die Städtchen Prizzi und Corleone (siehe Etappe 25).

Zusammenfassend kann man sagen, daß die Mafia ein Netzwerk ist, in dem sich politische und wirtschaftliche Interessen treffen, die mit Macht und Gewalt ihren Reichtum vermehren wollen. Für die Mafia von heute ist Sizilien schon seit langem zu klein. Ihre Geschäfte erstrecken sich über den ganzen Globus. Für Touristen stellt die Mafia keinerlei Gefahr dar, im Gegenteil, sie bringen wertvolle Devisen ins Land und verhelfen Hotels und Restaurants zu Liquidität.

Sprache

Fremdsprachen sind für die meisten Siciliani (sitschiliani) ein Fremdwort, und weil **la lingua italiana** so schön ist, halten sich ihre Bemühungen diesbezüglich auch in Grenzen. Einige Brocken Englisch sind bei der jüngeren Generation aus Schulzeiten hängengeblieben. Nicht selten werden Sie auf ehemalige Gastarbeiter treffen, die „stillgelegte“ Deutschkenntnisse auspacken und hocherfreut in schweizerischem, rheinischem oder schwäbischem Dialekt zu sprechen beginnen. In Touristengegenden sind Grundkenntnisse in Englisch, Französisch und Deutsch vorhanden. Etwas Sprachgewandtheit erfordert allerdings ein Gang zum **ufficio** (Amt), zur **banca** oder ins **hospitale**, dort werden Sie um die Zuhilfenahme eines Wörterbuches nicht herum kommen. Das „Hoch“-Italienisch der Toskana wird überall verstanden, doch spricht der Sizilianer im allgemeinen Dialekt, und davon gibt es sieben verschiedene! Mit etwas Mut werden Sie dickstes Lob ernten (**bravissimo**), wenn Ihnen lediglich ein **buongiorno** oder **parlo poco italiano** (ich spreche wenig Italienisch) deutlich, lautstark und mit einem rollenen „r“ gelingt! Üben Sie: der rasende Roland rast rastlos. Und wenn Sie's erstmal versucht haben, dann hören Sie nicht mehr auf. **Di più, di più**... (mehr, mehr...). Dazu müssen Sie einige unvermeidliche Grundregeln kennen:

c	vor e und i „tsch“, centro / tschentro (Zentrum)
c	vor a, o und u „hartes k“, caldo / kaldo (heiß)
cc	vor e und i „tsch“, stark betont, faccio / fatscho (ich mache)
cc	vor a, o und u „k“, ecco / ekko (sieh da)
ch	immer „k“, chiuso / kiuso (geschlossen)
cch	immer „k“, vecchio / wekkio (alt)
g	vor e und i „dsch“, gelato / dschelato (Eis)

gi	vor a, o und u „dsch“, <u>gio</u>rno / dschorno (Tag)
gl	wie „lj“, fi<u>gl</u>ia / filja (Tochter)
gn	wie „nj“, ma<u>gn</u>ifico / manjifiko (herrlich)
h	immer stimmlos, <u>h</u>otel / otel (Hotel)
qu	wie „ku oder kw“, <u>qu</u>attro / kuatro oder kwatro (vier)
r	immer rollen, <u>r</u>otola<u>r</u>e / rrrotolarrre (rrrollen)
rr	noch stärker rollen, to<u>rr</u>e / Torrre (Turm)
sc	vor e und i „sch“, <u>Sci</u>acca / Schacka (die Stadt Sciacca)
sc	vor a, o und u „sk“, <u>sca</u>la / skala (Treppe)
sch	immer „sk“, <u>sch</u>iudere / skiudere (öffnen)
v	wie „w“, ta<u>v</u>ola / tawola (Tisch)
z	wie „ts“, <u>z</u>ucchero / tsukkero (Zucker)

Im Italienischen können Substantive weiblichen oder männlichen Geschlechts sein, ein Neutrum existiert nicht. Die im Singular auf a endenden Hauptwörter sind weiblich (diverse Ausnahmen, z.B. **il problema**), Hauptwörter mit der Endung o sind dagegen männlich (diverse Ausnahmen, z.B. **la mano**), während andererseits Hauptwörter mit der Singularendung e weiblich oder männlich sein können. Im Plural werden die Endungen a durch e, o durch i und e durch i ersetzt.

Und wenn's gar nicht mehr geht, dann bedienen Sie sich der Gebärdensprache, denn beim **parlare con i mani** sind die Sizilianer Weltmeister!

Villa Casale, römische Bikini-Models

Zeugen der Geschichte

Wußten Sie, daß die antiken Tempelanlagen Siziliens zu den besterhaltenen der Welt gehören? Wir haben zahlreiche Geschichtsbücher gewälzt, um der Historie auf die Spuren zu gehen. Gehen Sie mit...

Die Insel im Herzen des Mittelmeers blickt auf eine der wechselvollsten Geschichten Europas zurück. In 28 Jahrhunderten haben beinahe zwei Dutzend Fremdherrschaften die Insel geprägt, weshalb Sizilien zu Recht als Schmelztiegel der Geschichte bezeichnet wird. Vor mehr als 3000 Jahren kamen die ersten Siedler – Sikaner nordafrikanischen Ursprungs, Sikuler aus Italien und Trojaner aus Kleinasien. Im 9. Jh. v. Chr. errichteten Phönizier aus Karthago die ersten Handelsniederlassungen und legten den Grundstein für das heutige Palermo. Ab dem 8. Jh. kolonisierten die Griechen Sizilien, gründeten Städte und machten es zum Mittelpunkt des attischen „Weltreiches“. Unter den Römern, Wandalen, Byzantinern und Arabern verlor die *Isola* ihre Vorrangstellung, bis im 11./12. Jh. mit den Normannen- und Stauferkönigen ein neuer wirtschaftlicher und kultureller Aufschwung kam. Frankreich, das das Normannen- und Staufergeschlecht vernichtete, wurde 1282 von den Spaniern abgelöst, in dessen 400-jährige Regentzeit die Blüte des sizilianischen Barocks fiel. Savoyer, Österreich-Habsburger und die Bourbonen von Neapel herrschten in der Nachfolgezeit, bis Sizilien durch Garibaldi von der Fremdherrschaft befreit und 1860 dem Mutterland Italien angegliedert wurde.

Vorgeschichte

Eine künstlerische Vorstufe der hochaktuellen Graffitti-Kultur zur Verschönerung grauer Betonwände könnten die Höhlenzeichnungen der Steinzeitmenschen gewesen sein. Eindrucksvolles Zeugnis legt die Addáura-Grotte am Monte Pellegrino (bei Palermo) ab – eine ca. 10.000 Jahre alte Hinterlassenschaft steinzeitlicher Jäger und Sammler. Die ersten griechischen Siedler auf Sizilien fanden bereits drei Volksgruppen vor: Sikaner, Sikuler und Elymer. Die **Sikaner**, die sich im Osten Siziliens angesiedelt hatten, waren wahrscheinlich ein iberischer Volksstamm von der spanischen Südküste. Sie wurden von den **Sikulern** ins Landesinnere vertrieben. Diese Eindringlinge aus Italien pflegten bereits einen Totenkult und hinterließen eine Vielzahl an Nekropolen, wie jene von Pantàlica und Ispica. Auch im heutigen Namen Sizilien überlebten die Sikuler. Das dritte Volk, die **Elymer**, die sich wahrscheinlich aus griechischen Troja-Flüchtlingen zusammensetzten, hatte sich im äußersten Westen bei Erice und Segesta niedergelassen. Ihnen ist der hervorragend erhaltene Tempel von Segesta zu verdanken.

Phönizier, Griechen und Karthager (9. Jh. v. Chr. – 210 v. Chr.)

Im 9. Jh. v. Chr. gründeten **Phönizier** ihre ersten Handelsstützpunkte entlang der Küste. Dazu gehörten die Insel Motya, das heute Mozia (auch San Pantaleo genannt) und Panormos – Palermo also. Die tüchtigen Kaufleute und kühnen

Seefahrer handelten mit kostbarem Purpur, kunstgewerblichen Gegenständen, Pinien- und Zedernholz. Sie bauten ihre Macht durch Gründung von Stützpunkten im Mittelmeerraum kontinuierlich aus (Zypern, Malta, Sardinien etc.). Das führte zu Rivalitäten mit den ionischen und dorischen Griechen, die im 8. Jh. aus Rhodos und Kreta einwanderten. Sie siedelten hauptsächlich an der Küste und in küstennahen Gebieten wie Lentini (ehem. Leontinoi), Catania (ehem. Katane) und Gela. Im griechischen Mutterland galt Sizilien schon bald als „Land der unbegrenzten Möglichkeiten“. Die riesigen Anbauflächen im Inland lockten scharenweise Einwanderer an. Neue Städte wurden an den Küsten gegründet (Himera und Selinunt), es folgten Tochterstädte als Stützpunkte, dann Städte im Landesinneren gegen den Widerstand der Sikuler und Sikaner. Weizen, Holz und Oliven wurden angebaut, Schwefel und Pech abgebaut, doch weitere Expansionsbestrebungen der Griechen führten zu Streitigkeiten mit den **Karthagern**. Diese verwüsteten einige Städte im Süden der Insel (Selinunt, Gela und Agrigento). In der Schlacht bei Himera (480 v. Chr.) wurden die Karthager vernichtend geschlagen. Die Stadt Syrakus erreichte die Vorherrschaft auf Sizilien. Es folgte eine wirtschaftliche und kulturelle Hochblüte, griechische Stadtstaaten wuchsen rasch zu angesehenen Städten Großgriechenlands heran, z. B. Catania, Syrakus, Lentini, Messina, Gela, Agrigento und im Inland Palazzolo Akreide. Wegen der ständigen internen Auseinandersetzungen erlangten diese Städte außerhalb der Insel keine Macht.

Römer (210 v. Chr. – 440 n. Chr.)

Der Kampf um das griechisch-karthagisch geprägte Sizilien war Anlaß für den **Ersten Punischen Krieg** (264-241 v. Chr.) zwischen Karthago und den Römern. Der Krieg endete mit dem Sieg der Römer, daraufhin mußten die Karthager Sizilien räumen. Die auferzwungenen Tributleistungen führten zum **Zweiten Punischen Krieg** (219-202 v. Chr.). Die Römer dehnten ihre politische Macht aus und erklärten Sizilien zur römischen Provinz *Sicilia*. Sie kamen zum ersten Mal mit griechischer Kultur in Berührung und lernten diese dabei schätzen. Das fruchtbare Sizilien avancierte zur Kornkammer Roms. Um Ackerland zu gewinnen, wurde das bewaldete Inland von Sklaven rücksichtslos abgeholzt. Unter den Spätfolgen leidet Sizilien heute noch. Die Abschaffung des Kleinbauerntums zugunsten riesiger Anbauflächen (Latifundien) forcierte andererseits die Gründung von Ortschaften und den Straßenbau, um die neuen Agrarzentren miteinander zu verbinden. Landsitze wie die berühmte Villa Casale bei Piazza Armerina, das Theater von Taormina und die Thermen von Catania, blieben als kunsthistorische Zeugnisse jener Epoche zurück. Anfang des 5. Jh. zerfiel das Römische Reich. Zum Glück, denn noch einige Jahrhunderte Herrschaft aus Rom, und die Insel hätte endgültig ihr Gesicht verloren. Abschließend möchten wir noch den berühmten Mathematiker Archimedes erwähnen, der in Syrakus geboren wurde und zum Ärger aller folgender Schülergenerationen kurz vor seinem Tod (212 n. Chr.) die Zahl Pi=3,1416 entdeckte. Erst in den 70er Jahren hat die Zahl zur Berechnung des Kreisumfangs ihren Schrecken verloren – dem Taschenrechner sei Dank!

Wandalen, Ostgoten, Byzantiner (440 – 827)
Die Stürme der germanischen Völkerwanderung läuteten das Ende der römischen Epoche ein. Erst fielen die **Wandalen**, deren Name übrigens noch im spanischen (W)-Andalusien fortlebt, dann die **Ostgoten** plündernd über Sizilien her, konnten sich auf Dauer aber nicht festsetzen. Dies gelang den **Byzantinern**, die nahezu 300 Jahre lang regierten. Doch nur wenige Spuren erinnern an jene Epoche, die der Insel ebenfalls nichts Gutes brachte. Die Byzantiner preßten die Bevölkerung noch mehr aus als die Römer und ließen die Landwirtschaft fast gänzlich verfallen.

Araber (827 – 1061)
Die etwa zweihundertjährige Araberherrschaft, die ihr islamisches Reich auf Sizilien ausdehnten, brachte für die Insel eine unerwartete Wende. Ruhe und Ordnung, Toleranz und Glaubensfreiheit herrschten. Moslems, Juden und Christen konnten friedlich nebeneinander leben. Ganz Sizilien erstrahlte sowohl wirtschaftlich als auch kulturell. Durch Agrarreformen wurde die Landwirtschaft saniert. In den „Bagni von Cefalu" sind die neu eingeführten Bewässerungstechniken noch gut erhalten, und auch bis dato unbekannte Nutzpflanzen werden heute noch gerühmt (Dattelpalme, Orange und Zitrone, Maulbeere, Melone, Baumwolle etc.). Bodenschätze (Metall, Schwefel, Pech) wurden intensiv abgebaut, Handel und Gewerbe blühten auf, und Palermo mit seinen vielen Moscheen wurde zur prunkvollen Weltstadt. Den Arabern gelang es, die Insel innerhalb kurzer Zeit zum reichsten Gebiet des Mittelmeers zu machen.

Normannen (1061 – 1194)
Als die Nor(d)mannen Mitte des 11. Jh. in Süditalien ihre Staatsgründung mit der Eroberung von Reggio beendeten, richtete sich ihr Blick auf Sizilien. Die Brüder **Robert** und **Roger** aus dem Haus Hauteville setzten mit ihrer Flotte 1061 nach Sizilien über und eroberten in drei Jahrzehnten die Insel. Was sie mit Kämpfen nicht erreichten, versuchten sie mit Diplomatie, indem sie die verfeindeten Araberfürsten gegeneinander ausspielten. Unterdrückte gab es nicht mehr, alle, egal ob Normannen, Griechen, Sarazenen oder Langobarden, hatten in dem neuen Staat ihre Aufgabe zu erfüllen. Arabisch, Griechisch, Lateinisch und Hebräisch, auch das normannische Französisch waren offizielle Landessprachen. Der Sohn Rogers I., also **Roger II.**, wurde 1130 im Dom zu Palermo zum König gekrönt. Er setzte erfolgreich das Werk seines Vaters fort – mehr noch, er galt als weisester, liberalster und tüchtigster aller normannischen Führer. Sein Hof war glanzvoller Mittelpunkt mediterraner Kultur und prächtiges Vorbild intellektueller und religiöser Toleranz. Eine eigenartige arabisch-normannische Mischkultur entstand, deren Zeugnisse – die Mosaiken – in den Dömen von Monreale und Cefalù, auch in der Schloßkapelle von Palermo, noch lebendig sind. Sizilien erlebte eine beispiellose zweite kulturelle und wirtschaftliche Blüte. Werke von Platon, die in Europa wegen ihres angeblich ketzerischen Inhalts aus den Bibliotheken verbannt und längst vergessen waren, wurden ins Lateinische übersetzt. Auch die „lateinischen" Zahlen erreichten damals durch Vermittlung sizilianischer Kaufleute Europa. Tatsächlich stammten sie aus dem

arabischen und wurden erst durch Gutenberg, den Erfinder des Buchdrucks, in ihre lateinische Form gebracht. Unter den Nachfolgern Rogers II. zerfiel die normannische Herrschaft langsam. Rogers Thronerbe **Wilhelm I.** (der Böse) regierte zwar glanzvoll, jedoch realitätsfern. **Wilhelm II.** (der Gute) starb kinderlos. Die Uhr normannischer Königsherrlichkeit war abgelaufen. Ihr folgte der deutsche Hohenstaufer-König **Heinrich VI.** (1194). Durch seine Heirat mit **Konstanze**, der Tochter Rogers II., hatte er Anspruch auf den sizilianischen Thron. Das Normannenerbe fiel somit an die Staufer.

Staufer (1194 – 1266)

Heinrich VI. starb bereits 1197 in Messina. Seine Witwe Konstanze ließ im Mai 1198, ein halbes Jahr vor ihrem Tod, ihren knapp vierjährigen Sohn **Friedrich II** (1194-1250) zum König von Sizilien krönen. Mit 17 Jahren brach er zu seinem berühmten Zug quer durch Italien nach Deutschland auf, wo er 1212 in Mainz und dann nochmals 1215 in Aachen zum deutschen König gekrönt wurde. Die Kaiserkrönung erfolgte am 22. November 1220 in Rom. Friedrich II. war unbestritten einer der schillerndsten Monarchen, die Europa aufzuweisen hatte. Mit diesem überragenden Herrscher erlebte Sizilien wie auch ganz Süditalien nochmals eine letzte Blütezeit. Zu seinen Lebzeiten wußten die Deutschen, die ihn kaum zu Gesicht bekamen, nur wenig mit ihm anzufangen. Um so mehr Legenden rankten sich später um jenen Mann, der in Palermo aufgewachsen war und dort auch im Dom begraben liegt. Die letzten Jahre seines Lebens verbrachte Friedrich in Apulien, wo er sich neben den Staatsgeschäften in erster Linie den Wissenschaften widmete. Außer Italienisch, Französisch, Lateinisch, Griechisch und Deutsch sprach der Staufer fließend Arabisch. Er war ein genialer Astrologe, Wissenschaftler und Dichter und ersparte seinem Land sinnlose Kreuzzüge. Zur Förderung der Bildung gründete er 1224 die Universität von Neapel. Sein straff organisierter Staat, der modernste des damaligen Abendlandes, beruhte bereits auf einer Verfassung, kannte besoldete Beamte, erließ Gesetze gegen die Korruption der Feudalbaronie und schuf die Leibeigenschaft ab. Der Papst feierte den Tod des „Antichristen“ – bei der sizilianischen Bevölkerung hingegen blieb **„Il nostro Federico“** unvergessen, er ging als größtes sizilianisches Oberhaupt aller Zeiten in ihre Geschichte ein. Nach seinem Tod brachen stürmische Zeiten an. Zuerst herrschte **Manfred**, ein unehelicher Sohn Friedrich II., doch er zog in der Schlacht von Beneveto 1266 gegen **Karl von Anjou** den Kürzeren.

Franzosen (1266 – 1282)

Mit dem Franzosen Karl von Anjou beginnt der Niedergang Siziliens. Hauptstadt war fortan nicht mehr Palermo, sondern Neapel – Sizilien wurde zum „Nebenland“. Brutalität, Verschwendungssucht und Korruption des neuen Regimes weckten tiefen Widerstand bei den Baronen und im Volk. Im fürchterlichen Gemetzel, das als „Sizilianische Vesper“ in die Geschichte einging, befreite sich die Insel schließlich von den verhaßten Franzosen.

Sizilianische Vesper (1282): Am Abend des Ostermontags, dem 29. März läuteten die Glocken in der Kirche Santo Spirito in Palermo zur Abendmesse. Eine Gruppe Franzosen gesellte sich zu den Menschen, die rings um die Kirche versammelt waren, um am Vespergottesdienst teilzunehmen. Doch ein Franzose belästigte eine verheiratete junge Frau derart, daß ihr Mann den Täter auf der Stelle niederstieß. Im Handumdrehen entlud sich der offenbar schon lange aufgestaute Haß der Sizilianer, und während die Glocken zur Vesper läuteten, wurden alle anwesenden Franzosen umgebracht. Ganz Palermo wurde nun vom Blutrausch gepackt. Mit dem Ruf „Tod den Franzosen" durcheilten bewaffnete Männer die Straßen, drangen in die Häuser ein und töteten jeden Franzosen, der ihnen in die Hände fiel; aber auch Sizilianerinnen, die mit Franzosen liiert waren, wurden Opfer, desgleichen französische Mönche in Palermitaner Klöstern. In dieser Nacht starben allein in Palermo rund 2000 Menschen. Die Anjou-Flagge wurde heruntergerissen, an ihrer Stelle der kaiserliche Reichsadler gehißt. Boten verbreiteten die Kunde vom blutigen Geschehen in Windeseile und forderten alle Städte und Dörfer zur Teilnahme am Aufstand auf. In erstaunlich kurzer Zeit folgten auf ganz Sizilien blutige Erhebungen. Karl floh nach Neapel.

Nachdem die Franzosen vertrieben wurden, holte man **Peter von Aragon**, den Schwiegersohn des Staufers Manfred, ins Land. In den folgenden Jahrhunderten gehörte Sizilien den Spaniern.

Palermo, Kathedrale

Spanier (1282 – 1713)

Die spanische Epoche dauerte mehr als vier Jahrhunderte. Während des größten Teils des 14. Jh. wurden die Spanier geschwächt durch den Krieg gegen die Herrscher von Anjou in Neapel und den Konflikt mit dem Papst. Die mächtigsten Feudalherren Siziliens (Chiaramonte, Ventimiglia und Sclafani) wirkten in ihren jeweiligen Gebieten als absolute Monarchen mit Heerscharen von Vasallen. Um ihre Ländereien gegen die Übergriffe der spanischen Aristokratie zu schützen, unterhielt jeder dieser Barone eine private Armee, die wiederum einheimische Bauern terrorisierte. Der spanische Monarch konnte sich gegen die Feudalherren nicht durchsetzten, so daß schließlich seit 1415 nur noch Vizekönige nach Sizilien entsandt wurden. Nachdem sich mit Karls V. Sieg bei Pavia (1525) über die Franzosen die spanische Macht in ganz Italien befestigt hatte, beugte sich auch der alte sizilianische Adel und übernahm spanische Sitten und Bildung.

Im 16. Jh. erwies sich die Entdeckung Amerikas als katastrophal für Siziliens Wirtschaft, da die spanischen Kaufleute das Mittelmeer zugunsten des Atlantiks aufgaben. Zwischen 1500 und 1520 entvölkerte eine durch die inzwischen totale Abholzung der Wälder verursachte unvorstellbare Dürre weite Teile der Insel. 1624 forderte die Pest zahlreiche Opfer, und nachdem Sizilien bereits zum rückständigen Hinterland verkommen war, wurde es darüber hinaus noch von zwei gigantischen Naturkatastrophen heimgesucht: 1669 verwüstete die Lava des Etna viele umliegenden Dörfer und Städte. Noch nicht genug, daraufhin forderte das Erdbeben von 1693 an die 100.000 Opfer. Der Wiederaufbau der zerstörten Städte fiel in die Zeit des Barock. Prunkvolle Bauten entstanden im Südosten der Insel. Die Städte Noto, Ragusa, Avola und Módica erzählen heute noch von dieser Zeit.

Savoyer und Bourbonen (1713 – 1860)

Im Zug des Spanischen Erbfolgekrieges ging Sizilien 1713 an das Haus **Savoyen** und bald darauf, im Tauschgeschäft gegen Sardinien, an die **Habsburger**. Von 1720 bis 1735 stand die Insel unter **österreichischer Verwaltung** – auf dem Rathaus von Syrakus prankt noch heute der Doppeladler. Schließlich durften spanische **Bourbonen** für mehr als 100 Jahre aus dem Land pressen, was noch zu holen war. „Auf dieser Insel wohnen nur noch Unterdrücker und Unterdrückte“, charakterisierte der spanische Vizekönig am Ende des 18. Jh. treffend die Situation.

Zusammenschluß mit Italien (1860)

Nach den Straßenkämpfen des Revolutionsjahres 1848 wollten die Sizilianer endlich die Fremdherrschaft abschütteln. Am 11. Mai 1860 landete der Freiheitskämpfer und Nationalheld **Giuseppe Garibaldi** mit seiner „Schar der Tausend“ bei Marsala. Der Anschluß Siziliens an das neugegründete Königreich Italien folgte. Sizilien war zwar wieder mal Provinz, aber erstmals unter eigener Flagge. Allerdings wurden die ersten Jahrzehnte nach der Vereinigung mit Italien für das Volk zu einem wahren Alptraum. Kaum jemals war die Unterdrückung schlimmer. Im politisch und wirtschaftlich ruinierten Sizilien kontrollierte die

Mafia das öffentliche Leben, die Lage der arbeitenden Bevölkerung im Inneren der Insel war katastrophal. Desillusioniert wanderten zwischen 1900 und dem Ersten Weltkrieg etwa eine Million Männer aus, die meisten in die USA. Im **Zweiten Weltkrieg** hatte Sizilien unter Luftangriffen stark zu leiden, besonders im Juli und August 1943, als die Amerikaner bei Augusta, Gela und Licata landeten und die deutschen Truppen zurückdrängten. Die allgemeine Unzufriedenheit mit den Nachkriegszuständen gaben der sizilianischen Unabhängigkeitsbewegung neuen Auftrieb, deren Zielsetzung von verwaltungsmäßiger Dezentralisation bis zur politischen Loslösung von Italien reichte.

Kürzlich

Schließlich wurde am 15. Mai 1946 die **autonome Region Sizilien** gegründet (eigenes Parlament und Regierung zur Lösung regionaler Probleme). 1950 gründete man den Entwicklungsfond ***„Cassa di Mezzogiorno"***. Er diente der Förderung der Landwirtschaft und Industrie Süditaliens, wurde wegen hoffnungsloser Überschuldung allerdings 1984 wieder aufgelöst. Desweiteren wurde bei der Landreform 1948 eine Teilenteignung von Großgrundbesitzern und die Verteilung an Kleinbauern durchgeführt. Dadurch und auch durch den Beitritt Italiens zur EWG (einer Vorstufe der heutigen EU) kam es zur erheblichen Steigerung der Produktivität und zur Verbesserung der sozialen Verhältnisse. Die wirtschaftliche Belebung in den Fünfzigern und Sechzigern hat in den Städten unübersehbare Spuren hinterlassen. Häßliche Betonsilos, oft ohne Baugenehmigung errichtet, schossen wie Pilze aus dem Boden. Jeder fünfte Sizilianer (sprich eine Million Menschen) verließ zwischen 1960 und 1970 seine Heimat, um nach Mitteleuropa auszuwandern. Viele sind inzwischen zurückgekehrt und haben sich mit dem Ersparten ein Haus gebaut. Schwer tun sich hingegen die illegal eingewanderten Araber, die ohne Papiere zu Tausenden über das Mittelmeer kommen. Als Gastarbeiter stehen Tunesier, Marokkaner und Algerier auf der untersten Stufe der Sozialleiter. Doch die Verhältnisse haben sich im Großen und Ganzen in dem so lange ausgebeuteten und vernachlässigten Land gebessert. Die Infrastruktur wurde durch die Realisation der Autobahnmagistrale Mailand – Rom – Neapel und der Hauptverbindungsstraße von Palermo nach Catania stark verbessert. Die Mafia geht lange nicht mehr mit solch brutalen Methoden vor, wie sie noch vor einem Jahrzehnt angewandt wurden. Touristen kommen wieder ins Land, bringen wertvolle Devisen und tragen (wie hoffentlich auch bald Sie) zum guten Ruf Trinacrias im Rest der Welt bei.

Staat, Verwaltung, Wirtschaft

Mit der Verfassung von 1948 wurde ein starker Zentralstaat mit Regierungssitz in Rom, aber nur eine sehr zurückhaltende Autonomie der Regionen festgeschrieben. Die zwei größten Einschränkungen sind dabei das Steuermonopol des Staats (Finanzmittel werden den Regionen zugewiesen) und die Möglichkeit des Staats, mittels eines Regierungskommisars in die lokalen Verwaltungen einzugreifen. In den uneingeschränkten Zuständigkeitsbereich der Regionen fallen eigentlich nur die Land- und Forstwirtschaft sowie der Tourismus. Die Region Sizilien genießt, genau wie das Aosta-Tal, Südtirol/Trentino, Friaul/Julisch Venetien und Sardinien, einige zusätzliche Freiheiten, da sie einen Sonderstatus innehat. Die Souveränität dieser Regionen ist aber keinesfalls mit der deutscher Bundesländer vergleichbar.

Sizilien ist die südlichste Region der Republik Italien, die insgesamt in zwanzig solche Verwaltungsbereiche unterteilt ist. Die Regionen sind wiederum in Provinzen (insgesamt 97) und diese in Gemeinden unterteilt. Die neun Provinzen Siziliens sind nach ihrer jeweiligen Hauptstadt benannt: Agrigento (AG), Catania (CT), Caltanisetta (CN), Enna (EN), Messina ME), Palermo (PA), Ragusa (RG), Siracusa (SR) und Trápani (TR).

„*Mezzogiorno*“ (Land des Mittags) ist der italienische Begriff für den wirtschaftlich „unterentwickelten“ Südteil der Republik. Dazu zählen die Regionen Kampanien, Molise, Apulien, Basilikata, Kalabrien, Sardinien und Sizilien. Anders als in den nördlichen Provinzen konnte die Industrialisierung im Süden nicht mit dem „Wirtschaftswunder“ der mittel- und westeuropäischen Länder mithalten. Ein Blick auf die Statistik verdeutlicht, wie enorm das Nord-Süd-Gefälle ist. Bruttosozialprodukt, Beschäftigungsrate, durchschnittliches Einkommen etc. betragen im *Mezzogiorno* nur ca. 30 % von Norditalien. Trotz großer Bemühungen aller Regierungen (seit 1948) und der 1950 eingeführten *Cassa di Mezzogiorno* (Südkasse) ist die Schere in den letzten Jahrzehnten eher größer geworden. Zinsverbilligte Kredite und öffentliche Mittel wurden für ständig wechselnde Projekte verwendet und blieben somit meist wirkungslos. Erst war es die Landwirtschaft, dann die Infrastruktur, und schließlich sollten große Industrieprojekte helfen, die Arbeitslosenquote von über 20 % zu senken. Die sogenannten „Kathedralen in der Wüste“, wie die Raffinerieanlagen im Südosten Siziliens genannt werden, konnten kaum zu einer besseren Beschäftigungslage beitragen. Die modernen Anlagen sind weitestgehend automatisiert und werden von Spezialisten aus dem Ausland überwacht. An der schlechten Umsetzung staatlicher Förderprojekte sind u.a. die Mafia und die Bestechlichkeit einiger hoher Staatsbeamter und Politiker nicht ganz schuldlos. Da sich vieles eher verschlechtert hat, wurde die Südkasse 1985 aufgelöst – viele halbfertige Neubauten sind Zeitzeugen. Statt Spekulantentum sollen die Marktkräfte im Süden jetzt Eigeninitiative ergreifen. Tatsächlich kann der Standort Süditalien seit einigen Jahren mit niedrigen Lohnkosten, hoher Produktqualität und einer guten

Infrastruktur (vor allem der Seeweg) erste Erfolge verbuchen. Besonders attraktiv, nicht zuletzt wegen ihrer zahlreichen Uniabsolventen, ist Siziliens Wirtschaftshauptstadt Catania. Zum Beispiel hat der Halbleiterhersteller Microelectronics hier ein neues Werk errichtet, der Mobilfunkprovider Omnitel ein großes Call-Center eröffnet, und auch die Firma Nokia investiert kräftig.

Das Hauptstandbein der sizilianischen Wirtschaft ist und bleibt aber die Landwirtschaft. Gewinnbringende Exportprodukte sind Zitrusfrüchte, Frühgemüse, Oliven, Getreide und Wein. Leider leidet die Agrarwirtschaft immer noch unter dem in der Normannenzeit eingeführten Großgrundbesitz. Ein Mittelstand mit selbständigen Bauern konnte sich nicht entwickeln, statt dessen muß sich ein Großteil der Landbevölkerung als schlecht bezahlte Landarbeiter und Tagelöhner saisonweise beschäftigen lassen. Deswegen werden Sie in vielen inländischen Orten die sogenannte Dorfidylle vermissen. Die Arbeiter können sich nur schwerlich ein Eigenheim leisten und wohnen deshalb meist in schnell und billig hochgezogenen Mietshäusern. Viele entschieden sich für die Stadtflucht oder eine Auswanderung in norditalienische Industriemetropolen bzw. ins westliche Ausland. In den Städten sind überwiegend Mittel-, Klein- und Kleinstbetriebe anzutreffen, die Möbel, Textilien, Schuhe, aber auch Maschinenteile herstellen oder Dienstleistungen anbieten. Nicht wenige dieser Firmen rekrutieren ihre Mitarbeiter aus der eigenen Familie und bezahlen kaum Steuern – geschweige denn Sozialbeiträge. In diesem Zusammenhang spricht „der Italiener" von der blühenden *economia sommersa*, der Schattenwirtschaft. In den Küstenregionen hat der Tourismus noch viel Potential, erste große Clubanlagen sind bereits entstanden, und die Branche ist in Gefahr – wie so oft in der 3000-jährigen Geschichte –, von „ausländischen Mächten" beherrscht zu werden. Private Zimmervermietungen und kleine Pensionen sind leider noch relativ selten. Auf dem „richtigen Weg" sind unserer Meinung nach die *Agriturismo*-Betriebe, die statt unpersönlicher Bettenburgen familiäre Ferien auf dem Bauernhof bieten und oftmals ihre Anbauprodukte selbst vermarkten.

Das Reisen

Palermo, auf zum Monte Pellegrino

Informationsmaterial

Fremdenverkehrsämter im Heimatland

Allgemeine Informationen über Sizilien und touristisches Werbematerial einschließlich Unterkunftsverzeichnis können Sie zu Hause bei folgenden Stellen der Staatlichen Italienischen Fremdenverkehrswerbung, Ente Nazionale Italiano Per Il Turismo, kurz ENIT, erhalten (spezifische Radfahrerinfos sind von keiner der folgenden Adressen zu erwarten):

Für Deutschland
Italienische Fremdenverkehrsämter (ENIT) in:
Karl-Liebknecht-Str. 34, 10178 Berlin, ✆ (030) 2478397, 🖷 2478399
Kaiserstr. 65, 60329 Frankfurt, ✆ (069) 237430, 🖷 232894
Goethestr. 20, 80336 München, ✆ (089) 531317, 🖷 534527
Kostenfreie Service-Nummer für Auskünfte und zur Prospektbestellung: ✆ 00800 00482542 (mo-fr 8-20 h, sa/so 9-14 h; nur aus Deutschland erreichbar)

Für die Schweiz
Italienisches Fremdenverkehrsamt (ENIT), Uraniastr. 32, 8001 Zürich, ✆ (01) 2113633, 🖷 2113885

Für Österreich
Italienisches Fremdenverkehrsamt (ENIT), Kärntnerring 4, 1010 Wien, ✆ (01) 5051639, 🖷 5050248

Für die Niederlande
Nationaal Italiaans Verkeersbureau (ENIT), Stadhouderskade 6, 1054 ES Amsterdam, ✆ (020) 6168244 & 6168245, 🖷 6188515

Service-Telefon in Italien
Kostenfrei kann innerhalb Italiens Auskunft (auch in Deutsch oder Englisch) bekommen werden unter ✆ 800 117700 (tägl. 8-23 h).

Fremdenverkehrsämter auf Sizilien

Sie können die Haupttouristeninformation aller sizilianischer Provinzen in Palermo ankontakten. Dort gibt es detaillierte Infos, mit etwas *fortuna* sogar die jährlich aktualisierten Übernachtungsverzeichnisse der gewünschten Provinzen (*Guida dell'Ospitalità nella Provincia di…*), kostenlose Stadtpläne und mehrsprachige Backgroundinformationen. Fremdsprachenkenntnisse des Personals sind weder bei dieser Info noch bei folgenden zu erwarten, überraschen um so mehr, wenn doch vorhanden:

Assessorato del Turismo, delle Comunicazioni e dei Trasporti, Via Emanuele Notarbartolo 9, I–90141 Palermo, ✆ 0039-0916968201, 🖷 0039-0916968151.

Sollten nicht genügend Informationen fließen, so gibt es noch die Möglichkeit, die in der Regel gut ausgestatteten APT-Hauptbüros der Provinzen anzugehen. Diese sind auf Material für die gesamte Provinz spezialisiert:

APT Agrigento: Viale della Vittoria 255, I–92100 Agrigento, ✆ 0039-0922401352, 🖷 0039-092225185.

APT Caltanisetta: Corso Vittorio Emanuele 109, I–93100 Caltanisetta, ✆ 0039-0934530411, 🖷 0039-093421239.

APT Catania: Via Domenico Cimarosa 10, I–95124 Catania, ✆ 0039-0957306211, 🖷 0039-095316407.

APT Enna: Via Roma 411, I–94100 Enna, ✆ 0039-0935528288, 🖷 0039-0935528229.

APT Messina: Via Calabria 301, I–98122 Messina, ✆ 0039-090640221, 🖷 0039-0906411047.

APT Palermo: Piazza Castelnuovo 35, I–90141 Palermo, ✆ 0039-0916058111, 🖷 0039-091331854.

APT Ragusa: Via Cap. Bocchieri 33, I–97100 Ragusa, ✆ 0039-0932-621421, 🖷 0039-0932623476.

APT Siracusa: Via San Sebastiano 43, I–96100 Siracusa, ✆ 0039-0931481200, 🖷 0039-093167803.

APT Trápani: Via San Francesco d'Assisi 27, I–91100 Trápani, ✆ 0039-0923545511, 🖷 0039-092329430.

Während der Reise steht Ihnen auch das dicht geknüpfte Netz zahlreicher regionaler Büros zur Verfügung, die sog. Aziende Autonome di Cura, Soggiorno e Turismo (AST). Zudem gibt es noch die Pro Locos, Informationsbüros in kleinen Orten auf Gemeindeebene und meist nur während der Hochsaison besetzt. In letzteren bekommen Sie die detailliertesten Informationen für alles vor Ort (Ortspläne, Broschüren zu lokalen Sehenswürdigkeiten, Hinweise auf Veranstaltungen).

Sicili@ per Internet

Mehr als 23.000 Einträge (Worthäufigkeit auf deutschprachigen Seiten) finden die diversen Suchmaschinen bei dem Suchbegriff „Sizilien“, und täglich werden es mehr. Ein Großteil der Seiten hat den Begriff Sizilien aus rein kommerziellen Gründen angemeldet (Tauchschulen, Pauschalreise-Veranstalter etc.), und sie beinhalten keinerlei Infos für Induvidualreisende, deshalb hier einige wertvolle Surftips zu folgenden Reisethemen:

Touristeninformation:

www.enit.it – Seiten des italienischen Tourismusverbands.

www.emmeti.it/Welcome/Sicilia/index.de.html – Sizilianische Tourismusseiten, kommerziell.

www.sicily.infcom.it – Die Region Sizilien stellt sich vor, nur italienisch und englisch.

Anreise:

www.fs-on-line.com – www.ns.nl/reisinfo – www.bahn.de – www.oebb.at – www.sbb.ch/pv/index_d.htm – Eisenbahngesellschaften.

www.natours.de – www.reisezeit-online.de – www.sinnundtraum.de/bike – Bike & Bus Euroshuttle – Fahrradbus.

www.cycletours.nl – Fietsbus (Niederlande).

www.flugplan.de – Übersicht über Fluggesellschaften u.ä.

www.reiseplanung.de – Fluggesellschaften, Reisebüros, Routenplaner etc.

www.reiselinks.de – Übersicht zahlreicher Internetseiten zum Thema Reisen.

www.gnv.it/D/tr.htm – Fährverbindungen Genua – Palermo.

Dach überm Kopf:

www.wel.it/Welcome/Sicilia/ospitalita.de.html – Tourismusseiten, kommerziell.

www.hostels-AIG.org – Italienischer Jugendherbergsverband (*Associazione Italiana Alberghi per la Gioventù*), Infos zu den Herbergen, Online-Buchung.

www.cai.it – Club Alpino Italiano (italienischer Alpenverein), in Italienisch, die gleichen Seiten in deutscher und englischer Sprache finden sich unverständlicherweise unter einer anderen Adresse:

www.racine.ra.it/cailugo, Infos zu den 36 Rifugi der sizilianischen Sektionen, online buchen ist teilweise möglich.

Fahrrad:

www.adfc.de – Hauptverband des Deutschen Fahrradclubs, viele Infos und Links rund ums Rad.

www.rad.de – Infos, Links zum Thema Fahrrad, Chatroom.

www.sizilien-rad.de – Mountainbike, Fahrrad-Touren, Infos and more.

www.1000bikelinks.de – rund 2000 Fahrradlinks, und täglich werden es mehr; leider alphabetisch und nicht nach Rubriken sortiert.

Sizilien:

www.sicilian.net/deutsch.html – Auf der Seite ist erstaunlich viel Infomaterial zusammengetragen, leider auch viel Werbung.

www.guide2sicily.de – private Sizilien-Homepage mit vielen Infos.

www.vulkane.net – u.a. allerlei zum Thema Etna.

www.☞.it - Der Zugriff auf italienische Server erfordert oftmals etwas Geduld!

Internet auf *Sicilia*:

„Ein Grund mehr, nicht mehr rauszugehen!" Dieser Werbeslogan von Internet-kaufhäusern, Onlinebanken etc. ist nirgendwo auf der Welt so unangebracht wie in einem Land, in dem die persönliche und körpernahe Kommunikation und die eigene Sprache ein unverzichtbares Lebensgefühl sind. Die Internet-Nutzung in den privaten Haushalten wie in den Unternehmen Italiens steckt laut Statistik jedenfalls noch in den Kinderschuhen, was in der sechstgrößten Industrienation eigentlich verwundert. Als Gründe werden von Experten die mangelnde Beherrschung der englischen Sprache und die Unkenntnis im Umgang mit PCs bei weiten Teilen der Bevölkerung genannt. Der Boom des Mobilfunks scheint eher erstgenannte Theorie zu bestätigen; ein Handy zu bedienen, und darin sind Italiener Weltmeister, ist ebenfalls gewöhnungsbedürftig, aber augenscheinlich kein Problem, wenn es hilft, noch mehr „parlieren" zu können und zudem ein sichtbares Statussymbol mehr zu besitzen.

Wenn Sie in Sizilien das Internet auch ohne eigenen Laptop nutzen wollen, finden Sie in den Touristenzentren Taormina, Giardini Naxos und Cefalù sowie in den Studentenstädten Catania, Messina und Palermo preiswerten Zugang ins World Wide Web. Z.B. in einem Internetcaffè, in der Interneteria...

Sale di Trápani

Anreise

w.w.w.: wann – **w**ie lange – **w**ie teuer oder **w**ie **w**ollen **w**ir anreisen? Neben konventionellen Reisebüros bietet das **W**orld **W**ide **W**eb wertvolle Informationen über Reiserouten, Flugpläne, Fährverbindungen etc. Wenn Sie eine Fahrt im eigenen Pkw in Erwägung ziehen sollten Sie bedenken, daß die 1500 km Differenz zwischen Innsbruck und Messina kein Pappenstiel sind und die anfallenden Autobahngebühren Ihre Reisekasse nochmals um ein Gutes schmälern. Denkbar ist eine Anreise per Auto oder Bahn bis zum Hafen von *Genova* oder *Livorno* und eine Weiterfahrt mit der Fähre. Unschlagbar in Schnelligkeit, Komfort und oft auch im Preis ist ein Flug. In punkto Komfort kann die Bahnreise wegen mehrmaligem Umsteigen leider nicht mithalten. Abenteurer mit viel Zeit im Gepäck und Power in den Beinen können natürlich auch die gesamte Strecke mit eigenem Rad zurücklegen. Jede Variante hat ihr Für und Wieder:

Mit dem Zug: wäre schön...
Bis Norditalien ist die Fahrrad-Mitnahme in speziell dafür vorgesehenen Gepäckwagen „null problemo“, danach kommt für Tourenradler das böse Erwachen, denn kein einziger Fernzug Richtung Süden bekommt einen Radwaggon angehängt! Der Umstieg auf Regionalzüge ist keine wirkliche Alternative, denn wer möchte schon ständig mit Rad und Gepäck im Schlepptau den Zug wechseln? Aufatmen dürfen Rennradler und Mountainbiker mit reinen Sporträdern – ihnen bietet sich die Möglichkeit, ihr Rad in einer/m speziellen Radtasche/koffer zu transportieren, das macht den Radwaggon überflüssig. Tourenräder mit voller Ausstattung sind leider zu sperrig und schwer für diese Art der Beförderung. Als Mieträder sind auf Sizilien nur Mountainbikes erhältlich. Bleibt das traurige Fazit, daß eine komplette Anreise auf der Schiene momentan sehr umständlich und zeitintensiv ist. Ein angebliches Ziel der Bahn ist die grenzenlose Radmitnahme in naher Zukunft (oder weiter Ferne?).
Anders sieht es mit einem „Splitting“ aus. Egal ob Amsterdam, Hamburg, München, Innsbruck, Zürich oder Wien – die Fährhäfen von Livorno oder Genua werden täglich angefahren, eine Radmitnahme ist mit höchstens zweimaligem Umgestiegen verbunden, und dann können Sie „an Bord“ einer Fähre der Bucht von Palermo entgegenschippern. Fährinformationen siehe unten.

▮ **Rad–Hotline der Bahn** (für Deutschland): 01803-194194.

Mit dem Bus: gut...
Verschiedene Firmen bieten Busfahrten inklusive eines Radtransportes an (Bike & Bus). Dabei werden Fahrräder im Anhänger oder auf Dachträgern transportiert. Ein Zustieg in den sog. „Euro-Shuttle“ ist in verschiedenen deutschen Großstädten möglich. Leider steht Süditalien noch nicht auf dem Programm, doch die Unternehmen Reisezeit und Sausewind fahren zumindest den Fährhafen Livorno/Italien an. Ab Livorno bestehen gute Fährverbindungen nach Sizilien.

Der niederländische *Fietsbus* verkehrt nur auf der touristischen „Hauptstrecke" in die Toskana, also bis Florenz.

Information: (für Deutschland) Fa. Reisezeit, München, ✆ (089) 505050, 🖷 501005, und Fa. Sinn und Traum, Kiefersfelden, ✆ (089) 76701634, 🖷 (08033) 609778; (für die Niederlande) Cycletours, Amsterdam, ✆ (020) 6262601, 🖷 6269024.

Mit dem Flieger: schnell...
Die *Aeroporti* von Catania und Palermo sind bequem im Vogelflug zu erreichen. Alitalia fliegt sommers wie winters täglich sowohl Catania als auch Palermo an, LTU und Aerolloyd fliegen im Sommer häufig, im Winter stark reduziert, und Condor lediglich im Sommer einmal pro Woche. Die Lufthansa ist das ganze Jahr über 4-mal pro Woche im Einsatz. Catania wird überwiegend per Charter angeflogen. Linienflüge sind in der Regel teurer und mit einer Zwischenlandung verbunden (bei Alitalia z. B. in Milano oder Roma). Beim Umladen werden die Velos leider nicht immer mit Samthandschuhen angefaßt! Für den Fahrradtransport verlangen fast alle Fluggesellschaften eine Pauschale (ca. 10-25 €). Alitalia transportiert Fahrräder kostenlos, solange das Gesamtgewicht des Gepäcks 20 kg nicht überschreitet! Tip: in diesem Fall wird das Handgepäck nicht mitgewogen! Wichtig ist, daß Sie bei der Flugbuchung auf die Radmitnahme hinweisen. Bezahlt wird das Rad erst am Flughafenschalter der Fluggesellschaft, und abgegeben wird es ggf. am Sperrgepäck-Schalter. Bei der Ankunft auf dem *Aeroporto* von Catania oder Palermo wird Ihr Velo in der Nähe des Gepäckbandes abgestellt, was schon mal etwas länger dauern kann (keine Panik). Bei der Rückreise begleitet Sie das Bodenpersonal zur Sperrgepäckaufgabe, was auch ohne *parlare italiano* reibungslos funktioniert.

Radtransport im Flugzeug: Der Lenker soll quergestellt sein, die Pedale abmontiert (aber nicht nach innen angeschraubt – blockiert das Rückwärtsschieben). Um den Rahmen vor Kratzern zu schützen, empfiehlt es sich, ihn mit in Streifen geschnittener Luftpolsterfolie, Stoffresten etc. zu umwickeln. Teils wird ein Abdecken von Zahnrädern und Kette gefordert (mit alten Lappen oder Zeitungspapier umwickeln), um das Verschmutzen von anderen Gepäckstücken zu verhindern. Außerdem soll meist der Reifendruck reduziert werden, da bei einigen Flugzeugtypen angeblich kein vollständiger Druckausgleich im Gepäckraum herrscht. Die leidige Frage, ob eine Verpakkung erhöhten oder minderen Schutz bietet, resultiert aus folgender Regel: was verpackt ist, ist angeblich geschützt und darf geworfen werden – unverpackte Fahrräder werden meist freundlicher, weil empfindlicher, versorgt. Unser Tip: Einen Pappkarton so falten und ausschneiden, daß zumindest die Antriebs- und Schaltelemente geschützt werden. Erfahrungsgemäß ist bei einem Direktflug dann nicht mit größeren Beschädigungen zu rechnen.

Mit dem Auto: teuer...
Eine komplette Anreise auf der Straße lohnt sich unserer Meinung nach nur für Gruppen im Kleinbus mit Fahrradgepäckträger. Der Fahrer kann dann evtl. abgelöst werden, Benzin und Autobahngebühren können geteilt werden. Der Autotransport auf einer Fähre von Livorno bis Palermo kostet für die einfache Fahrt grob überschlagen 150 €. Wohnmobile, Kleinbusse und Anhänger fallen

je laufendem Meter mit ca. 50 € ins Gewicht. Von Neapel nach Palermo können einfach ca. 100 € einkalkuliert werden, die Wohnmobilkategorie ist mit 30 € pro Meter dabei. Fährinformationen siehe unten.

Denkbar ist noch das Abstellen des Pkws in Hafennähe, doch sind Langzeitparkplätze sehr teuer und unbewachte Parkplätze stark risikobehaftet.

Mit dem Fahrrad: Abenteuer…
Ein landschaftliches und sportliches Highlight ist die Alpenüberquerung einschließlich Südtirol und dem *Trentino*, weniger spektakulär die Weiterfahrt durch die Poebene, kräfteraubend sind die Paßstraßen der *Emilia Romagna*, kulturell und landschaftlich einzigartig ist die *Toscana*, heilig die Stadt *Roma*. Die Küstenstraße an der *Riviera* ist wegen des starken Verkehrs nicht zu empfehlen. Einen Vorgeschmack auf den *Etna* bekommen Sie in der Vesuvstadt *Napoli*. Von hier bietet sich ein Übersetzen mit der Fähre an. Ansonsten weiter entlang der herrlichen Amalfiküste, durch Kalabrien, bis zur Stiefelspitze – zum Fährhafen *Villa San Giovanni*. Schlappe 1500 km sind es ab Innsbruck, und auf gesamter italienischer Strecke begleitet Sie der Gebirgszug des Appenin. *In bocco al lupo* (Hals und Beinbruch).

Kombination mit der Fähre:
Alternativ können Sie von Ihrem jeweiligen Ausgangsort die Hafenstädte *Genova, Livorno* oder *Napoli* per Pkw oder Zug ansteuern. Die Fährpreise sind saisonabhängig, der Zuschlag für ein Fahrrad beträgt zwischen 10 und 20 €/ Fahrt. Fahrpläne der Gesellschaften sind in jedem besseren Reisebüro erhältlich. Da Überfahrten, besonders in der Nebensaison, nicht täglich angeboten werden, sollten Sie sich vor Reiseantritt erkundigen, an welchen Tagen und zu welchen Zeiten Sie übersetzen können.

Genua – Palermo: „Grandi Navi Veloci“, 20 Stunden.
Livorno – Palermo: „Grandi Navi Veloci“, 17 Stunden.
Neapel – Palermo: „Tirrenia“, 11 Stunden; die Schnellfähre „Sicilia-Jet“ von „SNAV Aliscafi“ fährt in 4 Stunden, leider ist dort keine Fahrradmitnahme möglich.
Neapel – Eolische Inseln (inkl. Stromboli) – Milazzo/Sizilien: „Siremar“, 16 Stunden, nicht täglich; schönste, aber längste Sizilien-Anreise, Station wird auf folgenden Inseln eingelegt: Stromboli, Ginostra, Panarea, Rinella, Salina, Lipari und Vulcano.
Fährinformationen in Deutschland (Ländervorwahl 0049): Grandi Navi Veloci, Fa. Seetours Int., ✆ (069) 1333295, 🖷 1333218; Tirrenia, ✆ (069) 6668493, 🖷 6668478; SNAV, ✆ (089) 89607340, 🖷 89607333.

Einreise

Dokumente

Personalausweis oder Reisepaß genügen.

Zoll und Devisen

Für die Ein- und Ausfuhr von Zahlungsmitteln gibt es keine Beschränkung.

Wer aus EU-Ländern einreist, darf Güter für den Eigenbedarf zollfrei ein- und ausführen. Einschränkungen gelten lediglich, falls die mitgeführten Waren bzw. die Menge auf kommerzielle Zwecke hindeuten. Wer seinen Weinkeller auffüllen möchte, sollte die Grenzwerte beachten, die als „übliche Menge des privaten Gebrauchs" festgelegt wurden:
10 l Spirituosen (z.B. Grappa) oder 20 l Likör unter 22 vol. % (Marsala) oder 90 l Wein (davon höchstens 60 l Schaumwein); 110 l Bier. Wer von allem etwas mitnehmen mag, darf die jeweiligen Mengen anteilig mitführen. Für Tabakprodukte gilt: 800 Zigaretten oder 400 Zigarillos oder 200 Zigarren oder 1 kg Tabak.

Für die Einreise aus Nicht-EU-Ländern (z. B. Schweiz) gelten folgende Beschränkungen: 1 l Spirituosen oder 2 l Likör oder 2 l Wein, 50 g Parfum oder ¼ Liter Eau de Toilette, 500 g Kaffee, 100 g Tee, 200 Zigaretten oder 100 Zigarillos oder 50 Zigarren oder 250 g Tabak.

Reisende unter 17 Jahren dürfen weder Alkohol noch Tabakwaren ein- bzw. ausführen.

Inländische Verkehrsmittel

Um die größte Insel des Mittelmeers, mit ihren kräfteraubenden Berg- und Talfahrten, komplett per Rad abzustrampeln, sind etliche Wochen notwendig. Wer weniger Zeit im Gepäck hat, braucht dennoch nicht auf ein Gesamtbild Siziliens verzichten, sondern kann auf ein gut ausgebautes öffentliches Verkehrsnetz zurückgreifen. In Ballungsräumen und auf einigen Küstenstraßen ist das Verkehrsaufkommen sehr hoch, und wir empfehlen folgende Alternativen:

Die Bahn
Ein Stück „Sizilien per Bahn" macht Laune, denn sagenhaft schöne Strecken schlängeln sich der Küste entlang, durch Schluchten, Hügellandschaften, „gottverlassene" Gegenden, und immer wieder durch Tunnel und über imposante Brückenbauwerke. Dampflok-Romantik gibt es auf Sizilien zwar nicht mehr, doch wenn Sie Freude an alten Trassen haben, kommen Sie voll auf Ihre Kosten – noch dazu äußerst preiswert, für durchschnittlich 5 € pro 100 Kilometer. Die Strecke Módica – Palermo kostet beispielsweise 17 € (inkl. Fahrrad). Leider wurde die Bahn längst vom schnelleren und komfortableren Bussystem „überrollt", und es wird kaum mehr Geld in die Sanierung der Strecken gesteckt, vielmehr wird das Netz nach und nach ausgedünnt. Im gebirgigen Landesinneren liegen die Ortschaften meist auf Bergkuppen, die dazugehörigen Bahnhöfe befinden sich einige Kilometer außerhalb im Tal.

Die Eisenbahn wird von der FS (Ferrovie Statale), der staatlichen Eisenbahngesellschaft, betrieben. Eile und Streß kennt man nicht, doch die Fahrpläne werden meist akribisch genau eingehalten, es sei denn, es wird mal wieder (wie so oft) gestreikt. Also prägen Sie sich die italienische Vokabel *sciopero* (Streik) gut ein. Denken Sie auch daran, daß der Fahrplan an Wochenenden, speziell an Sonntagen, auf ein Minimum reduziert ist, und erkundigen Sie sich immer im voraus, ob eine Radmitnahme möglich ist. Im Etna-Gebiet verkehrt die Privatbahn Circumetnea – die Schmalspurbahn ist ein Muß für Eisenbahn-Fans (Info siehe Kapitel „Etna").

Information: Die wichtigsten Bahnverbindungen mit Fahrradbeförderung können Sie im Internet aus dem DB-Fahrplansystem HAFAS ausdrucken oder die wenigen Sizilien-Seiten aus dem Fahrplan der FS kopieren (bei einem DER-Reisebüro kurz ausleihen). An größeren sizilianischen Bahnhöfen erhalten Sie die nützliche Broschüre *„Sicilia in Treno"* mit allen notwendigen Informationen; in der Tageszeitung *„La Sicilia"* stehen ebenfalls die aktuellen Abfahrtszeiten.
Ticket: am Schalter; wenn keiner vorhanden, dann ist zumindest angeschlagen, in welcher Bar (richtig gelesen) es Fahrkarten zu kaufen gibt. Ein Nachlösen im Zug ist ebenfalls möglich. Das Fahrradticket kostet pauschal ca. 4 €.
Hotline: 1478-88088 (zwischen 7 und 21 Uhr besetzt).
Radmitnahme: Auf den Hauptstrecken Messina – Catania und Messina – Palermo nicht in allen Zügen möglich, auf sämtlichen Nebenstrecken kein Problem. Achten Sie auf das Radsymbol auf der Infotafel. Die Züge haben gekennzeichnete Radstellplätze. Meist hilft der Schaffner beim Einladen (die willkommene Abwechslung wird gern für einen Schwatz genutzt). Bei der Circumetnea ist die Radmitnahme nicht möglich.
Vokabular: *stazione* (Bahnhof), *treno* (Zug), *binario* (Gleis), *biglietto* (Ticket), *orario* (Fahrplan), *arrivo* (Ankunft), *partenza* (Abfahrt), *sciopero* (Streik).

Der Bus

Das hervorragend ausgebaute Bussystem liegt in privater Hand, genauer gesagt in vielen privaten Händen. Regional- oder Fernbusse verkehren sogar in den entlegendsten Orten der Insel. Erstere halten an jeder Ecke und benötigen entsprechend lange. Fernbusse hingegen nutzen Autobahnen und Schnellstraßen, sind extrem schnell und pünktlich. Beide verlangen humane Preise. Große Gesellschaften sind die SAIS, AST und ETNA TRASPORTI und fahren von großen Orten sternförmig in jede Himmelsrichtung. Es gibt noch jede Menge kleinere Gesellschaften, die meist nur auf ein oder zwei Linien fahren. Jede Gesellschaft hat eigene An- und Abfahrtsorte sowie Fahrpläne. Eine Gesamtübersicht gibt es nicht.

Information: Im jeweiligen Büro der Gesellschaft; in der Tageszeitung „La Sicilia" sind die Zeiten abgedruckt.
Radmitnahme: Regionalbusse können in der Regel kein Fahrrad befördern, da die Gepäckräume meist verschlossen sind. Bei Fernbussen ist die Mitnahme auch nicht garantiert, denn sie hängt allein von der Laune des Fahrers ab. Während der Rush-Hour sind die Chancen gering, meist sind die Gepäckräume dann so voll, daß kein

Rad mehr hineinpaßt. In weniger belebten Zeiten kann der Busfahrer „ein Auge zudrücken“ und die sperrigen, platzraubenden Räder im Gepäckraum verstauen – muß er aber nicht.

Tip: immer schön freundlich und, wenn vorhanden, dem weiblichen Geschlecht beim Fragen Vorrang geben. Das wirkt! Ansonsten „einen auf Mitleid machen“, Radpanne, Müdigkeit, Ausweglosigkeit vortäuschen. Hilft auch!

Tickets: im Tabakgeschäft, Zeitungsladen oder einer Bar mit dem Aufkleber der jeweiligen Busgesellschaft. An Busterminals der großen Städte gibt es eine *Biglietteria*, eine (na?) Omnibusfahrkartenvorverkaufsstelle. Die Fahrscheine werden dann im Bus entwertet. Infos zum Fahrplan und Fahrscheinkauf bekommen Sie am zuverlässigsten in den Bars in der Nähe von Bushaltestellen. Für das Rad wird kein Aufpreis verlangt.

Das Taxi

Keinesfalls günstig – unbedingt vor der Fahrt den Preis aushandeln, da meist kein Taxameter vorhanden ist. Oft sind Festpreise für häufig angefahrene Ziele am Taxistand angeschlagen. An Sonn- und Feiertagen sowie zu später Stunde wird ein Zuschlag erhoben.

Straßen und Verkehr

Eine mobile Baustellenampel auf einer stark frequentierten Küstenstraße war der Anlaß für dieses Kapitel. Warum? Die Ampel stand eindeutig auf Rot! Sämtliche Autos vor uns fuhren dennoch auf der stark verengten Fahrbahn weiter und wir mit den Fahrrädern hinterher. Vermutlich defekt – dachten wir. Falsch – nach 1,5 km kam der Gegenverkehr – ein Aneinandervorbeikommen, selbst für zwei Fiat Cinquecento, unmöglich – unmöglich auch, das folgende Chaos (Gehupe und Geschimpfe) zu beschreiben. Der sizilianische Verkehr hat eben seine eigenen Gesetze und funktioniert gerade deswegen meist erstaunlich gut. Statt Verkehrszeichen bestimmen Intuition, Entschlossenheit und ein kurzer Blickkontakt das Geschehen. Autofahrer-Regel 1: Schaue nie in den Rückspiegel, was hinter Dir passiert, geht Dich nichts an. Regel 2: Wer zuerst fährt, hat Vorfahrt, denn wer bremst, verliert. Regel 3: Einfach losfahren und reindrängeln – für Radfahrer ohne „Knautschzone“ unvorstellbar, aber insgesamt stufen wir den Verkehr für Velos nicht gefährlicher als in vielen anderen Ländern ein.

Verkehr

Radfahrer werden meist mit großem Respekt überholt; auch wenn genügend Platz vorhanden ist, wird der Überholvorgang oftmals mit einem kurzen Hupen eingeleitet. Vorsicht ist dennoch geboten, denn hinter jedem zweiten Lenkrad sitzt ein verkappter *Formula Uno*-Pilot. Wenn hinter Ihnen ein Zweitakter tuckert und sich nicht zu überholen traut bzw. nicht schneller kann – dann ist einer der liebenswerten Opis mit seinem *Piaggio*-Dreirad „on tour“. An Ampeln immer in erster Reihe, neben den Motorino-Fahrern, einreihen – das ist „ungeschriebenes Gesetz", doch jeder kennt's und akzeptiert's. Auffällige Kleidung (Leuchtfarben) und ein Fahrradhelm tragen zu erhöhter Sicherheit bei. Die Einbahnstraßen-Regel in den engen Altstadtgassen sollte unbedingt eingehalten werden, auch wenn sich in Sizilien niemand daran stört. Denken Sie daran, daß im Fall eines Unfalls jedenfalls Sie die Schuld zugesprochen bekommen, wenn Sie sich verkehrswidrig verhalten haben.

Hauptverkehrszeiten
An Werktagen morgens von 8 bis 9.30 Uhr, mittags kurz vor der Siesta von 12.30 bis 13.30 Uhr und vor allem abends von 18 bis 20 Uhr, wenn sich Feierabendverkehr, Einkaufs- und Spazierfahrten ein Stelldichein geben. Relativ ruhig ist es während der Siesta von 13.30 bis gegen 15 Uhr, und geradezu idyllisch sind die Vormittagsstunden an Sonn- und Feiertagen, bis der Ausflugsverkehr und die „Wir besuchen unsere Großeltern"-Fahrten losgehen.

Straßen
Daß Italiener große Straßenbaumeister sind, ist seit der Römerzeit hinlänglich bekannt. Um das bergige Sizilien verkehrstechnisch zu erschließen, waren zwar zusätzliche Gelder aus Norditalien und der EU notwendig, aber heute kann man stolz auf ein aufwendig angelegtes Straßennetz blicken. Besonders im Inland wurden mit EU-Geldern aufwendige Staatsstraßen gebaut, die teilweise zwar nur schwach befahren sind, dafür aber augenscheinlich einige Baufirmen saniert haben. Man erzählt sich, daß die Mafia ihre Opfer in den Pfeilern der kilometerlangen Brückenbauten einbetonieren ließ. Einige Straßenrampen scheinen jedenfalls ziemlich unnütz. Auf den Provinzstraßen müssen Sie nicht „über Leichen gehen", stellenweise nicht einmal über Asphalt.

Apropos Asphalt: Nachdem wir von den großen Asphaltfunden nahe der Stadt Ragusa gehört haben, wurden wir neugierig und haben in diversen Lexika sowie im Internet recherchiert. Dabei wurden die Begriffe Asphaltgestein, Bitumen, Teer, Pech und Pechstein immer schwammiger, bis uns ein Freund und gelernter Steinmetz freundlicherweise aufklärte:

Das Wort **Asphalt** ist griechischer Herkunft, wird aber im Lateinischen mit Bitumen übersetzt. Im deutschen Fachchinesisch spricht man von Erdharz bzw. Erdpech. Im neusprachlichen Wortgebrauch sind **Asphalte** natürliche oder künstliche Gemische von Bitumen und Mineralien. Unter **Bitumen** versteht man dabei Destillationsrückstände bestimmter Erdöle. **Teer** entsteht durch Verkokung von Steinkohle oder Verschwelung von Braunkohle. **Pech** ist zähflüssiger bis fester Destillationsrückstand von Teeren und Harzen. **Pechstein** hingegen ist wasserreicher Porphyr mit bis zu 10 % Wassergehalt im Glasgefüge – eigentlich ganz einfach!

Pisten
In Küstennähe suchen Mountainbiker vergeblich ein Offroad-Terrain, dürfen sich aber auf tolle Trails in den Nationalparks freuen. Wesentlich mehr Glück haben

sie im Inland, wo nicht selten neue Asphaltstraßen buchstäblich im Sand verlaufen. Insgesamt warten in dünn besiedelten Landstrichen einige tausend Kilometer Piste auf eine „staubige“ Bekanntschaft. Allerdings sind praktisch alle Ortschaften auch über Asphaltbelag erreichbar, fragt sich nur wie, da die Straßenbeschaffenheit derzeit leider in keiner Karte exakt verzeichnet ist. Tip für Radler mit schmalen Felgen: Mit Ausnahme von Etappe 39 (Insel Favignana) verlaufen alle „Sizilien per Rad“-Etappen ausschließlich auf mit Bitumen-/ Mineralstoffgemisch asphaltierten Straßen!

Wegweiser

Oftmals nicht da wo sie notwendig wären, andernorts werden Sie dafür von einem wahren Schilderwald überrascht. Die Hersteller der exklusiven Reflexionsschilder scheinen gut zu verdienen. Ein Highlight sind einige Wegweiser in der Etna-Hochregion Süd, wohlgemerkt in 2000 m Höhe – drei unterschiedliche Autobahnen und diverse Superstradas sind angeschrieben! Trotz aller Kritik ist die Beschilderung von Städten und Orten relativ zuverlässig. Hervorragend ist die Kilometer-Beschilderung der Staats-, Provinz- und Kommunalstraßen. Nagelneue Kilometertafeln mit Straßennummern sind fast überall vorbildlich aufgestellt worden. Pfadfinder kommen deshalb eigentlich nur bei einigen Strecken im Inland zu ihrer Berufung.

Straßennamen

In den Städten waren die Sizilianer diesbezüglich nicht gerade einfallsreich. Wenn Sie auf die Via Vittorio Emanuele, den Corso Umberto oder den Piazza Duomo treffen, dann sind Sie „mitten drin“ – im Centro. Unübersichtlich wird's, wenn ein und derselbe Name zweimal auftaucht, allerdings mit einem anderen Titel. Der Begriff ***Corso*** betitelt üblicherweise eine große Hauptstraße. Eine ***Via*** ändert nicht selten an jeder Kreuzung ihren Namen, als ***Viale*** wird häufig eine Allee bezeichnet, ***Vico*** benennt eine Gasse oder einen Treppenweg, mit ***Largo*** ist meist eine Ringstraße gemeint, ***Salita*** steht für einen Aufstieg, und die Strandpromenade ***Lungomare*** führt immer der Küsten entlang. Bei Landstraßen steht die Bezeichnung „SS“ für eine *Strada Statale* (Staatsstraße), „SP“ für eine *Strada Provinciale* (Provinzstraße) und „SC“ für *Strada Comunale* (Gemeindestraße). Die jeweilige Bezeichnung deutet auf den Bauträger hin, aus der auch die Straßenrangordnung abgelesen werden kann. Allerdings haben etliche „SS“ den erfreulichen Charakter einer Nebenstraße mit nur geringem Verkehrsaufkommen, woraus buchstäblich ersichtlich ist, daß die Abkürzung „SS“ nicht für „Superstrada“ (Schnellstraße) steht. Erwähnenswert ist außerdem, daß Superstradas innerhalb geschlossener Ortschaften häufig Via Nazionale genannt werden. Die regionale Numerierung der Provinzstraßen ändert sich mit Überschreiten einer Provinzgrenze, so daß es auf Sizilien mehrere „SP“ mit gleicher Nummer gibt.

Karten

Um mit der Geografie der Insel und der Lage einzelner Reiseziele vertraut zu werden, ist es sinnvoll, eine geeignete Karte schon vor Reisebeginn zu kaufen. Auch wenn Sie nicht zu den Vorplanern gehören, sparen Sie sich damit „vor Ort" wertvolle Rad-Zeit. Mindestens zehn Verlage haben Sizilien im Programm, aber nur zwei mit dem für Radfahrer gerade noch akzeptablen Maßstab 1:200.000. Bei den Etappenbeschreibungen gehen wir davon aus, daß Sie eine dieser beiden Karten nutzen.

Offizielle Karte des **Touring Club Italiano (TCI),** 1:200.000, Blatt Sicilia. In den deutschsprachigen Ländern wird diese Karte von **Kümmerly + Frey** vertrieben, Italien Blatt 14, ISBN 3-259-01234-6, www.swissmaps.ch (im Text als TCI/K+F bezeichnet).

Eine optisch ansprechende und übersichtliche Karte, bei der allerdings die Geländedarstellung wenig aussagekräftig ist. Dafür sind Nationalparks und Provinzgrenzen deutlich markiert. Alle Ortschaften, Berggipfel und viele markante Punkte sind mit Höhenangaben versehen, zusätzlich weisen Pfeile auf größere Straßensteigungen hin. Dabei werden drei Steigungsniveaus unterschieden. Sehenswürdigkeiten und Campingplätze sind unzureichend bzw. gar nicht eingezeichnet.

Die General Karte 1:200.000, Italien Blatt 10, ISBN 3-89525-221-2.
Auf den ersten Blick sehr korrekt und detailliert wirkende Karte. Die Gebirgsformationen haben durch ihre kräftige Schummerung ein plastisches Aussehen, geben aber den genauen Verlauf von Tälern und Bergkämmen nicht wieder. Zwar sind viele Ortschaften und höhere Berggipfel mit Höhenangaben versehen, aber Straßensteigungen sind leider nur sporadisch eingezeichnet, und auch Provinzgrenzen existieren nicht. Dafür haben landschaftliche und kulturelle Sehenswürdigkeiten sowie Nationalparks eine farbige Markierung. Staatsstraßen sind durchgehend rot gefärbt, auch wenn sie den erfreulichen Charakter einer Nebenstraße besitzen. Campingplätze sind eingezeichnet, wenn auch nicht immer an der richtigen Stelle!

Beide Karten sind eindeutig nur auf die Belange des motorisierten Verkehrs zugeschnitten. Trotz regelmäßiger Neuauflagen bleiben viele Ungenauigkeiten erhalten. Besonders bei den Nebenstraßen läßt die Präzision sehr zu wünschen übrig. Die weiß oder dünngelb eingezeichneten Straßen geben keinen zuverlässigen Aufschluß über die Straßenbeschaffenheit (Asphalt). Im Inland haben manche Landstraßen in Wirklichkeit einen anderen Verlauf, existieren teilweise nur als Feldwege oder sind reine Wunschträume der Straßenbaubehörde. Einige neuere Straßen sind dagegen ebensowenig kartographiert wie die Numerierung der Provinzstraßen. Ortschaften sind meist wesentlich ausgedehnter als dargestellt. Um Auflöseerscheinungen an den Knickstellen reparieren zu können, sollten Sie mit Klebefilm ausgestattet sein. Positiv sind die zuverlässige Kilometrierung und die fast identisch als „landschaftlich schön“ unterlegten Routen. Sie haben dieses Prädikat ausnahmslos verdient. Wir würden zusätzlich noch viele andere Strecken grün einfärben! Derzeit geben wir der TCI/K+F Karte den Vorzug.

Ein wahrer Glücksfall ist die **Gratiskarte der Provinz Palermo, 1:125.000**. Hinter dem Namen *„Carta dell Ambiente e del Paesaggio della Provincia di Palermo (1999)“* verbirgt sich eine erstaunlich detaillierte Freizeitkarte, in der sogar Wanderwege *(Sentieri)*, Saumpfade *(Mulatterie)*, Forststraßen *(Piste Forestale)* und die Numerierung der Provinzstraßen verzeichnet sind. Auf der Rückseite befinden sich viele wertvolle Zusatzinformationen. Die Karte ist zu beziehen bei: AAPT, Piazza Castelnuovo 34, 90141 Palermo, 🖹 091582788.

Bleibt zu hoffen, daß die anderen Provinzen bald nachziehen. Bisher basieren deren Gratiskarten auf der Druckvorlage vom TCI und bieten trotz etwas größerem Maßstab keine zusätzlichen Details, zudem werden sie nur sparsam ausgegeben (Ausnahme: Flughafeninfo Catania). Eine freundliche Frage ist es dennoch Wert: *„Scusi, avete una mapa delle strade provinciale?“* Als König fühlen darf sich, wer auf diese Frage die oben beschriebene Karte des TCI geschenkt bekommt.

Nachfolgende Straßenkarten sind höchstens ergänzend wegen der besseren Gesamtübersicht oder der zusätzlichen Stadtpläne sinnvoll: **Euro Cart**, 1:300.000, Italien Blatt 6, inkl. Innenstadtpläne von Palermo, Catania und Siracusa; **Michelin** 1:400.000, Sizilien/Kalabrien, mit Ortsverzeichnis; **Polyglott Flexi Kart** 1:480.000, in Plastik eingeschweißt, abwaschbar und unverwüstlich, mit detaillierten Stadtplänen von Palermo und Taormina.

Stadtpläne sind für die Orientierung in den großen Städte wie Palermo, Catania, Messina und Siracusa unbedingt erforderlich, aber auch für die Besichtigung der kleineren Städte sinnvoll. Die Übersichtspläne der Stadtinformationen sind dabei meist ausreichend. Detailliertere Stadtpläne der Großstädte gibt es am Zeitungskiosk, im Tabakgeschäft oder Buchhandel für 3-5 €.

Wanderkarten sind Mangelware! Militärkarten, 1:50.000 vom IGM *(Instituto Geografico Militare)* mit Höhenlinien, sind zwar in Sizilien erhältlich, aber total veraltet, da sie erst nach 25-30 Jahren für den Handel freigegeben werden. Deshalb sind die gerollten DIN A2-Bögen nur als Sammlerstücke wertvoll. Für Pfadfinder sind Fotokopien ausreichend (spart ca. 10 € pro Blatt). Erhältlich z.B. in der Eliotechnica, Via Gasperi 16, Módica, ✆/🖹 0932763150.

Für Wanderungen oder zum Mountainbiken im **Parco dell'Etna** ist die Wanderkarte des **Touring Club Italiano** (Carta turistica) im Maßstab 1:50.000 sehr empfehlenswert (ISBN 88-365-0482-5). Präzise gezeichnet, Höhenlinien im 50 m Abstand, genaue Markierung aller Straßen, Wege und Schutzhütten. Zusätzlich sind Lavaströme dargestellt und mit Jahreszahlen versehen.

Mit dem selben „Outfit“ ist im November 2000 ein sogenannter **Cartoguide Natura – Il Parco dei Nebrodi** erschienen (1:50.000, ISBN 88-365-1929-6). Erhältlich sind beide in gut sortierten Buchhandlungen, teilweise auch in Zeitschriftenläden und Touristenbüros der Städte rund um die jeweiligen Parks. Für den **Parco delle Madonie** wird angeblich gerade eine dementsprechende Karte vorbereitet. Für alle drei Parks sowie für einige andere Reservate gibt es in den jeweiligen Touristenbüros deutschsprachige Kurzbeschreibungen mit Übersichtskarte – gratis.

Tip: Die Karte immer in Blickweite haben Sie in einem dafür vorgesehenen, wetterfesten Kartenhalter, der als Zubehör bei hochwertigen Lenkertaschen integriert ist. Alternativ können Sie auch dieses Buch mit der aufgeschlagenen Etappenbeschreibung dort unterbringen. Damit ersparen Sie sich das lästige Auffalten bzw. Nachschlagen!

Ski- und Bike-Paradies Monte Etna

Reiseführer und Literatur

Dieser Fahrrad-Reiseführer ist so konzipiert, daß er auch allein genutzt werden kann. Wer allerdings zusätzliche Infos schätzt, für spontane Abstecher gewappnet sein möchte und in Bestsellern bzw. Klassikern sizilianischer Literatur schmökern will, sollte zusätzlichen Lesestoff mitschleppen. Vorbereitungs- und Nachbereitungs-Schmöker sind oft bild- oder textlastig, aber ideal, um zu Hause tiefer in die Materie zu versinken. Wir haben im reichhaltigen Literatur-Pott geschöpft und sind einigen Schriften „auf den Grund gegangen".

... zum Mitnehmen
Das Fach „Sizilien" ist im Buchhandel bestens sortiert, denn nahezu alle großen Verlage haben die Insel im Programm. Wie groß der jeweilige Gebrauchswert zusätzlich zu „Sizilien per Rad" ist, hängt von Ihren Interessen ab. Die erstgenannten Führer legen Wert auf Reiseinformationen, Land und Leute, während am Ende der Liste Kunst, Kultur und historische Hintergründe im Vordergrund stehen. Natürlich sind auch schmalbrüstige Polyglotts und Marco-Polos auf dem Markt, doch die Informationsfülle im vorliegenden Radreiseführer deckt die der Pocket-Bücher bereits ab. Alle Preise belaufen sich im Bereich zwischen 20 und 25 €.

Reise Know-How: Daniela Schetar-Köthe und Gemahl Friedrich Köthe sind die Verfasser der „Bibel" für Individualtouristen. Ausgezeichnete Backgroundinformationen, Unterkünfte, hilfreiche Stadtpläne und nützliche Tips. Die Routenvorschläge sind nur für Autofahrer geeignet. 528 Seiten, 3. Auflage 2001, www.reise-know-how.de.

Velbinger Verlag: Hans Bausenhardts Werk ist an Informationsfülle nahezu unschlagbar. Hans würzt mit ausgefeilten kulinarischen Tips wie wir Etappe 25 mit Kilometern. Lediglich die selbstgezeichneten Karten sind noch nicht ganz „al dente". In einigen Unterkünften ist der Autor „guter alter Bekannter". 532 Seiten, 7. Auflage 2000.

Michael Müller: Sehr gelungenes Werk von Thomas Schröder, mit guten Tips und Hintergrundberichten. 520 Seiten, 3. Auflage 1998, www.michael-mueller-verlag.de.

Baedeker: Allianz-Reiseführer, wie alle Produkte aus gleichnamiger Reihe sachlich, korrekt und informativ mit Hauptaugenmerk auf Kultur und Geschichte. Alphabetisches Ortsverzeichnis, Stadtpläne und Sizilien-Karte im Maßstab 1:200.000 (Die Generalkarte). 444 Seiten, 6. Auflage 2000, www.baedeker.de.

DuMont: Brigit Carnabucis Kunst-Reiseführer zeichnet sich durch fundierte, kunsthistorische Texte aus. Signora Carnabuci lebt als Restauratorin auf Sizilien und verfaßt sehr ansprechende, lebendige Texte. 392 Seiten, 2. Auflage 2000.

Dorling Kindersley: Deutsche Fassung des englischen Originals mit Schwerpunkt auf optischer Vielfalt. Die aufwendige Machart mit Liebe zum Detail birgt 3-D-Karten, interessantes Text- und Bildmaterial. 240 Seiten, 1. Auflage 2000.

... zum Blättern

Merian: Sizilien (1999), Geschichten, Hintergründe und Empfehlungen stimmen vorzüglich auf die Reise ein; Klappkarte verschafft guten Gesamteindruck.

HB Bildatlas: hübsche Bilderreise, zum Berieseln lassen.

Sikania: sizilianisches Monatsmagazin, vor Ort an Kiosken erhältlich; Aktuelles, Kultur, Bilder und Termine, Voraussetzung: Italienisch oder Englisch für Fortgeschrittene.

... zu Fuß

Bruckmann: Wanderungen auf Sizilien, mit Liparischen und Egidischen Inseln, Peter Amann (1997); übersichtlich gegliedert, Tourencharakter, Länge, Höhendifferenz, beste Jahreszeit etc. – einziges Manko ist das Buchformat von 15 x 23 cm, zu groß für die Hosentasche, 192 Seiten, Gewicht: 478 g.

DuMont: Reihe „Aktiv“, Wandern auf Sizilien, Caterina Mesina und Nikolaus Groß (1999); 35 Touren mit exakten Karten, Höhenprofilen und Kurzbeschreibung der Wanderungen, Format 10,5 x 19,5 cm, handlich, hosentaschengeeignet und mit 180 g, verteilt auf 144 Seiten, ein Fliegengewicht.

... fürs Auge

Süddeutscher Verlag: Sizilien sehen & erleben, Herbert Hartmann; Landesinfo in Regionen unterteilt, brillante Fotos, mit Routenvorschlägen – zum Blättern, Ein- und Nachlesen vor dem Kamin.

Belser Verlag: Sizilien, Herbert Hartmann; Schwerpunkt auf Bild, doch auch der Text ist informativ, stammt ja auch vom selben Autor wie oben!

... für den Magen

Blessing Verlag: Sizilien, Reiseziele für Lebenskünstler, Martina Meuth und Bernd Neuner-Duttenhofer; eine kulturell-kulinarische Reise in Bild und Text.

Hugendubel: Cucina Siciliana, Peter Peter und Christian Schreibmüller. Vom Essen und Trinken in Sizilien, ausgesuchte Trattorien und Osterien mit Rezeptvorschlägen.

Christian Verlag: Sizilien, Italiens kulinarische Landschaften, Mariapaola Dettore; schön bebildert, Rezepte nach Gängen unterteilt und leicht nachzukochen, zusätzliche Spezialthemen wie Wein, Kräuter und Gewürze, Käse, Tomaten, Mandeln etc.

... zum Parlieren

Langenscheidts Universalwörterbuch paßt in jede Hosentasche und ist für den Alltagsgebrauch voll ausreichend. Um in kurzen Sätzen reden zu können, sollten Sie zu Reiseknigges Sprachführer aus der Reihe „**Walk & Talk**“ greifen. Gleiches gilt für „Italienisch für die Reise“ aus der Reihe „**Abraxas**“, erschienen im Verlag Peter Meyer. Hervorheben möchten wir „Sizilianisch Wort für Wort“ aus der Reihe „**Kauderwelsch**“ (Verlag Reise Know-How), der den sizilianischen Dialekt aufführt. Gänzlich anderen Charakter hat das Taschenbuch „**Eine Reise nach Neapel e parlare italiano**“. Dieser 500-seitige Italo-Sprachkurs für Anfänger von Reinhard Raffalt (Prestel Verlag) ist „der Hit“. Sie begeben sich auf eine Reise vom Brenner, über Venedig, Florenz, Rom bis nach Neapel und dürfen den Rest der Reise mit nunmehr genügend Italienisch-Sprachkenntnissen getrost alleine fortsetzen.

... für Radpausen

Johann Wolfgang von Goethe und **Johann Gottfried Seume** – Namen die eng mit dem Beginn der Reisekultur des 18./19. Jh. verbunden sind. Erstgenannter schaute 1787 auf seiner berühmten Italienreise auch auf Sizilien vorbei und verfaßte dabei ein Tagebuch mit Skizzen (u. a. dtv, Insel Verlag). Herr Seume „spazierte" in 90 Tagen von Leipzig nach Syrakus (so auch der Titel des Buches, erschienen bei dtv).
Weitere Schmöker:
Die Steine von Pantálica: Vicenzo Consolo, Suhrkamp Verlag; Sizilianische Geschichten, Momentaufnahmen von Menschen und Orten, dramatisch, enthusiastisch, poesievoll, 252 Seiten.
Der Leopard (Il Gattopardo): Giuseppe Tomasi di Lampedusa, Piper Verlag; beschreibt den Niedergang einer sizilianischen Adelsfamilie und schildert anschaulich die sizilianische Gesellschaft im 19. Jh.
Bagheria: Dacia Maraini, Piper Verlag; eine Kindheit auf Sizilien, 170 Seiten.
Die Form des Wassers: Spannender Krimi mit Commissario Montalbano, von Andrea Camilleri, Bastei Lübbe Taschenbuch.
Das Leuchten der Sirene: Campana Domenico, Verlag Kiepenheuer & Witsch; Ein Kriminalroman aus dem alten Sizilien, 242 Seiten.
Mein Sizilien: Leonardo Sciascia, Wagenbach Verlag; Landeskunde.
Laura: Lara Cardella, Fischer TB Verlag; die Geschichte einer jungen Sizilianerin, die sich der gefürchteten Schwiegermutter nicht unterordnen will, 124 Seiten.

... bewegtes Bild

Der Pate I: mit Marlon Brando, Teile des Mafia-Thrillers spielen im verfallenen Dorf Forza d'Agro, nördlich von Taormina.
Cinema Paradiso: von Giuseppe Tornatore, siehe Option in Etappe 25.
Mario und der Zauberer: mit Klaus-Maria Brandauer, siehe Etappe 11.
Palermo flüstert: u. a. mit Leoluca Orlando, siehe Stadtbeschreibung Palermo.

Ein Dach überm Kopf

Sizilien ist kein Billigreiseland, und den Löwenanteil aller Reisekosten verschlingen die Nächte im Hotel. Weniger der auschweifenden Feiern wegen, vielmehr aufgrund der teuren Bettchen. Wesentlich günstiger ist die Übernachtung in Pensionen, allerdings bieten diese nicht selten den Komfort eines Feldlazaretts, genauer gesagt sind die schwammigen Matratzen mit kunstvoll in Baumwollaken eingehüllten Wolldecken dekoriert – zudem nicht nur für XXL-Menschen zu kurz und in der Übergangsjahreszeit erbärmlich kalt. Wer mit „schmalem Geldbeutel“ reist, sollte seine eigenen Wände (Zelt) mitbringen oder Jugendherbergen, Berghütten und die empfohlenen Billigunterkünfte ansteuern.

Das Preisniveau liegt im allgemeinen ca. 10 % über dem des italienischen „Festlandes“. Paradoxerweise bieten die Großstädte Catania und Palermo günstige Übernachtungstarife an. Vermutlich hängt das mit dem starken Konkurrenzkampf zusammen. Preise verstehen sich grundsätzlich exklusive des Frühstücks. Doch raten wir morgens ohnehin zum Besuch einer Bar, die im kleinsten Ort vorhanden ist und Kaffee sowie kleine Leckereien anbietet. Was anderes gibt es im Hotel auch nicht, denn der Sizilianer begnügt sich mit genanntem. Die bei den Ortsbeschreibungen aufgeführten Übernachtungspreise beziehen sich auf die am häufigsten angebotene Variante der Unterbringung, also Zimmer mit Bad und ohne Frühstück. Wenn eine Unterkunft nur Zimmer mit Frühstück anbietet, ist das mit der Abkürzung m.F. gekennzeichnet. Für *camere* ohne eigenes Bad/WC wird das Kürzel o.B. verwendet. Die Preise für Zimmer mit Bad sind dann nicht extra erwähnt, und in der Regel 15-20 % teurer. Wenn die Pension/das Hotel Zimmer mit großen Preisunterschieden anbietet, so haben wir diese Preisspanne aufgeführt.

Übernachtungsmöglichkeiten gibt es pauschal gesehen viele, problematisch ist die ungleichmäßige Verteilung über die Insel. Während der Hauptsaison müssen Sie mit dem entschuldigenden „*no, mi scusate* – wir haben leider kein Zimmer frei“ rechnen. Im Frühjahr und Herbst werden Sie sich leicht tun. Spitzenreiter unter den Touristenhochburgen sind Taormina und Giardini Naxos im Osten sowie Cefalù im Norden. Kopfzerbrechen wird Ihnen manchmal die Suche nach einem schützenden Dach im Inland bereiten, denn dort steckt der Tourismus teils noch nicht mal in den Kinderschuhen. Doch keine Bange, mit Geduld findet sich immer eine der folgenden Möglichkeiten:

Hotel
Kann mit gesalzenen Preisen, geringer Gemütlichkeit und starker Anonymität meist nicht mit den anderen Nächtigungsmöglichkeiten mithalten. Die Preise sind an der Rezeption sowie im Zimmer angeschlagen und werden auch vom italienischen Fremdenverkehrsministerium kontrolliert. Erkundigen Sie sich nach dem günstigsten Zimmer, sonst werden Sie erfahrungsgemäß (besonders in der Nebensaison) im teuersten landen.

Albergo/Pensione
Oft sind die Pensionen „Mittel zum Zweck“ zu vernünftigen Preisen. Einzelübernachtungen sind kein Problem, und meist findet sich auch ein geeigneter Stellplatz für das Rad. Mit Gemeinschaftsduschen muß gerechnet werden. Die Preise sind ebenfalls im Zimmer angeschlagen und werden vom italienischen Fremdenverkehrsministerium kontrolliert.

Affittacamere
Privatzimmer sind günstig, individuell und familiär. *Parlare un po d'Italiano* ist von großem Vorteil, denn die Zimmer sind selten ausgeschildert, oft verstecken sie sich in Seitengassen, und ein vorheriger Anruf ist schon deshalb notwendig weil es ja keine Rezeption gibt und es auch nicht garantiert ist, daß die Hausdamen/herren ständig präsent sind.

Ostello della Gioventù
Jugendherbergen sind rar gesät, es gibt derzeit lediglich sechs *Ostelli* auf den Insel. Zu beachten sind die Öffnungszeiten, denn normalerweise ist die Pforte zwischen 10 und 16 Uhr geschlossen, und Gäste müssen während dieser Zeit das Haus verlassen. Eine Mitgliedschaft im Jugendherbergsverband ist nicht erforderlich.

Azienda Agrituristica (Agriturismo)
Urlaub auf dem Bauernhof wird besonders bei motorisierten Individualtouristen immer beliebter und vom italienischen Tourismusverband stark gefördert. Preislich von sehr günstig bis richtig teuer zu haben. Vielfach liegen die Höfe inmitten von Wein-, Oliven- oder Zitrusplantagen, die Aufnahme ist meist herzlich, die Ausstattung sehr unterschiedlich (vom Luxus-Appartement mit Kochgelegenheit und Swimmingpool bis zum rustikal ausgebauten „Dachboden“). Für Touren-Radfahrer leider nicht immer geeignet, da viele Azienden zu weit ab „vom Schuß“ liegen und auch nicht überall Einzelübernachtungen möglich sind. Verpflegung wird nicht immer angeboten, deswegen eine Notration an „Futter“ nicht vergessen. Ideal stufen wir diese Form der Übernachtung als Basis für Tagestouren oder mehrtägige Erholungspausen ein.

Agricamping
Azienden (Agriturismo), die zusätzlich oder ausschließlich eine Grünfläche für Camper zur Verfügung stellen.

Rifugio
Bewirtschaftete Berghütten des italienischen Alpenvereins (**C**lub **A**lpino **I**taliano) gibt es am Etna, in der Madonie und den Nebrodi. Meist sind es Zwei- oder Mehrbettzimmer mit Gemeinschaftsduschen zu kommoden Preisen. Eine Mitgliedschaft im Alpenverein ist ebensowenig erforderlich wie der eigene Hüttenschlafsack. Sinnvoll ist die Mitnahme einer kleinen Taschenlampe, da der Strom (Aggregat) in der Nacht abgestellt wird.

elbstversorgerhütten bieten ein schützendes Dach überm Kopf, eine Feuer-
:elle und Bergromantik – für alles andere (Proviant, Schlafsack etc.) müssen
ie selbst sorgen.

:amping

:eltplätze gibt es in touristisch erschlossenen Gebieten entlang der Küste. Oft llerdings nur halbjährig, während der heißen Jahreszeit, geöffnet und in der lauptsaison (Juli/August) heillos überfüllt. Die ganzjährig geöffneten *Campeggi* ind in den Wintermonaten gespenstisch leer und still. Öffnungszeiten finden ie in den entsprechenden Etappen. Wildes Campen ist offiziell verboten, wird m Inland (aber nur dort!) jedoch nicht so streng gesehen, solange nicht auf dem estellten Grund eines Bauers genächtigt wird.

:amper- und Caravan-Parkplatz

)iese One-Night-Stellplätze für Camper sind keine wirkliche Alternative zu inem Campingplatz, doch sie bieten wegen der Präsenz anderer Urlauber inen gewissen Schutz. Wer seine Isomatte in so einer „Wagenburg" ausbreitet, larf allerdings keine Wild-West-Romantik erwarten, sondern die Hörspiel-Kulisse von zig verschiedenen TV-Programmen.

Kirchliche Einrichtung

Wenn gar nichts mehr geht, dann sind die Anlaufstellen Pfarrer/Kloster auch eine „Gnadengesuch" wert. Die Beichte wird einem nicht gleich abverlangt, aber strenge Nachtzeiten, spartanische Ausstattung (doch das ist auf Sizilien bei Bil-ligunterkünften ja ohnehin oft der Fall) und Glockengeläut zum Morgengebet müssen akzeptiert werden. Dem stehen die christlichen Preise gegenüber.

Information: Wer bei einer Touristeninfo den kostenlosen Duden der Sizilienreisenden „Alberghi di Sicilia" erhält, darf sich glücklich schätzen. Die zusätzlichen 500 g sind nahezu allumfassend – es gibt praktisch keine Unterkunft, die in diesem Buch nicht detailliert aufgeführt wird. Die abgespeckte Version dieses Kompendiums sind die Hotelführer der einzelnen Provinzen, die *Guida dell'Ospitalità*. Von den örtlichen Touristeninformationen erhalten Sie ebenfalls brauchbare Auskünfte über regionale Nächtigungsmöglichkeiten; Das Agriturismo-Adreßbuch von „Agriturist", der wichtigsten Organisation für Ferien auf dem Bauernhof in Italien, gibt es jedes Jahr neu überarbeitet beim: Landschriften-Verlag, Heerstraße 73, 53111 Bonn, für ca. 13 €.
Wichtig: Für abseits der Strecke gelegene Unterkünfte lohnt ein vorheriger Anruf, um nicht unnötige Kilometer abzustrampeln.

Kulinarisches

Wenn Sie italienisches Essen mögen, werden Sie von sizilianischen Speisen begeistert sein. Ebenso wie die Geschichte ist auch die Küche ein Schmelztiegel verschiedener Kulturen. Sie ist von südeuropäischen, nordafrikanischen sowie arabischen Einflüssen geprägt und weist zudem regionale Unterschiede auf. Die Araber hinterließen mit Safran, Muskat und Nelken einen Hauch Exotik, der tunesische Cous-Cous ist auf Sizilien heutzutage ebenso zu Hause wie die wohlbekannte *Cucina Italiana*. Mit Erfolg konnten die Sizilianer ihre traditionelle Küche auch im Zug der kulinarischen Internationalisierung verteidigen. Amerikanische Fast-Food-Filialen führen selbst in den Großstädten Catania und Palermo noch ein Stiefmütterchen-Dasein.

Erleben Sie einen kulinarischen Tag auf Sizilien mit unserem Freund Francesco. Sein Frühstück nimmt er in einer der zahlreichen Bars ein. Anders als in unseren Breitengraden ist die italienische Bar kein Nachtlokal, sondern ein ganztägiges Kommunikationszentrum. Mit einem *„Buon Giorno, un caffè per favore"* tritt Francesco ein. *Caffè* ist keinesfalls ein Filterkaffee – in Italien bekommt man bei dieser Order einen starken Espresso, den Einheimische mit einem Schwung Zucker süßen. *Cappuccino*, *caffè macchiato* (Kaffee mit Milch) und *latte macchiato* (Milchkaffee) sind weitere Muntermacher. *„Signore, un cornetto con cioccolata!"* Diese Croissants gibt es ebenso *con crèma, marmelata, ricotta* oder *senza niente* (ohne Füllung). In einer Bar wird das *Colazione* (Frühstück) üblicherweise im Stehen eingenommen. Die Zeit, um sich an einen Tisch zu setzen, nehmen sich normalerweise nur ältere Herren und Touristen und müssen dafür oft einen höheren Preis bezahlt. Ein magenfüllenderes *Frühstück* bekommen Sie in einer Bar mit *Tavola Calda* (warmen Snacks). Zum Standard-Angebot zählen belegte *Panini*, Pizzaecken und gefüllte Teigtaschen. Eine sizilianische Köstlichkeit sind *Arancini* (frittierte Reiskugeln), die es mit unterschiedlichen Füllungen gibt: *al burro* (Butter), *al ragou* (Hackfleisch), *al spinaci* (Spinat) und *al formaggio* (Käse). Zutaten für ein nahrhaftes Sportlerfrühstück (Müsli) finden Sie nur im **Supermercato** bzw. **Alimentari**, womit wir schon bei einem weiteren Dreh- und Angelpunkt des sizilianischen Lebens sind. Die *Alimentari* (Tante-Emma-Läden) sind meist in Familienbesitz und selbst in größeren Städten noch nicht von anonymen Supermarktketten verdrängt worden. Sie bieten außer Lebensmitteln auch Haushaltsartikel, die auf engstem Raum über-, unter- und durcheinander gestapelt sind.

Mittags speist Francesco zu Hause bei *Mamma*. Vom **Mercato** bringt sie nicht nur frischeste Zutaten, sondern auch jede Menge Neuigkeiten mit nach Hause und zaubert aus *pasta* (Teigwaren), *verdura* (Gemüse) und *frutti di mare* (Meeresfrüchten) regionale Spezialitäten. Sollten Sie mittags ein Picknick planen, denken Sie daran, sich vor Beginn der Siesta (13 Uhr) mit Lebensmitteln einzudecken! Eine sizilianische Brotzeit könnte aus folgenden Köstlichkeiten bestehen: *prosciutto* (Schinken), *mortadella* (Fleischwurst), *mozzarella* (wer ennt ihn nicht), *ricotta* (körniger Frischkäse), *cacciocavallo* (sizilian. Hartkäse), eimischen Tomaten, eingelegten Oliven, Weißbrot, etc. Brotspezialitäten wie *Ciabatta, Sciaccate* und Pizzabrot gibt es in der **Panineria**. An Sonn- und eiertagen gönnt sich Franceso ein *pranzo* im Lokal. Diese günstigen Mittagsmenüs sind oftmals extra ausgeschildert, serviert werden Spezialitäten der Region. Nach einer ausgiebigen Siesta beginnt er die zweite Tageshälfte in einer **Pasticceria** (Konditorei). Zum *caffè* wird hier eine reiche Palette süßen Gebäcks angeboten. Berühmt sind die *cannoli* – in Schmalz gebrutzelte Teigrollen mit süßer Ricotta-Füllung. Außerdem stehen hunderterlei Plätzchen, wahre Kunstwerke der Zuckerbäcker, aus heimischen Mandeln, Pistazien und Marzipan zur Auswahl.

Dem sizilianischen Erfindergeist verdanken wir auch die bekannteste Süßspeise der Welt: das Speiseeis. Im 8. Jh. brachten Araber den Sharabat auf die Insel – süße, schneegekühlte Getränke, aus denen die Sizilianer ihre *Granita* zauberten (gekühltes Wasser, Zucker und Fruchtsaft). Unter ständigem Rühren, mit Etna-Schnee geeist, entstand das Gelato. Sie werden es nicht für möglich halten, welche Eiskreationen Francesco in seiner Lieblingsgelateria bestellt. *Pagnotelle* (Vanilleeis-Tiramisu), *Schiumone di caffè* (Nußeis mit Kaffee-Parfait-Füllung) und Jasminblüteneis (arabische Spezialität). Natürlich liefert die Insel auch Zutaten für viele andere Sorten: *nocciola* (Nuß*), pistaccio* (Pistazie), *fragola* (Erdbeere), *limone* (Zitrone) und vieles Andere. Anstelle des herkömmlichen *cornetto* (Eiswaffel) bevorzugen Einheimische mancherorts *un brioche con gelato* (mit Eiskugeln gefülltes Hefegebäck).

Francesco hält sich tagsüber mit üppigen Speisen zurück, dafür zelebriert er abends die Kunst des Essens in geselliger Runde, allerdings nicht vor 21 Uhr. Traditionell werden folgende Lokalitäten unterschieden: die **Osteria** ist ein einfaches, familiäres Gasthaus mit begrenzter Speiseauswahl, meist günstig und ohne Speisekarte. Die **Trattoria** hingegen war ursprünglich ein Familienbetrieb mit regionaler Küche – Flair und Gemütlichkeit von einst werden immer noch geboten, doch das Preisniveau kommt oft dem der Restaurants nahe. Die Speisekarte in der **Pizzeria** konzentriert sich auf das berühmte Hefegebäck. Das Pizzabäckerhandwerk ist eine angesehene Kunst, die schon mit dem Anheizen des Holzofens am Spätnachmittag beginnt. Nur in Touristengegenden läuft der Ofen (Elektro) ganztägig auf Hochtouren. Großer Beliebtheit erfreuen sich auch die zahlreichen Take-Away-Pizzerien. Echte Fast-Food-Junkies checken eine Pizza mit *patatine* (Pommes frites) ab. Das **Ristorante** bietet mit weißgedeckten Tischen und vornehm gekleideten Kellnern ein gehobeneres Ambiente. Für das *coperto* (Gedeck), zu dem auch lecker frisches Weißbrot gehört, wird ein Pauschalbetrag berechnet (ca. 1 €). In den letzten Jahren haben sich bei den Locanden diverse Mischformen und Modenamen herausgebildet, z. B. *Spaghetteria, Rosticceria* (den ganzen Tag über warm gehaltene Speisen, von der Lasagne über Panini bis zum Hühnchen) und *Birreria* (Bierlokal, in dem auch Mahlzeiten serviert werden). Übrigens wird in der sog. *Interneteria* im World Wide Web gesurft, nicht auf der Speisekarte. Die *Carta* ist üblicherweise aufgeteilt in *Antipasti* (Vorspeisen), *Primi Piatti* (Pasta), *Secondi Piatti* (Fleisch/Fisch) und *Dolce* (Nachspeisen). Häufig werden die italienische Antipasti in Buffetform angeboten und beinhalten eine Vielzahl in Olivenöl eingelegter Gemüse und Pilzsorten. Francescos Bestellung lautet: *per me un antipasto siciliano* (ich bekomme eine sizilianische Vorspeise). Dieser Brotzeitteller besteht aus Käse, Salami, Schinken und Oliven, in Palermo aus frittiertem Gemüse. Als *Primi Piatti* wird häufig eine Pasta gereicht. In Catania ißt man *die Pasta al Norma* (benannt nach der gleichnamigen Oper Vincenzo Bellinis) – Nudeln mit geschmorten Auberginen; in Siracusa hingegen die *Pasta Maredolce* – Spaghetti mit Thunfisch, Rosinen, Pinienkernen und einem Hauch Tomaten; in Palermo serviert man *Pasta con le sarde* – Maccaroni mit einer Sauce aus Sardinen, Tomaten und Safran. Nachdem der erste Hunger gestillt ist, geht man über zur *Secondi Piatti*, dem Hauptgericht. An der Küste wird fangfrischer Fisch und Meeresfrüchte geordert, im Landesinneren dagegen feine Fleischgerichte. Francesco entscheidet sich für *involtini*, mit Schinken, Käse und geriebenem Brot gefüllte Rouladen aus Kalbfleisch. Sehr beliebt sind auch deftige *salsiccia* – unglaublich fette Schweinswürstchen – und *castrato* – Lammfleisch. Die Gerichte sind nicht sonderlich scharf, dafür wird fast überall mit Knoblauch verfeinert. Beilagen wie *patate* (Kartoffeln), *insalata mista* (gemischter Salat) oder *verdura* (Gemüse) müssen extra bestellt und bezahlt werden. Für welches *dolce* (Nachspeise) wird sich Francesco entscheiden? Etwa für eine *cassata* (Schichttorte aus Biskuit und Ricotta mit kandierten Früchten, Zimt oder Vanille), *oder budino di ricotta* (Ricottapudding) oder gar für *pesche ripiene* (gefüllte Pfirsiche)? Nach diesen ausgiebigen Schlemmereien winkt unser Freund Francesco den Kellner herbei, *il conto per favore* (die Rechnung bitte), und um das Menü nun wirklich zu komplettieren, bestellt er noch einen *averna* (sizilianischer Kräuterlikör). Denkbar wäre auch ein *caffè* oder *caffè coretto* (Mischung aus Espresso und Grappa). Mit dem Bezahlen beginnt das große Kopfrechnen, denn für eine Tischgesellschaft wird immer nur eine Gesamtrechnung erstellt. Obwohl *Servizio* (Service) oft schon mit eingerechnet ist, freut sich der Kellner über ein Trinkgeld. Wenn Sie sich nun über Francescos scheinbar unbändigen Appetit wundern: er trainiert zwischen den Mahlzeiten für Etappe 25!

Tip: Wenn Sie Ihre Urlaubserinnerungen zu Hause mit der Zubereitung sizilianischer Speisen aufwärmen wollen, empfehlen wir, schon auf „Trinacria“ einige *erbe* (Kräuter) zu sammeln: Unschwer zu finden sind *origano*, *rosmarino*, *salvia* (Salbei) und *mentuccia* (Minze). Mit etwas mehr Spürsinn auch *giepro* (Wacholder*), capperi* (Kapern), *mirto* (Myrte) und *timo* (Thymian).

Getränke

Acqua (Wasser) aus der Leitung ist zwar generell trinkbar, wegen des hohen Chlorgehalts aber nicht empfehlenswert. Erfrischender ist das Trinkwasser öffentlicher Brunnen, die häufig auf dem Dorfpiazza zu finden sind. Wenn die Aufschrift „*acqua non potabile*“ warnt: Mund weg! **Acqua Minerale** wird in 1,5 Liter-Plastikflaschen (*frizzante* oder *naturale*) verkauft. **Birra** ist besonders ei der jüngeren Generation populär, allerdings relativ teuer. Nicht selten wird eutsches oder dänisches *birra alla spina* vom Faß gezapft. Das einzig siziliani-che Gebräu stammt aus Messina. **Limonaden** schmecken wesentlich süßer ls zu Hause, und selbst **Fruchtsäfte** werden oft stark gezuckert. Die beste lüssignahrung im Land, in dem Zitronen und Orangen blühen, liefert eine itruspresse.

ino

ls Bacchus nach Sizilien kam, rastete er auf einem Baumstumpf bei Taormina. u seinen Füßen wuchs ein Pflänzlein, das er nicht kannte. Er nahm es mit und flanzte es zu Naxos ein. Es wuchs und brachte gold-gelbe Beeren hervor, die acchus auspreßte. Der Wein war geboren, Bacchus fortan sein Gott.

bwohl der Bestand von den arabischen Besatzern fast völlig gerodet wurde – erbietet doch der Koran den Alkoholgenuß –, wachsen und gedeihen auf Trinacria" heute mehr Weinreben denn je. Rund um den Etna und in vielen üstenregionen werden im Jahresdurchschnitt 12 Millionen Hektoliter erzeugt, avon zwei Drittel *Rosso* und ein Drittel *Bianco*. Im größten weinerzeugenden and der Welt zählt Sizilien neben Apulien, Venetien und der Emilia-Romagna zu den inländischen „Hauptlieferanten". Dabei haben nur 5 % das Prädikat DOC erdient, weitere 20 % werden als Tafelweine gehandelt, und volle 75 % sind Verschnittweine. Mit großen Namen kann die Insel demzufolge kaum auf-trumpfen. Ob die Sizilianer deshalb laut Statistik nur halb so viel Wein konsu-mieren wie die Festlanditaliener? Während die Regionen Toscana und Piemont um die besten Tropfen wetteifern, wird der sizilianische *Vino* immer beliebter. Viele Azienden versuchen heute, von der billigen Massenproduktion wegzu-kommen und statt dessen hochwertige Weine zu keltern. In der Weinlandschaft reifen u.a. die heimischen Rebsorten Cataratto, Trebbiano, Inzolia, Nerello Mascalese und Nero d'Avola. Siziliens „Bekanntester" ist der Marsala (siehe Etappe 40), aber auch 16 DOC-Weine und andere vorzügliche Markenweine sind eine Degustation wert, also: beim Weineinkauf nicht nur auf das DOC-Gütezeichen achten. In fast allen Enotecen darf und sollte probiert werden. So manch süffiger *Vino da tavola* (Tafelwein) kann frisch vom Faß gezapft werden (je Liter ca. 2 €). Nicht immer überzeugend ist allerdings der preiswerte *Vino della Casa* (Hauswein) im Ristorante, da in den Karaffen oft billiger Super-marktfusel schwappt und zudem auch Rosso meist gekühlt serviert wird. Ohne dem großen „Johnson" (Bewertungsfibel für Wein) vorwegzugreifen, wollen wir einige Sorten empfehlen: Corvo, Donnafugata, Cerasuolo di Vittoria, Regaleali und Etna Rosso. *Salute!*

Geld & Preise

Zahlungsmittel

Bis zur **Bargeld**-Einführung des Euro (1.1.2002) wird in Italien mit Lira (Plura Lire) bezahlt. Das internationale Währungskürzel ist Lit. Der Wechselkurs zwischen den zukünftigen Euro-Ländern ist allerdings schon jetzt festgelegt 1000 Lit. entsprechen 1,01 DM oder 7,1 öS bzw. 1,14 hfl. 1 € = 1936,27 Lit. De Wechselkurs zwischen €/Lire und Schweizer Franken bleibt variabel.

Genau wie zu Hause ist der **Bancomat** der bequemste Bargeldlieferant. Fas bei jeder sizilianischen Bank installiert, aber nicht immer EC-Karten-tauglich Auf das EC-Symbol achten! Je nach Automat können maximal 150 € bzw 250 € gezogen werden. Abrechnung am Buchungstag über Ihr Bankkonto zzgl 2,5 € Gebühr. Bei fast allen Automaten kann die Eingabeanleitung in deutsche Sprache gewählt werden.

Eine sizilianische **Bank** zu betreten ist ein Abenteuer. Wer sich nicht schon am Eingang von den schwer bewaffneten Carabinieri abschrecken läßt, muß durch eine Sicherheitsschleuse in den oft tiefgekühlten Schalterraum eindringen. Viel Zeit und Verständnis für italienische Bürokratie mitbringen. Außerdem gilt: Keine Lire ohne Papiere (*documento* = Ausweis)!
Öffnungszeiten: Montag bis Freitag 8.30-12.30, teilweise auch 16-17 Uhr.

Eurocheques: in Lire/Euro ausstellen, Höchstbetrag 300.000 Lire, Abbuchung auf dem heimatlichen Konto zzgl. Gebühr (in Deutschland derzeit 1,75 %), werden nicht von allen Banken gegen Bargeld eingelöst! Mit Einführung des Euro ist das EC-System ohnehin hinfällig.

Reise-/Traveller Cheques: sehr sicher, aber bei Verlust ist der Ersatz „vor Ort" mit erheblichem Bürokratie- und Zeitaufwand verbunden. Dasselbe gilt für das reguläre Einlösen bei einer Bank. In Hotels werden Reiseschecks meist nicht entgegengenommen.

Kreditkarten: Das gängige Plastikgeld wird von vielen Hotels, Campingplätzen und in großen Supermärkten akzeptiert. Mit zusätzlicher PIN ist auch Bargeldziehen am Bancomat möglich – aber gebührenintensiv!

Notfall-Telefonnummern:

Sperrung der EC-Karte	✆ (0049) 740987
Sperrung Euro/Mastercard	✆ (0049) 79331910
Sperrung VISA-Card	Notfallnummer Ihrer Bank!

Preise

Sizilien ist kein Billigurlaubsland – was insbesondere auf **Übernachtungen** zutrifft. Eine Ausnahme hiervon sind kurioserweise die Großstädte Catania und Palermo (siehe auch Kapitel „Ein Dach überm Kopf"). Wer mit schmalem Budget radelt, sollte eine Zeltausrüstung mitbringen. Günstige Nachtlager bieten auch die Jugendherbergen (leider gibt es nur wenige), die Alpenvereinshütten (Rifugi) in den Naturparks des Etna und der Madonie sowie Privatunterkünfte (Affittacamere). Bei letztgenannten sind allerdings in der Regel einige Sprachkenntnisse erforderlich.

Cavolfiore, frisch vom Feld

Briefpost & Fax

Briefe und Postkarten brauchen ca. eine Woche, bis sie ihren Bestimmungsor im europäischen Ausland erreicht haben. Auslandspost wird ausnahmslos pe Flugzeug transportiert, somit erübrigt sich der Hinweis *„posta aera“* (Luftpost) Naturgemäß geht's schneller, wenn die Urlaubsgrüße in einer größeren Stad aufgegeben werden.

Francobolli **(Briefmarken)**
werden außer auf Postämtern auch in allen *Tabacchi* (Tabakläden, auf das T-Symbol achten) und in vielen Souvenirshops verkauft. Egal ob *lettera* (Standardbrief bis 20 g) oder *carta postale*, beide verlangen rechts oben eine 800 Lire-Marke (0,41 €), um ins EU-Ausland transportiert zu werden (andere Länder, z. B. CH, 900 Lire/51 €). Wenn's schneller gehen soll, ca. 4-5 Tage sollten Sie 1200 Lire (0,62 €) berappen und die Karte/Brief per *Posta Prioritaria* senden. Der entsprechende Hinweis ist meist auf den Marken aufgedruckt, es kann aber nicht schaden, dasselbe noch mal handschriftlich unter die Marke in Druckbuchstaben zu schreiben.

Cassetta postale **(Briefkasten)**
die rot lackierten Briefkästen sind in der Regel an allen größeren Plätzen angebracht. Sollte ein Kasten zwei Einwurfschlitze haben, dann wählen Sie die Aufschrift *„per tutte le altre destinazioni“*, auf dem anderen ist dann *„per la città“* (nur für diese Stadt) zu lesen. Die Posta Prioritaria sollte in blaue Briefkästen mit der Ausschrift *„Internationale Posta/Posta Prioritaria“* eingeworfen werden, ansonsten macht der Preisaufschlag keinen Sinn. Die „Blauen“ befinden sich nur in größeren Ortschaften, meist an zentraler Stelle und in Postämtern.

Was darauf stehen muß:
Vor die Postleitzahl sollte das jeweilige Länderkennzeichen geschrieben werden und darunter zusätzlich das Bestimmungsland in italienischer Sprache:

– nach Deutschland	„D- Postleitzahl, Germania“
– in die Schweiz	„CH- Postleitzahl, Svizzera“
– nach Österreich	„A- Postleitzahl, Austria“
– in die Niederlande	„NL- Postleitzahl, Olandia“

Fermo in posta **(postlagernd)**
Jedes Postamt nimmt postlagernde Sendungen an (in größeren Städten nur das jeweilige Hauptpostamt). Ein Brief wird normalerweise 2 Monate aufbewahrt und kann gegen Vorzeigen des Personalausweises und Entrichten einer kleinen Gebühr abgeholt werden. Die Post sollte nach folgendem Muster adressiert sein (die Klammer hinter dem Bestimmungsort weist auf die Provinz hin):

Radelmaier, Andrea
Fermo in posta
I-95030 NICOLOSI (CT)
ITALIEN

Faxmitteilungen
Neben großen Hotels bieten einige Schreibwarengeschäfte und Copyshops diesen Service an und verdienen sich damit eine goldene Nase, denn ca. 2-4 € werden pro DIN A4-Seite fällig.

Telefon

Pronto? Sizilianer und telefonieren, das gehört zusammen wie Don Camillo und Pepone. Seitdem das *Telefonino* (Handy) vom Statussymbol zum Lebenselexier mutierte, wird nicht nur von zahlreichen öffentlichen Apparaten in Bars, an großen Plätzen und in Bahnhöfen, sondern auch an allen nur denkbaren und undenkbaren Orten (Kirche, Fahrrad, Toilette) telefoniert.

Festnetz
Fast alle orangefarbigen Telefonapparate der *Telecom Italia* funktionieren mit Telefonkarte, aber auch Münzfernsprecher sind noch am Netz. Eine *Carta Telefono* ist im *Tabacchi* (Tabakladen) erhältlich. Die perforierte Ecke vor dem Erstgebrauch abtrennen. Achtung: Seit 1998 sind in Italien die ehemaligen Ortsvorwahlen mit den Rufnummern zu einer Nummer zusammengefaßt worden. Die Anfangs-Null muß deshalb auch bei Ortsgesprächen mitgewählt werden. Werktags von 22-8 Uhr sowie an Sonn- und Feiertagen kann günstiger telefoniert werden. In Hotels wird teilweise ein vielfaches der normalen Gebühren berechnet!

Mobilnetz
Niemand, der etwas auf sich hält, geht in Sizilien ohne Handy auf die Straße, in den Supermarkt oder an den Strand.

Neben TIM (*Telecom Italia Mobil*) haben die Netzanbieter Omnitel und Wind die größte Netzabdeckung. Vorausgesetzt Ihr Mobilfunkprovider hat ein entsprechendes Abkommen mit einem dieser Netzbetreiber, sind Sie fast auf ganz Sizilien erreichbar. Die meisten Funklöcher gibt es in den Höhenlagen der Gebirge. Ob das sogenannte „Roaming" (einbuchen in ein ausländisches Netz) mit Ihrer SIM-Karte funktioniert und wie hoch die aktuellen Preise für abgehende und ankommende Gespräche sind, erfahren Sie bei Ihrem Netzbetreiber. Am besten informieren Sie sich vor Abreise über die Roaming-Gebühren der italienischen Netzbetreiber. Ein Vergleich lohnt sich! Erkundigen Sie sich auch, ob und wie Sie im Ausland mit Ihrem Handy das Netz wechseln können (Bedienungsanleitung). SMS-Nachrichten können für ca. 0,17 € versendet werden, de Empfang verursacht keine Gebühren. Zum Thema mobil telefonieren im Aus land gibt es diverse Informationen im Internet: z.B. www.mobiltelefonie.de. Gebühren: www.generic-link.de/GSMnets.html.

Von Italien per Handy ins italienische Festnetz:
☞ die Ländervorwahl (0039) entfällt, die Rufnummer beginnt mit „0".

Von Italien per Handy zu einem anderen Handy:
☞ egal wo sich das andere Mobiltelefon befindet (Sizilien, Heimatland...), mu immer die Ländervorwahl (Herkunftsland des angewählten Handy) ohne die Nu vor der Mobilnummer gewählt werden (z. B. 0049175...).

Für beide Netzarten gilt:
für Gespräche von Sizilien nach Deutschland 0049
nach Österreich 0043
in die Schweiz 0041
in die Niederlande 0031,
dann die gewünschte Rufnummer ohne Anfangs-Null der Ortsvorwahl wählen.

Für Gespräche **von Europa nach Italien** die Ländervorwahl 0039, gefolgt von der kompletten Durchwahlnummer mit einer Null am Anfang, eingeben, Beispiel: von Wien zur Touristeninformation in Parlermo 0039-091605811.

Tip: Wer Geld sparen will, telefoniert über das italienische Festnetz und setzt sein *Telefonino* nur im Notfall ein. Denken Sie bei Handy-Gesprächen daran, daß zwei Netzbetreiber verdienen wollen und auch eingehende Telefonate sehr teuer sind.

Kommt Zeit, kommt Rad

Uhrzeit

Nehmen Sie doch eine Auszeit von der Uhrzeit, und genießen Sie die Radzeit. Übrigens liegt Italien wie Österreich, die Schweiz, Niederlande und Deutschland in der Mitteleuropäischen Zeitzone (MEZ). Die Umstellung von Sommer- auf Winterzeit erfolgt gleichzeitig.

Öffnungszeiten

Wann *aperto* (offen) und wann *chiuso* (geschlossen)? Das ist ein heikles Thema, da regional bzw. jahreszeitlich verschieden und so unberechenbar wie das Leben selbst. Sicher ist eigentlich nur die ausgedehnte Mittagsruhe. *La Siesta* ist mehr als nur eine lange Pause, sie ist ein Stück südländische Kultur – ein Lebensgefühl, das Sie als Radfahrer, besonders im Sommer, sicherlich bald zu schätzen wissen.

Geschäfte sind von Montag bis Samstag in der Regel zwischen 8.30 und 13 Uhr sowie von 16.30 bis 20 Uhr geöffnet. Nur sehr große Supermärkte (meist am Stadtrand) haben mittags durchgängig offen. Das gleiche gilt für Bars mit angeschlossenem *Alimentari*. In ländlichen und touristischen Gebieten haben viele Läden bis spätabends geöffnet, wohingegen in den Großstädten meist pünktlich um 20 Uhr die Rolläden zugehen. Im Gegensatz zu katholischen Feiertagen sind gewöhnliche Sonntage vielen Geschäftsleuten nicht heilig.

Touristeninfos haben üblicherweise (Ausnahmen bestätigen die Regel) von Montag bis Donnerstag zwischen 8.30 und 13 Uhr sowie von 17 bis 19.30 Uhr und am Freitag von 8.30 bis 14 Uhr geöffnet. In Touristengebieten teilweise auch Samstag und Sonntag vormittags.

Postämter sind von 8.30 bis 13 Uhr und 15 bis 17 Uhr zugänglich. **Banken** ebenfalls zwischen 8.30 und 13 Uhr, nachmittags lediglich von 16 bis 17 Uhr. **Behörden und Ämter** sind offiziell nur vormittags von 8.30 bis 13.30 Uhr für den „Publikumsverkehr“ geöffnet.

Kirchen öffnen ihre Pforten gewöhnlich von 7 bis 12 Uhr. Dann wird unbarmherzig geschlossen und erst zwischen 15 und 16 Uhr wieder aufgemacht, um bis ca. 20 Uhr geöffnet zu bleiben. Während der Messen sollte von einer Besichtigung abgesehen werden. Langes Beinkleid ist erwünscht – mit kurzen Radklamotten sollten Sie es beim Hineinäugeln vom Eingangsbereich aus belassen.

In **Museen** herrschen keine einheitlichen Verhältnisse. Relativ konstant sind lediglich die morgendlichen Öffnungszeiten zwischen 9 und 13 Uhr sowie die anschließende Mittagspause. Die nachmittägliche Öffnung ist tagesabhängig. Im Text der Etappenbeschreibungen sind jeweils genaue Zeiten aufgeführt.

Ausgrabungsstätten haben meist von 9 Uhr bis angeblich eine Stunde vor Sonnenuntergang geöffnet. Nur ganz bedeutende Stätten sind von der Siesta verschont und können durchgehend besichtigt werden – ansonsten gilt zwischen 13 und 17 Uhr *chiuso.* Kaum zu glauben, doch am Wochenende sind einige Sehenswürdigkeiten geschlossen!

Feiertage

Zu den „Gesetzlichen" gesellt sich pro Ort mindestens ein lokaler *festivo* (Feiertag), der zu Ehren der/des *Patrone* (Stadtheiligen) mit einer großen Prozession gefeiert wird. Zusätzlich gibt es Festtage für Agrarprodukte. Oft kann aus dem Beinamen der Stadt abgelesen werden, welche Erzeugnisse das sind z.B. Linguaglossa – Città del Miele, Aci Catena – Città del Limone oder Bronte – Città del Pistacchio. Am 1. November haben die Läden größtenteils geöffnet.

Wenn nördlich der Alpen Weihnachten und Ostern auf einen Tag fallen würden, dann kommt dies dem 15. August (Mariä Himmelfahrt) in Italien gleich. Der sog. **Ferragosto** wird meist mit einem langen Wochenende am Meer oder in den Bergen verbunden. Die Preise überschlagen sich, Hotels, Restaurants und Straßen sind überfüllt! Ebenso legen mehrtägige Prozessionen und Festivitäten in der **Karwoche** das öffentliche Leben weitgehend lahm. **Karnevals-Umzüge** gibt es in vielen Städten – ein besonders buntes Treiben findet in Acireale statt.

Weitere gesetzliche Feiertage sind: Neujahr – *capodanno*; 6. Januar, Heilige Drei Könige – *epifania*; Ostermontag – *pasquetta*; 25. April, Befreiung vom Faschismus – *anniversario della liberazione*; 1. Mai – *primo maggio*; 1. November, Allerheiligen – *ognissanti*; 8. Dezember, Mariä Empfängnis – *immaccolata concezione*; 25. Dezember – *natale*; 26. Dezember – *Santo Stéfano*.

Sommerferien haben die *Bambini* zwischen Anfang Juli und Ende August.

Service

Notrufnummern

Carabinieri (Polizei) nur im Gefahrenfall: 112
Rettungsdienst (allgemeine Notrufnummer, Erste Hilfe, Unfälle): 113
Feuerwehr (Waldbrand etc.): 115
Bergrettungsdienst CAI: 095914141

Deutschsprachige Notrufstation des ADAC, ✆ 064440404. Wenn „Not am Mann" ist, wird auch Nichtmitgliedern geholfen.
AOK/ADAC-Urlaubshotline: ✆ (0049) 89 76764200

Tip: Wer aus irgendeinem Grund völlig „blank" ist, kann von Italien nach Deutschland ein sogenanntes „R-Gespräch" führen. Dafür benötigen Sie weder Münzen noch Telefonkarte, sondern nur die 1720049 und schon werden Sie gebührenfrei mit der Zentrale in Deutschland verbunden. Dort nennen Sie Ihren Namen und die Nummer, mit der Sie telefonieren möchten. Der Teilnehmer wird dann von der Vermittlerstelle gefragt, ob er auf eigene Kosten mit Ihnen sprechen will. Wenn ja, dann können Sie loslegen! Falls Sie bei der gewünschten Nummer niemanden erreichen, kann es dennoch hilfreich sein, bei der Telekom-Zentrale einen deutschsprachigen Ansprechpartner zu haben.
Falls Sie eine Mobilnummer erreichen wollen: aus Abrechnungsgründen verbindet die Deutsche Telekom derzeit „R-Gespräche" nur an T-D1-Kunden, also Nummern, die mit 0170, 0171, 0175 oder 0160 beginnen.

Krankenversicherung

Mitgliedern der gesetzlichen Krankenversicherung aus D, A und NL wird empfohlen, den Anspruchsschein E111 für Italien bei der jeweiligen Kasse zu beantragen und mitzunehmen. Um „vor Ort" von Ärzten und in Krankenhäusern kostenlos behandelt zu werden, muß dieser „Auslandskrankenschein" in einem lokalen Büro der italienischen Sozialversicherung gegen einen italienischen Krankenschein eingetauscht werden. Diese sogenannte *Unità Sanitaria Locale* befindet sich in der jeweiligen Provinzhauptstadt. Neben dem „E111" sollten Sie einen gültigen Reisepaß/Personalausweis und viel Geduld für Bürokratie mitbringen. Falls dies bei einer akuten Erkrankung zu langwierig erscheint oder der Arzt keine „Kassenpatienten" behandelt, müssen Sie zunächst einmal bar bezahlen, können dann jedoch zu Hause gegen Vorlage einer detaillierten Quittung (Diagnose, Art und Kosten der Behandlung) die Kosten zurückerstattet bekommen (im Rahmen der im Heimatland gültigen Leistungen). Da viele Ärzte nur „privat" und gegen hohe Honorare behandeln und auch der Rücktransport bei einer akuten Erkrankung nicht von der gesetzlichen Krankenversicherung bezahlt wird, ist es ratsam, für die Dauer der Sizilien-Tour eine zusätzliche Auslandskrankenversicherung abzuschließen. Diese kann übrigens auch in Kombination mit einer Gepäckversicherung, zu günstigen Tarifen, in jedem Reisebüro abgeschlossen werden.

Privatversicherte und in der Schweiz Versicherte, sollten bei der jeweiligen Versicherung erfragen, welche Leistungen in Italien rückerstattet werden, um gegebenenfalls auch eine Zusatzversicherung abzuschließen!

Medikamente
Die Versorgung mit Medikamenten ist in Italien zwar ausgezeichnet, Sie sollten aber dennoch ein Erste-Hilfe-Set als Erstversorgung mitnehmen. Rezeptfreie Medikamente, die nicht von der Krankenkasse übernommen werden, sind in Italien übrigens um einiges günstiger.

Preisermäßigungen
Für Azubis, Schüler und Studenten gibt es nur wenige Preisnachlässe. Ermäßigter oder gar freier Eintritt wird Geschichtsstudenten mit gültigem internationalen Studentenausweis in staatlich geführten Museen und Kulturstätten gewährt (und eigentlich studiert man ja Geschichte, wenn Frau/Mann auf Sizilien reist, oder?). Für jugendlich wirkende Radfahrer stehen die Chancen, „als Student durchzugehen", nicht schlecht!

Die europäische Jugendkarte EURO<26 wird in Italien weitgehend akzeptiert und bietet eine Fülle von Rabatten z.B. in Museen. Das Vertriebsnetz ist erst im Aufbau (z.Z. in Deutschland keine direkte Bezugsmöglichkeit). Details am besten im Internet recherchieren unter: www.euro26.org.

Bei der italienischen Eisenbahngesellschaft (FS) ist der „Preisdschungel" bezüglich Ermäßigungen ebenso „undurchsichtig" wie bei der Deutschen Bahn. Am besten erkundigen Sie sich zu Hause nach dem günstigsten Tarif.

Hilferufe
Wenn Sie sich finanziell verkalkuliert haben oder völlig ausgeraubt wurden, werden Sie wohl oder übel um Hilfe bitten müssen.

Die einfachste und billigste Art ist immer noch sich von Eltern, Freunden oder Verwandten Geld nachschicken (überweisen) zu lassen. Wichtig: der Empfänger einer internationalen Geldüberweisung, egal ob per Bank oder Post/Western Union, muß sich bei Entgegennahme ausweisen können. Bei Verlust des Personalausweises oder Passes besteht somit auch die Notwendigkeit, einen Ersatzempfänger zu engagieren.

Es ist möglich, Bargeld innerhalb von 30 Minuten nach Italien zu transferieren. Diesen nicht ganz billigen Service bietet Western Union für 150 Länder an. Ausgezahlt wird der Betrag bei einer Agentur vor Ort in Landeswährung. Weltweit arbeitet Western Union mit mehr als 25.000 Agenturen zusammen. Wichtigster Partner von Western Union ist in Deutschland und der Schweiz die gute alte Post. Hier können Sie Ihren Auftrag erteilen und Infos einholen.

Wenn alle Stricke reißen, ist die diplomatische Vertretung zur Hilfe verpflichtet. Da hinterher aber alles mit Zinsen und Gebühren zurückgezahlt werden muß, sollten Sie dort wirklich nur im äußersten Notfall anklopfen.

Botschaften
Deutsche Botschaft, Via Po 25/c, Roma, ✆ 06884741.
Österreichische Botschaft, Via Pergolesi 3, 00198 Roma, ✆ 068558241.
Schweizer Botschaft, Via Barnaba Oriani 61, 00197 Roma, ✆ 068083641.
Niederländische Botschaft, Via Mercati 8, Rom, ✆ 063221141.

Reiseruf
Reiserufe übermittelt die Deutsche Welle täglich im Morgen-, Mittags- und Abendjournal und zusätzlich im Reisejournal. Deutsche Welle Reiseruf, ✆ (0221) 3894431. Die deutsche Welle kann ganztägig über Kurzwelle 6075 kHz (49 m-Band) empfangen werden.

Rundfunk
Die staatliche italienische Rundfunkanstalt RAI strahlt von Juni bis September deutschsprachige Nachrichten aus. Auf UKW 99,4, 99,8 und/oder 102,5 MHz sowie auf Mittelwelle 1050, 1367 und/oder 1448 kHz. Tip für Globetrotter: Ein Pocketradio (Walkman-Format, ca. 400 Gramm) mit Kurzwellenempfänger gibt es für ca. 50 € im Handel. Als UKW-Empfänger verbreitet er gute Laune von lokalen Sendern, und abends (tagsüber ist der Empfang etwas schlechter) können deutschsprachige Nachrichten gehört werden. Neben der Deutschen Welle hat auf Sizilien das Programm von Bayern 1 (6015 kHz, 49 m-Band) eine hervorragende Empfangsqualität. Hörfunktip für *Tifosi*: BR 1, samstags ab 16 Uhr – „Heute im Stadion“ Bundesliga live.

Normen

Längen-, Flächen-, Körper- und Gewichtsmaße sowie Energie-, Druck- und Temperatureinheiten entsprechen auf *Sicilia* der EU-Norm. Ja, trotz der vielen Sonnenstunden mißt auch hier das Lichtjahr 9,463 Billionen Kilometer! Eurostecker (zweipolige Flachstecker, z. B. Rasierapparat) funktionieren in den „dreilöchrigen“ italienischen Steckdosen, aber für Geräte mit Schukostecker (Stecker mit Erd- bzw. Schutzkontakt) sind Adapter notwendig. Diese sind im Fachhandel „zu Hause“ oder noch einfacher „vor Ort“ erhältlich, da eigentümlicherweise in Italien viele Neugeräte, z.B. Waschmaschinen, mit Schukosteckern verkauft werden Haarföne haben normalerweise keinen Eurostecker und benötigen deshalb ebenfalls einen Adapter. Schweizer Eidgenossen sollten diesen unbedingt schon zu Hause kaufen.

Rund ums Rad

Fahrradtyp
Die Topografie Siziliens und der Niederlande haben herzlich wenig Gemeinsamkeiten. Deshalb werden Sie mit einem „Hollandrad“ die bergige Insel, mit Ausnahme einiger Küstenabschnitte, nicht erfahren können. Ob Sie nun Ihr Trekkingrad, Rennrad oder Mountainbike (MTB) mitnehmen, es sollte auf jeden Fall tourenerprobt und bergtauglich sein. Für Tourenradfahrer bietet ein mit solidem Gepäckträger nachgerüstetes MTB den Vorteil, daß Ersatzteile (Felgen, Bereifung, etc.) einfacher aufzutreiben sind. Die „sportliche“ Sitzposition ist für lange Asphalttouren aber nicht jedermanns Sache. Die Rahmengeometrie von Trekkingrädern verspricht mehr Fahrtkomfort bei etwas höherem Gewicht.

Mieten oder Mitnehmen
In die „Wiege der Mafia“ das eigene Fahrrad mitnehmen? Ja, denn tourentaugliche Mietfahrräder sind auf Sizilien absolute Mangelware. In den Touristenzentren sind zwar einige wenige Fahrradverleihe vorhanden, die angebotenen Leih-Bikes (meist einfache MTBs) sind aber kaum für längere Touren geeignet. Schuld an der Misere ist das komplizierte Rechtssystem (Haftung im Schadensfall).

Diebstahl
Haben Sie schon mal einen Mafioso radfahren sehen? Nein! Sie und Ihr Rad brauchen das organisierte Verbrechen in keinster Weise fürchten. Gewöhnliche Langfinger gibt es nicht mehr, aber auch nicht weniger als in vielen anderen europäischen Ländern. Eine gesunde Portion Vorsicht ist deshalb ratsam. Wie üblich bergen Städte mehr Gefahren als ländliche Gegenden. Bei touristischen Sehenswürdigkeiten sollte man besonderes achtsam sein. Den Autoren kam in Monreale ein liebgewordener Sattel abhanden. Wir raten deshalb, die Sattelstütze nicht mit einem Schnellspanner, sondern mit einer gekonterten Stahlschraube zu sichern. Die Parkplätze der Kulturstätten werden meist von inoffiziellen Aufpassern bewacht. Wenn Ihnen die Sicherheit Ihres Rads ein Trinkgeld wert ist, können Sie die Kunstschätze völlig bedenkenlos genießen. Im übrigen bietet ein Spiralschloß ausreichend Schutz vor Gelegenheitsdieben.

Fahrradgeschäfte *(Cicli – Ricambi – Assistenza)*
gibt es erfreulicherweise in vielen größeren Ortschaften und in den meisten Städten. Bei einer Radpanne finden Sie auch auf dem Land Hilfe. Meist sind es Motorrad-Werkstätten, die einige gängige Fahrradteile verkaufen und bei Reparaturen zumindest mit Werkzeug und technischem Verständnis zur Hand gehen. Weniger Hilfe ist von „Spielzeugläden mit Fahrradabteilung“ zu erwarten (entspricht dem Zweiradservice der Baumärkte zu Hause). Spätestens in den Großstädten Palermo, Catania, Siracusa, Ragusa und Trápani finden Sie erstklassig ausgestattete Fachgeschäfte mit einer ansprechenden Auswahl an

Ersatzteilen, Zubehör, etc. Das Verkaufssortiment wird von durchdesignten Sporträdern beherrscht, aber auch Trekkingräder werden angeboten.

Ausstattung

Eine gut funktionierende **Gangschaltung** mit geeigneter Bergübersetzung ist unerläßlich. Trekkingräder und MTBs sind in der Regel mit einer Untersetzung ausgestattet, die bei langen Bergfahrten mit Gepäck oder im Gelände auch notwendig ist (Untersetzung: das kleinste der vorderen Kettenblätter hat weniger Zähne als das größte hintere Ritzel). Viele Berge bedeuten natürlich auch lange Abfahrten, sprich leichtgängige und zuverlässige **Bremsen** sind nötig. Leider sind Ersatzteile für Hydraulik- und Scheibenbremsen auf Sizilien kaum erhältlich. Ebenso unverzichtbar sind ein „eingesessener" Sattel, ein stabiler Gepäckträger und eine Beleuchtung (wenigstens Batterieleuchten). Zusätzliche Reflektoren tragen – auch bei Sporträdern – zu Ihrer Sicherheit bei.

Bereifung

Die Straßenbeschaffenheit ist im allgemeinen sehr gut und läßt alle Manteltypen zu. Reifen mit einem stärkeren Profil sind allerdings weniger pannenanfällig. Der höhere Rollwiderstand ist bei Bergfahrten unerheblich. Jedenfalls sollten Sie abgefahrene oder poröse Reifen vor der Reise erneuern. Tip: Beim Reifenkauf die Felge mit in den Shop nehmen und selbst testen, ob sich das ausgewählte Modell leicht auf- bzw. abziehen läßt.

Federung

Federgabeln sind beim MTB nicht mehr wegzudenken und werden bei Trekkingrädern immer beliebter. Fullys (Räder mit Vollfederung) sind in der Fachwelt umstritten (Gewicht, Pogo-Effekt etc.). Um die Wirbelsäule zu entlasten, ist eine gefederte Sattelstütze sehr wirkungsvoll. Für alle Radtypen erhältlich, einfache Montage, individuell einstellbar, relativ geringes Gewicht. Für schweres Gelände nicht geeignet! Einige Billigprodukte sind unzureichend, also besser beim Fachhandel nachfragen (Qualitätsprodukte kosten derzeit ca. 80-100 €).

Zubehör

Lenkhörner (Bullhorns/Endhorns) ermöglichen das Umgreifen auf eine andere Lenkposition. Die veränderte Körperhaltung hat eine entlastende Wirkung. Für lange Radtouren sehr zu empfehlen.

Ein **Fahrradcomputer** ist zwar nicht zwingend notwendig, aber als zusätzliche Orientierungshilfe bei den Etappen überaus hilfreich. Selbst günstige Fabrikate verfügen über eine hohe Meßgenauigkeit. Die exakten Kilometersteine der Provinzstraßen ermöglichen ein Überprüfen Ihres Tachos. Bei zu hoher Anzeige den Radumfang kleiner einstellen!

Höhenmesser sind im bergigen Gelände nicht nur technisches Spielzeug, sondern eine echte Bereicherung. Die meisten Modelle sind in Kombination mit einer Armbanduhr ab 100 € im Handel erhältlich; es gibt auch eine Variante, die in eines der berühmten Schweizer Taschenmesser eingebaut ist. Teurere

Modelle haben in der Regel keine höhere Meßgenauigkeit, jedoch mehr Funktionen. Der technische „Overkill" ist derzeit ein Fahrradcomputer mit sämtlichen Tacho- und Uhrfunktionen, integriertem Höhenmesser, Tritt- und Herzfrequenzanzeige, Kompaß, Höhenprofil, alles speicherbar, inkl. Datentransfer zum PC und eigener Software. Noch Wünsche?

Trinkflaschen aus Aluminium sind bei Dauereinsatz hygienischer als Plastikflaschen. Regelmäßiges Reinigen mit Hygienetabletten für Zahnersatz bringt zusätzlichen Bakterienschutz. Wir bevorzugen die unumgänglichen 1,5 Liter Mineralwasserflaschen, die in einem leicht aufgebogenen Flaschenhalter Platz finden. Nachteil: kein Patentverschluß. Übrigens sind nur mit *„frizzante"* beschriftete Wasserflaschen kohlensäurehaltig.

Immer dran denken

Bei sportlicher Anstrengung gibt der Körper viel – bei zusätzlicher Hitze extrem viel – Flüssigkeit und somit auch wertvolle Mineralien ab. Viel Trinken! Mindestens 2-4 Liter täglich. Getränke, die zusätzlich mit Magnesium bzw. Kalzium (Tabletten oder Pulver) angereichert sind, schaffen Abhilfe. Noch besser schmeckt und wirkt natürlich ein gelegentlich frisch gepreßter Fruchtsaft. Eine Zitruspresse ist auf Sizilien Gold wert.

Bekleidung: Wind- bzw. Regenjacke und Fingerhandschuhe gehören neben den üblichen Radklamotten auch im Sommer ins Gepäck. Denken Sie an die teilweise langen Abfahrten, bei denen der Körper auch bei warmen Temperaturen ohne Windschutz auskühlt. Wenn's doch mal kühler seinen sollte, kleiden Sie sich am besten im Zwiebelprinzip: lieber mehrere dünne als eine dicke Schicht. Studieren Sie dazu auch vorab das Höhendiagramm. Vor langen Abfahrten sollten Sie ein naßgeschwitztes Trikot wechseln und eine Radbrille aufsetzten. Bei schnelleren „Downhills" wird jede Fliege zu Geschoß, allerdings herrscht auf der Insel der Sonne ohnehin meist Sonnenbrillen-Wetter.

Gepäck: Satteltaschen für Tourenräder sollten leicht zu montieren und 100 % wasserdicht sein. Wir empfehlen hier nicht zu sparen! Viele Noname-Produkte sind den Strapazen einer mehrtägigen Tour nicht gewachsen. Satteltaschen, die mit einem speziellen Träger an der Vordergabel (sogenannte „Lowrider") montiert werden, helfen, das Gepäckgewicht besser auf das Rad zu verteilen. Nachteil: Sie haben dann immer mindestens 4 Gepäckstücke an Bord. Das Lösungswort: Gepäckminimierung! Rucksäcke (für Tagestouren, sonst generell untauglich) sollten ein gut gepolstertes Tragesystem, einen Bauch- und Brustgurt haben und dem Rücken ausreichend Belüftung bieten. Auch hier empfehlen wir zu einem Markenprodukt. Nicht überall, wo „Bike-Rucksack" draufsteht, ist Radkomfort drin.

Reparatur-Grundausstattung (Gesamtgewicht ca. 750 Gramm)

- ☐ Luftpumpe (statt Rahmenpumpe vorzugsweise Minipumpe ins Gepäck)
- ☐ Flickzeug inkl. Reifenheber
- ☐ Ersatzschlauch (auf Größe und Ventilart achten)
- ☐ Gabelschlüssel (10er für Cantileverbremsen; 15er für Pedale – Flugzeug!)
- ☐ Inbusschlüssel oder Fahrrad-Multitool
- ☐ Ersatzspeichen (das Hinterrad hat zwei unterschiedliche Längen!) Mit Klebeband am oder mit altem Lappen im Rahmen transportieren
- ☐ Nippel und Nippelspanner bzw. Speichenschlüssel (auf Größe achten)
- ☐ Bremsklötze (wenigstens ein Set)
- ☐ Kettennieter, mind. 2 Kettenglieder und 2 Ersatznietstifte
- ☐ Kettenfließfett, alter Lappen
- ☐ Brems- und Schaltzüge oder ein Universal-Kit
- ☐ Taschenmesser, noch besser ist ein Multifunktionswerkzeug
- ☐ eine Rolle PVC-Klebeband und einige Kabelbinder

Mieten

Wie bereits erwähnt sind tourentaugliche Leihbikes auf Sizilien Mangelware. Sehr gute Marken-Mountainbikes verleiht die Bike-Station „Rad und Tat“:

Adresse auf Sizilien (Taormina):

☞ Hotel Villa Schuler, Piazetta Bastione, Via Roma, 98039 Taormina, ✆ 0039-094223481, 🖷 0039-094223522, das Hotel wird von einer deutschen Familie geführt. Die MTBs der Marke Schauff sind mit Shimano-XL-Komponenten und teilweise mit Federgabel (Rock Shock) ausgestattet. Verschiedene Rahmengrößen sind vorhanden. Im Service inbegriffen sind Fahrradschloß, Ersatzschlauch und Flickzeug. Für Hotelgäste sind die Räder gratis, ansonsten werden 7 € pro Tag bzw. 32 € in der Woche berechnet. Taormina ist ein idealer Stützpunkt für Touren in die Peloritani sowie die Etna-Region. Ein frühzeitiges Anmelden wird empfohlen und kann auch beim Vermieter in Deutschland vorgenommen werden.

Adresse in Deutschland:

☞ Rad und Tat, Gisela Fahrenholz-Winkens, Im Strohdell, D-53426 Königsfeld, ✆ (02646) 913392, 🖷 913393

In **Giardini-Naxos** verleiht das Fahrradgeschäft: La Bicicletta, Via Nazionale 118 (SS114 Richtung Catania, siehe Etappe 58), ✆ 094253019, einfache No-name-MTBs und selbstgebaute Tandems zu 12 € am Tag.

In Cefalù verleiht der Fahrradservice der Villa la Lumia einfache MTBs, etwas außerhalb, Località S. Lucia, ✆ 0921420090.

Fahrradteile-Vokabular

Im Falle eines Falles werden Sie in keinem Wörterbuch die Übersetzungen für die wichtigsten Fahrradteile finden. Damit Sie sich gegenüber Fahrradhändlern und Werkstätten verständlich machen können (besonders schwierig bei Telefonaten), ist hier eine Liste der entsprechenden Vokabeln zusammengestellt.

Rahmen	**telaio**
Sattelrohr	tubo verticale
Steuerkopfrohr	tubo sterzo
Gabel	forcella
Laufrad	**ruota**
Mantel	copertone
Schlauch	camera d'aria, gomma
Ventil	valvola
Reifen	pneumatico
Felge	cerchio
Speiche	raggio
Nabe	mozzo
Antrieb	
Tretlager	serie movimento
Tretkurbel	pedivella
Kettenblatt	ruota dentata
Pedal	pedale
Kette	catena
Schaltwerk (hinten)	cambio delle marcie
Schaltzug	cavo per il cambio
Schalthebel	leva del cambio
Freilauf-Zahnkranz	ruota libera-corona dentata
Ausstattung	
Lenker	manubrio
Bremse (vorne, hinten)	freno
Bremsgriff	lava freni
Bremsgummi	gomma del freno
Bremszug	cavo del freno, guaína
Sattelstütze	reggisella
Sattel	sella
Schutzblech	copricatena
Gepäckträger	portabagagli
Luftpumpe	pompa d'aria

Werkzeuge

Schraubendreher	cacciavite
Schraubenschlüssel	chiave inglese
Zange	tenaglia
Inbusschlüssel	chiave a brugola
Gabelschlüssel	chiave

Sonstiges

Fahrrad	bici, bicicletta
Fahrradzubehör	accessori
Helm	casco
Radsport	ciclismo
Reparatur	riparazione
Schloß	luchetto

Wegbeschreibung:

Gerade aus	diritto
Links	a sinistra
Rechts	a destra
Abbiegen	girare
bergauf	in salita
bergab	in discesa
Abzweig	deviazione
Ampel	semaforo
Kreuzung	incrocio
Fahrtrichtung	direzione

Entschuldigung, wie komme ich zum *Piazza Duomo*?
Scusi, come arrivo a Piazza Duomo?

Rennrad-Revier Sizilien

Freunden der *Giro d'Italia* sind die Bergstraßen Siziliens durch packende TV-Übertragungen ein Begriff. Wenn Sie nun glauben, daß die größte Insel des Mittelmeers nur für Giro-Cracks geeignet ist, dann liegen Sie daneben. *Bella Sicilia* wartet in vielen Gegenden mit aalglatt asphaltierten Nebensträßchen geradezu darauf, von schmalrädrigen Flitzern gestreift zu werden. Trotz der dichten Besiedelung gibt es ausgezeichnete Trainingsreviere. Im Frühjahr zum Warmradeln – im Herbst, um die Saison ein wenig zu verlängern. Eine echte Alternative also für eingefleischte Kanaren-Racer.

Neben der legendären **Etna-Umrundung** inklusive ihrer beiden Höhenstraßen lädt besonders die weite, einzigartige Berglandschaft der **Monti Iblei** im Südosten zum Kilometerbolzen und Höhenmetersammeln ein. Ein dichtes Netz ruhiger, asphaltierter Bergstraßen, die Nähe zu den Sandstränden der Südküste, tiefe Schluchten und barocke Prachtstädte zeichnen diese Region besonders aus. Als ideale Basis bietet sich eine „Barockperle" im Herzen der Ibleis an: die Kleinstadt Módica. Besonders empfehlen möchten wir dort die familiär geführte Pension „Siciliando" (siehe Etappe 19). Von Módica können Sie nach Herzenslust zuerst bergauf strampeln oder den Tag relaxed mit einer Abfahrt zum Meer beginnen. Wenn die Tourenplanung mal weiter gediehen ist, als Ihre Kondition es zuläßt, dann können Sie von zahlreichen Orten per Bahn retour fahren. Wer die Nähe zum Wasser sucht, kann natürlich seine Zelte auch in den Küstenorten zwischen Pozzallo und Scoglitti aufschlagen (siehe Etappe 13; über Reisebüros können Sie in dieser Region auch Clubhotels buchen). Für eine Tourenplanung können die Etappen 3 bis 20 beliebig kombiniert werden, und dabei bleiben noch jede Menge anderer Routen zum Selbstentdecken.

Radgeschäft: In Ragusa betreibt ein ehemaliger Rennradprofi – Francesco Massari – mit Enthusiasmus und großem Herzen für Amateursportler ein sehr ansprechendes Fachgeschäft (Etappe 17).

Unterwegs

Zingaro, kleine heile Welt

Unterwegs

Etappen: „Sizilien per Rad“
Der Tourenteil ist in 72 Etappen unterteilt, die nahezu alle Regionen und Sehenswürdigkeiten der Insel miteinbeziehen.

*Die kursiv gedruckte **Einleitung** spiegelt den persönlichen Eindruck der Autoren über Schwierigkeitsgrad und Verkehrsaufkommen wieder. Außerdem werden Besonderheiten der Region und Sehenswertes am Wegrand kurz erwähnt.*

Die **Etappenbeschreibungen** nennen detailliert die benutzten Straßen mit Namen bzw. Numerierung (soweit vorhanden), wobei in Anführungszeichen gestellte „Namen“ der jeweiligen Straßenbeschilderung entsprechen. Da sizilianische Städte im Centro oft aus einem unübersichtlichen Gassengewirr bestehen, in dem zahlreiche Einbahnstraßen die Orientierung zusätzlich erschweren, sind die Stadtausfahrten besonders detailliert beschrieben. Alle Kilometerangaben beziehen sich auf den jeweiligen Startpunkt (km 0) einer Etappe. Wie (landschaftlich) attraktiv eine Strecke ist, können Sie anhand eines 3-Sterne-Systems in der Kopfleiste feststellen; Touren ohne Stern sind notwendige Verbindungen, bei denen Teilabschnitte über Hauptverkehrsstraßen führen.

Die mit Rasterstreifen hervorgehobenen Texte beschreiben auf der Strecke liegende Ortschaften sowie landschaftliche und kulturelle Sehenswürdigkeiten. Hier finden Sie auch Adressen und Telefonnummern von Touristeninformationen, Übernachtungsmöglichkeiten (vorzugsweise für den schmalen Geldbeutel) und Fahrradwerkstätten bzw. -läden.

Grau hinterlegte Beschreibungen (Optionen) nennen alternative Routen bzw. lohnenswerte Abstecher.

Orientierung in Gegenrichtung:
Ist bei allen Etappen möglich, allerdings beschränken sich die Beschreibungen auf die nötigsten Informationen. Bei Verbindungsetappen, die ausschließlich über Hauptstraßen führen, und Etappen mit unkomplizierten Streckenführungen ist auf die „Gegenrichtung“ verzichtet worden.

Die **Höhendiagramme** sollen einen Überblick der Steigungen und des damit verbundenen Schwierigkeitsgrads der Etappe geben. Da die offiziellen Höhenangaben von Ortschaften auf den diversen Karten bzw. dem Infomaterial bis zu 20 % differieren, haben wir alle „Höhen“ mit einem eigenen Altimeter gemessen. Die Grundtendenz der Steigungen bzw. Gefälle ist trotz geringfügiger Abweichungen gegeben.

Die **Kartenskizzen** im Maßstab 1:400.000 können keinesfalls eine präzise Landkarte (1:200.000) ersetzen, sondern sind dazu gedacht, die geplante Strecke auf die während der Reise genutzte Karte zu übertragen. Neben dem jeweiligen Tourenverlauf mit wichtigen Abzweigepunkten sind alle Hauptstraßen (mit Straßennummern), die zur Orientierung hilfreichen Nebenstraßen, Ortschaften, Eisenbahnlinien, größere Flußläufe, Naturschutzgebiete, Campingplätze und Sehenswürdigkeiten eingezeichnet. Die Namen der Anfangs- bzw. Endpunkte einer Etappe sind unterstrichen.

Bei den Etappenskizzen werden folgende Symbole verwendet:

Radstrecke mit Abzweigepunkt
Autobahn
Hauptstraße (SS) mit hohem Verkehrsaufkommen
Nebenroute (SP)
Eisenbahnlinie
Campingplatz
Rifugio (bewirtschaftete Berghütte); Schutzhütte
Agriturismo (Ferien auf dem Bauernhof)
Strand
Ausgrabungsstätte
antike Tempelanlage
Burg/Castello
landschaftliche Sehenswürdigkeit
Naturschutzgebiet
Hafen
Flughafen
Hauptrichtung der Etappe

Die Symbole sind den jeweiligen Orten, nach Möglichkeit lagerichtig, zugeordnet. Näheres ist dem Text zu entnehmen.

Alle Angaben entsprechen dem Stand vom März/April 2001.

Eine ausklappbare Etappenübersicht befindet sich am Schluß des Buches.

Etappenübersicht

Die ausklappbare Etappenübersichtskarte befindet sich am Schluß des Buches.

Südosten

Etappe 1: Catania – Lentini (30 km) *
Etappe 2: Lentini – Priolo Gargallo (30 km) **
Etappe 3: Lentini – Carlentini – Augusta (27 km) **
Etappe 4: Augusta – Priolo Gargallo (19 km) *
Etappe 5: Buccheri – Lentini (32 km) ***
Etappe 6: Buccheri – Siracusa (60 km) **
Etappe 7: Palazzolo Acreide – Buscemi – Buccheri (16 km) **
Etappe 8: Noto – Noto Antica – Palazzolo Acreide (36 km) ***
Etappe 9: Priolo Gargallo – Belvedere – Siracusa (19 km) *
Etappe 10: Siracusa – Ávola – Noto (42 km) **
Etappe 11: Noto – Riserva Vendicari – Marzamemi – Portopalo (30 km) ***
Etappe 12: Portopallo – Pachino – Pozallo (34 km) **
Etappe 13: Pozallo – Marina di Módica – Mar. di Ragusa – Scoglitti (59 km) **
Etappe 14: Scoglitti – Gela (34 km) **
Etappe 15: Pozallo – Scicli (20 km) ***
Etappe 16: Módica – Scicli (10 km) ***
Etappe 17: Módica – Ragusa (15 km) ***
Etappe 18: Ragusa – Giarratana – Palazzolo Acreide (40 km) ***
Etappe 19: Palazzolo Acreide – Módica (34 km) ***
Etappe 20: Ragusa – Donnafugata – Scoglitti (35 km) ***

Südküste

Etappe 21: Gela – Licata (35 km)
Etappe 22: Licata – San Leone (44 km) *
Etappe 23: San Leone – Valle dei Templi – Agrigento (7 km) *
Etappe 24: Sciacca – San Leone (76 km) *

Inland

Etappe 25: San Leone – San Biágio Platáni – Palazzo Adriano – Corleone (123 km) **
Etappe 26: Corleone – Piana degli Albanesi (35 km) **
Etappe 27: Piana degli Albanesi – Palermo (24 km) **
Etappe 28: Nicosia – Calascibetta – Enna (48 km) ***
Etappe 29: Enna – Piazza Armerina (30 km) *
Etappe 30: Catania – Morgantina – Piazza Armerina (100 km) **
Etappe 31: Piazza Armerina – Villa Casale – Barrafranca – Ravanusa (59 km) **
Etappe 32: Ravanusa – Licata (25 km) ***

Westen
Etappe 33: Palermo Flughafen – Terrasini (13 km) *
Etappe 34: Terrasini – Castellammare (32 km) **
Etappe 35: Castellammare – Scopello/Parco dello Zingaro (14 km) **
Etappe 36: Scopello – Trápani (km 38) *
Etappe 37: Castellammare – Segesta – Erice (50 km) **
Etappe 38: Trápani – Erice (15 km) **
Etappe 39: L'Isola Favignana (23 km) ***
Etappe 40: Trápani – Marsala (30 km) **
Etappe 41: Marsala – Mazara del Vallo (30 km) ***
Etappe 42: Mazara del Vallo – Cave di Cusa – Selinunte (36 km) **
Etappe 43: Selinunte – Sciacca (37 km) ***

Nordküste
Etappe 44: Palermo Flughafen – Palermo Zentrum (35 km)
Etappe 45: Palermo Centro – Monreale – Palermo Centro (21 km) *
Etappe 46: Palermo – Solunto – Termini Imerese (44 km) *
Etappe 47: Termini Imerese – Himera – Cefalù (37 km) **

Madonie
Etappe 48: Cefalù – Gibilmanna – Isnello (25 km) ***
Etappe 49: Isnello – Piano Zucchi – Piano Battaglia – Petralia Sottana (38 km) ***
Etappe 50: Petralia Sottana – Nicosia (42 km) **

Nebrodi
Etappe 51: Bronte – Nicosia (69 km) **
Etappe 52: Nicosia – Caronia – Marina di Caronia (62 km) ***
Etappe 53: Marina di Caronia – Capo d'Orlando (34 km)
Etappe 54: Capo d'Orlando – Randazzo (59 km) ***

Nordosten
Etappe 55: Messina – Torre Faro – Peloritani – Messina (51 km) **
Etappe 56: Messina – Taormina (49 km) *
Etappe 57: Giardini Naxos – Taormina – Castello Saraceno – Giardini Naxos (20 km) *
Etappe 58: Giardini Naxos – Fiumefreddo di Sicilia (8 km)
Etappe 59: Fiumefreddo di Sicilia – Acireale (26 km) **
Etappe 60: Acireale – Aci Castello – Catania (20 km) *
Etappe 61: Linguaglossa – Fiumefreddo (12 km) **
Etappe 62: Linguaglossa – Castiglione – Gola d'Alcántara – Giardini Naxos (35 km) ***
Etappe 63: Zafferana – Acireale (15 km) *

Etna-Region

Etappe 64: Catania – Aci Castello – Nicolosi (35 km) *
Etappe 65: Nicolosi – Santa Maria di Licodía – Bronte (40 km) **
Etappe 66: Bronte – Linguaglossa (35 km) ***
Etappe 67: Linguaglossa – Milo – Zafferana Etnea (22 km) ***
Etappe 68: Zafferana – Nicolosi (14 km) *
Etappe 69: Nicolosi – Etna-Sud – Nicolosi (39 km) ***
Etappe 70: Linguaglossa – Piano Provenzana (Etna-Nord) – Zafferana (59 km) ***
Etappe 71: Catania – Belpasso – Bronte (52 km) *
Etappe 72: Catania Flughafen – Catania Zentrum (6 km)

Mountainbike-Touren

MTB A: Percorso dell'Etna Ovest (32 km) ***
MTB B: Giro di Piana delle Ginestre (38 km) ***
MTB C: Kratertour (18 km) ***
MTB D: Giro di Belvedere del'Etna e Peloritani (40 km) ***
MTB E: Etna-Kraterüberschreitung (60,5 km) ***

Nobody is perfect

Und Reiseführer sind „schnellverderbliche Ware".

Deshalb werden sich auch in diesen Reiseführer Fehler eingeschlichen haben. Bei aller Sorgfalt ist es unvermeidlich, daß dieses Buch dem Anspruch der Unfehlbarkeit nicht gerecht werden kann.

Wir bemühen uns, bei jeder Neuauflage eine komplette Aktualisierung aller Informationen durchzuführen, und sind deshalb dankbar für jeden Hinweis zu Korrekturen, Ergänzungen, für Tips zu der Streckenführung, für jede Art konstruktiver Kritik.

Für verwertbare Tips revanchieren wir uns mit einem (anderen) Buch aus unserem Programm.

Schreiben Sie uns:

Verlag Wolfgang Kettler
Redaktion „Sizilien per Rad"
Bergstr. 28
D-15366 Neuenhagen b. Berlin
🖹 (03342) 202168
eMail: KettlerVerlag@t-online.de

Regionen

Der Südosten

Wenn vom Südosten gesprochen wird, fällt im gleichen Atemzug seine barocke Architektur, denn nach dem verheerenden Erdbeben von 1693 wurden die Städte wie aus einem Guß wieder aufgebaut – im Stil des Barock. Die Architekten Gagliardi, Sinatra und Serpotta hätten sich nichts Schöneres wünschen können, denn endlich war der Weg frei, die Ideale der barocken Stadtplanung ungehindert in die Tat umzusetzen. Ein Juwel unter den vielen Perlen ist Noto, 1989 vom Europarat zur Hauptstadt des sizilianischen Barocks gewählt. Charakteristisch im Städtebau dieser Zeit sind die rechtwinklig kreuzenden Hauptachsen oder der teils auch sternförmige Grundriß (Avola). Willkürlich zusammengewachsene Einzelteile gibt es nicht. Der Gedanke dahinter war, die einzelnen Stadtviertel zu einer Einheit zu verschmelzen. Deswegen wurden auch Hausfassaden vielfach ähnlich gestaltet. Straßen und Plätze wirken theatralisch, überall spicken Kirchenkuppeln hervor, starren Dämonenfratzen herab; fröhlich verspielte Säulen, Voluten und Balkone bringen den toten Sandstein scheinbar zum Singen und Swingen. Am Ende der typisch langen Treppenfluchten explodieren die Kirchenpaläste geradezu, manchmal wirken die goldgelb strahlenden Prachtbauten jedoch beinahe erdrückend.

Die südöstliche Inselregion wird im Inneren von den Monti Iblei beherrscht (siehe gesondertes Kapitel), die im Süden allmählich zum Meer hin abfallen. Dort wurden Sumpfgebiete trockengelegt und urbar gemacht. Heute tragen hier Treibhauskulturen zum Wohlstand der Region bei. Tomaten, Zucchini und Auberginen reifen das ganze Jahr über zwischen Pachino und Gela heran. Auch dem Weinanbau kommt in letzter Zeit immer mehr Bedeutung zu. Im Inneren der Kornkammer Italiens gedeihen die goldenen Getreideähren, die im Hafen von Siracusa verschifft werden. Abgesehen von Siracusa liegen die meisten Städte im Landesinneren. Aus diesem Grund ist die Fischerei trotz der Nähe zum Meer unbedeutend. Weitaus größere Bedeutung hat der Sommer-Tourismus in den „Küstenablegern" der Städte: Marina di Módica, Marina di Ragusa und Marina di Noto. Die verlockend weiten Sandstrände sind pures Beach-Eldorado. Die scheinbare Idylle des Südostens wird an manchen Stellen jäh unterbrochen – Schlote der Raffinerien von Priolo, Siracusa und Gela drängen sich unweigerlich ins Bild und verletzen die Heile-Welt-Atmosphäre ganz empfindlich. Pfui! In unmittelbarer Umgebung dieser Industriestädte liegt dunkler Dreck nicht nur in der Luft!

Im Gegensatz zu vielen anderen sizilianischen Gebieten ist der Grundbesitz im Südosten traditionell auf kleinere und mittlere Landwirtschaftsbetriebe, die meist in Familienbesitz sind, verteilt. Eine breite, relativ wohlhabende Mittelschicht, eine geringe Arbeitslosenquote, kaum Kriminalität und eine weitgehend mafiafreie Zone sind deshalb noch heute die Vorzüge von Siracusa und Ragusa – die deutlich spürbar zu den „reichen“ Provinzen der Insel gehören. Schnuppern Sie die Luft des Südostens, auch wenn sie nicht überall lupenrein ist.

Monti Iblei

Stellen Sie sich eine große, von tiefen Schluchten durchzogene Kalkplatte vor: die Monti Iblei, auch Ibleische oder Hybläische Berge genannt. Eine weite, größtenteils recht steinige Gegend, die überwiegend als Weideland genutzt wird. Hier und da grasen Schafe und rotbraune Kühe der heimischen Rasse Modicana. Kilometerlange Trockenmauern *(mure secchi)*, grüne Johannisbrotbäume *(carrubo)* und Bauernhöfe *(masseri)* fügen sich malerisch ins Landschaftsbild. Kulturellen Kunstgenuß versprechen verspielt-barocke Bilderbuchstädte wie Ragusa, Módica oder Noto. Ansonsten ist die Region äußerst dünn besiedelt, aber dennoch mit einem dichten Netz von asphaltierten Nebenstraßen durchzogen. Der Verkehr ist dementsprechend gering, weshalb das malerische Gebiet speziell unter Rennradfahrern als Geheimip gehandelt wird. Von

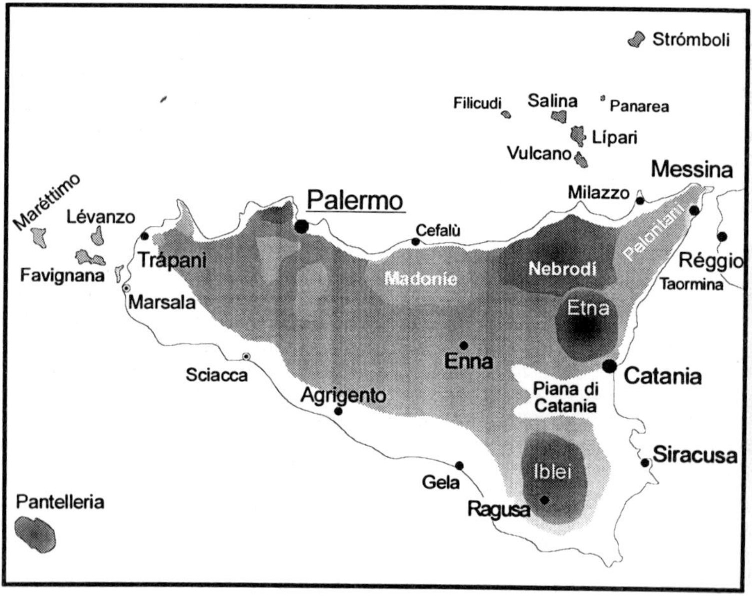

er Region wird ein sanfter Tourismus angestrebt und dementsprechend gefördert. Die landschaftlichen und kulturellen Bedingungen sind jedenfalls gegeben.

Die karge Hochebene ist jedoch nur ein Gesicht der Hybläischen Berge. Auf der anderen Seite hat reißendes Wasser spektakuläre, canyonartige Schluchten in den weichen Kalkstein geschliffen. Hier gedeiht üppigste Vegetation. Immer wieder bieten sich dem Besucher Möglichkeiten, in die Canyons hinabzusteigen und sich auf die Spuren der Sikuler und Byzantiner zu begeben. Diese Völker haben in grauer Vorzeit hunderte, teils gar tausende Höhlengräber und Felswohnungen in den Stein gehauen. Zudem gibt es wildromantische Lichtungen und erfrischende Badebecken. Einige Beispiele hierfür sind die Cava Grande di Cassíbile (nahe Noto Antica), Cava d'Ispica (nahe Módica) und die Cava di Pantallica (nahe Sortino).

Die höchste Erhebung, der bewaldete Monte Lauro (986 m), ist ein erloschener Unterwasservulkan – heute ein beliebtes Wandergebiet, dessen Ausgangsort das Bergdorf Buccheri ist. Flüsse wie der Tellaro, Anapo und Irminio entspringen in seinen Höhen und haben nur einen kurzen Weg bis ins Mittel- oder Ionische Meer zurückzulegen. Drei Provinzen liegen dem Berg „zu Füßen": Siracusa, Ragusa und Catania.

Nach Süden fallen die Iblei allmählich zum Meer hin ab, nach Norden und Osten überragen sie majestätisch die Küstenebene, und im Landesinneren gehen sie sanft ins endlose Hügelland der Monti Erei über. Oliven, Mandeln und Eichen gehören zu den „alten" Gewächsen; in jüngster Zeit werden auch Kiefern und Pinien angepflanzt. Die Landwirtschaft stützt sich hauptsächlich auf Ackerbau, Viehzucht und folglich auch auf die Käseherstellung, z.B. den berühmten Cacciocavallo. In der Region um Ragusa gibt es erhebliche Erdpechvorkommen (Bitumen und Mineralstoffe), die untertag abgebaut und zu Asphalt weiterverarbeitet werden.

Trockenmauern gibt es wie Sand am Meer – um die Felder von dem hellem Kalkstein zu „befreien", wurde er geschlagen und zu Mauern aufgetürmt. Zur Erhaltung des Landschaftsbildes fördert die Regierung in letzter Zeit sogar den Bau neuer *mure secchi* sowie die Neupflanzung von Johannisbrotbäumen. Allerdings trügt oftmals der Schein: nicht jede Trockenmauer hat diese Bezeichnung verdient – neuerdings wird auch Mörtel untergejubelt. Künstler darf sich der, nennen, dessen Mauer über Jahrhunderte hinweg ohne versteckten Klebestoff Wind und Wetter standhält.

Johannisbrotbaum: Eingeführt wurde der *Carrubo*-Baum von den Arabern, die seine harten Samen wegen des immer gleichen Gewichts (0,18 g) gern zum Abwiegen von Gold und Edelsteinen benützten. „Johannis" wird er genannt, weil die bis zu 20 cm langen, schotenförmigen und traubenzuckerhaltigen Früchte nach dem Fest Johannes des Täufers geerntet werden. Mit „Brot" ist kein Brotlaib gemeint – der Begriff ist eher pauschal als Lebensmittel zu sehen. Die Früchte dienen nämlich als Viehfutter, geröstet als Kaffee-Ersatz, zu Mehl gemahlen der Herstellung von köstlichen Süßigkeiten (Módicas Konditoreien bieten leckere Mpanatigghi an, unbedingt kosten!) und gepreß zur Herstellung eines leicht alkoholischen Getränks. Allein die Provinz Ragusa produziert 70 % des sizilianischen Johannisbrots. Auf vielen Feldern sind die einzelnen *Carrubo*-Bäume von kunstvollen Trockenmauern eingekreist.

Cacciocavallo: Geronnener Käsebruch wird mit heißem Wasser gebrüht, geknetet, bis eine formbare Masse entsteht, und 2 Monate in einer Salzlauge eingelegt. Anschließend wird der Käse mit einer Schnur ein halbes Jahr zum Trocknen und Reifen aufgehängt – dadurch entsteht die markante Birnenform.

Für Cyclisten, die nicht jeden Iblei-Meter unter die eigenen Räder nehmen wollen, ist die Regionalbahn Catania – Gela besonders interessant. Ganz anders als die Straßen verläuft der eingleisige Schienenstrang oft in den bzw. auf halber Höher der Canyons und verbindet alle größeren Städte der Region (Züge verkehren regelmäßig, Fahrradabteile vorhanden). Zum Schluß noch ein Blick ins Geschichtsbuch der Bahn: Im Jahr 1886 wurde die Strecke Siracusa – Vizzini – Ragusa eingeweiht. Die private Schmalspurbahn, die sog. Getreidebahn, beförderte die Ernte der „Kornkammer Italiens" zum Hafen nach Siracusa. Heute ist die stillgelegte Trasse ein Eldorado für Mountainbiker. Sie führt durch tiefe Schluchten, vorbei an ehemaligen Bahnhofsgebäuden und hinein in den tiefen Schlund finsterer Tunnels (*galleria*). Licht ist unbedingt erforderlich, schreckt aber Fledermäuse auf. Nicht alle Galerien sind passierbar, deswegen müssen Sie sich zuvor informieren, inwieweit die Strecke befahrbar ist. Geplant ist eine komplette Freigabe für Fahrradfahrer und Reiter, doch Planen ist des Sizilianers liebstes Hobby.

Fazit: Die Iblei bieten ein vielseitiges Freizeitangebot. Angefangen vom Touren-, Renn- und Mountainbiken, über Reiten, Wandern, Kanufahren und Höhlenwandern bis hin zum Bummel in den Barockstädten und Baden im nahem Meer. Übernachtet werden kann häufig in abseits gelegenen Agriturismo-Gütern, die durch asphaltierte Landwirtschaftswege miteinander verbunden sind: dem sogenannten *Percorso Principale*. Das wunderschöne und harmonische Gebiet hat ein dichtes Etappennetz entstehen lassen. Folgende Etappen sind in oder am Rand der Iblei angesiedelt: 5 bis 10 und 15 bis 20.

Die Südküste

Die Städte Selinunte, Agrigento und Gela entwickelten sich dank ihres fruchtbaren Hinterlandes und der strategisch günstigen Lage zu den Supermächten des Antiken Großgriechenlands. Super sind heute nur noch die architektonischen Zeugnisse dieser Zeit. Die Landschaft ist verkarstet bzw. mit Olivenplantagen nd Gewächshäusern zur Monotonie verdammt. Zwar ist die felsige Küste mmer noch malerisch, aber unzugänglich oder mit Industrieanlagen verbaut Gela, Licata, Agrigento/Porto Empedoceles). Hauptärgernis – zumindest für Radfahrer – sind jedoch die fehlenden Nebenstraßen. Einzige Alternative zur tark befahrenen SS115 ist die Bahn (Gela – Agrigento). Ohne die einzigartige Tempelanlage wäre dieser mittlere Küstenabschnitt touristisches Niemandsland. Ansprechend sind dagegen die Landschaften und Strände im Südosten und im Westen der Südküste.

Das Inland

Das kahle Innersizilien wird von einem weitem, welligen Hügelland geprägt, aus dem hier und da schroffe Felsformationen herausragen. In der Antike war dieses bis zu 1000 Meter aufsteigende Hochland noch dicht bewaldet und mit einem ausgeglichenen Klima gesegnet. Griechen, Katharger, Römer und die folgenden Besatzer rodeten die Insel radikal ab. Heute ist das Inland von der Sonne ausgedörrt und großflächig verkarstet. Die Niederschlagsmenge ist gering und konzentriert sich zudem auf die Wintermonate. Infolgedessen sind die Flüsse weitgehend ausgetrocknet, natürliche Seen gibt es kaum, dafür

Scicli, Perle des Barock

einige künstliche Stauseen. Von Juni bis November sind die Hügel mit trostlosen Trockengräsern und Stoppeln der abgeernteten Getreidefelder überzogen oft pechschwarz, weil die Bauern den verbleibenden Bewuchs abbrennen. Erst im Spätherbst, mit Beginn der ersten Regenfälle, färbt sich das Landschaftsbild wieder grün. Im Mai steht das Getreide dann im vollen Korn, endlose gelbleuchtende Weizenfelder wiegen im Wind. In weniger günstigen Lagen grasen Schafe und Ziegen, doch die ursprünglich hier beheimateten Tiere wie Füchse und Wildschweine sind längst ausgestorben. Zwischen den riesigen unbewohnten Flächen gibt es nur wenige Dörfer und Städte, meist auf Bergkuppen gelegen. Den Siedlungen ist die Armut der Bevölkerung anzusehen. Dagegen leben einige Großgrundbesitzer wie die „Maden im Speck" auf abgeschirmten Azienden. Diese Landwirtschaftsstruktur ist auf die Feudalisierung Sizilien in der Normannenzeit zurückzuführen.

Die italienische Staatsbahn unterhält einige Nebenstrecken, die aber meist abseits der Städte durchs Land führen (Ausnahme: Enna und Caltanisetta). Schuld ist die exponierte Berglage vieler Orte (siehe Kapitel „Inländische Verkehrsmittel"). Für Radfahrer ist wegen der spärlich gesäten Unterkünfte ein genaues Vorplanen notwendig, „wild campen" außerhalb der Anbauflächen ist jedoch unproblematisch. Fazit: Trotz Monotonie und Klimaextremen ist das „andere Sizilien" sehr beeindruckend und jedenfalls einen Abstecher wert.

Der Westen

Der afrikanischste Zipfel Europas wird von vielen Touristen geschnitten, da sie auf schnellstem Weg von den Tempelanlagen Selinunts zu denen von Segesta durchs Inland hetzen. Ihnen entgehen dabei nicht nur der traumhafte Parco dello Zingaro und die Badeorte Scopello sowie San Vito lo Capo im Norden, sondern auch die weiten Sandstrände im Süden (von Torre Granitola bis Segesta) sowie die flache Salinenlandschaft zwischen Trápani und Marsala. „Im Westen nichts Neues" ist der nordafrikanische Flair in den Städten, die riesigen Palmen und endlose Weinfelder bzw. Olivenplantagen. Neben dem Marsala-Wein ist der Fischfang die wichtigste Einnahmequelle der Bevölkerung. Unbedingt erleben sollten Sie das bunte Treiben in den Fischerhäfen, die zu den größten Italiens zählen. Eine Welt für sich sind die Egadischen Inseln, draußen im Meer, und die schroffen Felsformationen im Hinterland von Trápani. Dort oben thront ein mittelalterliches Juwel, die sagenumwobene Stadt Erice. Fazit: Die flachen Etappen sind ideal für Radler, die gern ohne vorheriges Bergtraining Sonne, Meer und Cous-Cous (Reis) genießen möchten. Im Westen befinden sich die Etappen 33 bis 43.

Die Nordküste

Grandios ist die Natur, verantwortungslos war der Mensch. Die Küste zwischen Capo d'Orlando und Palermo ist überwuchert von Dörfern, Städten, Industrie, der Autobahn Messina – Palermo, der parallel dazu führenden verkehrsreichen Staatsstraße und den Bahngleisen. Alles quetscht sich zwischen dem Tyrrhenischen Meer und der steil aufsteigenden Bergwelt der Nebrodi und Madonie. Nimmt man eine der Stichstraßen ins Landesinnere, herrschen Friede, Freude, Eierkuchen und herrliche Einsamkeit. Bergdörfer kleben dort wie Falkennester am Fels. Das nahe Meer bietet wenig schöne Abschnitte – Strandfeeling läßt vergeblich auf sich warten. Ebenso ausdauernd warten die Siciliani auf die Fertigstellung des Autobahnteilstückes zwischen San Ágata und Cefalù. Dieser tunnelreiche Highway ist kostspielig, Geld fließt nur langsam und versackt allzu oft in dunklen Kanälen. Bis zur endgültigen Fertigstellung müssen auch die Bewohner des Keramikstädtchens San Stefano di Camastra noch Luft anhalten und ihre Ohren schließen. Weiter gen Westen liegt das mittelalterliche Cefalù, das Touristen magnetisch anzieht. Scharenweise spucken Busse Tagestouristen aus und karren Reiseunternehmer Langzeitgäste zu Sprachaufenthalten und Cluburlauben. Zugegeben, die verwinkelten Gassen sind richtig heimelig und die Strände ansprechender als ihre „Konkurrenten" in der Gegend. Mit der Hauptstadt Palermo endet die nördliche Küstenregion, und bald darauf klärt sich auch die Verbauung auf. Es werde Licht!

Die Madonie

Die Überquerung der Madonie ist selbst für Bergroutiniers eine sportliche Herausforderung. Gut 1600 Höhenmeter sind auf den Etappen 48 und 49 von Cefalù bis Petralia zu bewältigen. Etwas weniger anstrengend, aber landschaftlich ebenso schön, ist die Rundtour Cefalù – Gibilmanna – Cefalù. Am Wochenende flüchten viele Küstenbewohner vor der Hitze in die kühlen Wälder der Bergregion, werktags haben Biker die durchwegs gut befahrbaren Bergstraßen fast für sich alleine. Mit dem Betätigen der Autohupe würdigen viele Einheimische die sportliche Leistung von Radfahrern. Bergradlern wird hier besonderer Respekt gezollt, und das nicht erst seit Marco Pantani!

Durch die Kollision der eurasischen und afrikanischen Erdplatten entstand in Nordsizilien ein langer Gebirgszug. Die Madonischen Berge sind der höchste Teil dieser Bergkette, die sich ostwärts in der Nebrodi und dem Pelloritanischen Gebirge fortsetzt. In dieser tektonisch unruhigen Zone ereigneten sich in den letzten 200 Jahren 90 % aller sizilianischen Erdbeben. Da die Epizentren meist tiefer als 20 km unter der Erdoberfläche liegen, ist das nördliche Küstengebiet das seismisch aktivste, jedoch nicht die Zone mit den stärksten Beben auf Sizilien.

Das Naturschutzgebiet **Parco delle Madonie** wurde 1989 gegründet, liegt in der Provinz von Palermo und bedeckt eine Fläche von 40.000 ha. Nach dem Etna ist die Madonie das zweithöchste Bergmassiv Siziliens. Der Zentralteil besteht aus einem Kalkmassiv, dessen Hänge zur Nordküste steil abfallen, zur Südseite dagegen sanft auslaufen. Die Madonie ist, wie die anderen sizilianischen Naturschutzgebiete, in vier Schutzzonen unterteilt (Zone A bis D, siehe Kapitel Etna). In der besonders geschützten Zone A ist Wildcampen, Grillen etc. streng verboten!

Der 15.000 ha umfassende Wald gehört zu den artenreichsten im gesamten Mittelmeerraum. Hier sind viele Pflanzen aus Nordeuropa und Afrika beheimatet. In den Hochlagen wachsen Buchen, in den mittleren Regionen Eschen, Ulmen, Stein- und Korkeichen, aber auch riesige Stechpalmen. In den unteren Lagen werden Oliven, Mandeln, Wein, Gemüse und Getreidesorten angebaut. Außerdem sind große Gebiete von mediterraner *Macchia* bedeckt, in denen die traditionelle Schafzucht von landwirtschaftlicher Bedeutung ist.

Im Inneren befindet sich ein karstiges Hochplateau, auf dem sich einige hohe Gipfel erheben, darunter der zweithöchste Siziliens, der Pizzo Carbonara (1979 m). An klaren Tagen genießt man einen fantastischen Blick zum Etna in östlicher sowie nach Palermo in westlicher Richtung.

Besonders schön sind die **Bergdörfer** der Madonie, auch wenn sie wegen ihrer verschachtelten Häuser mit den grauen Steinfassaden von außen eher verschlossen wirken. Im Inneren gibt es wilde Romantik – mit Blumenkästen geschmückte Gassen – und regionales Kunsthandwerk zu entdecken. Besonders die küstennahen Gebiete sind eine beliebte Sommerfrische von Sizilianern und norditalienischen Touristen.

Die Madonie ist ein ideales **Wandergebiet** mit zahlreichen Berghütten und markierten Wegen. Broschüren mit Wegbeschreibungen (teilweise in deutscher Sprache) erhalten Sie in den Parkbüros oder über das Fremdenverkehrsamt von Palermo. Beliebte Wanderrouten sind z.B. der Comic-Rundweg für Kinder, der Weg der Riesenstechpalmen oder ein Mehrtagestrekking auf dem Fernwanderweg „Sentiero Italia“. Die regionale Wanderkarte 1:50.000 ist leider vergriffen, angeblich wird demnächst eine neue aufgelegt. Einige der Forststraßen und Pisten sind hervorragend zum **Mountainbiken** geeignet.

Wer seinen Drahtesel gegen ein Reitpferd tauschen möchte, findet auch hierzu optimale Bedingungen. Viele Höfe züchten seit Generationen Pferde (eigene sizilianische Rassen) und bieten diese zum Ausreiten an.

Im Winter sind die Berggipfel oft monatelang mit Schnee bedeckt. Auf dem Piano di Battaglia (1600 m) sind dann die Skilifte in Betrieb, und Langlaufloipen werden gespurt. **Warme Kleidung und Regenschutz** sind auch im Hochsommer unbedingt erforderlich. Große Temperaturstürze, schnell aufziehende Regenfälle und Nebelbänke gehören zum Alltag.

Madonie-Rundtour:
Cefalù – Gibilmanna – Cefalù (40 km)

Folgen Sie in Cefalù den braunen Schildern Ri. „Gibilmanna“ (siehe Etappe 48). Am Parkplatz der Klosterkirche (km 14/760 m) rechts Ri. „Gratterie/Lascari“ auf die SP28 abbiegen. Die landschaftlich sehr schöne, kaum befahrene Bergstraße führt zu dem Madoniedorf Gratterie (km 20/655 m).

Gratterie (1300 Ew): Das malerische Hirtendorf überrascht seine Besucher nicht nur wegen seiner schönen Lage auf einer Terrasse inmitten der steil zur Küste abfallenden Madoniehänge, sondern vor allem wegen des ursprünglichen Charakters des Dorfes. Keine Neubauten verunstalten das Ortsbild, statt dessen haben die Gratteresi ihre alten Häuser erhalten und restauriert. Überwältigend ist der herrliche Blick auf die Nordküste Siziliens.

Information: Via Ruggeri 64 (im Rathaus), ✆ 0921429214.
Affittacamere: Cannici Vicenzo, Via Lanza (bei Via Emanuele), ✆ 0921429505, DZ 25 €; Vaccaro Conetta, Salita Orologio 6, kein ✆, DZ 25-35 €; Ciuro Maria, Via carrozza 74, ✆ 0921429482, DZ 35 €; Agostaro Antonio, Via Silvia Pellico, ✆ 0921429269, DZ 35 €.

Die SP28 schlängelt sich in vielen Serpentinen die bewaldeten Nordhänge der Madonie hinab. Gleich nach dem Dorf Lascari trifft die Straße auf die SP9 (km 31/90 m), diese führt unter der Autostrada hindurch und stößt auf die Küstenstraße SS113. Von hier folgen Sie Etappe 47 zurück nach Cefalù.

Der Nordosten

Zum Nordosten zählen wir Catania, die Riviera dei Ciclopi (Zyklopenküste), den Parco dell'Etna, Taormina, die Bergwelt der Pelloritani und Messina. Die Region ist an der Küste stark bevölkert, die landschaftlich eindrucksvolle Strada Statale ist trotzt der parallel laufenden Autostrada überlastet. Im Landesinneren ist es gebirgig und wie auf der ganzen Insel recht einsam.

Der Küstenabschnitt zwischen Taormina und Catania wurde durch die Aktivitäten des Etna geprägt. Dunkle Bauten aus Lavagestein herrschen vor. Bizarren Felsnadeln gleich ragen Inselchen aus dem tiefblauen Meer, und der Legende nach bewarfen die Zyklopen hier aus Wut den listigen Odysseus mit riesigen Steinbrocken. Zwischen Catania und Giarre ist die Küste zerklüftet; glattgewaschene, grauschwarze Steinplatten und rauhe Klippen herrschen vor. Weiter nördlich bis Taormina gibt es hingegen nette Sandstrände. Dann fällt das Pelloritanische Gebirge steil zum Meer hin ab. Malerisch! Leider lassen die parallel zur Küste verlaufenden Staatsstraße, Auto- und Eisbahn keinen Platz für Träumereien. Es folgt touristische Auszeit bis Messina. Durch die Ankunft zahlreicher Reisender über den Stretto ist die Stadt sozusagen Einstieg zur Insel, keineswegs aber für lange Aufenthalte geeignet. Der Bergrücken der Pelloritani ist kaum erschlossen, für Wanderungen und Mountainbiken auf eigene Faust jedoch gut geeignet. Es folgt ein Villen- und Neubauviertel am Nordostzipfel der Insel. Milazzo wird wegen Überfahrten zu den Egadischen Inseln angefahren und ist letztendlich ein Kleinod von nicht geringer Bedeutung: die weißen Sandbänke, die griechische Siedlung und Wallfahrtskirche von Tindari.

Monti Peloritani

Die Peloritanischen Berge beherrschen den gesamten Nordostzipfel Siziliens. Wie eine Fischgräte zieht sie der Hauptkamm der Gebirgskette vom Capo Faro in Richtung Etna, währen die zahlreichen Seitenausläufer auf beiden Seiten bis an die Nord- bzw. Ostküste reichen. Die dazwischen liegenden, steil aufsteigenden Täler sind äußerst fruchtbar und bieten im Gegensatz zur Küste malerische Dörfer und eine idylische Ruhe. Oberhalb von 700 Metern ist Mutter Natur noch fast unberührt. Keine Asphaltstraßen, keine landwirtschaftlichen Nutzflächen – ein Geheimtip also für Wanderer und Montainbiker, denn Schotterpisten, die von Hirten genutzt werden, gibt es zu genüge. Eine besonders eindrucksvolle Herausforderung für Outdoorfreaks ist der Peloritani-Höhenweg. Optisch gesehen endet die Peloritanische Bergkette im Süden bei der berühmten Gola d'Alcántara (siehe Etappe 62), direkt dahinter reckt sich der mächtige Vulkankegel des Etna in eisige Höhen. Geologisch gesehen gehört der „Fuß" des Feuerspuckers aber noch zu den Peloritani. Im Westen schließt die weite Hügellandschaft der Nebrodi an.

Der Etna

...ein dumpfer Donnerschlag zerreißt die eiskalte Luft – wie angewurzelt bleiben wir stehen – trotz unseres hechelnden Atems hören wir deutlich das prasselnde Aufschlagen der Vulkanbomben...

Wir befinden uns hundert Meter unterhalb der *Bocca Nuova*, des Neuen Schlunds des Mongibello, wie Europas höchster Vulkan von den Sizilianern früher respektvoll genannt wurde (der Elbrus im Kaukasus, mit 5642 Metern höchster Vulkan und gleichzeitig höchster Berg Europas, gilt als erloschen).

Mongibello, der alte sizilianische Name, ist eine Wortkombination des italienischen und des arabischen Begriffs für Berg (monte & gibel). **Der Berg der Berge** also, dessen gebräuchlicherer Name „Etna" von dem indogermanischen Wort „aidhna" (in Brand gesetzt) abstammt.

Als erster Etna-Forscher ging der berühmte Philosoph Empedokles (430 v. Chr.) in die Geschichte ein. Voller Übermut soll er in den Vulkanschlund gestiegen sein, um „unsterblich“ zu werden. Die „Torre del Filòsofo“, eine vulkanologische Forschungsstation, erinnert an den Naturwissenschaftler, wurde aber 1971 selbst von Lavamassen zerstört. Seit jeher ist der Etna also eine Pilgerstätte für Vulkanologen und gilt deshalb heute als der am besten erforschte „Feuerberg“ der Erde (weltweit gibt es rund 520 aktive Vulkane, der Etna ist einer der aktivsten). Seit 1973 steht am Kraterrand der *Bocca Nuova* eine neue Station. Hier wird jeder „Atemzug“ des Mongibello aufgezeichnet, jedes „Husten“ ausgewertet, und wenn der Berg mal „verschnupft“ ist, wird dies umgehend den Informationsstellen gemeldet. Dank modernster Technik sind auch zuverlässige Rückschlüsse auf die Entstehungsgeschichte möglich.

Für die **Entstehung des Etna** ist seine geologische Lage an der Reibungszone der Europäischen und der Afrikanischen Erdplatte verantwortlich. Das Zusammendrücken der Kontinente hat das gesamte Apennine Massiv aufgefaltet, dabei stellenweise Magmablasen weit an die Erdoberfläche gedrückt und seismische Störungssysteme verursacht. In diesen Zonen drang (und dringt) Magma an die Oberfläche, wodurch eine ganze Reihe von Vulkanen entlang dem italienischen Stiefel entstanden sind. Italien wird übrigens in vier vulkanische Provinzen unterteilt: Toscana (Monte Amiata), Rom (Albaner Berge), Campanische Provinz (Vesuv, Insel Ischia) und Sizilien (Monti Iblei, Liparische Inseln, Etna). Vor ca. 500.000 Jahren tauchten an der Ostküste Trinacrias die ersten Vulkane aus dem Meer – heute als Zyklopenklippen bei Aci Trezza bekannt. Wesentlich effizienter schichtete etwas nordwestlicher davon der Etna seinen mächtigen Kegel auf. Zusätzliche Höhe gewann der Schichtvulkan durch das „Hochdrücken“ seines Fundaments, die Peloritanischen Berge. Das tatsächliche Vulkangebäude klebt sozusagen auf Teilen der Peloritani und beginnt in ca. 800-1200 Meter.

Der Etna ist nicht nur ein riesiger, freistehender Berg, sondern vielmehr ein vulkanisches Gebiet mit ca. 1250 m² Oberfläche und 120 km Umfang. Durch den Aufbau von neuen Lavamassen bzw. das Einstürzen der Kraterränder hat das „Wahrzeichen Siziliens“ seine Höhe auch in neuerer Zeit immer wieder verändert. Seit 1974 ist der Zentralkrater **3340 m** hoch, im Jahr 1864 waren es 3313 m, 1900: 3274 m. Der kegelförmige Berg hat an der Ostflanke eine tiefe Narbe:

Das wildromantische **Valle del Bove** (Ochsental) ist Zeugnis einer gewaltigen Explosion vor mehreren zigtausend Jahren. Der tiefe, ca. 5 km breite und 7 km lange Einschnitt, sieht von oben betrachtet wie ein riesiger Krater aus. Der Talboden gleicht einem wogenden, tiefschwarzen Meer aus bizarren Lavaformationen. Drei Seiten des Beckens werden U-förmig von bis zu 250 Meter aufsteigenden Steilwänden flankiert. Nach Osten öffnet sich das Tal und läuft sanft Richtung Ionisches Meer aus. Das vegetationslose Valle del Bove wurde auch in jüngster Zeit immer wieder zum Auffangbecken für Lavaströme, die aus den Gipfelkratern Richtung Osten flossen. Mit seiner riesigen Aufnahmekapazität übernimmt es somit eine wichtige Schutzfunktion für die unterhalb liegenden Ortschaften. Ausgangspunkt für Exkursionen (nur zu Fuß) ins hoch interessante Valle del Bove bzw. auf den Kraterrand ist die Ortschaft Zafferana.

...Schritt für Schritt kämpfen wir uns durch den losen Lavasand weiter steil nach oben. Mit bedrohlichem Gurgeln und Grollen kündigt sich der siedend heiße Kraterschlund an. Die Luft ist hier auf 3300 Metern spürbar dünner – der Schwefelgeruch wird immer intensiver. Auf den letzten Metern begleitet uns Spannung, Vorfreude und Angst...

Angst vor dem Vulkan ist für die Bewohner am Fuß des Berges längst Alltag geworden. Immer wieder wurden ihre Dörfer von Lavamassen zerstört. Da hilft es wenig, daß Vulkanologen den Etna als „gutmütig" einstufen. Der Mongibello neigt nicht zu verheerenden Ausbrüchen, sondern erstaunt die Fachwelt mit einer ungewöhnlichen, Jahre bis Jahrzehnte lange anhaltenden Dauertätigkeit. Diese beschränkt sich auf die vier aktiven Gipfelkrater: *Cratere Centrale* (Zentralkrater), *Cratere Nordest* (Nordost-Krater), *Cratere Sudest* (Südost-Krater) und der erst 1968 entstandene *Bocca Nuova* (Neuer Schlund).

Die normale Aktivität des Etna besteht aus einer permanenten Entgasung der Magma, die im Schlund der vier Gipfelkrater steht. Der Zentralkrater zeigt normalerweise eine schwache Entgasung, bei der weißer Wasserdampf und vulkanische Gase „friedlich" austreten. Der Südostkrater ist derzeit relativ ruhig, dagegen demonstrieren die *Bocca Nuova* und der *Cratere Nordest* regelmäßig eine explosive Entgasung. Hierbei steigen große Gasblasen in der Magmasäule auf, die im obersten Bereich des Schlotes platzen. Dadurch werden glühende Lavabrocken bis zu einhundert Metern und mehr herausgeschleudert. Kleine, sehr leichte Lavakügelchen (Lapilli) findet man noch im Umkreis von 10 Kilometern. Schwarze Aschewolken sind Anzeichen für diese Aktivität, bei der die aufgewirbelte Asche dann in weitem Umkreis niederregnet und Straßenfeger sowie Fensterputzer nicht arbeitslos werden läßt. Größere Explosionen im Krater stellen eine nicht zu unterschätzende Gefahr für Etna-Gipfelstürmer dar, und selbst der Flughafen von Catania muß immer wieder wegen der gefährlichen Ascheschicht auf Start- und Landebahn vorübergehend für den Flugverkehr gesperrt werden.

Neben seiner normalen Aktivität erlebt der Etna durchschnittlich 15 größere **Ausbrüche** pro Jahrhundert. Meist handelt es sich um Nebenausbrüche, die durch Erdbeben verursacht werden. Es entstehen Spalten bzw. Risse in den Vulkanhängen (teilweise einige Kilometer lang), durch die dann Magma herausquillt. Gut 350 Nebenkrater (Parasitärkegel), die bis zu 250 m aus dem Vulkanrücken herausragen und eigene Namen tragen, sind dabei entstanden. Gefürchtet sind die Nebenausbrüche wegen ihrer oftmals kilometerlangen Lavaströme, besonders wenn die Austrittstelle nahe an der besiedelten Zone liegt, wie z. B. die 1669 entstandenden Monti Rossi oberhalb der Ortschaft Nicolosi. Dies war zugleich der bisher tragischste Ausbruch, dem drei Tage Erdbeben vorausgingen und der 122 Tage andauerte. Dabei floß ein riesiger Lavastrom bis Catania und zerstörte einen Teil der Stadt. Menschen kamen nicht ums Leben und werden durch Lavaströme normalerweise auch nicht bedroht.

Kleine Lavakunde: Allgemein wird das austretende, entgaste und bis zu 1000 °C heiße, vulkanische Fördermaterial **Lava** genannt und trägt im Fachjargon hawaiianische Namen. Am Etna trifft man am häufigsten auf die Aa-Lava – zähflüssige Lava, die langsam abkühlt, eine rauhe Oberfläche aufweist und oft in scharfkantige Brocken zerbricht. Die Pahoehoe-Lava (Seil- oder Wulstlava) entsteht durch heißere, dünnflüssigere Lava und hat eine relativ glatte, wulstförmige Oberfläche. Lavaprodukte, die aus dem Schlot herausgeschleudert werden, unterscheidet man entsprechend ihrer Größe: Asche sind Partikel mit weniger als 2 mm Durchmesser, Steinchen kleiner als 65 mm heißen Lapilli. Als feste Körper ausgestoßene, kantige Gesteinsbrokken nennt man „Blöcke", und Lava, die im glühendem Zustand herausfliegt, sich in der Luft kugelförmig abrundet, hat man „Bomben" getauft. Lava fließt normalerweise nur in Schrittgeschwindigkeit, extrem dünnflüssige Lava erreicht bei starker Hangneigung ein Tempo bis zu 20 km/h. Deshalb besteht kaum eine direkte Lebensgefahr für Menschen. Existenzgefährdend für die Etna-Bewohner ist dagegen die Zerstörung von Häusern, Ställen und landwirtschaftlich genutzten Flächen.

Das Naturschauspiel eines aktiven Lavastromes löst heute einen Besucherstrom und ein Medienspektakel aus. Als 1979 Lavamassen über die Strada di Mareneve flossen, mußten Polizisten die Schaulustigen fernhalten. Ein Festtag für Souvenirhändler, die mit langen Löffeln heiße Lava in Stahlformen gießen, um später originale Lavaaschenbecher anbieten zu können. Des einen Freud, des anderen Leid! Die Länge eines Lavastroms hängt weniger von der Größe der Krateröffnung ab, sondern vielmehr von der Austrittsdauer. 1979 war das Dorf Fornazzo massiv bedroht, die Bewohner mußten evakuiert werden. Im Technikzeitalter haben Experten zwar mehrfach versucht, mit Sprengungen und eilig errichteten Betonpfeilern Lavaströme umzuleiten, um Ortschaften zu schützen – doch meist erfolglos. Die Naturgewalt am „Berg der Götter", auf dem *Hephaistos* (griech.) und später *Vulcanus* (röm.) ihre Schmiede hatten, ist auch heute noch stärker als die Technik. Der Glaube an die Schutzfunktion von Heiligen und Madonnen ist bei vielen Etna-Anwohnern tief verwurzelt und wird mit großen Prozessionen manifestiert.

...urplötzlich pafft das „Ungeheuer" einen riesigen Rauchpilz aus. Ein kleiner, immer größer werdender Ring, in der Art, wie er von Rauchern nicht besser hätte kreiert werden können (allerdings in Größe XXL) formt sich daraus und steigt in den blauen Himmel. Fasziniert verfolgen wir diese kuriose Szene bis sich die Rauchschleife nach einigen Minuten auflöst. Wie wir später, erfahren ist dieses Phänomen ein Anzeichen eines bevorstehenden Ausbruchs. Wenige

Tage später (Ende Februar 2000) bricht der Nordostkrater tatsächlich mit einer großen, weit sichtbaren Lavafontäne aus...

Hauptgefahr für die Sizilianer ist jedoch nicht der Berg selbst, sondern das hohe Erdbebenrisiko. Immer wieder haben Beben, auch einige hundert Kilometer entfernt, ganze Landstriche verwüstet. Hierbei sei das Beben von 1693 erwähnt, das die Städte im Südosten der Insel dem Erdboden gleich gemacht hat. Das letzte große Beben zerstörte 1908 die Stadt Messina und tötete über 60.000 Menschen.

Der Etna bringt jedoch **nicht nur Fluch, sondern auch Segen** für seine Bewohner. Die Vegetation der Vulkanhänge ist die artenreichste der ganzen Mittelmeerregion und erfährt von der niederregnenden Asche eine fortlaufende, mineralreiche Düngung. Das berühmteste Etna-Gewächs ist der D.O.C. geadelte Wein. Außerdem gedeihen auf dem Vulkanboden prächtiges Obst, Zitrusfrüchte, Mandeln, Pistazien und Haselnüsse. Mit ein Grund dafür, daß die Sizilianer ihre Etna-Dörfer immer wieder aufgebaut haben und trotz zahlreicher Katastrophen die Bevölkerungsdichte ständig zugenommen hat. Besonders stark besiedelt sind die meeresnahen, klimatisch sehr milden Osthänge (bis ca. 900 Meter).
Zwei bis drei Jahrhunderte müssen vergehen, bis sich neue Lavafelder in fruchtbaren Vulkanboden verwandeln. Nachdem Flechten die Lavabrocken etwas aufgeweicht haben, wächst als erste Pflanze der Ginster. Seine Wurzeln sprengen das Gestein und machen es somit für eine Vielzahl von Pflanzen urbar. Der Etna wird grob gerechnet in drei Vegetationszonen unterteilt, die einen Klimaunterschied von ca. 4000 km in Europa – von Skandinavien bis Süditalien – entsprechen. Vom Meeresspiegel bis in 1200 m Höhe werden Baumkulturen (Obst, Nüsse) und Wein angebaut, von 1200 bis 1800 m stehen große Kastanien-, Eichen- und Kiefernwälder, von 1800 bis 2000 m wachsen Birken und Buchen, die auf Sizilien ihre südlichste Verbreitungsgrenze haben. Oberhalb der Baumgrenze von 2000 bis ca. 2400 m gedeihen Büsche und stachelige Sträucher, dazwischen Veilchen und Hornkraut. Darüber beginnt vulkanische Wüste, die ca. 6 Monate im Jahr schneebedeckt ist (auf der Nordseite oft noch länger). Lavaströme aus neuerer Zeit, auf denen die Vegetation noch nicht „Fuß gefaßt" hat, sind auch in niedrigeren Lagen anzutreffen.

Für die Landwirtschaft sind neben dem Wein- und Obstanbau auch Pilze sowie Käse und Honig wichtige Produkte. Ein anderer Etna-Rohstoff, das Lavagestein, wird zu Pflastersteinen, Dachziegeln und Mauerblöcken verarbeitet. Ein weiterer Segen im wirtschaftlichen Sinne ist der Tourismus. Kaum ein Urlauber verläßt Sizilien, ohne das „Wahrzeichen der Insel" zu besuchen, und auch die Einheimischen fahren, zumindest in der Skisaison, gern auf ihren Mongibello. Nicht zuletzt deshalb hat die Region Sizilien 1987, nach langer Intervention der Naturschutzverbände, den Vulkan zum Naturschutzgebiet erklärt.

Parco dell'Etna

Das Schutzgebiet umfaßt den gesamten Vulkan oberhalb der Ortschaften (bis ca. 950 m). Über ein Drittel der Gesamtfläche ist bewaldet, ein Drittel wird landwirtschaftlich als Weideland und Anbaufläche genutzt, und der Rest? Lavawüste. Um Tourismus, Land- und Waldwirtschaft im Naturpark zu begrenzen, ist der Parco in vier Schutzzonen unterteilt:

Zona A, Riserva integrale (19.000 ha): Fast ausschließlich öffentliches Eigentum, keine menschliche Ansiedlung. Eingriffe in die Natur werden auf ein Minimum reduziert.
Zona B, Riserva generale (26.000 ha): Dieses Gebiet wird seit Generationen landwirtschaftlich genutzt und besteht aus kleinen, landwirtschaftlichen Privatgrundstücken. Ziel der Schutzzone ist es, die alten Bauernhöfe zu erhalten und die traditionelle Arbeit der Landwirte zu unterstützen. Neue Häuser oder Gebäude dürfen angeblich nicht errichtet werden.
Zona C, Riserva protezione (4300 ha): Für den kommerziellen Tourismus genutzte Gebiete, die in den Zonen A und B liegen. Nur ca. 4 % der oberen Parkregion sind touristisch erschlossen. Dazu gehören die beiden Skigebiete und die asphaltierten Bergstraßen zu den Hochregionen (ca. 800 ha). Weitere einzelne Flächen (ca. 3500 ha) liegen an der unteren Parkzone und sind Neubaugebiete und landwirtschaftlich intensiv genutzte Anbauflächen, die schon vor der Parkgründung angelegt wurden.
Zona D, Riserva controllo (9700 ha): Der sogenannte „Vorpark" ist das Randgebiet des Parks, in dem die Schutzbestimmungen viel Spielraum für kommerzielle Nutzung lassen. Nach Meinung der Autoren eine „Mogelpackung", um die Parkgröße unnötigerweise etwas aufzumöbeln.

Ob die Bestimmungen nun limitieren oder legitimieren – der Etna ist ein einzigartiger Naturpark, in dem Sie mit etwas Glück sogar Greifvögel beobachten können. Heimisch sind Adler, Bussarde und Falken sowie zahlreiche Singvögel. Das Lavagestein wird von Schlangen, Eidechsen und bis in eine Höhe von 3000 m von Marienkäfern bevölkert. Es ist ein Phänomen, wie diese fliegenden Käfer dort oben den Klimaextremen trotzen, genügend Nahrung finden und sich mangels natürlicher Feinde zu riesigen Kolonien vermehrt haben. Touristische Hauptattraktion sind die beiden Hochregionen Etna-Sud (Rifugio Sapienza) und Etna-Nord (Piano Provenzana). Eine **Gipfelbesteigung** zu Fuß oder per Tourenski (im Winter) ist bei günstigen Voraussetzungen möglich. Einmalig ist auch die Kratertour („Torre del Filòsofo") per **Mountainbike.**

Um den „Berg der Berge", der je nach Hanglage und Höhe andere faszinierende Eindrücke, Ein- und Ausblicke vermittelt, kennenzulernen, empfehlen wir Ihnen ein unvergeßliches Raderlebnis: die Etna-Umrundung.

Giro dell'Etna

Tritt für Tritt erforschen Sie dabei den Mongibello und haben stets ein Lehrbuch der Vulkanologie vor Augen. Die Giro ist sozusagen das Buch im Buch: ein 112 km langer Rundkurs auf durchwegs asphaltierten Straßen, unterteilt in vier Etappen (65-68). Außerdem sind Abstecher zu den beiden Hochregionen Nord und Süd (56, 19), zum Meer (23, 24, 25, 29) und drei faszinierende Offroad-Touren integriert. Hoffentlich können auch Sie sich in die lange Liste der prominenten Etna-Bezwinger einreihen und dieses „Wunder der Erde" von oben bestaunen. Goethe war übrigens nicht am Gipfel, von dem antiken Philosophen Empedokles sind angeblich nur seine eisernen Sandalen wieder ausgespuckt worden, was uns zu der **dringenden Warnung** veranlaßt: Aufstieg nur mit geeigneter Ausrüstung und bei klarem Wetter. Unbedingt vorher die aktuelle Vulkanaktivität erfragen!

Information: AAPIT Catania, Largo Paisiello 5, am südlichen Ende der Gartenanlage Villa Bellini, ✆ 09573062-22 und -33; Pro Loco Linguaglossa, Piazza Annunziata (Via Roma), ✆/🖷 095643094; AAST Nicolosi, Via Garibaldi 63, ✆ 095911505, und Via Etnea 65, ✆ 0957914580; Parkverwaltung in Nicolosi, Via Etnea 107, ✆ 095914588; Rifugio Sapienza des C.A.I, Etna-Sud, ✆ 095911062; Rifugio Citelli, Etna-Est, ✆ 095930000.

Literatur: Maurice Krafft, Führer zu den Vulkanen Europas, Band 3, Ferdinand Enke Verlag Stuttgart, Italienischer Vulkanismus allgemein und detaillierte Beschreibungen der einzelnen Vulkane (Etna, Stromboli u.a.), für Hobbygeologen gut verständlich; Hans Pichler, Italienische Vulkangebiete, Band 4, Etna, Bornträger Verlag Stuttgart, Exkursionsrouten für Geologen, Detailkarten etc., streng wissenschaftlich geschrieben.

Internet: http://www.parcs.it/parco.etna (nur italienische und englische Informationen); http://stromboli.net; http://www.geo.mtu.edu/~boris/STROMBOLI.html.

...und dann erreichen wir mit klopfendem Herzen den dampfenden Kraterrand. Aus allen „Ecken und Enden" des riesigen Schlundes kocht und brodelt es. Im Minutentakt zucken wir zusammen, wenn kleinere Explosionen Lavabrocken emporschleudern. Es ist ein unbeschreiblicher, unheimlicher und faszinierener Ort. Hades, der Gott der Unterwelt, verhüllt sich da unten leider in dichten Rauchschwaden, dafür ist der Ausblick über halb Sizilien, die Liparischen Inseln und hinüber nach Kalabrien um so berauschender. Tief beeindruckt können wir uns kaum von dem atemberaubenden Naturschauspiel trennen, sind aber dennoch erleichtert, als wir unbeschadet wieder unsere Räder erreichen, die 2900 Höhenmeter zum Meer hinunterdüsen, den Lavastaub bei einem Bad abspülen, und faszinierter als jemals zuvor nochmal hinaufblicken – zum Berg der Berge.

Etappenbeschreibungen

Catania

Catania (350.000 Ew): Catania und der Etna, Etna und Catania – man kann es drehen und wenden, wie man möchte, die Beiden gehören unweigerlich zusammen. Die Stadt liegt „zu Füßen“ des inselbeherrschenden Vulkans, der am 8. März 1669 großes Leid verbreitete: An diesem Tag machten sich die ersten Zeichen eines Etna-Ausbruchs bemerkbar. Ein starker Sturm wirbelte Asche und Staub auf und verfinsterte die Sonne. Es folgten Erdstöße, die Gebäude und Bäume wie Schiffe hin und her wogen ließen. Ein achtzehn Kilometer langer Riß tat sich am Osthang des Feuerbergs auf und entließ wochenlang heiße Lava. Eine 100 m breite Schneise der Zerstörung wälzte sich nach Catania hinunter. Zwar hielt die Stadtmauer dem Druck der Lava erstaunlich lang stand, doch schließlich gab sie nach und begrub einen Teil der Stadt unter sich. Das sollte nicht genug sein: 24 Jahre später vernichtete ein verheerendes Erdbeben alles, was der Etna zuvor verschont hatte. Catania ist Schicksalsstadt – schon sieben Mal bei Erdbeben in sich zusammengefallen, von glühender Lava überrollt und immer wieder aus der Asche auferstanden.

Von soviel Leid gezeichnet und die Trauerkleidung niemals ganz abgelegt, zeigen sich heute die Bauten und Straßen vielfach aus schwarzem Lavagestein. Ein preiswerter, heimischer und zugleich ermahnender Baustoff aus den Steinbrüchen des Etna. In prachtvollen Barockbauten verbergen sich Bars, Studentenkneipen und Restaurants und verleihen der City einen jugendlich-spritzigen Elan. Sonntag ist Ruhetag, die Stadt wirkt wie ausgestorben, und erst gegen Abend kommen die Catenesen wie üblich zur *Passeggiata* auf die Straße. Sehr feierlich wird der Silvesternacht zelebriert. Wie ein Lavastrom ziehen Fackelträger von den Hängen des Etna in die Altstadt hinab.

Man muß die zweitgrößte Stadt Siziliens erst verstehen lernen, um ihren Reizen verfallen zu können. Die Città empfängt ihre Besucher mit einem häßlichen Ring aus verfallenen Altbauten, abstoßender Betonarchitektur, Industrieanlagen, Dreck, Verkehrslärm und einer hohen Kriminalitätsrate. Im Kern dieser schmuddeligen Hülle stecken Juwelen, die es zu entdecken gilt. Los geht's.

Historisches: Gegründet wurde „Katane“ von ionischen Griechen (729 v. Chr.), doch alle größeren Baudenkmäler stammen durch die Eroberung der Römer (263 v. Chr.) aus römischer Zeit. Araber verhalfen der Provinz durch die Einführung von Zitruspflanzen und neuen Bewässerungsmethoden zu Wohlstand. Das **Castello Ursino** ließ Friedrich II. zum Schutz gegen Piraten bauen. Nachfolgende spanische Herrscher unternahmen wenig, um die Stadt zu verteidigen, und so floß ihre einstige wirtschaftliche

Bedeutung dahin. Im 18. Jh. erfolgte der barocke Wiederaufbau, und erst im 19. Jh. erlangte Catania durch die Ernennung zur Provinzhauptstadt wieder an Bedeutung.

Innerstädtisches: Sie erreichen den **Piazza Duomo** aus südlicher Richtung durch die **Porta Uzeda**. In unmittelbarer Nähe des Tores findet frühmorgens ab 6 Uhr der Fischmarkt statt: bunt, geschäftig, quirlig und auf ganz Sizilien berühmt! Außer glänzend-glitschigem Fisch gibt es in den engen Gassen leuchtendes Obst- und Gemüse, vorzüglichen Käse, würzige Wurst und Fleisch zu kaufen. Auf dem Piazza wird Ihr Blick sofort zur berühmten **Kathedrale** springen, deren barocke Fassade (1730-1758) einmal mehr ein Werk des berühmten Architekten Vaccarini ist. Im Inneren befindet sich das Grab des catanesischen Opernkomponisten **Vincenzo Bellini** und eine **Kapelle der Hl. Agatha**, der Schutzpatronin der Stadt. Ihr wird nachgesagt, die Stadt mit wundertätiger Kraft mehrmals vor den gefürchteten Lavaströmen des Etna gerettet zu haben. Am 5. Februar wird deswegen kräftig gefeiert. Agathas Reliquien werden auf einer Art „beweglichem Tempel" durch die Straßen gezogen. Gegenüber der Kathedrale steht das Meisterwerk Vaccarinis, die Abteikirche **Badia di Sant'Agatha** mit einer ausladenden Kuppel. Und wem ist der **Elefantenbrunnen**, das Wahrzeichen der Stadt, zu verdanken? Natürlich ebenfalls Herrn Vaccarini! Der Elefant aus Lavagestein, vermutlich römischen Ursprungs, wacht über den Platz (ob er dieser Aufgabe bei der relativ hohen Kriminalitätsrate gewachsen ist?). An einen Packesel erinnernd, lastet ein ägyptischer Obelisk auf seinem Rücken. Weiter südwestlich auf dem Piazza taucht unter dem Brunnenmonument der **Anemano** auf, der Bach, dessen klares Wasser früher den Durst der Catanesen stillte. Das **Rathaus**, der *Palazzo del Municipio* aus dem 18. Jh., steht an der Nordseite. Am besten beobachten Sie das geschäftige Treiben auf dem Piazza vom Caffè Duomo aus (die vorzüglichen *Arancini* probieren!). Nördlich des Piazza Duomo beginnt die 3 km lange Hauptgeschäftsstraße **Via Etnea**, eine edle Flaniermeile (vom Verkehr mal abgesehen) mit Banken, Grandhotels, Szene-Bars und teuren Läden gespickt. Sie führt über den schönen **Piazza dell'Università** direkt auf den Etna zu. Die Universität ist die älteste Siziliens (1434 gegründet). Blicken Sie in die **Collegiata**, eine der schönsten Kirchen der Stadt, 1720 von Angelo Italia entworfen. Weiter nördlich auf dem **Piazza Stesicoro** gibt es Reste eines römischen Amphitheaters zu sehen. Dieser Platz ist auch Treffpunkt und Plauderecke für jung und alt. Zurück zum Universitätsplatz. Auf der Via Teatro Greco Richtung Osten können Sie einen Abstecher zum **Teatro Bellini** machen. Dieser Bau wurde am 31. Mai 1890 mit Bellinis „Norma" (nach ihr sind auch Pizza/Pasta alla Norma [mit angeschmorten Auberginen] benannt!) eingeweiht. Nachts, nach Beendigung der Opernvorstellungen, prallen zwei Welten aufeinander. Die Besucher der Oper treffen auf Horden von Teenies, auf schrille Musikklänge und munteres Geplauder aus der umliegenden Kneipenszene. Vom Piazza Duomo zweigt auch die **Via Vittorio Emanuele** in östliche und westliche Richtung ab. In östlicher Richtung gibt es edle Paläste mit wunderschönen Fassaden zu bestaunen, deren dunkles Lavagestein im Wechsel mit hellem Kalkstein steht.

Barock- und Rokokodekorationen verleihen den Palästen exklusiven Charme. Spähen Sie ruhig mal in einen der liebevoll gestalteten Hinterhöfe. Die eleganteste Barockstraße Catanias, die **Via Crociferi**, verläuft im Westen parallel zur Via Etnea. Hinter zwei Abteikirchen, **Badia Grande** linker Hand und **Badia Piccola** rechter Hand, führt eine Treppe zur Kirche San Benedetto (1713) mit einem prunkvoll geschnitztem Holzportal hinauf. Nüchterner wirkt die Kirche **San Francesco Borgia** gegenüber dem Jesuitenkolleg (heute städtische Kunstakademie), das um vier Innenhöfe herumgebaut ist. Etwas weiter nördlich steht die entzückende Chiesa **San Giuliano** (1760) von Vaccarini. Noch weiter im Norden, bereits außerhalb des eigentlichen Zentrums, können Sie im öffentlichen Garten **Villa Bellini** vom Stadtlärm Abstand nehmen. Der Park zählt zu den schönsten Stadtanlagen der Insel: Riesenpalmen, Gummibäume, dazwischen Büsten berühmter Catanesen, Bänke, Brunnen, ein Pavillon in maurischem Stil und reizvoller Blick zum Etna. Noch etwas: am Aufgang zum Park können Sie das (aktuelle!) Datum an den Blumenarrangements ablesen. Wieviele Gärtner hier wohl einen sicheren Arbeitsplatz gefunden haben? Der im Norden anschließende **botanische Garten** am Piazza Roma (Mo-Sa 9-13.30 Uhr) wurde 1788 angelegt und besitzt über 1000 Tropenbäume, Palmen und Kakteen. Richtung Osten gelangt man zum **Piazza Varga** und dem **Corso Italia**, dem Haupt-Shoppingviertel, weiter im Osten nach **Ognina**, dem Nobelwohnviertel mit den teuersten, nicht immer besten Restaurants, Bars und Discotheken.
Eine weitere Sehenswürdigkeit ist das **Teatro Romano** in der Via Vittorio Emanuele 266 mit einem ehemaligen Fassungsvermögen von 7000 Zuschauern und nebenan das Odeon (1300 Personen) für Musikdarbietungen. Unweit davon, am Piazza San Francesco, steht das **Geburtshaus des Opernkomponisten Vincenzo Bellini** (kleines Museum, täglich 9-13.30 Uhr, So bis 12.30 Uhr). Weiter westlich vom Zentrum erreichen Sie **San Nicolo l'Arena,** ein ehemaliges Benediktinerkloster aus dem Jahr 1558. Die Kirche ist Italiens zweitgrößte, übertroffen nur vom Petersdom im Rom. Leider ist die Fassade unvollendet geblieben, das Innere schmucklos, interessant lediglich das Loch in der Kuppel, durch das mittags ein Sonnenstrahl auf einen Bodenkalender fällt und Tag, Monat und Sternzeichen anzeigt. Die Kirche befindet sich momentan in Restaurierung (wird wohl noch einige Jährchen dauern). Scheuen Sie sich nicht, den Küster nach dem Schlüssel für den Kirchturm zu fragen. Die „Draufsicht“ auf Catania schafft einen guten Überblick. Im ehemaligen Kloster sind heute die philosophische Fakultät und ein Teil der Bibliothek untergebracht. Am südlichen Rand des historischen Stadtzentrums steht das Castello Ursino. Heute beherbergt es in seinen Gewölbesälen das **Stadtmuseum** (Bildergalerie, antike Funde, täglich 8.30-13 Uhr, So 9-12.30 Uhr). Östlich vom Kastell befindet sich der **Porto Vecchio**, das alte Hafenbecken.
Im Süden Catanias dehnen sich kilometerlange weiße Sandstrände aus, die **Lidi Playa**. Für Genießer leider kein Platz zum Verweilen – die Strände sind mit häßlichen bunten Buden und Clubs zugebaut. Laute Musik, viel Trubel und Dreck von vorhergehenden Picknickorgien gehören zum Strandalltag. Im Westen der Stadt beginnt das **Piana di Catania**. Im Norden führen sämtliche

Straßenzüge Richtung Autobahn und in die luftigen Höhen des Etna. Eine Privatbahn, die sog. **Circumetnea**, umrundet das gewaltige Massiv in einer etwa 4-stündigen Bummelfahrt. Sie befördert überwiegend Einheimische zu den dichtbesiedelten unteren Etna-Hängen. Wenn Sie uns fragen: eine optimale Einstimmung auf die „Giro dell'Etna" *in bici.*

Information: APT, Via Domenico Cimarosa 10, ✆ 0957306211, 🖷 095316407, Internet: www.apt-catania.com, e-mail: apt@apt-catania.com; AST, Largo Paisiello 5, am südlichen Ende der Gartenanlage Villa Bellini, ✆ 09573062-22/-33; Stazione Centrale, im Bahnhofsgebäude, ✆ 0957306255; wöchentliche Stadtzeitung Lapis mit Veranstaltungskalender.
Bahnhof der Circumetnea FCE: Stazione Borgo, Corso delle Provincie 13, immer der Parallelstraße zur Via Etnea, der Via Caronda, folgen, ✆ 095541244/095541246. Mit dieser Privatbahn kann der Etna von Catania, über Adrano, Bronte, Randazzo, Linguaglossa bis nach Giarre umrundet werden. Ab Giarra verkehrt die staatliche Eisenbahn bis Catania (Bahnhöfe liegen nahe beieinander). Eine Radmitnahme ist nicht möglich. Kosten: ca. 6 € pro Person. An Sonn- und Feiertagen kein Zugverkehr.
Unterkunft: Pension Rubens*, Via Etnea 196, neben dem stadtbekannten Eiscafé Saint Moritz, im 3. Stock eines typischen Stadthauses, saubere Zimmer, freundlicher Vermieter, spricht Deutsch, Fahrrad kann im Zimmer abgestellt werden, ✆ 095317073, 🖷 095321277, EZ o.B. 20 €, DZ o.B. 30 €, DZ m.B. 40 €; Hotel Sudland**, Via Etnea 270, einfach, sauber, zentral, ✆ 095312494, EZ o.B. 21 €, DZ o.B. 30 €; Hotel Holland*, Via Vittorio Emanuele 8, einfach, nahe Bahnhof/Teatro Bellini, ✆ 095533605, EZ o.B. 21 €, DZ o.B. 34 €; Hotel Villa Giuditta*, Via Orto di San Clemente 19, westl. des Giardino Bellini, ✆ 0957159502, EZ o.B. 21 €, DZ o.B. 28 €; Hotel Centrale Europa**, Via Vittorio Emanuele 167, nahe Piazza Duomo, Fahrrad kann im Gang abgestellt werden, ✆ 095311309, 🖷 095317531, EZ o.B. 27 €, DZ o.B. 40 €; Hotel Savona**, Via Vittorio Emanuele 210, ggü. Hotel Centrale Europa, ✆ 095326982, 🖷 0957158169, EZ o.B./m.F. 25 €, DZ o.B./m.F. 40 €; Hotel Moderno***, Via Alessi 9, ruhig und nahe der barocken Via Crociferi gelegen, übergroße, saubere Zimmer, Fahrrad kann im Eingangsbereich deponiert werden, Portier rund um die Uhr, ✆ 095326250, 🖷 095326674, EZ o.B. 24-36 €, EZ m.B. 30-60 €, DZ m.B. 45-90 €.
Camping: Jonio**, Via Villini al Mare 2, ganzjährig, ca. 3 km vom Bahnhof Ri. Acicastello in nördl. Ri. der Küstenstraße entlang, ruhig, viel Schatten, ohne Strand, ✆ 095491139, 🖷 095492277; Villaggio Turistico Europeo**, Viale Kennedy 91, 15. Mai bis 31. Okt., nach ca. 3 km auf Etappe 1, Sandstrand, ✆ 095591026, 🖷 095591911; Villaggio Souvenir*, Viale Kennedy 71, neben Camping Villaggio Turistico Europeo, 1. Mai bis 30. Sept., ✆ 095341162.
Bungalow: Internazionale La Plaja*, Viale Kennedy 47, siehe Etappe 72.
Unterkunft außerhalb: Hotel Maremonti**, Via Angelo Musco 15b, Küstenstraße Ri. Aci Castello, ca. 6 km vom Zentrum entfernt, Etappe , ✆ 095497768, EZ 40 €, DZ 28-48 €.
Fahrradservice: Salvatore Saita, Via V. Emanuele 330, ✆ 095311273; La Bicicletta, Via Monserrato 52, ✆ 095447101; Via Caronda (nahe der FCE Stazione Borgo).
Tips: Bar Nievski, Scalinata Alessi 15/17, Szene-Kneipe, täglich außer Montag Musik, Getränke und Speisen bis spät in die Nacht; Pizzeria & Pub La Collegiata, Pizzen aus dem Holzofen bei lauter Musik, Studentenpreise.

Etappe 1:
Catania – Lentini (30 km) *

Die flache Etappe ist ideal zum „Warmradeln", auch wenn der Verkehr teilweise erheblich ist. Sie kehren Catania und dem Etna den Rücken, fahren parallel zum „Lido di pláia", später durch die Schwemmlandebene „Piana di Catania", in den barocken Südosten Siziliens. Der 9 Kilometer lange Sandstrand „Pláia" ist anfangs wenig einladend, wird aber mit zunehmender Entfernung von der Großstadt attraktiver. In Lentini angekommen, raten wir Ihnen, es den barocken Baumeistern gleichzutun: die Stadt links liegen lassen, dafür Siracusa und den anderen Perlen des Barocks mehr Aufmerksamkeit schenken!

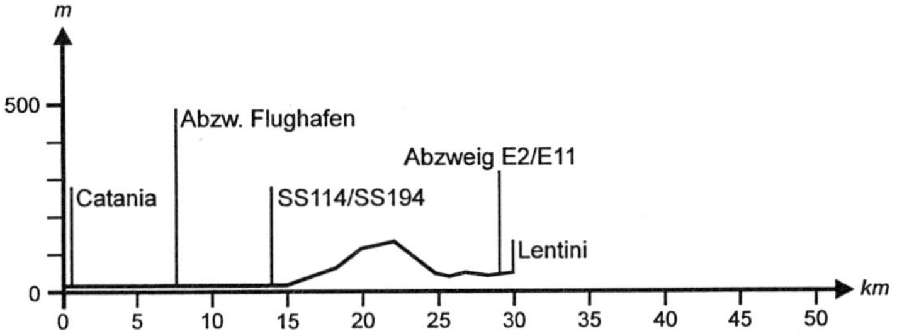

Verlassen Sie den Piazza Duomo (km 0/15 m) in südlicher Richtung durch das Stadttor. Direkt danach rechts und gleich wieder links durch die Bahnunterführung. Entlang der stark befahrenen „C. Colombo" sieht man linker Hand das Hafenbecken. Dem Straßenverlauf folgend (Via Domenico Tempio) bis zum großen Kreisverkehr am Leuchtturm (km 2/10 m). Hier links Ri. „Lido di pláia". Der Verkehr auf der zweispurigen Viale Kennedy reduziert sich bald, da die Autostrada parallel verläuft. Sie passieren zahlreiche Lidi und bei km 7 den Camping „Turistico Europeo". Die Straße knickt 90 Grad landeinwärts ab und kreuzt eine Nebenstraße (km 7,5). Rechts ist „San Giuseppe alla Rena" angeschrieben, diese Straße führt zum **Flughafen**. Für eine Strandsiesta empfehlen wir, links Ri. „San Francesco alla Rena" abzubiegen, an der ersten Schranke wieder links und durch die Ferienanlage „Paradiso degli Aranci" zum Meer rollen. Weiter auf der Hauptstraße stoßen Sie auf eine große Kreuzung (km 9/10 m) und biegen links auf die schnurgerade Platanenallee (SS114) ab. Trotz höherem Verkehrsaufkommens ist diese dank des breiten Seitenstreifens gut befahrbar. Nach Einmündung der Autostrada (km 13) wird der Verkehr heftig! Sie müssen allerdings nur noch die große Simeto-Brücke überqueren, bevor es rechts auf die wesentlich ruhigere SS194 geht. Direkt vor der Brücke führt eine Straße ins Naturreservat des Simeto.

Riserva Naturale Oasi del Simeto: Der Fiume Simeto ist einer der wenigen sizilianischen Flüsse, der auch im Sommer Wasser führt, wenngleich er dann mehr einem Rinnsal gleicht. Sein ca. 500 m² großes, sumpfiges Mündungsgebiet, in dem seltene Wasservögel nisten, wurde 1975 unter Naturschutz gestellt.

Ab km 15 steigt die SS194 leicht kurvig an. Bei km 17/55 m links Ri. „Ragusa/Lentini" und am nächsten Abzweig (km 19/120 m) links Ri. „San Demetrio" abbiegen. Jetzt können Sie auf ca. 5 km die Seele baumeln lassen – keine Autos –, einfach das Rad rollen lassen und die Landschaft genießen. Nach km 22/125 m scharf rechts, unter der Hochspannungsleitung hindurch. Eine steile Abfahrt (km 23,5/125 m) führt Sie ins Flußtal des Fiume San Leonardo hinab. Lentini ist in Blickweite.

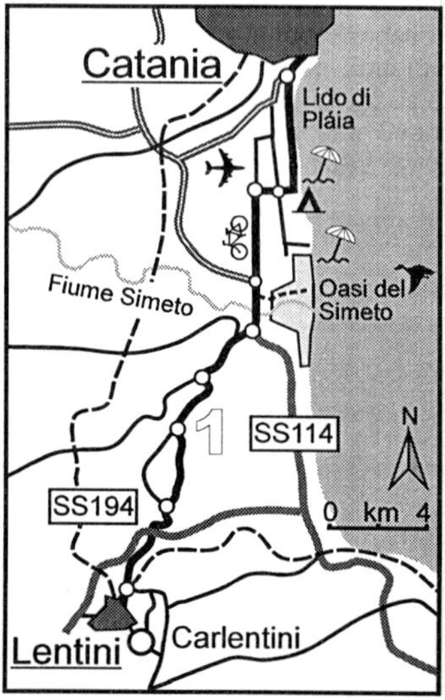

Orangen wurden im 15. Jahrhundert von Seefahrern aus Indien und China nach Europa eingeführt. Wegen ihres süßen Geschmacks – damals waren nur die „sauren" Zitrusfrüchte wie Zitronen, Limonen und Pampelmusen bekannt –, wurden und sind Orangen in Südeuropa nach Weintrauben die wichtigste Fruchtsorte. Der durchschnittliche Vitamin C-Gehalt beträgt bei Zitronen an die 44 mg/100 g Fruchtsaft, bei Orangen 59 mg/100 g. Für Seefahrer wie C. Kolumbus waren Zitrusfrüchte deshalb übrigens eine wichtige „Waffe" gegen Skorbut.
Verantwortlich für den süßen Geschmack der Orangen ist das Zucker-Säureverhältnis. Dies ist nur ausgeglichen, wenn die Temperaturen in der Reifezeit deutlich unter den Temperaturen der Wachstumsphase liegen. Da Zitrusbäume keinen Frost vertragen, ist der südliche Mittelmeerraum geradezu ideal für den Anbau geeignet. Haupterntemonate sind Februar und März, somit fällt die Reifezeit in den kühleren Winter. In den Erntemonaten laufen auf Sizilien, und da überwiegend im Piana di Catania sowie der Gegend um Lentini, der Città d'Orange, die Pressen auf Hochtouren, da ein Großteil der Ernte vor Ort zu Saft verarbeitet wird. Blüten und auch einige Früchte tragen die Bäume übrigens das ganze Jahr, zum Ernten für große Azienden allerdings nicht rentabel. Deshalb unser Tip: Retten Sie die abgefallenen und vergessenen Orangen vom Wegesrand. Ob besonders saftige *Sanguinelli* (Blutorangen), fast kernlose blonde *Taracco* oder eine andere Sorte – verzehrt oder frisch gepreßt bringen sie neuen Schwung in müde Radlerbeine.

Sie treffen wieder auf die SS194 (km 24,5/45 m), rollen weiter abwärts; bei km 26 links und die Schnellstraße unterqueren. Direkt nach der Unterführung rechts, parallel zur SS194, an Orangenplantagen und einer Api-Tankstelle vorbei. Sie stoßen auf die Via Emanuele III. und folgen der Beschilderung links ins „Centro". Achtung: Wenn Sie nicht ins Zentrum von Lentini möchten, sondern direkt nach „Siracusa" (Etappe 2 und 9) bzw. „Augusta" (Etappe 3), biegen Sie von der Via Emanuele III. (km 28) nach Überqueren der Bahnlinie (Bar Via Vai, Großmarkt Cityper) links nach „Carlentini" ab.

Lentini (30.000 Ew): Die „Città d'Orange" liegt am Nordrand der Monti Iblei, in der Flußebene des Fiume Leonardo, inmitten riesiger Zitrusplantagen. Der modernen Stadt fehlt der Glanz barocker Architektur, und auch sonst ist in den belebten Gassen und verkehrsreichen Straßen nichts von der ruhmreichen Vergangenheit zu spüren. Leontinoi hieß die Stadt in der Antike und war eine der ersten dorischen Siedlungen der Insel. Ständig in Machtkämpfe mit den Nachbarstädten Gela und Siracusa verwickelt, verbündete man sich sogar mit Athen; dessen zwei Kriegszüge nach Sizilien scheiterten aber kläglich. Diese Kriegsstrategie – militärische Hilfe vom „Festland" in Anspruch zu nehmen – wurde von sizilianischen Städten später oft kopiert und hatte meist verheerende Auswirkungen für die ganze Insel. Leontinoi wurde von Siracusern, Römern, Arabern sowie 1542 und 1693 durch Erdbeben zerstört. Nach letztgenannter Katastrophe entstand eine neue Stadt mit leicht verändertem Namen und Standort. Die Überreste der antiken Stadt sind für eingeschworene Historiker einen Besuch wert (nahe Carlentini, der Beschilderung „Archäologische Zone" folgen). Die wichtigsten Funde (Skulpturen/Keramiken) befinden sich in den Museen von Catania und Siracusa. Nichtsdestoweniger ist auch das Archäologische Museum von Lentini lohnend (Piazza Liceo, tägl. 9-14, Sonn- und Feiertags 9-13 Uhr).

Information: in Carlentini, Via G. di Vittorio 30, ✆ 095901220.
Unterkunft: Hotels oder Pensionen sind nicht vorhanden!

Orientierung in Gegenrichtung:
Vom Piazza Duomo immer der Beschilderung „Catania" folgen. Sie gelangen auf die breite Ausfallstraße Via Emanuele III. An der Bar Via Vai und dem Großmarkt Cityper vorbei. In einer Straßensenke am Ortsende, bevor die Auffahrt zur SS194 beginnt, rechts in eine schmale Seitenstraße Ri. „Mobilificio" einbiegen, dann parallel zur SS, an einer Api-Tankstelle vorbei, kurze Abfahrt, dann links durch die Unterführung und wieder rechts Ri. „Catania". Im weiteren Straßenverlauf – jetzt SS194 – in einer Linkskurve rechts Ri. „San Demetrio". Dann immer der Beschilderung „Catania" folgen. 4 Kilometer nach dem Abzweig zur Autobahn, von der Platanenallee (SS114) rechts abbiegen. Nach 1500 Metern passieren Sie eine weitere Kreuzung. Links geht's zum Flughafen (Ri. „San Giuseppe alla Rena"), geradeaus fahren Sie am „Lido di pláia" entlang nach Catania.

Etappe 2:
Lentini – Priolo Gargallo (30 km) **

Die landschaftlich ansprechende Tour führt am nordöstlichen Rand der Monti Iblei zur „Raffineriekiiste" Siziliens. Bis auf die letzten 3 Kilometer ist der Verkehr gering.

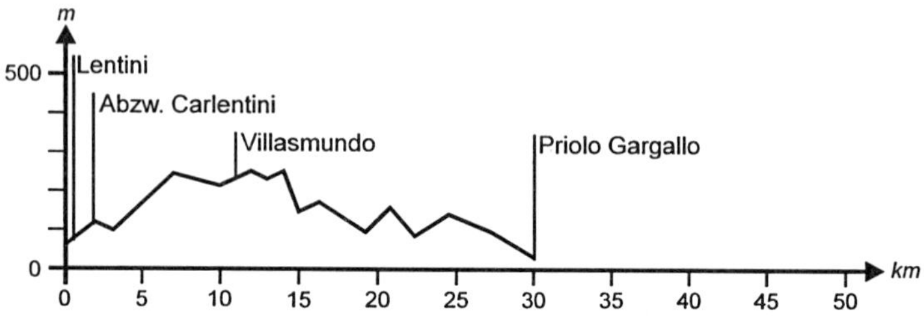

Vom Centro Lentinis der Beschilderung „Catania" folgen. In der Via Emanuele III., an der Bar Via Vai/Großmarkt Cityper (Anschluß von Etappe 1), rechts Ri. „Carlentini" (km 0/50 m) in die Via Pertini abbiegen. Die breite Straße führt steil bergauf, nennt sich nach km 1,2 Via Eschilo und ab km 2,2/140 m SP95. Nach einem kurzen Zwischentief ist der höchste Etappenpunkt bald erreicht, und die SP95 leitet Sie schnurgerade durch Villasmundo (km 11). Anschließend fast kein Verkehr, dafür zwei „orangige" Flußtäler. Dann wird die Idylle abrupt durch Raffinerieanlagen beendet (km 27/90 m), und Sie rollen nach Priolo Gargallo ein.

Priolo Gargallo (11.500 Ew) ist ein von der nahegelegenen Petrochemie geprägter Ort, der nur deswegen einige Quartiere aufweisen kann.

Unterkunft: Royal*, Via Edison 5, ✆ 0931771885, EZ 10 €, DZ 20 €; Del Sole*, Via Trogilo 11, ✆ 0931767677, EZ 17 €, DZ 30 €.

Orientierung in Gegenrichtung:
Der Beschilderung „Villasmundo" folgend werden Sie zur SP95 geleitet. Der Verkehr verebbt ab km 11 fast völlig. Sie durchqueren zwei Flußtäler, fahren auf der Provinzstraße durch Villasmundo bis Lentini. Wenn Sie nicht nach Lentini wollen, sondern direkt weiter nach Catania – aufgepaßt: bei km 28 (Abzweig nach Carlentini/Ende der SP95) die Via Eschilo 500 Meter hinunter rollen, dann nicht dem links abknickenden Straßenverlauf folgen, sondern geradeaus die Via Pertini hinunter. Sie treffen auf die Via Emanuele III., weiter mit Etappe 1.

Foto rechts: Barocker Radblick…

Kartenskizze Etappen 2 – 10

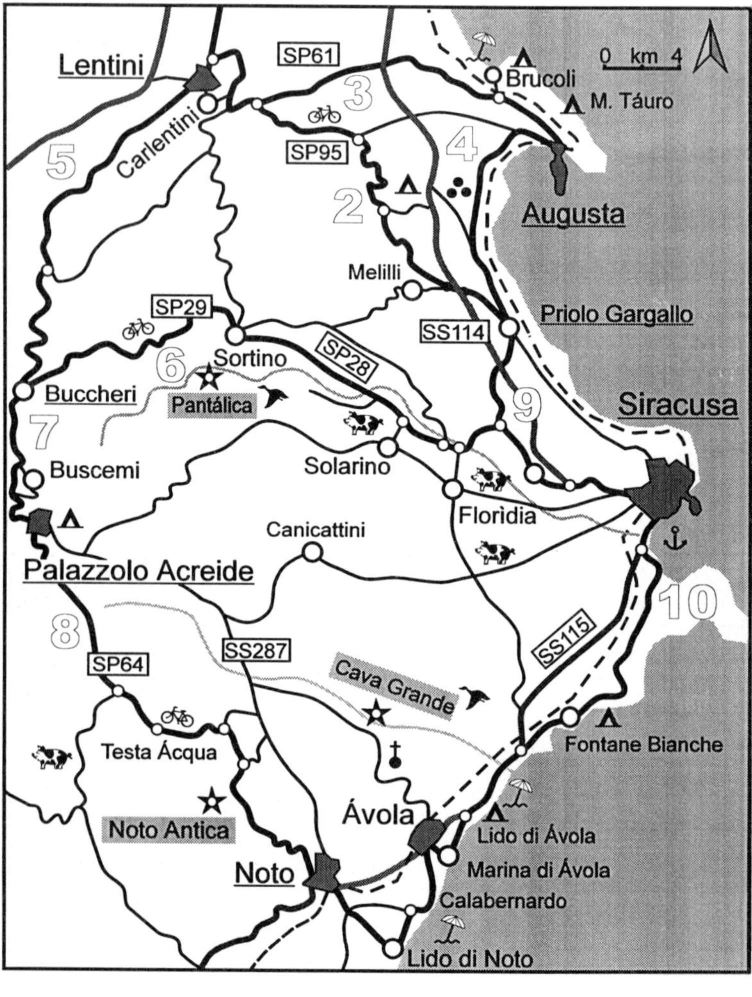

Etappe 3:
Lentini – Carlentini – Augusta (27 km) **

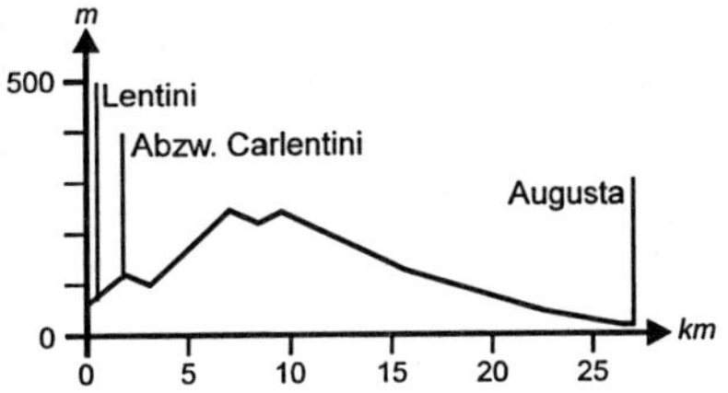

Die Tour beginnt mit einer knackigen Bergfahrt, bei der Sie den Einfallsreichtum sizilianischer Architekten bestaunen können. Vorbei an Zitrusplantagen und Weideland bringt eine langgezogene Abfahrt dann 100%-iges Radvergnügen. Der Badeort Brucoli bietet sich für ein Bad im Ionischen Meer an, bevor sich die „Sonne wieder verdunkelt". Gemeint ist die unschöne Fahrt durch schmutzige Industriegebiete und Neubauviertel nach Augusta. Am Ende überrascht die Hafenstadt jedoch mit einem hübschen Centro und barocken Bauten.

Die Tour beginnt am Piazza Duomo (km 0/55 m). Folgen Sie bis km 1,8 immer der Beschilderung „Catania". Sie werden über die Via Murgianzio auf die breite Ausfallstraße Via Emanuele III. geleitet. Direkt vor der Eisenbahnüberführung, an der Bar Via Vai, rechts Ri. „Carlentini Nord" (km 1,8/50 m) abbiegen.

OPTION: Bei km **1,8** ist der **Knotenpunkt mit Etappe 1**. Richtung Catania nicht abbiegen, sondern weiter geradeaus fahren. Radfahrer, die von Catania kommen und nicht nach Lentini, sondern gleich nach Augusta oder Siracusa wollen, steigen hier in Etappe 2 bzw. 3 ein. Dementsprechend biegen Sie nach der Bahnüberführung links Ri. „Carlentini Nord" ab.

Die breite Straße steigt steil an und führt dann durch ein Neubaugebiet. Bei km 4,0 rechts Ri. „Carlentini". An der nächsten Abzweigung (km 4,5/170 m) links Ri. „Siracusa". Wer noch genügend Puste hat, strampelt rechts die steile Straße nach Carlentini hinauf.

Carlentini (13.000 Ew): Die aussichtsreiche Stadt thront auf einem Hügel hoch über Lentini und wurde 1551 von Kaiser Karl V., der ihr auch den Namen gab, gegründet. Im Vergleich zu Lentini wirkt die Oberstadt wesentlich ruhiger und aufgeräumter. Das Barockzeitalter hat einige Spuren hinterlassen.

Nach einer rasanten Abfahrt wieder leicht bergauf Ri. „Sortino" und bei km 6,1/175 m scharf links Ri. „Villasmundo" einbiegen. Dann auf der links abzweigenden SP61 (km 8,3/225 m) Ri. „Catania/Siracusa" weiterfahren. Bei km 9/245 m ist der höchste Punkt der Etappe erreicht. Auf der nun abschüssigen Straße kommen Sie dem Golfo di Catania schnell näher. Sie überqueren die Schnellstraße 114 (km 16,4/120 m) und radeln geradeaus Ri. „Brucoli“. Der Abzweig zu diesem Badeort ist bei km 22,4 erreicht.

Brucoli: Das ehemalige Fischerdörfchen hat sich in ein beliebtes Feriendorf verwandelt. Trotz seiner Nähe zu Catania und Augusta ist der Ort für sein klares Wasser berühmt. Neben dem Feriendorf ist auch die aus dem 15. Jh. stammende Festung sehenswert.

Unterkunft: Brucoli Village***, Località Brucoli, ✆ 0931994401, exklusive Clubanlage.
Camping: Baia del Silenzio, Località Campolato, ✆ 0931981881, 3 km östlich von Brucoli, ganzjährig geöffnet.

Weiter geht's auf der SP61 Ri. „Augusta“. Schon nach 4 km ist die wenig einladende Peripherie der Hafenstadt erreicht. Es folgt eine 2 km lange, unschöne Fahrt ins Centro, das endlich nach Durchfahren des Spanischen Tores erreicht ist. Dort links Ri. „Castello“ abbiegen.

Augusta (35.000 Ew): Die Hafenstadt ist auf einer langgezogenen Insel erbaut, die wie ein ausgestreckter Finger Richtung Siracusa zeigt. Böse Zungen behaupten, der erhobene Zeigefinger mahne die Umweltsünden der angrenzenden Raffinerieanlagen an. Augusta wurde 1232 als Basis zur Verteidigung der Südküste von Kaiser Friedrich II. (Augustus) über den Ruinen der antiken Stadt Xiphonia gegründet. Die Bedeutung als wichtiger Militärstützpunkt hat es während allen Epochen behalten. Mittelpunkt des Stadtlebens ist der Piazza Castello und die verkehrsberuhigte Via Umberto. Diese Geschäftsstraße ist von schönen Barockfassaden gesäumt. Zahlreiche Läden, Gelaterien und Bars laden zum Bummeln ein. Ganz nebenbei kommt man so auch an allen Sehenswürdigkeiten und der Touristeninfo vorbei. Der Dom versteckt seine verspielte Fassade hinter einer mächtigen Stützkonstruktion. Wie vielerorts auf Sizilien wird, statt restauriert, nur das notdürftig erhalten, was von touristischer Bedeutung ist. Gegenüber dem Piazza Duomo steht das sehenswerte Rathaus, in dessen erster Etage das städtische Theater untergebracht ist. In nördlicher Richtung mündet die Straße in den parkähnlichen Piazza Castello, auf dem der Wochenmarkt stattfindet. Seitlich wird der Park von einem mächtigen Castello flankiert. Alles hübsch anzuschauen – wäre da nicht noch ein total heruntergekommenes Gebäude im Mittelpunkt der Szenerie, der sogenannte „Kursaal Augusteo“. Warum bietet ausgerechnet diese Absteige die einzige Übernachtungsmöglichkeit der Stadt? Sind Touristen zwischen Erdölhafen und dem Stützpunkt der italienischen Kriegsmarine nicht erwünscht?

Information: Via Epicarmo 325, ✆ 0931976659.
Unterkunft: Kursaal Augusteo**(!), Piazza Castello 1, ✆ 0931521782, EZ 25 €, DZ 35 €, heruntergekommene Absteige, als Notlösung für eine Nacht gerade noch akzeptabel, die zwei Sterne sind ein absoluter Scherz; Villa dei Cesari**, Località Monte Tauro, ✆ 0931983311, EZ 50 €, DZ 65 €, 4 km nördlich vom Centro, direkt

am Meer; Villa Marina*, Località Monte Pergola, ✆ 0931983800, EZ 20 €, DZ 40 €, 3 km nördlich vom Centro am Meer.
Camping: A'Massaria**, Località Scogliera Acquasanta, ✆ 0931983078, 1.5-31.10.

Orientierung in Gegenrichtung:
Fahren Sie vom Piazza Castello über die eindrucksvolle Stahlbetonbrücke auf die SS193. Bei km 2,5/20 m rechts auf die SP61 Ri. „Brucoli". Zu diesem Badeort können Sie bei km 6/45 m hinunterrollen. Auf der SP61 weiter geradeaus. Sie überqueren die SS114 und gewinnen bis km 19,5/245 m stetig an Höhe. Bei km 22/175 m scharf rechts Ri. „Lentini", nach km 23,5 links hinauf Ri. „Carlentini/Lentini". Oben angekommen ist links die Möglichkeit, nach Carlentini hinaufzufahren (Ende der SP95). Geradeaus die Via Eschilo 500 Meter hinunter rollen. Wenn Sie nach Catania wollen, nicht dem links abknickenden Straßenverlauf folgen, sondern geradeaus die Via Pertini hinunter. Sie treffen auf die Via Emanuele III., weiter mit Etappe 1.

Etappe 4:
Augusta – Priolo Gargallo (19 km) *

Die flache Strecke „fährt sich ganz gut an", doch bald folgen Industriehäfen, qualmende Schlote und Raffinerien. Verwunderlich, daß zwischen den Anlagen der Petrochemie Schafe und Kühe weiden, Oliven und Zitrusfrüchte gedeihen. Wer nicht nur die Sonnenseite Siziliens kennenlernen möchte, wird diese Etappe trotz des Lärms und der verschandelten Natur abstrampeln.

Start ist am Piazza Castello, dem kleinen Park vor dem Kastell. Wenden Sie sich vom Piazza ab, und biegen Sie links auf die SS193 ein, die auf einer eindrucksvollen Brücke über den „Golfo Xifonio" führt. Zurück auf dem Festland überqueren Sie die Bahnlinie, fahren bis zur nächsten T-Kreuzung, dann links Ri. „Siracusa/SS193". Die Blechstrom quält sich auf der SS193 vorwärts, Sie biegen vor der Esso-Tankstelle (km 2,7/5 m) links Ri. „Porto Commerciale" auf ein ruhiges, asphaltiertes Sträßchen ab. Bei km 6 folgen Sie geradeaus den blauen Straßenschildern Ri. „Siracusa", überqueren eine Brücke und fahren bei km 8 links (Vorsicht: nicht rechts durch die Brücke). Bei km 8,5 folgt eine Kreuzung, dort rechts, und bald darauf auf den Zubringer zur zweispurigen Schnellstraße Ri. „Siracusa" halb rechts (die Straße macht dann einen Linksknick). Anfangs ist sie wenig befahren, ein breiter Standstreifen dient als „Radweg-Ersatz". Bei km 14,5 können Sie einen Abstecher zu den Ausgrabungen von „Megara Hyblea" machen.

Megara Hyblea: Französische Forscher begannen im 19. Jh. mit den Ausgrabungen einer der ältesten griechischen Niederlassungen auf Sizilien. Siedler aus Megara bei Athen ließen sich im 8. Jh. v. Chr. hier nieder. Der Ort wurde zweimal von feindlichen Truppen zerstört und seitdem nicht wieder aufgebaut. Heute sind noch die Grundstrukturen von Megara Hyblea zu besichtigen: Teile der Stadtmauern, Tempel, Wohnhäuser, Thermen und Werkstätten. Ein Großteil der gefundenen Keramikarbeiten ist im Archäologischen Museum von Siracusa ausgestellt.

Öffnungszeiten: von 9 Uhr bis eine Stunde vor Sonnenuntergang.

Bis Priolo wird die Strecke von Mineralölkonzernen begleitet, der Verkehr auf der SS193 nimmt rapide zu.

Etappe 5:
Buccheri – Lentini (32 km) ***

Eine 30 Kilometer lange Genußabfahrt! Für Cycler in Gegenrichtung empfehlen wir, ausreichend Trinkwasservorrat mitzunehmen, denn bis Buccheri kann die Flasche höchstens mit frischgepreßtem Orangensaft aufgefüllt werden.

Vom Piazza XX. Maggio bergauf Ri. „Siracusa/Ragusa" (km 0/855 m) und bei km 0,8/855 m scharf links auf eine steile Pflastersteinstraße abbiegen. Am Ende dieser Straße rechts Ri. „Catania". Ab km 7 beginnen Olivenplantagen. Bei km 12,8/360 m folgen Sie dem Schlenker links auf die SP50 Ri. „Lentini". Was zuvor an Olivenvegetation zu sehen war, geht nun in Orangenplantagen über. An der Kreuzung bei km 17/160 m fahren Sie rechts Ri. „Lentini/Fondacacchio", vorbei an Feigenkakteen, und bei km 31/70 m treffen Sie auf die verkehrsreichere Hauptstraße, der Sie nun Ri. „Centro" folgen. Wir verzichten bewußt auf eine genaue Beschreibung ins Zentrum, da das komplizierte Einbahnstraßensystem nur unnötig verwirren würde. Der Piazza Duomo ist Etappenziel.

Orientierung in Gegenrichtung:
Vom Piazza Duomo (km 0/50 m) folgen Sie der Beschilderung „SS194/Francofonte", biegen an der „Bar Craxi" (nach ca. km 1/70 m) Ri. „Fondacacchio/Scala Alaimo" links auf eine wenig befahrene Straße ab. Die folgenden 30 Kilometer gewinnt die Bergstraße bis Buccheri kontinuierlich an Höhe.

Etappe 6:
Buccheri – Siracusa (60 km) **

Aus den luftigen Höhen der Ibleischen Berge rollen Sie auf ruhigen Asphaltstraßen dem geschichtsträchtigen Siracusa sowie dem Ionischen Meer entgegen. Ein Abstecher in die Schlucht von Pantálica birgt Höhenmeter, doch die lohnen sich. Zunehmende Nähe zur Großstadt Siracusa bedeutet auch zunehmenden Verkehr.

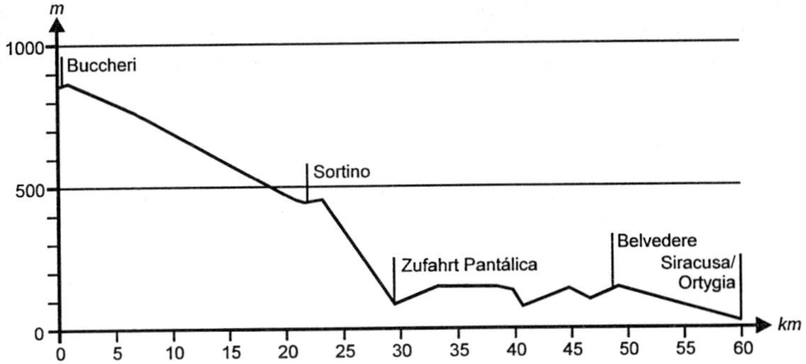

Vom Piazza XX. Maggio bergauf Ri. „Siracusa/Ragusa“ (km 0/855 m), nach km 1,2/870 m links auf die SP10 Ri. „Ferla/Sortino/Pantálica“, vorbei am Neubaugebiet von Buccheri, und bei km 7,3/775 m geradeaus auf der SP29 Ri. „Sortino“ weiter. Bald durch Eichen-, dann Kiefernwälder, und nach km 19,8/485 m heißt es aufgepaßt: nicht dem braunen Schild „Pantálica/Sortino“ nach rechts folgen, sondern links „Siracusa/Carlentini“. Bei km 21,4/460 rechts „Sortino“, kurz darauf an der Gabelung bei km 22/450 m scharf links Ri. „Mellili“, vorbei an den ausnahmsweise nicht grauen, sondern angenehm farbigen Betonklotzbauten, dem Municipio, stadtauswärts, und nach km 23,1/475 m geradeaus Ri. „Mellili“ (nicht links auf die große Straße „Catania/Siracusa“), gleich darauf rechts „Mellili/Valle dell'Anapo/Solarino“.

Sortino (9200 Ew): Touristische Bedeutung hat der Ort nur als Ausgangspunkt für Wanderungen zu den Nekropolen von Pantálica. Es gibt einen modernen Teil und die Altstadt, die etwas tiefer liegt und von einigen barocken Kirchen geschmückt wird.

Information: Via Carmine 5, am Corso Umberto, ✆ 0931917433; Pro Loco „Pantálica“, Via Antonio Gramsci 43, ✆ 0931954805.

Pantálica ist eine der größten urgeschichtlichen Fundstätten Siziliens. Tausende von Gräbern und Kirchen verstecken sich in den 100 bis 200 m steilen Felswänden. Majestätisch ragen die Felsen aus dem Valle dell'Anapo heraus. Wie Bienenwaben überziehen mehr als 500 in den Stein gehauene Gräber die Wände der Schlucht. Die Sikuler siedelten sich auf dem Hochplateau an, nachdem sie von der Küste vor den Griechen flüchten mußten. Im Fels begruben sie zwischen dem 13. und 8. Jh. v. Chr. ihre Toten. Später folgten Byzantiner und Araber, unter denen die Gräber der Sikuler in Felswohnungen und -kirchen umfunktioniert wurden.
In den Tiefen der Schlucht fließt der Fiume Anapo, dessen zahlreiche Wasserbecken ideale Badeplätze sind. Diese Szenerie wird von üppigem

Baum- und Oleanderdschungel überrankt. Die Hochflächen hingegen sind heutzutage nackt und kahl. Mit Adleraugenblick und etwas *fortuna* (Glück) erspähen Sie Mäusebussarde und Falken. Zugänge zur Schlucht erreichen Sie von Ferla und Sortino, wo jeweils asphaltierte Stichstraßen hinab führen. **Ideal zum Wandern**, auf einigen Teilstrecken auch zum Radeln geeignet.

Information: Dist. Forestale, Piazza Marconi 1, Sortino, ✆ 0931953695.

In steilen Serpentinen führt die SP28 ins fruchtbare Tal hinunter. Orangen- und Zitronenplantagen beginnen. Nach km 29,2/95 m fahren Sie geradeaus Ri. „Solarino/Sortino“ (rechts ist die Zufahrt zur Pantálica-Schlucht, die asphaltierte, enge SP54 mit der Aufschrift „Valle dell'Anapo“). Bald passieren Sie den Abzweig zur großräumig beschilderten „Pantálica Ranch“ (Agriturismo). Unten im Tal ist ein Wasserkraftwerk zu sehen. Bei km 32,9/155 m wird das meist ausgetrocknete Flußbett des Fiume Anapo überquert, die ehemalige Eisenbahntrasse gestreift, und nach km 38,5/150 m geht's an der T-Kreuzung links Ri. „Priolo“, vorbei am Stausee und bei km 39,8/130 m nochmals links „Priolo“, nach km 40,7/85 m links auf die SP25 „Priolo/Sortino“ und bei km 41/80 m rechts wieder „Priolo“. Nach km 44,6/145 m stoßen Sie auf eine T-Kreuzung und fahren rechts Ri. „Belvedere“ auf die SP46. Bei km 46,7/100 m links Ri. „Belvedere/Siracusa“, die SS114 unterqueren und geradeaus durch den Ort Belvedere, nach km 49/150 m links Ri. „Castello Eurialo“ und nach Siracusa hinunterrollen. Dort halten Sie sich rechts, dem historischen Zentrum auf der Halbinsel „Ortygia“ entgegen.

Siracusa (126.000 Ew): In der Antike war Siracusa über Jahrhunderte hinweg die größte und mächtigste Stadt der Insel – das sog. **New York Großgriechenlands** hatte mehr als eine halbe Million Einwohner und war von einer 27 Kilometer langen Stadtmauer umgeben. Mit „seinen Kindern“ Archimedes, Hieron und Platon war es eines der wichtigsten intellektuellen Zentren der damaligen Welt. Nach dem Niedergang Roms wurde auch Siracusa von Wandalen, Goten und Byzantinern besetzt. Mit den Normannen ging der Titel „Hauptstadt“ verloren – seitdem darf sich Palermo Inselhauptstadt nennen. Im Lauf der beiden letzten Weltkriege war Siracusa ein strategisch wichtiger Militärstützpunkt.
Trotz Bürgerkriegen, Fremdherrschaft und Naturkatastrophen strahlt die Stadt heute immer noch den Stolz ihrer einstigen Blütezeit aus. Die Provinzhauptstadt hat sich zu einem bedeutenden Industriestandort und Handelszentrum für Agrarprodukte (Export des sizilianischen Weizens) entwickelt. Eine weitere Einnahmequelle ist der zunehmende Tourismus.
Siracusa ist in fünf Bezirke unterteilt: Achradina ist das kommerzielle Zentrum; in Tyche befinden sich das archäologische Museum und die Katakomben; der Archäologische Park im Distrikt Neapolis umfaßt die Reste der wichtigsten griechischen Bauten; in den westlichen Randbezirken von Epipole sind Teile der Befestigungswälle und die Burg Eurialo zu sehen; die Altstadt liegt auf der „Insel“ **Ortygia**. Dort könnte Ihre Erkundungstour beginnen.

Die „Insel“ ist nur durch den schmalen Darsena-Kanal vom Festland getrennt. Heute wird der ehemalige Burggraben von der Brücke Ponte Nuovo überspannt. Ortygia, wegen ihrer Form auch „Wachtelinsel“ genannt, ist dank ihrer engen Gassen für den Verkehr gänzlich ungeeignet und bietet auf engstem Raum geballte Kulturgeschichte. Nicht weniger als 30 Kirchen und unzählige Palazzi verstecken sich im malerischen Gassengewirr. Auf dem **Piazza Pancali** sehen Sie Überreste des dorischen **Apollon-Tempels** (565 v. Chr.), der zwischen 1930 und 1940 ausgegraben wurde. Unter den Byzantinern diente er als christliche Kirche, bei den Arabern als Moschee. Gleich neben dem Tempel befindet sich das ehemalige **Araberviertel Graziella**, daneben der sehenswerte Markt mit großem Fischangebot. Südlich des Tempels schneidet der 1930 von faschistischen Stadtplanern erbaute **Corso Matteotti** eine breite Schneise in die Altstadt, die am prächtigen **Piazza Archimedes** endet. Inmitten des Platzes steht der **Artemis-Brunnen**, umrahmt von Meerjungfrauen. Die Verwandlung einer Nymphe in eine Quelle wird dargestellt. Mit etwas Glück erhaschen Sie einen Blick ins schöne gotisch-katalanischen Treppenhaus des **Palazzo d'Orologio** (Banca d'Italia). Weiter geht's in die **Via Maestranza**. Linker Hand, in einem ruhigen Innenhof, befindet sich die **Touristeninformation**. Nun kommen Sie an einigen Läden vorbei, passieren Kirchen und Kapellen und erreichen schließlich die parallel zum Ufer verlaufende **Via V. Veneto**. Früher war hier der Wohnbezirk des Spanischen Adels, heute ist das Viertel vom Verfall bedroht. Ganze Straßenzüge sind verlassen, bereitgestellte Restaurierungsgelder werden „zweckentfremdet“, Korruption läßt wie vielerorts Bauruinen entstehen! Wie der Straßenname **Via Giudecca** schon verrät, war das Gassengewirr südlich der Via Maestranza einst das Judenviertel. Hier lebte die jüdische Gemeinde von Siracusa bis zu ihrer Vertreibung durch die Spanier im 16. Jahrhundert. In derselben Straße ist ein **Puppenmuseum** untergebracht (Hausnr. 17/19). Vom Piazza Archimedes zweigt auch die **Via Roma** ab; Designerboutiquen säumen diese Straße. Das heutige Rathausgebäude, der **Palazzo Vermexio**, steht an der Ecke zur **Via Minerva**. Der Palazzo ist nach seinem spanischen Architekten – Giovanni Vermexio – benannt. Noch einige Schritte die Via Minerva entlang, und Sie stehen auf dem großflächigen **Piazza Duomo**, dem höchsten Punkt der Insel. Der Dom wurde im 7. Jh. an der Stelle des antiken Athenatempels errichtet, genauer gesagt in diesen Tempel hineingebaut. Da dessen Säulen sichtbar blieben, erhielt er den Namen **Santa Maria delle Colonne**. Die erste Seitenkapelle rechts ist der **Hl. Lucia** geweiht. Lucia, die Stadtheilige, starb als Märtyrerin Anfang des 4. Jahrhunderts. Ihre Grabkammer ist allerdings leer, denn Lucia wurde von den Byzantinern geklaut und von den Kreuzrittern nach Venedig gebracht. Verehrt wird heute ihre silberne Statue, die im Duomo aufbewahrt wird. Nur zum Festtag der Heiligen am 13. Dezember und am ersten Sonntag im Mai wird die Statue der Lucia aus ihrem Versteck geholt. In großer Prozession trägt man sie durch Siracusas Straßen. 1953 hat die verehrte Heilige allerdings „Konkurrenz“ bekommen: die Madonna delle Lacrime. Weiter mit dem Rundgang: Am Ufer südwestlich des Doms kommen Sie zur **Fonte Aretusa**, einer Süßwasserquelle. Leider ist sie durch Verände-

rungen des Meeresgrundes leicht salzig geworden. Am Rand wachsen einige Papyrus-Stauden. Umgeben ist die Quelle von einem zauberhaften Piazza mit pastellfarbigen Häusern und Caffès, wo sich die *Siracusani* abends zur *Passeggiata* treffen. Wenn Sie von der Fonte Aretusa in östlicher Richtung die Via Capodieci entlanggehen, kommen Sie zum wichtigsten Kunstmuseum der Stadt, der **Galleria Regionale**. Das ehemalige Benediktinerkloster birgt heute Gemälde und Skulpturen aus dem Mittelalter sowie eine große Sammlung an Krippenfiguren. Glanzstücke der Gemäldesammlung sind die „Verkündigung" von Antonello da Messina (1430-1479), dem berühmtesten Maler Siziliens, und Caravaggios „Bestattung der Hl. Lucia". An der Südspitze der Insel ließ Friedrich II. die viereckige Festung **Castello Maniace** errichten (1239). Heute ist das Castello eine italienische Militärbasis, die der Öffentlichkeit nicht mehr zugänglich ist. Zurück aufs „Festland":
Der 1955 eröffnete **Archäologische Park** (offen ab 9 Uhr bis zwei Stunden vor Sonnenuntergang) gehört in Siracusa zum Besichtigungsprogramm wie der Eiffelturm in Paris oder die Tower Bridge in London. Beginnen sollten Sie den Rundgang am **griechischen Theater**, mit ca. 140 Metern Durchmesser eines der größten Theater der Antike. Erbaut wurde es im 3. Jh. v. Chr., wahrscheinlich unter dem Tyrannen Hieron II. Auf den 61 Sitzreihen, von denen 46 intakt geblieben sind, fanden 15.000 Zuschauer Platz. Griechische Dramen und Musikfestivals finden hier auch heute noch statt. Östlich des Theaters gelangen Sie zu den **Latomia del Paradiso**, den Steinbrüchen, aus denen die Siracusani Kalkstein für ihre Bauten herausbrachen. Durch den Abbau entstanden mächtige Grotten mit nahezu senkrechten Wänden. Der Steinbruch diente zugleich als Gefängnis für 7000 athenische Krieger nach ihrer Niederlage in einer Seeschlacht (413 v. Chr.). Seinen heutigen Namen „Paradies-Steinbrüche" trägt der Ort dennoch zu Recht, hat er doch einen zauberhaften Garten mit Oleander, Palmen und Orangenbäumen. Am berühmtesten ist das „**Ohr des Dionysios**". Caravaggio, der bekannte Maler, gab dem Fels diesen Namen. Der Legende nach ermöglichte die außerordentliche Akustik der Steinbrüche dem Tyrannen Dionysios, die Gefangenen unbemerkt zu belauschen. Nicht weit entfernt liegt die **Grotta dei Cordari**, die Seilergrotte, in der früher die Seiler ihrem Handwerk nachgingen. Über die Via Paradiso Richtung Süden gelangen Sie zum **Altar des Hieron II.** Was heute noch davon erhalten ist, läßt die Gigantomanie dieses Bauwerks nur mühsam erahnen. Auf dem fast 200 Meter langen Altar wurden angeblich 450 Opfertiere auf einmal „abgeschlachtet". Entschuldigen Sie vorab den Gedanken, daß dies Guinness-Buch verdächtig ist! In unmittelbarer Nähe des Altars steht das ellipsenförmige **römische Amphitheater** (3. Jh. v. Chr.), in dessen Arena Zirkusvorführungen stattfanden. Es gibt noch die ein oder andere Sehenswürdigkeit im Park, doch auch die Stadt hat noch einiges zu bieten. So zum Beispiel das **Museo Archeologico Paolo Orsi** in der Villa Landolina/ Viale Teocrito (Di-So 9-13 Uhr). Benannt ist das 1988 eröffnete Museum nach dem italienischen Archäologen, der wichtige Ausgrabungen in Gela und Agrigento geleitet hat. Für das größte Museum Siziliens sollte eine ordentliche Portion Zeit mitgebracht werden. Vorgeschichtliche Funde, darunter Fossilien,

Tierskelette, Geräte aus der Steinzeit und Keramiken sind ausgestellt. Man bekommt einen Eindruck, wie hochentwickelt und dicht besiedelt Sizilien schon lange vor Ankunft der Griechen war. Ein auf Sizilien gefundener Schädel eines Vorgänger des heutigen Elefanten dient als Beweis, daß Sizilien und Europa früher mit Afrika verbunden waren. Der griechischen Antike ist eine eigene Abteilung gewidmet, darunter die Rekonstruktion des Athene-Tempels aus Ortygia sowie Funde aus dem nahegelegenen Megara Hyblea. Sehr anschaulich ist auch die geologische Abteilung (Vulkanismus, Wandel Siziliens in der Erdgeschichte). Neben dem Museum liegt die Kirchenruine **San Giovanni**, der älteste Bau des christlichen Siracua. Der dazugehörige kleine Blumengarten ist eine Oase der Stille. Unter der Kirche befinden sich die **Katakomben** aus dem 4. Jh. Bei einer Führung erklärt man Ihnen die Hierarchie der Gräber: von geräumigen Rotunden für Heilige und Märtyrer über große Kammern für noble Familien bis hin zu unzähligen kleinen Ausbuchtungen in den Wänden für Kinder (täglich außer Di, 9-13 und 14-17 Uhr). Gegenüber dem Museum und den Katakomben ragt das Heiligtum **Madonna delle Lacrime** mit seiner 90 Meter hohen „Beton-Träne" (lacrima) heraus (geöffnet von 7-12.30 und 16-19 Uhr). Eine unscheinbare Gipsmadonna, wie sie tausendfach in billigen Serien hergestellt wird, weinte über die Leiden der Arbeiterfrau Antonia Jannuso heiße Tränen des Mitleids. Die vom Erzbischof von Siracusa angeordnete chemische Analyse ergab angeblich eine exakte Übereinstimmung mit menschlicher Tränenflüssigkeit. Am zehnten Jahrestag der ersten Tränen wurden bereits mehr als 100.000 Pilger gezählt. Daraufhin erbaute man eine Kirche, die von Papst Johannes Paul II. höchstpersönlich eingeweiht wurde. Heute ist Siracusa einer der wichtigsten Wallfahrtsorte in Südeuropa und braucht sogar einen Vergleich mit dem Pilgerort Lourdes in Frankreich nicht mehr zu scheuen.

Information: APT, Via San Sebastiano 43, ✆ 0931481200, 🖷 093167803; AST, Via Maestranza 33, ✆ 093165201.
Unterkunft: Gran Bretagna*, Via Savoia 21, ✆ 093168765, EZ 38 €, DZ 60 €, kleines familiäres Hotel auf der Insel Ortygia, saubere, schön renovierte Zimmer, sehr freundliche Inhaber; Aretusa*, Via Francesco Crispi 75, ✆/🖷 093124211, EZ o.B. 25 €, DZ o.B. 37 €; Milano*, Corso Umberto 10, ✆ 093166981, EZ o.B. 18 €, DZ o.B. 33, DZ m.B. 50 €; Bel Sit*, Via Oglio 5, ✆ 093160245, EZ 24 €, DZ 33 €; Centrale*, Corso Umberto 141, ✆ 093160528, EZ o.B. 17 €, DZ o.B. 24 €.
Jugendherberge: die Herberge in Belvedere ist leider geschlossen, doch in vielen Führern noch verzeichnet.
Camping: Fontane Bianche**, Mai-Oktober, ✆ 0931790333, großer Platz mit guter Ausstattung, 14 km südlich auf Etappe 10 gelegen.
Agriturismo: Azienda il Limoneto, Adelina Norcia, ✆ 0931717352, modernes Gehöft mit familiäre Atmosphäre, ca. 27 € m.F. pro Person, Halbpension möglich, ca. 10 km Ri. „Canicattini", dann ausgeschildert.
Azienda Capo Corso, Antonio D'Amico, ✆ 0931711834, Ferienwohnungen für 4-5 Personen je 22 €, Halbpension 30 €, ca 6 km Ri. „Florídia".
Papyrus-Museum: ggü. dem Archäologischen Museum, täglich außer Mo von 9-13.30 Uhr.

Radgeschäft: Via Reg. Margherita, in Bahnhofsnähe, gut sortiert, Rennräder Tourenräder, MTBs und Zubehör, eigene Werkstatt.

Orientierung in Gegenrichtung:
Immer Richtung „Castello Eurialo/Catania/SS114" halten – genauer: Ortygia – Brücke „Ponte Nuovo" – Corso Umberto – am Piazzale Marconi rechts – über die Bahngleise – Corso Gelone – Viale Teracati – Via Necropoli Grotticelle. Am Kreisverkehr links Ri. „Castello Eurialo/Ostello" auf die Viale Epipoli und bergauf nach Belvedere. Geradeaus durch den Ort, am Ende Ri. „Floridia/SP46" und dann rechts auf die SP46 (jetzt wird erst genullt, ist einfacher: km 0/145 m). Nach km 2,2/145 m links Ri. „Solarino", bei km 5,8/80 m wieder links „Solarino", nach km 6,1/85 m rechts „Solarino", bei km 7/130 m erneut rechts (nicht links „Floridia"), am Stausee vorbei, bei km 8,3/150 m scharf rechts auf die SP28 Ri. „Solarino/Valle dell'Anapo/Pantálica Ranch". Bei km 10,7/140 m dem braunen Schild „Pantálica Ranch" folgen, den Fiume Anapo überqueren und nach Sortino hochkurbeln. Kurz vor dem Ort links dem weißen Schild „Palazzo Municipio" folgen, bis zum Ende der Straße (km 24,8/450 m, Einfahrt verboten), dort (kurz nach dem schon bekannten braunen Stadtplan) scharf rechts „Carlentini". In Höhe der Gabelung bei km 25,5/460 m links Ri. „Ferla", nach km 27/490 rechts und nun immer der Straße Ri. „Buccheri/SP29" folgen. Es geht durch Buccheris Neubaugebiet und an der T-Kreuzung rechts in den Ort hinunter. Basta cosi!

Archäologischer Park, Siracusa

Etappe 7:
Palazzolo Acreide – Buscemi – Buccheri (16 km) **

n ruhigen und luftigen Höhen der Monti Iblei kann ein Abstecher zum Freilicht-museum von Buscemi unternommen werden.

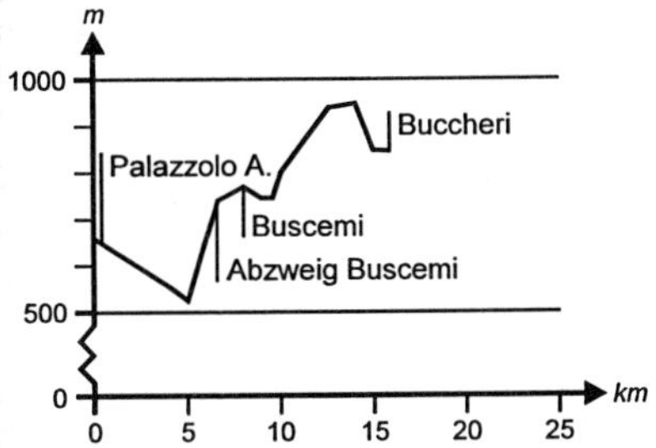

Vom Hauptplatz, dem Piazza di Popolo (km 0/670 m), führt die enge Pflastersteingasse Via San Sebastiano bergab zum Piazza Liberazione, dort links in die Via Garibaldi Ri. „Ragusa/Caltagirone". Am Ende der Straße links auf die Ausfallstraße Via Roma, die in die SS124 übergeht. Folgen Sie der Beschilderung „Caltagirone/Buccheri", über eine imposante Betonbrücke, vorbei an einer Tankstelle und bergauf. Bei km 6,5/750 m besteht die Möglichkeit, rechts Ri. „Buscemi" abzuzweigen. Weitere 1,5 km bergauf.

Museo della Civiltà Contadina in Buscemi (1300 Ew): Das Freilichtmuseum „Museo Paese" wurde 1988 ins Leben gerufen und ist einzigartig auf Sizilien. Man kommt beim Rundgang durch das Dorf mit der bäuerlichen Kultur und den alten Berufen in Berührung. Die Werkstätten des Schmieds, Schreiners und Schusters sind mit all dem dazugehörigen Handwerkszeug wie „anno dazumal" ausgestattet. Ebenso die Wohnung einer Bauernfamilie und eines Tagelöhners, auch eine Wein- und Ölpresse kann besichtigt werden. Neu für uns war das Handwerk des Tellerflickers, der mit Draht und Carrubo-Extrakt (Johannisbrot-Baum) auseinandergebrochene Teller wieder „geflickt" hat. In liebevoller Kleinarbeit wurden alle Einrichtungsgegenstände von einer Gruppe junger, enthusiastischer Leute zusammengetragen. Führungen finden auf Italienisch oder Deutsch statt, und eine zweisprachige Begleitbroschüre fehlt ebensowenig wie eine eigene Homepage. Um so erstaunlicher erscheint das Projekt, da im Ort Buscemi „der Hund begraben liegt". Die Arbeitslosigkeit ist groß, viele Häuschen stehen leer, weil die junge Generation das Dorf verläßt, um im nahegelegenen Siracusa, aber auch in Catania und Palermo oder gar im fernen Nordeuropa „Karriere" zu machen. In den letzten 20 Jahren hat sich die Einwohnerzahl halbiert.

Museum: mit Dokumentationszentrum, Bibliothek und Video, täglich von 9-12.30 Uhr, nach Vereinbarung auch nachmittags, ✆ 0931878528, www.museobuscemi.org, Eintritt 6 € inkl. Führung, hier starten auch die geführten Rundgänge durch das Dorf.

Verlassen Sie den Ort Ri. „Buccheri". Sie stoßen wieder auf die SS124 un rollen auf dieser in das Bergstädtchen.

Buccheri (2800 Ew): Eine freundliche barocke Kleinstadt am Fuß des Mont Lauro, des höchsten Punkts der Monti Iblei (986 m). Vom Gipfel kann ma einen herrlichen Rundumblick genießen. Buccheri wird von vielen Wanderer besucht, die hier auf den alten Viehwegen (trazzere) das Hochland erkunden Sehenswert ist die Kirche Santa Maria Maddalena mit einer Marmorstatue de Maria Magdalena und das Castello Belvedere.

Information: Alpenverein C.A.I., ✆ 093164496; Info in Siracusa, ✆ 093165201.
Unterkunft: Monte Lauro***, Via Cappello 62, neu renoviert, ✆ 0931873174, EZ 3 €, DZ 50 €; nach Absprache kann auch in Forsthäusern übernachtet werden (Inf über C.A.I.).

Orientierung in Gegenrichtung:
Vom Piazza XX. Maggio bergauf Ri. „Siracusa/Ragusa" (km 0/855 m) und au der SS124 bis nach „Palazzolo Acreide". Bei km 6,5 besteht die Möglichkeit links über „Buscemi" zu fahren.

Etappe 8:
Noto – Noto Antica – Palazzolo Acreide (36 km) ***

Sowohl kulturell interessierte als auch sportlich ambitionierte Radler kommen bei dieser Etappe voll auf ihre Kosten. Die Mandelbaumplantagen im Umland von Noto weichen bald einer kargen Hügellandschaft. Allgegenwärtig sind die Trockenmauern, das Markenzeichen der Monti Iblei. Das Etappenziel Palazzolo ist eine weitere Perle des Barocks. Von einigen Touristen abgesehen, die in der Saison mit ihren bunten Mietwagen umherkurven, ist der Verkehr gering.

Die Tour startet auf dem Corso Emanuele III. Verlassen Sie das Centro durch den barocken Torbogen Porta Reale (km 0/156 m). Direkt danach links, am Stadion vorbei, an der zweiten Kreuzung (km 1/200 m) wieder links Ri. „Palazzolo". In der Oberstadt von Noto angekommen, folgen Sie der gelben Beschilderung „Palazzolo" (km 1,8/270 m). Die Straße gewinnt in sanften Kurven an Höhe. Das Bergdorf S. Corrado di Fuori bildet den vorläufigen Scheitelpunkt der Strada. Links liegt die antike Stätte Eremo. Es folgt ein kräfteraubendes Auf und Ab bis zur Torrente Sunciara (km 9/400 m). Die alte Steinbrücke wird von vier Obelisken flankiert. An der nächsten T-Kreuzung (km 10,4/ 400 m) links auf die SP64 Ri. „Noto Antica" einbiegen. Nach einer weiteren Brücke (km 11,5) ist wenig später das antike Gelände erreicht.

Noto Antica ist ein Ort der Ruhe, schön gelegen und mit südlichem Nadelgehölz bewachsen. Die spärlichen Steinreste der „versunkenen" Griechenstadt sind ein Paradies für Eidechsen und Radachsen, die eine Pause herbeisehnen. Unser Tip: Bei einem sizilianischen Picknick (selbst mitbringen) entspannen und den Hauch der Geschichte einatmen.

Treten Sie weiter bergauf, und biegen Sie bei km 16,4/500 m links Ri. „Testa Acqua“ auf die SP64 ab. Dieses Bergdorf (km 20/600 m) hat außer einer Bar nicht viel zu bieten, ist aber ideal für einen kurzen Cappuccino-Stopp. Die Straße geleitet Sie auf ein Hochplateau. Hier sticht die futuristische Station des Militärgebiets Aeronautica Militare besonders ins Auge. Im weiteren Verlauf der SP64 passieren Sie die Dörfer Rigolizia (km 26/670 m) und San Luci (km 31/690 m). Bei km 35/690 m bietet sich ein Fotoblick auf das Etappenziel.

Palazzolo Acreide (9000 Ew): Das barocke Palazzolo ist eine ruhige, beschauliche Kleinstadt und liegt auf 670 m, hoch über zwei Flußtälern, inmitten der Monti Iblei. Dank dieser Höhenlage ist das Klima auch in den Sommermonaten erträglich. Die alten Herren treffen sich am Piazza Popolo vorm Caffè „vis-à-vis“ oder gegenüber in der Bar Duomo. Hauptaugenmerk des Piazza ist jedoch die Chiesa San Sebastiano (Dom) mit majestätischer Freitreppe und extravaganter Säulenfassade, die von korinthischen Kapitellen gekrönt wird. Am Piazza beginnt auch die Haupteinkaufsstraße der Palazzolesi, der Corso Emanuele III. Hier stehen der schöne Palazzo Judica und direkt gegenüber das Rathaus, unter dessen Arkaden ein Info-Computer mehrsprachig Auskunft über die Stadt und seine **Geschichte** gibt: das antike Akrai wurde als militärischer Vorposten von Siracusa 664 v. Chr gegründet, im 9. Jh. von den Arabern zerstört, von den Normannen (12. Jh.) mit dem Namen Palazzolo Acreide neu errichtet und nach dem verheerenden Erdbeben von 1693 im Barock-Stil wiederaufgebaut. Seitdem können verspielte Gebäudefassaden mit kunstvoll gestalteten Balkonkonsolen bewundert werden. Besonders sehenswert ist die „Außenverkleidung“ der Chiesa San Paolo (Via Roma). In der Via Machiavelli finden Sie das **Casa Museo di Antonino Uccello,** in dem die sizilianische Lebenskultur gut veranschaulicht ist (tägl. 9.30-13 Uhr). Zu den Ausgrabungen des **antiken Akrai** folgen Sie dem Corso Emanuele, vorbei an der Chiesa dell'Immacolata (beherbergt ein Meisterwerk von Francesco Laurana – Muttergottes mit Kind), die **Zona Archeologica** ist gut beschildert. Der 36 ha große Gebiet liegt unmittelbar neben Palazzolo auf dem Hügel Acremonte (geöffnet tägl. von 9 bis 12.30 und 15 Uhr bis eine Stunde vor Sonnenuntergang, 3 €, EU-Studenten frei). Von Akrai hat man eine herrliche Sicht auf die Monti Iblei, zum Ionischen Meer und zum Etna. Das bedeutendste Bauwerk ist ein gut erhaltenes antikes Theater aus dem 3. Jh. v. Chr., das von den Römern erneuert wurde und ca. 6000 Zuschauer faßte. Daneben befinden sich die Überreste des Buleuterion (Versammlungsraum der Senatoren). Zu sehen sind außerdem in den Fels gehauene frühchristliche Gräber und byzantinische Behausungen.

Information: Via D'Albergo 70, ✆ 0931881354; Info-Computer auf dem Piazza Popolo, unter den Arkaden vor dem Rathaus.

Unterkunft: Hotel Senatore***, Largo Senatore Italia, ✆ 0931883443, EZ 42 €, DZ 60 €, moderne, gepflegte, freundliche Zimmer; Hotel Santoro**, Via San Sebastiano 21, beim Piazza Popolo, ✆ 0931883855, renovierte Zimmer.
Agriturismo: Fattoria Giannavì, ✆ 0931881776, an der SP23, Appartement für vier Personen, ca. 22 € pro Person.
Agricamping: im Garten der Azienda Casa Bianca möglich, Sebastiano Cavalieri, Via Lenza 144, Contrada Pianette, 5 km auf der SS287 Ri. „Noto/Avola", ✆ 0931875602, auf einem Hügel gelegen, mit Ristorante, Gästezimmer sind in Planung.

Etappe 9:
Priolo Gargallo – Belvedere – Siracusa (19 km) *

Natürlich können Sie auf schnellstem Weg über die SS193 nach Siracusa gelangen, doch zu Ihrer eigenen Sicherheit sollten Sie die zusätzlichen Höhenmeter über Belvedere nicht scheuen, denn die Superstrada ist auch super viel befahren. Außerdem folgt ein wunderschönes, sanftes Gefälle mit Blick auf eine der sehenswertesten Städte der Insel.

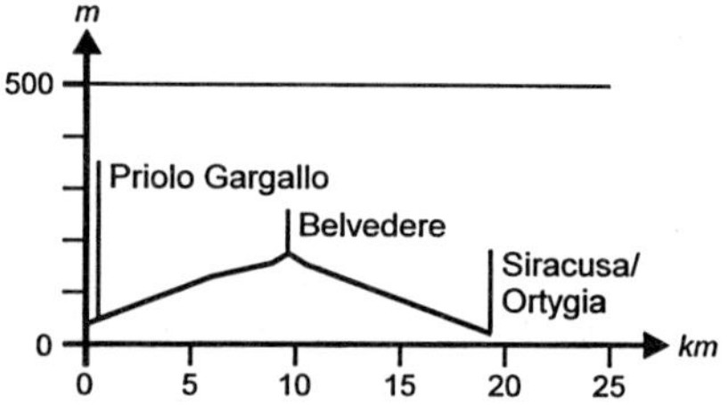

Sie biegen im Straßendorf Priolo Gargallo (km 0/35 m) an einem markanten Palmeninsel von der Schnellstraße rechts in die Via Taranto ab. Nach km 0,2 links bergauf Ri. „Floridia/Belvedere" (Via Salso). Nach km 6,3/ 135 m geradeaus weiter, und erst bei km 8,5 links Ri. „Belvedere/Siracusa" abbiegen. Sie unterqueren nun die SS104, fahren geradeaus durch **Belvedere**, vorbei am „Castello Eurialo".

Castello Eurialo: In der Antike reichte die Millionenstadt Siracusa bis zur Festungsanlage hinauf. Unvorstellbar, wenn man heute das im Vergleich dazu winzige Siracusa von der Burg aus unter sich liegen sieht. Das Castello ist die angeblich besterhaltene griechische Festung des ganzen Mittelmeerraums: 400 v. Chr erbaut, um Angriffe aus dem Inneren der Insel abzuwehren. 60.000 Arbeiter und 6000 Gespanne sollen die 6 Kilometer lange Stadtmauer innerhalb von nur zwanzig Tagen errichtet haben. Wahrscheinlich hat der Mathematiker Archimedes das Castello entworfen. Ungeachtet Archimedes' legendärer Tüfteleien verdankt die Festung ihren guten Zustand größtenteils der Tatsache, daß sich Siracusa 212 v. Chr. den Römern widerstandslos ergab.

Nun auf der Viale Epipole bergab rollen, in Siracusa am Kreisel rechts, vorbei am Gelände des Archäologischen Parks, dann den Corso Gelone entlang, die

Bahngleise überqueren, den Piazzale Marconi ansteuern und auf dem Corso Umberto, der vielbefahrenen Haupteinkaufsstraße, bis zur Ponte Nuovo. Auf dieser gelangen Sie zur Halbinsel „Ortygia“, der Altstadt.

Orientierung in Gegenrichtung:
Immer Richtung „Castello Eurialo/Catania/SS114“ halten, im Klartext: Ortygia – Ponte Nuovo – Corso Umberto – am Piazzale Marconi rechts – über die Bahngleise – Corso Gelone – Viale Teracati (östlicher Rand des Archäologischen Parks) – Via Necropoli Grotticelle und am Kreisverkehr links Ri. „Castello Eurialo/Ostello“. Auf der Viale Epipoli bergauf, vorbei am Castello nach Belvedere. Geradeaus durch den Ort, am Ende Ri. „Floridia/SP46“ und dann rechts auf die SP46 bis Priolo Gargallo.

Etappe 10:
Siracusa – Ávola – Noto (42 km) **

Der flache Etappenverlauf birgt keine Schwierigkeiten und zeichnet sich durch häufige Bademöglichkeiten aus. Am Ende folgt ein kurzer Anstieg, dann können Sie gänzlich im Barock „versinken“.

Hinaus geht's aus dem „alten Syrakus“ (Centro Storico): über den Ponte Umbertino, den Corso Umberto I, an der Grünanlage der Beschilderung „SS115/Ragusa“ folgen und weiter auf der Via Elorina. Nach km 3 überqueren Sie den Fiume Anapo, dann den Fiume Ciane. Sie verlassen die vielbefahrene SS115 bei km 4 und folgen links den Schildern Ri. „Sacramento/Saline“.

Fonte Ciane: An der Quelle des kleinen Fiume Ciane ist der größte Bestand an wildwachsendem Papyrus im Mittelmeerraum zu finden. Dies erklärt auch den Verkauf von Papyruspapier in Siracusa. Seit der Antike ist die Pflanze in Sizilien heimisch, doch woher sie stammt, weiß man bis heute nicht genau. An den Flüssen Innerafrikas gibt es zahlreiche Vorkommen, am Nil leider nur noch flußaufwärts, in Ägypten – bedingt durch periodisch geringe Niederschläge – ist sie beinahe ausgestorben. Ob die Pflanze in Sizilien tatsächlich originär oder von einem der zahlreichen Eroberern eingeführt und angepflanzt wurde, ist unklar. Araber, Normannen, auch Friedrich II. ließen den Papyrus der Ciane ernten. Dieser wurde zu Flechtwerk verarbeitet, als Baumaterial für Flöße und Schiffe verwendet und diente vor allem der Papierherstellung.

Fabrica del Papiro: In Siracusa kann man bei der Papier-Herstellung zusehen und dieses auch kaufen, Via Capodieci 46, ✆ 0931703572.
Museo del Papiro: Papyrus-Museum, Viale Teocrito 66, Siracusa, ✆ 093161616, tägl. außer Mo. von 9-14 Uhr.

Es folgt eine kilometerlange Genußstrecke. Bei km 5,6 leiten braune Schilde rechts Ri. „Fontane Bianche“. Wer möchte, kann bei km 12,9 einen kurze Abstecher – 1 Kilometer – an den Strand von Ognina machen. Eine Bar und di Pizzeria „Bei Piero“ laden zu einer Rast in dem gemütlichen Fischerhafen ein.

Fontane Bianche: (km 14,7) der langgezogene Badevorort von Siracus wirkt sehr gepflegt. Die Villen und der teilweise öffentlich zugängliche Stran sind nur in den Sommermonaten belebt (die Strände unterhalb von Not haben uns besser gefallen). Oberhalb an der SS114 liegt die geschichts trächtige Ortschaft Cassíbile. Hier wurde am 3. September 1943 der Waffen stillstand zwischen Italien und den Alliierten unterzeichnet, und 2356 Jahr zuvor besiegte an selbiger Stelle das Heer von Siracusa die Streitmächte au Athen. Eine Besichtigung lohnt sich allerdings nicht.

Camping: Fontane Bianche**, ✆ 0931790333, Mai-Okt., großer, gut ausgestattete Platz, man spricht deutsch; Verleih von Surfbrettern, Open-Air Disco etc.

Weiter geradeaus gelangen Sie wieder auf die Hauptstraße SS115 (km 20), hie links Ri. „Ávola“. Nach km 25 verlassen Sie die SS115 und biegen links nac Marina di Ávola ab (Tennis- und Fußballplatz an der Straße). Sie passierer „Dolmen“, eine weitere archäologische Stätte. Weiter geht's direkt am Mee entlang, am Kreisverkehr rechts in die Via Miamare (Centro), dann links in die Via Giuseppe Ces. Abba (rechts ist ein Gemüsehändler und geradeaus ein Einfahrt-Verboten-Schild).

Ávola (32.000 Ew): Nach dem zerstörerischen Erdbeben von 1643 wurde eine neue Stadt mit quadratischem Umriß gebaut. Der viereckige Piazza Umberto I. stellt das Zentrum dar, von ihm aus zweigen sternförmig vie Straßen ab, an deren Enden jeweils wieder ein viereckiger Platz anschließt. Sehenswert sind der Dom auf dem Piazza Umberto und zahlreiche Jugend-stilgebäude in der Altstadt. Etwas schlichter als in den umliegenden Städten präsentiert sich der Barock. Ávola ist heute das Zentrum des sizilianischer Mandelanbaus. Die nahegelegene Marina di Ávola liegt an einer Felsküste mit schmalen Kies- und Sandabschnitten.

Information: Pro Loco, Via San Francesco d'Assisi 48, ✆ 0931834270.
Unterkunft in Lido di Avola: L'Ancora*, Via Lungomare, ✆ 0931822875, EZ 24 €, DZ 42 €, kleine und einfache Pension; Mignon*, Via Maugeri 37, ✆ 0931821788, EZ 24 €, DZ 42 €.
Affittacamere: Carmen di Campisi Carmela*, Lungomare Tremoli 62, ✆ 0931822515, EZ 20 €, DZ 35 €.
Camping: Pantanello**, Via Lungomare, ✆ 0931822375, ganzjährig; Sabbiadoro**, Località Chiusa di Carlo, vor dem beschriebenen Tennisplatz links beschildert, ✆ 0931822415, 1. Mai bis 31. Okt.; Paradiso del Mare**, Località Gallina, vor dem beschriebenen Tennisplatz links beschildert, ✆ 0931822435, 1. Mai bis 31. Oktober.

Reparaturwerkstatt: Via Giuseppe Ces. Abba 19, kein Schild, kein Schaufenster, Reparaturwerkstatt für Mofa, Moped, Motorrad, doch auch Fahrradreparatur möglich, Öffnungszeiten: Rolladen oben bedeutet offen, Rolladen unten heißt geschlossen.

OPTION: Abstecher zur Cava Grande di Cassíbile ***
Von Ávola (km 0) die serpentinenreiche Provinzstraße Ri. „Palazzolo Acreide" hinaufstrampeln. Nach km 8,5 passieren Sie die Ruinen von Ávola Antica und eine Klosteranlage. Kurz darauf (km 10/420 m) ist der Belvedere (Aussichtspunkt) mit Parkplatz und Bar erreicht. Hier beginnt der Abstieg (zu Fuß) in die ca. 250 Meter tiefer gelegene Schlucht. Unten gibt es zwar Wasser für ein kühlendes Bad, dennoch sollten Sie an Getränke und Proviant denken!

Cava Grande di Cassíbile: Der beeindruckende Canyon hat eine ähnliche Geschichte wie die benachbarte Pantálica-Schlucht. In den steilen Felswänden befinden sich zahlreiche Wohn- und Grabhöhlen aus dem 11. bis 9. Jh. v. Chr. (eine Info-Broschüre berichtet von 80.000 Gräbern). Die Anzahl von 1500 bis 2000 Menschen, die hier gelebt haben sollen, scheint jedenfalls realistisch zu sein. Wieviele Schlangen sich heutzutage in dem Naturschutzgebiet in der Sonne aalen, können Sie bei einem erfrischenden Bad und der anschließenden Wanderung durch die üppige Vegetation der Cava selbst erkunden.

Der Via Giuseppe Ces. Abba geradeaus folgen. Erst am Straßenende in Lido di Noto, auch Marina di Noto genannt (km 36), Ri. „Noto" fahren. Die Straße schlängelt sich kurz bergauf, dann bergab und an der T-Kreuzung rechts, durch die Eisenbahnunterführung, bergauf und an der nächsten Kreuzung rechts Ri. „Noto". Nach km 38,5 links auf die neu asphaltierte Straße. An der folgenden T-Kreuzung geht's links, an der nächsten rechts. Nach km 42 ist das Ortsschild von Noto erreicht.

Noto (25.000 Ew): Die heimliche Hauptstadt des sizilianischen Barocks wurde 1989 von der UNESCO zum Weltkulturerbe erklärt. Ein Jahr später stürzten bereits Teile des Jesuitenklosters ein und 1995 dann die Kuppel des Doms. Bereitgestellte Gelder für den Wiederaufbau werden wie auch in anderen Teilen Siziliens lange Zeit zurückgehalten. Noto bietet dem Besucher Meisterwerke barocker Baukunst, leider oftmals hinter wuchtigen Gerüsten versteckt.
Der Baumeister Giuseppe Lanza überging die Wünsche der Bürger (Notinesi) und befahl nach dem großen Erdbeben von 1693 den Neubau der Stadt 10 Kilometer südöstlich der alten Siedlung Noto Antica. Lanza schuf getrennte Wohnviertel – für die politische und religiöse Elite im Zentrum, für die einfache Bevölkerung am Stadtrand. Die Hauptstraßen verlaufen von Osten nach Westen, um die honigfarbenen Steinfassaden der Gebäude wechselweise ins Licht der Morgen- und Abendsonne zu tauchen.
Die Straßen von Noto ziehen sich steil hinauf und hinunter (Noto Alta und Bassa). Wir empfehlen, die Besichtigung am **Giardini Pubblico** zu starten,

wo sich abends Jung und Alt trifft. Dort führt Sie das mächtige Stadttor **Porta Reale** (1838) auf den **Corso Vittorio Emanuele**. Diese Flaniermeile ist ein barockes Bilderbuch. Sie passieren das Franziskanerkloster **San Francesco** und das Benediktinerkloster **Santissimo Salvatore**, das heute das **Städtische Museum** beherbergt (archäologische Sammlung und Moderne Kunst). Der Mittelpunkt des Stadtlebens ist der **Piazza del Municipio** mit dem Parlament (untergebracht im **Palazzo Ducezio**) auf der einen und dem **Dom S. Nicolo** (erbaut zwischen 1700 und 1770) auf der anderen Seite. Die Kuppel und das Dach des Doms werden gegenwärtig restauriert. Beide Gebäude sind Werke von Vicenzo Sinatra. Im Inneren der Kathedrale werden in einem Schrein aus Silber die Reliquien des Hl. Corrado aufbewahrt. Der Schutzpatron der Stadt lebte als Einsiedler in einer Höhle unweit des alten Noto. Sein Festtag wird am 19. Februar mit einer Prozession gefeiert. Ein Juwel barocker Balkonbaukunst finden Sie in der **Via Nicolaci**, einer sehr schmalen Gasse. Bewundernswert sind die **Palazzi Villadorata** und **Landolina** mit ihren schmiedeeisernen Balkonen auf Konsolen, verziert mit grotesken Steinskulpturen. Am dritten Sonntag im Mai wird diese Gasse in ein Blütenmeer verwandelt. Florale Bilder verschiedenster Themen werden von Künstlern gestaltet. Weitere Sehenswürdigkeiten: **Piazza XVI. Maggio** mit dem klassizistischen **Stadttheater Vittorio Emanuele** aus dem Jahr 1860, dem **Herkulesbrunnen** aus Noto Antica und die **Chiesa di San Domenico**. Die Kirche **Santissimo Crocifisso** (in der Oberstadt) ist wegen ihrer Madonna della Neve von Francesco Laurana (1471) und der Steinlöwen aus Noto Antica berühmt.

Information: Piazza XVI. Maggio, hinter dem Herkulesbrunnen, ✆ 0931836744.
Unterkunft: Stella*, Via F. Maiore 44, einfach, sauber, zentrumsnah, ✆ 0931835695, EZ o.B. 22 €, DZ o.B. 36 €, DZ m.B. 42 €; Pension L'Arca **, Via Rocco Pirri 14, mitten in der Altstadt, nahe der Information, ✆ 0931573360, EZ 36 €, DZ 55 €; Al Canisello**, Via Pavese 1, saubere Appartements am Stadtrand, ✆ 0931835793, EZ 36 €, DZ 55 €.
Jugendherberge: Il Castello, Via Fratelli Bandiera, ✆/📠 0931571534, 7-24 Uhr, ganzjährig, pro Person o.F. 13 €.
Unterkunft in Lido di Noto: Korsal*, ✆ 0931812119, EZ 32 €, DZ 50 €; Jonio**, Viale Lido 1, ✆ 0931812040, EZ 50 €, DZ 75 €; Meeting**, Viale Lido, ✆ 0931812344, EZ 52 €, DZ 73 €.
Affittacamere: Ambra di Currenti Rosaria*, Via F. Giantommaso 14, ✆ 0931835554, EZ o.B. 30 €, DZ 50 €.
Agriturismo: Azienda Agrituristica Il Roveto, Torre Vendicari, 9 km südlich von Noto, an der Straße nach Pachino, 0,5 Kilometer nach dem Abzweig nach Vendicari, ✆ 093136946, 20 € pro Person im Appartement.
Camping: Il Girasole**, Località San Marco, ✆ 0931721546, 1. Mai bis 31. Oktober.
Tip: Trattoria Il Giglio, Piazza Municipio, gute Hausmannskost, familiär, keine Speisekarte.

Orientierung in Gegenrichtung:

Start ist am Stadttor Porta Reale, geradeaus auf der Alleestraße, vorbei am Giardini Pubblico und rechts den Corso V. Emanuele III. bergab. Der Beschilderung „Lido di Noto/Noto Marina“ folgen. Dort weiter Ri. „Marina di Ávola“. In Marina di Ávola der Küstenstraße entlang und am Ortsende links und gleich wieder rechts auf die SS115 (für etwa 5 km). Nach einer Brücke und einer darauffolgenden Linkskurve rechts Ri. „Fontane Bianche“ abbiegen. Ab jetzt wenig befahren. Erst auf den letzten 4 Kilometern gelangen Sie wieder auf die verkehrsreiche SS115. Den Schildern zum „Centro Storico/Ortygia“ folgen.

Etappe 11:
Noto – Riserva Vendicari – Marzamemi – Portopalo (30 km) ***

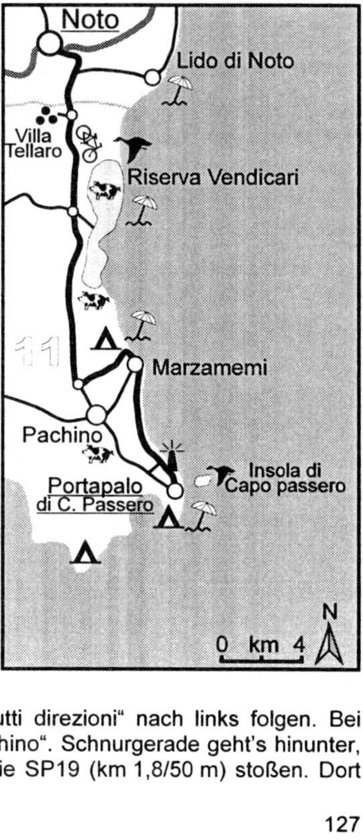

Kaum Höhenmeter, wenig Verkehr, schöne Strände und ein Naturreservat. Die Stichpunkte dieser Etappe lassen das Radlerherz höher schlagen! Sie führt in das südöstlichste Gebiet der Insel. Die Region am Capo Pássero ist eines der bedeutendsten Weinanbaugebiete Siziliens. Landwirtschaftlich setzt man außerdem auf Oliven, Mandeln und mit zunehmendem Maß auch auf Gewächshauskulturen. Ganze Felder sind mit Plastikplanen überspannt. Sehr ertragreich, aber keine Augenweide. Thunfischfang hat der Region zu Reichtum verholfen, ist aber schon lange kein Wirtschaftsfaktor mehr. Heute bemüht man sich, aus den Sandstränden Kapital zu schlagen und damit Touristen „an Land“ zu ziehen. Ob die vielen stillgelegten und mit allerlei Müll angereicherten Thunfischfabriken der richtige Köder dafür sind?

Rollen Sie durch das barocke Stadttor „Porta Reale“ (km 0/105 m) stadtauswärts, und bleiben Sie auf dem Fußweg, rechts von der Alleestraße. Nach km 0,1 rechts abbiegen und den Park durchqueren. Dann geradeaus die „Viale di Piemont“ hinab und der Beschilderung „tutti direzioni“ nach links folgen. Bei km 0,9/85 m halb rechts Ri. „Siracusa/ Pachino“. Schnurgerade geht's hinunter, über die Bahngleise hinweg, bis Sie auf die SP19 (km 1,8/50 m) stoßen. Dort rechts durch die Bahnunterführung. Bei km 2,7/50 m zweigt der Hauptverkehr rechts Ri. „Ragusa" ab, die Tour geht aber geradeaus auf der SP19 weiter. Nachdem das Valle dei Gioi durchfahren ist, grüßt in der Ferne schon das kräftige Blau des „Golfo di Noto" (km 4,6/50 m). Nach Überqueren der Tellaro-Brücke (km 6,5) haben Sie die Möglichkeit, rechts zur Villa del Tellaro hinauf zu fahren.

Villa del Tellaro: Unter einem landwirtschaftlichen Gehöft wurden die Reste einer römischen Villa freigelegt. Die hier gefundenen Mosaiken sind ähnlich gut erhalten wie die in der berühmten Villa Casale, aber leider nicht zu besichtigen, da sie seit Jahren in Siracusa restauriert werden. Ob sie wirklich demnächst wieder zurückverfrachtet werden, scheint fraglich.

Bei km 10/15 m zweigt links von der SP19 eine schmale Straße zum „Riserva Naturale di Vendicare" ab (1 Kilometer bis zum Parkeingang). Ein kurzer Abstecher, der sich nicht nur wegen der schönen Sandstrände lohnt.

Riserva Naturale di Vendicari: Der acht Kilometer lange, 1450 ha große Küstenstreifen wurde 1989 zum Naturschutzgebiet erklärt und somit die umstrittene Planung moderner Hotelanlagen gestoppt. Wegen seiner „pantani" (lagunenartige Seen), die im Sommer austrocknen, ist das Feuchtgebiet einer der wichtigsten Vogelrastplätze in Europa. Über 200 Vogelarten machen hier Rast auf ihrem Flug zwischen Nord-Europa und Afrika. Flamingos können das ganze Jahr beobachtet werden. Die sehr vielfältige Pflanzenwelt (Zwergpalmen, Wacholderbüsche, Strandnelken, zahlreiche Schilf- und Kräuterarten) bietet außerdem Lebensraum für eine große Anzahl von Kriechtieren und Insekten. Die meisten Besucher kommen allerdings wegen der herrlichen Sandstrände. Der schönste davon ist die Sandbucht von Calamosche (ca. 3 km nördlich vom Haupteingang). Im Vendicari gibt es einige gut angelegte und gekennzeichnete Wanderwege. Fahrräder (auch Rad schieben!) sind im Nationalpark nicht gestattet und müssen am Eingang abgestellt werden. Dort sind sie durch die Präsenz eines Parkwächters relativ sicher. Bis zum Strand sind es ca. 5 Gehminuten.

Agriturismo: Azienda Agrituristica Il Roveto, Torre Vendicari, an der Straße nach Pachino, 0,5 Kilometer nach dem Abzweig nach Vendicari, ✆ 093136946, 20 € pro Person im Appartement.
Agricamping: im Garten der Azienda San Lorenzo, an der SP19, am südlichen Ende des Vendicari, ✆ 0931841064, Direktverkauf von Olivenöl und Wein.

Weiter auf der SP19, es geht leicht aufwärts, vorbei an der Abzweigung nach „S. Lorenzo" (km 16/15 m). Die Plastikplanen der Gewächshäuser beherrschen das Landschaftsbild. Auf einer kleinen Anhöhe (km 18/25 m) links Ri. „Marzamemi" abbiegen. Hier versüßen Weinstöcke den Blick. Bei km 20 überqueren Sie eine schmale Brücke, direkt danach rechts Ri. „Camping Forte Village", den Sie kurz darauf passieren. Am Meer angekommen (km 22/5 m) lädt ein Sandstrand zum Baden ein. Sie folgen der Küstenstraße in südlicher Richtung, biegen nach km 22,2 in die erste Straßeneinmündung rechts ein, nach km 22,5 (beim Stopschild) wieder rechts. Dann nicht der abbiegenden Vorfahrt folgen, sondern geradeaus Ri. „Portopalo". Direkt nach diesem Abzweig können die Trinkflaschen an einem grünen Hydranten (bei den Telefonzellen) mit frischem Quellwasser aufgefüllt werden.

Marzamemi: Das idyllische Fischerdorf liegt auf einer Landzunge und war 1994 Drehort für den Kinofilm „Mario und der Zauberer" von Klaus-Maria Brandauer, nach einer Novelle von Thomas Mann. Als Filmkulisse eher ungeeignet ist der neuere Ortsteil: Wohnblocks und Ferienhäuser im 08/15-Baustil – die verfallene Thunfischfabrik wirkt dagegen fast schon romantisch. Hübsch anzuschauen ist der Fischerhafen und, wenn er vor der Badesaison vom Müll befreit wird, auch der kleine Sandstrand.

Unterkunft: Hotel La Conchiglietta**, Via Regina 9, Küstenstraße im Ort, ✆ 0931841191, EZ 32 €, DZ 52 €; Hotel Celeste**, Via del Porto 7, Blick auf Fischerhafen und Tonnara, ✆ 0931841244, EZ m.F. 30 €, DZ m.F. 48 €.
Agriturismo/Agricamping: Azienda Mediterraneo, Contrada Fondo di San Pietro, zwischen Marzamemi und Pachino, ✆ 0931841692, DZ 40 €, Halbpension möglich, Zelt pro Person 5 €.
Camping: Il Forte**, nördlicher Ortsrand Ri. „Noto", Sandstrand, ✆ 0931841011, 1. Juni bis 31. Oktober.

Fahren Sie auf der Küstenstraße weiter Richtung Süden. Es folgt ein Sahnestück: vorbei an dem malerischen Fischerhafen von Marzamemi, an der zerklüfteten Küste entlang, zur südlichsten Ortschaft der Insel. Bei km 28 wartet eine schöne Badebucht mit Sandstrand, dann geht's zum Leuchtturm und dem Castello Tortino hinauf (km 29/30 m). Oben angekommen haben Sie einen herrlichen Blick auf die kleine vorgelagerte Insel „Isola di Capo Passero" (Naturschutzgebiet).

Portopalo di Capo Passero (3000 Ew): Der freundlich wirkende Fischerort erstreckt sich entlang der Hauptstraße, der Viale V. Emanuele. Kleine Familienhotels, anstelle der vielerorts üblichen Bettenburgen, sorgen für „sanften Tourismus". Zahlreiche Caffès, Restaurants und Geschäfte vermitteln dennoch den Badeort-Flair. Das Capo gilt als bestes Surfrevier Siziliens und ist auch zum Schnorcheln sehr beliebt. Lohnend ist ein Ausflug zu den einsamen Stränden des Capo delle Correnti. Dieser südlichste Punkt Siziliens scheidet das Ionische vom Afrikanischen Meer. Der Weg dorthin führt teilweise über Feldwege!

Unterkunft: Hotel El Condor*, Viale V. Emanuele 38, ✆ 0931842016, EZ o.B./m.F. 28 €, DZ o.B./m.F. 36 €; Hotel Jonic**, Viale V. Emanuele 19, ✆ 0931842615, EZ 30 €, DZ 54 €, modern ausgestatteter Neubau, Fahrräder können in der Tiefgarage abgestellt werden.

Affittacamere: Scala Corrado*, Via Giosuè Carducci 6, ✆ 0931842133, EZ o.B. 2
€, DZ o.B. 30 €.
Camping: Captain**, Località Isola delle Correnti. ✆ 0931842595, Mai bis Oktober
kleiner ruhiger Camping mit viel Schatten, mit **Bungalows**: für 2 Pers. 25 €; Cap
Passero***, Località Vigne Vecchie, 2 km westlich von Portopalo, direkt am Meer, mi
Sandstrand, ✆ 0931842333, ganzjährig, mit **Bungalows**: für 2 Pers. 45 €.

Orientierung in Gegenrichtung:

Fahren Sie in Portopalo die Viale V. Emanuele zum Meer hinunter, dann links zum Castello hinauf. Folgen Sie der Küstenstraße in nördlicher Richtung bis Marzamemi (km 7,5/5 m). Dort Ri. „Camping Il Forte", an der Kreuzung nach dem Campingplatz links über die schmale Steinbrücke, bis Sie auf die SP19 treffen. Hier rechts Ri. „Noto". Bei km 20/15 m führt rechts eine Straße zum Riserva Vendicari. Weiter geradeaus ist ab km 29/85 m (Bahnunterführung) das Centro von Noto ausgeschildert.

Etappe 12:
Portopalo – Pachino – Pozzallo (34 km) **

Eine flache Küstenetappe, die anfangs ins Landesinnere steuert, dann kilometerlang den Sandstränden und deren Dünenlandschaft folgt. Der Verkehr ist gering bis mäßig. Westwinde können diese Tour zu einem Balanceakt auf dem Rad verwandeln.

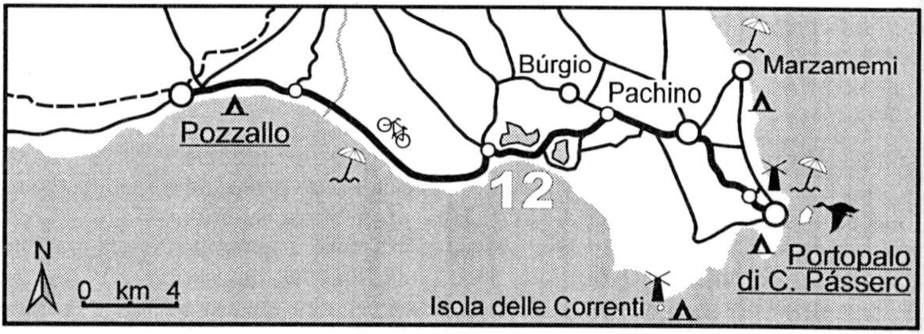

Etappenbeginn ist an der Kirche auf der Hauptstraße, der Via Emanuele (km 0/20 m). Fahren Sie bergauf Ri. „Pachino", oben rechts vorbei an der Tamoil-Tankstelle, einem Leuchtturm und militärischem Gelände. Bei km 2/65 m stoßen Sie auf die Umgehungsstraße von Portopalo, biegen links ab und fahren bis Pachino (km 5,5/40 m).

Pachino (22.000 Ew) ist das wirtschaftliche Zentrum des Capo Passero. Der ehemalige Fischerort hat sich in den letzten Jahren vor allem bei Freunden des roten Rebensafts einen Namen gemacht. Auffallend ist das geometrische Straßenraster, das eine Orientierung erleichtert.

Unterkunft: im Ort keine; siehe Marzamemi (Etappe 11), 4 km nordöstlich, am Meer.

Bei km 5,8/35 m rechts Ri. „Siracusa". Im Ort folgen Sie den Schildern „Siracusa/Ispica". Aufgepaßt: bei km 7/50 m, kurz nach einer Agip-Tankstelle, links Ri. „Ispica" (geradeaus geht es bergab Ri. Siracusa – wenn Sie den Abzweig verpaßt haben, erreichen Sie nach 500 Metern das Ortsende mit zwei aufeinanderfolgenden Tankstellen und drehen um). Am Ende der Straße halb rechts. Nach km 9,2/60 m links Ri. „Costa Dell'Ambra", an der Gabelung rechts (nicht mehr „Costa Dell'Ambra"), nach 100 Metern an der nächsten Gabelung links, bei km 12,3/15 m wieder links, und bald darauf ist das Meer zu sehen. Am Ende der kerzengeraden Straße rechts (km 15/20 m) und an der folgenden T-Kreuzung wieder links. Bei km 19,2/5 m links Ri. „Pozzallo", vorbei am Kriegerdenkmal (die Kanadier landeten 1943 an der Küste, um Sizilien zu befreien), und es folgt ein über 10 Kilometer langer Küstenabschnitt. Nach km 32 begrüßt Sie Pozzallo mit „Bienvenuti, Terra Mediterranea". Folgen Sie der Beschilderung ins „Centro". Ziel ist der Piazza della Rimembranza, der Busbahnhof.

Pozzallo (17.000 Ew): Die Hafenstadt ist Ausgangspunkt für Überfahrten zur nahegelegenen Insel Malta. Bis ins 20. Jh. war Weizen ein wichtiger Exportartikel, gefolgt von Johannisbrot. Heute wird überwiegend auf Tourismus gesetzt. Kilometerlange Dünen und Sandstrände direkt vor der Haustür sind beliebte Ziele für Sonnenhungrige und Surfer. Letztere schätzen auch die oftmals kräftigen Westwinde. Pozzallo war bis ins 19. Jh. einziger Ort an der Küste zwischen Portopalo und Gela. Große Bedeutung hatte deswegen die Küstenfestung. Sie wurde im 15. Jh. durch die Grafen von Módica zum Schutz des Hafens vor Piraten erbaut.

Information: Piazza Battisti 15, in der Biblioteca Communale, ✆ 0932954639.
Unterkunft: Villa Ada**, Corso Vittorio Veneto 3, am Busbahnhof, sauber, ✆ 0932954022, EZ 22-42 €, DZ 34-65 €.
Camping: The King's Reef*, Contrada Scaro, 1. April bis 31. Oktober, 3 km östlich von Pozzallo, an der Straße nach Pachino, ✆ 0932957611.
Tip: Bar/Pasticceria „La Perla", vorzügliche Dolce, traumhaftes Gelato, Via dell'Arno 46, ca. 500 m vor dem Etappenende, rechter Hand.
Fähren: Der neue Hafen liegt am westlichen Stadtrand. Schiffsverbindungen nach Malta mit Virtu-Ferries, dreimal wöchentlich von April bis August, Dauer: 1½ Stunden, Büro: Piazza Battista, ggü. der Biblioteca Communale, oder Via Studi 80, ✆ 0932954062, 🖹 0932954085.

Orientierung in Gegenrichtung:
Start ist am Busbahnhof. Folgen Sie in östlicher Richtung bis km 14,5 der Küstenstraße. Diese macht einen scharfen Linksknick, und bei km 15,5 (kurz nach dem Kriegerdenkmal) biegen Sie rechts ab. Bis km 19 geradeaus, dann erneut rechts und bei km 22,5 links. Die Straße geht jetzt ins Landesinnere. Bei km 25,5 stoßen Sie auf die Straße Pachino – Ispica, biegen rechts Ri. „Pachino" ab und folgen dort der Beschilderung „Portopalo".

Etappe 13: *(Skizze s. Etappe 17, S. 140)*
Pozallo – Marina di Módica –Marina di Ragusa – Scoglitti (59 km) **

Sizilianische Früherdbeeren (ab Mitte März) im heimischen Supermarkt werden Sie noch oft an diese einfache Tour erinnern, die aber nicht nur zwischen Gewächshäusern verläuft, sondern auch entlang einiger Sandstrände, darunter der eindrucksvollen Dünenlandschaft von Sampieri.

Vom Hauptplatz, Piazza Garibaldi, den Corso V. Veneto in westlicher Richtung entlang radeln. Nach 700 Metern treffen Sie auf die Uferpromenade, dort kurz gegen die Einbahnstraße schieben. Dann immer der Beschilderung „Uschita" (Ausgang) und „Porto" dem Küstenverlauf folgen. Erst nach dem modernen Hafen rechts Ri. „Ragusa/Módica" auf eine aufwendig angelegte, aber wenig frequentierte, zweispurige Straße abbiegen. Vorbei an dem Abzweig nach „Módica" (km 5,6) und bei der Ausfahrt „Marina di Módica" (km 7,1) abfahren.

Marina di Módica: eine Ansammlung von Ferienhäusern mit prächtigen Gärten, dazu eine Strandpromenade, feinster Sandstrand und ein Clubhotel. Die Siedlung ist ein externer Stadtteil von Módica (15 km landeinwärts) und nur von Juni bis August sowie an Wochenenden belebt.

Unterkunft: Clubhotel La Perla di Sicilia, ✆ 0931902490, Appartements für 4 Pers.
Camping: Di Vita Vera*, ✆ 093160828, 1. Juli bis 30. Sept, beschildert.

Am großen Piazza Mediterraneo in Marina di Módica wieder hinauf zur Hauptstraße. Dort links, wenig später folgt in Höhe einer ERG-Tankstelle der unauffällige Eingang zur Dünenlandschaft Sampieri (km 12).

Forestale Sampieri präsentiert eingekeilt zwischen Hotelclubs und Bauruinen ein Stück „Heile-Strand-Welt". Von der Hauptstraße kaum auszumachen, da einige Villen und dichtes Gestrüpp die Sicht auf die Sanddünen versperren. Wegen des feinen Sandes die Räder in angemessenen Abstand absperren!

Beim nächsten Kreisverkehr (km 12,5/40 m) geradeaus Ri. „Cava d'Áliga", ein weiterer Sandstrand folgt, und am Ende der SP65 (km 17,3) auf der SP64 kurz landeinwärts. Die Ortschaften Sampieri und Cava d'Áliga sind ehemals kleine Fischerdörfer, die mit zahllosen Ferienhäusern bereichert wurden. Weiter auf der SP64, in leichtem Auf und Ab parallel zur nahen, aber unerreichbaren Küste, über Donnalucata nach Marina di Ragusa.

Macchia Foresta del Fiume Irminio: Das drei Kilometer breite Mündungsgebiet des Flusses Irminio liegt zwischen Donnalucata und Marina di Ragusa. In dem Naturschutzgebiet können mit etwas Geduld und Adlerblick Vögel, Frösche und Wasserschildkröten beobachtet werden.

Marina di Ragusa: Der alte Fischerort hieß bis 1928 Mazzarelli (arab. Marsa), was soviel wie kleiner Hafen bedeutet. Heute gehört der große Touristenhafen zum Verwaltungsbezirk des 25 Kilometer entfernten Ragusa. Stammeinwohner scheint es in dem weitläufigen, gepflegten Ferien- und Zweitwohnort kaum zu geben, dafür flaniert an Wochenenden die „halbe Provinzhauptstadt" die Strandpromenade auf und ab. Die Rolläden der Häuser, Bars und Geschäfte sind meist nur zwischen Juni und Ende August offen. Selbiges gilt für den Aquapark mit Riesenrutsche (Ri. „Donnalucata"). Als Badeort hat uns Marina di Módica besser gefallen.

Information: in Ragusa (siehe Etappe 17).
Unterkünfte: Hotel Terraqua***, Via della Sirene 35, zu teuer!
Camping: Baja del Sole***, Lungomare Andrea Doria, ✆ 0932239844, ganzjährig.

Statt Meeresblick folgt ein Einblick in die Gewächshausproduktion, und wenn Sie nun den Überblick verloren haben, folgen Sie einfach der Küstenstraße Ri. „Scoglitti". Nach etlichen Abzweigen „Santa Croce" und Schildern zum „Kartodrom" zweigen Sie von der SP85 links Ri. „Museo Regionale Camerina" ab.

Das **Museo Regionale Camerina**, ein liebevoll restaurierter Bauernhof aus dem 19. Jh., steht auf einer Anhöhe östlich von Scoglitti; unterhalb liegt das pompöse Touristendorf des Club Mediterranée. In den Ausstellungsräumen werden regionale Geologie, Meeresarchäologie und die Stadtentwicklung dargestellt. Auf dem Außengelände kann die archäologische Zone des antiken Camarina besichtigt werden. Im 6. Jh. v. Chr. gegründet, einige Male völlig zerstört, immer wieder neu aufgebaut, doch 258 v. Chr. von den Römern endgültig dem Erdboden gleichgemacht. Ausgrabungen sind seit 1958 im Gange – mittlerweile sind die Grundrisse der ehemaligen Stadt gut zu erkennen: parallel verlaufende Straßenzüge, Böden mit geometrischem Muster aus weißen Mosaiksteinen, Wandmalereien, Keramikbrennofen, der Grundriß eines Athene-Tempels, Reste der Stadtmauer sowie zahlreiche Nekropole.

Von hier sind es noch knapp 5 Kilometer bis Scoglitti.

Scoglitti: ein kleiner, freundlicher Badeort mit Dünen und flachen Sandstränden. Um den Piazza haben sich Caffès, Bars und Ristoranti angesiedelt. An den ursprünglichen Fischerort erinnert lediglich noch der Hafen.

Unterkunft: Oasi*, Via Plebiscito, ✆ 0932980457, EZ o.B. 20 €, DZ 42 €; Al Gabbiano**, Via Messina, ✆ 0932980179, EZ 30 €, DZ 50 €; Agathae***, Via Eugenio Montale, ✆ 0932980730, EZ 30-45 €, DZ 46-78 €; Club Med, in Kamarina, ✆ 0932911333.
Fahrradgeschäft: in Santa Croce Cammerina, ca. 7 km östlich, Campobello Rosario & Bigio Fratelli, Via Ugo Foscolo, ✆ 0932821158.

Orientierung in Gegenrichtung:
Der Beschilderung zum „Museo Regionale Camerina" folgen, auf der SP85 nach Marina di Ragusa und weiter auf der Küstenstraße SP64 und SP65 nach Pozzallo.

Etappe 14: Giro di Pomodore
Scoglitti – Gela (34 km) **

Wir laden Sie ein zu einer Giro di Pomodore, einer Tomatentour durch die ***Macconi,*** *im Piana di Gela! Beginnend an der Costa di Camarina, einige luftige Kilometer dem Mittelmeer entlang, geht's auf überwiegend schmalen Asphaltstraßen zur Costa di Gela. Die Strecke bewegt sich unweit der Küste, doch die schier endlosen Gewächshäuser ermöglichen kaum Zugang zum Meer, dafür Einblicke in die Tomatenproduktion. Die Straße teilen Sie sich lediglich mit den Landarbeitern. Kurz vor der Petrochemiemetropole Gela stoßen Sie auf die Superstrada 115 (Sud Occidentale Sicula), vorbei an der Agip-Raffinerie und rein in den stinkenden Moloch! Drei Möglichkeiten: ab zur Stazione (Bahnhof), schnell weiter auf der SS115 nach Licata, oder die Stadt besichtigen. Wir haben uns für erstere entschieden.*

Starten Sie am Piazza Cavour, und fahren Sie die Via Napoli Ri. Meer, am Hafen rechts und immer der Küstenstraße entlang. Bei km 3,9 erreichen Sie den Punta di Zafaglione, und bei km 4,4/10 m biegen Sie am Stopschild rechts ab, gleich darauf links und wieder rechts und bis km 5,5/40 m leicht bergauf, dort links auf die Hauptstraße.

Tomaten: Wer sie nicht auf den Augen hat, sollte in eines der vielen Gewächshäuser blicken, in denen das schmackhafte Gemüse ganzjährig heranreift. Im 16. Jh. brachten spanische Eroberer die Pflanze ins Land, doch – kaum zu glauben – lange Zeit wurde die Frucht für nicht eßbar gehalten. Erst zu Beginn des 19. Jh. entdeckte man den aromatischen Genuß und die

vielfältige Verwendungsmöglichkeit der Tomate. Heute ist eine italienische Speise *senza Pomodori* gar einem Schweinsbraten ohne Knödel gleichzusetzen.
Die eiförmige *San Marzano-Sorte* weiß das sonnige Klima Siziliens besonders zu schätzen – eine Tomatensorte mit festem Fleisch und wenigen Kernen. Dankbar ist auch die *Grapolo-Sorte,* die sich durch monatelange Haltbarkeit auszeichnet. Nach dem Pflücken wird gewaschen, aussortiert, in heißem Wasser gebrüht, gepellt, in Gläser abgefüllt, eingekocht oder als Konzentrat in Dosen abgefüllt und exportiert. Nun kommt auch der sonnenarme Norden Europas in den Genuß des sizilianischen Tomatensegens.
Pomodori secchi (getrocknete Tomaten): *Eiertomaten* oder auch die kleineren *Napolitana* werden halbiert, ihre Schnittflächen mit Meersalz bestreut und im Sonnenlicht ca. 2 Tage lang getrocknet. In Olivenöl eingelegt, unter Zugabe von Knoblauch, Peperoncini oder Oregano teils verfeinert, und eine köstliche Vorspeise ist geschaffen. Uns hat diese Spezialität inkl. Weißbrot als Picknickvorrat oft „über die Runden" geholfen.

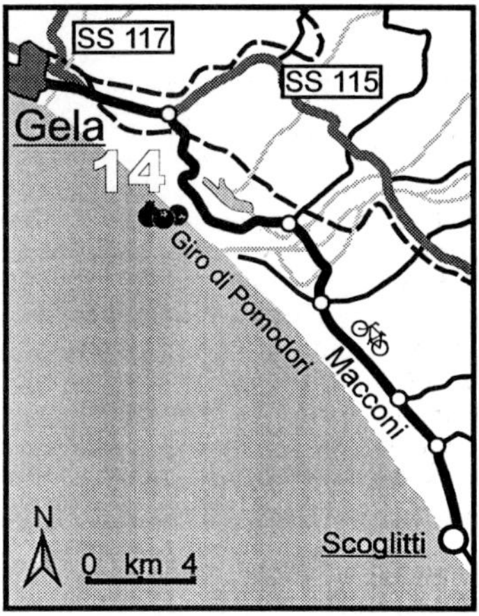

Bei km 6,1/45 m geradeaus Ri. „C. da Alcerito/Macconi". In leichtem Auf und Ab verläuft die Straße bis zum Kreisverkehr bei km 13,7/25 m. Sie folgen der Beschilderung geradeaus zum „Riserva Naturale Biviera di Gela" (erster Blick auf die Agip-Raffinerien von Gela). Bei km 17/20 m gelangen Sie von der Provinz Ragusa nach Caltanisetta und folgen links dem Schild Ri. „Gela" auf der SP51. **Vorsicht:** Bei km 18,2/15 m biegen Sie auf die unbeschilderte Straße (SP193) links ab (Merkmal: auf der SP51 sind in Höhe des Abzweiges Straßenschilder nach „Gela 11 km" und „Scoglitti 16 km" angebracht). Nach 500 Metern ist rechter Hand ein Eingang zum „Riserva Naturale di Gela", bald erblicken Sie auch den See Il Biviere.

Macconi: Früher war diese Dünenlandschaft ein beliebter Eiablageplatz der Meeresschildkröten, heute ist das Gebiet durch die Treibhauskulturen bedroht. Lediglich das Naturreservat „Riserva Naturale di Gela", nahe der Mündung des Fiume Ficuzza, ist noch unversehrt. Die Macconi gehört zum Piana di Gela, einer Ebene, die sich von St. Croce im Osten bis nach Licata im Westen zieht.

Bei km 25,1/55 m stoßen Sie wieder auf die SP51, links Ri „Gela 6 km", bald darauf kreuzt die SP51 die Bahnlinie, und nach km 27,5/40 m links auf die

SS115 (10 m zuvor wäre links ein Abzweig auf die alte Straße möglich, die bei km 28,4 wieder auf die SS115 stößt). Fahren Sie kerzengerade auf der SS115 nach Gela hinein, an der ersten Ampelanlage nach dem Kreisverkehr geht es rechts zur „Stazione“ (Bahnhof). Diesen erreichen Sie nach exakt 33,4 Radkilometern, 30 m über der Meereshöhe.

Gela (77.000 Ew): In der Antike eine der bedeutendsten Städte Siziliens, doch seit dem Fund von Erdölquellen 1956 hat sich die Stadt rapide verändert. Ihr heutiges Gesicht ist geprägt von Raffinerien, Bohrtürmen und häßlichen Neubausiedlungen. Auch die Kriminalität in dieser vor Dreck, Lärm und Verkehr strotzenden Stadt ist nicht zu unterschätzen. Ihren Namen erhielt sie nach dem Fiume Gela, der im Osten ins Mittelmeer mündet. Die ehemals dorische Kolonie wurde von Siedlern aus Rhodos und Kreta 689 v.Chr. gegründet, zweimal völlig zerstört, so daß die Einwohner ins heutige Licata flüchteten, die Stadt verschwand. Im Jahr 1230 gründete Friedrich II. Terranova an der Stelle des alten Gela, das 1927 seinen ursprünglichen Namen wieder annahm. Einen Besuch wert ist das Archäologische Museum, am östlichen Ende des Corso Vittorio Emanuele mit attischen Vasen, Terrakotta-Arbeiten und antiken Münzen (Öffnungszeiten: tägl. von 9-13.30 und 15.30-18.30 Uhr). Unmittelbar neben dem Museum stand einst die antike Akropolis. Die freigelegten Reste von Tempeln, Häusern und Läden können besichtigt werden, und im Sommer werden klassische Tragödien aufgeführt. Im Westen Gelas steht das am besten erhaltene Bauwerk der Stadt, die Befestigungsanlagen von Capo Soprano. Sie wurden im 4. Jh. v.Chr. unter dem Tyrannen Timoleon errichtet, als man die Stadt nach der ersten Zerstörung wiederaufbaute. Unter 13 m hohen Sanddünen wurde 1948 eine 300 m lange und 7 m hohe Sandsteinmauer entdeckt. Nachts wird die Mauer angeleuchtet. Vom Gelände vor der Mauer hat man eine schöne Aussicht auf den Hafen Portocciolo und auf die Sandstrände Richtung Agrigento.

Information: Via Bresmes 104, ✆ 0933913788.
Unterkunft: Hotel delle Mimose***, Viale Indipendenza 11, ✆ 0933914113, DZ 72 €; Hotel Sole**, Via Mare 32, ✆ 0933912785, EZ o.B. 20 €, DZ o.B. 30 €.

Orientierung in Gegenrichtung:
Start ist an der Stazione von Gela, auf der SS115 Ri. „Vittoria/Ragusa“. Nach km 5,9 rechts auf die SP51 (in Höhe des Straßenwirrwarrs aus Über- und Unterführungen) Ri. „Museo Camerina/Riserva Naturale Biviere di Gela“, gleich darauf die Bahnlinie überqueren und nach 8,3 km/55 m wieder rechts Ri. „Bulala“ (auch geradeaus möglich, „Scoglitti 21 km“, etwas kürzer, doch mehr Verkehr und weniger Tomaten). **Vorsicht:** Bei km 13,5: nicht gerade dem Sandweg folgen, sondern der Linkskurve auf der jetzigen Asphaltstraße. Nach km 15,2/15 m rechts wieder auf die SP51 Ri. „Scoglitti 16 km“, dann Provinzgrenzenüberschreitung Caltanisetta – Ragusa. Nach km 19,7/25 m am Kreisel gerade Ri. „Scoglitti“. **Nochmals aufgepaßt** heißt es bei km 27,3/45 m (links ist

ein Schild nach „Vittoria“ angebracht): nach km 0,6 biegen Sie an der Kreuzung rechts ab in eine schmale Asphaltstraße. Bei unserer Recherche wies ein blaues Verkehrsschild rechts zur „Costa Eubea“; wenn dieses nicht mehr vorhanden ist, so hilft die 0,6 km-Angabe. Nach weiteren 0,8 Kilometern gelangen Sie in einer Links-Rechts-Links-Kombination direkt ans Meer (einfach zu finden). Der Küstenstraße bis nach Scoglitti folgen. Basta!

Etappe 15:
Pozallo – Scicli (20 km) ***

Abseits der großen Verkehrsadern geht es von der Küste ins bergige Iblei-Land hinauf. Die Tour endet mit einer rasanten Abfahrt ins barocke Scicli.

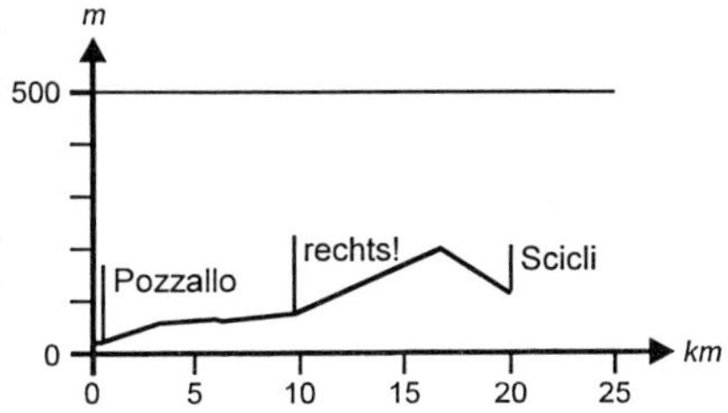

„Nullen“ Sie Ihren Tacho am Zebrastreifen des Piazza Rimembranza, des Busbahnhofs (km 0/10 m). Es geht bergab, vorbei an einer Agip-Tankstelle, nach km 0,3 links Ri. „Scicli“ und geradeaus weiter auf der Via Torino, vorbei am Stadio Communale. Fahren Sie über die Bahnlinie, am Friedhof vorbei (km 3,255 m) und bei km 6,1/ 60 m links auf die SP44 Ri. „Marina di Módica/Sampieri“. Bei km 6,8/55 m rechts Ri. „Scicli“ (altes, antik anmutendes Schild) und bis km 9,7/75 m der Bahnlinie entlang, dort rechts (Aufgepaßt: Kein Schild weist nach rechts, Orientierungsmerkmal: Lkw-Fahrer werden durch ein blaues Schild geradeaus weitergeleitet). Auf dieser schmalen asphaltierten Strada erreichen Sie bei km 17,6/200 m die Hauptverkehrsstraße. Dort rechts abbiegen, und bald darauf folgen Sie den Serpentinen talwärts, ins Centro von Scicli.

Scicli (25.000 Ew): Das barocke „Schmuckkästchen“ fristet ein touristisches Schattendasein im Glanz seiner berühmten Nachbarstädte Módica und Ragusa. Dabei dürfen die Sciclitani stolz sein auf ihr prächtiges Städtchen, das eingebettet zwischen drei Hügeln mit sage und schreibe 15 Kirchen auftrumpfen kann. Kern der Stadt ist der weite, grüne Piazza Italia. Hier befindet sich die Chiesa Sant'Ignazio, bekannt wegen der Madonna aus Pappmaché, die mit ihrem Schimmel zwei Sarazenen niederreitet. Diese Madonna ist Hauptfigur des Milici-Festes, eines Kostümfestes, das jedes Jahr im Frühsommer stattfindet und den Sieg der Normannen über die Araber (1091) darstellt. Weitere Kirchen und Paläste zieren den Piazza Busacca und die Via Mormino Penna. Der Palazzo Beneventano ist die Krönung barocker Fassadengestaltung. Groteske Wesen und Köpfe zieren die Balkone, Fenster und

Türen sind über und über mit barockem Schnickschnack beladen. Lassen Sie sich durch die geschäftigen Straßen treiben, entdecken Sie das hübsche Zentrum. Einen grandiosen Ausblick auf Stadt und Umgebung haben Sie von der hoch über Scicli gelegenen, leider unvollendeten Chiesa San Matteo.

Information: Pro Loco, Via Castellana 5, ✆ 0932932782.
Unterkunft: im Ort selbst gibt es keine Unterkunft. Die nächstgelegene in Donnalucata, 9 Kilometer südwestlich von Scicli (liegt auf Etappe 13): Al Sorcio**, Viale della Repùbblica, ✆ 0932937615, EZ 30 €, DZ 54 €; Riviera***, Viale della Repùbblica, ✆ 0932937225, EZ 30 €, DZ 55 €.
Fahrradgeschäft: „Tom & Jerry/Amico Gio", Piazza Italia 32, Spielwarengeschäft, das auch einige Räder und Ersatzteile verkauft; Liuzzo, Corso Garibaldi 151, ✆ 0932834788; Pacetto, Corso Garibaldi 39, ✆ 0932931247.

Orientierung in Gegenrichtung:
Vom Piazza Italia (km 0/110 m) geht es in Spitzkehren bergauf Ri. „Cava d'Aliga/Sampieri". Nach einer langen Betonmauer biegen Sie bei km 2,1/200 m in einer Rechtskurve links ab auf das unbeschilderte, asphaltierte Sträßchen. Folgen Sie diesem bis km 10/75 m, dort an der T-Kreuzung links, bis km 12,5/50 m gleisparallel, dann geradeaus Ri. „Pozallo". Bei km 13,6/60 m rechts, wieder parallel zu den Bahngleisen. Vorbei am Friedhof, die Bahnlinie queren, das Stadion passieren und auf der Via Torino dem Centro entgegen.

Etappe 16:
Módica – Scicli (10 km) ***

Dem Fiume di Módica folgend, rollt es sich angenehm ruhig durch die fantastische und ungemein fruchtbare Schlucht, hinab ins hübsche Scicli. Einziges Manko: die Etappe ist viel zu kurz!

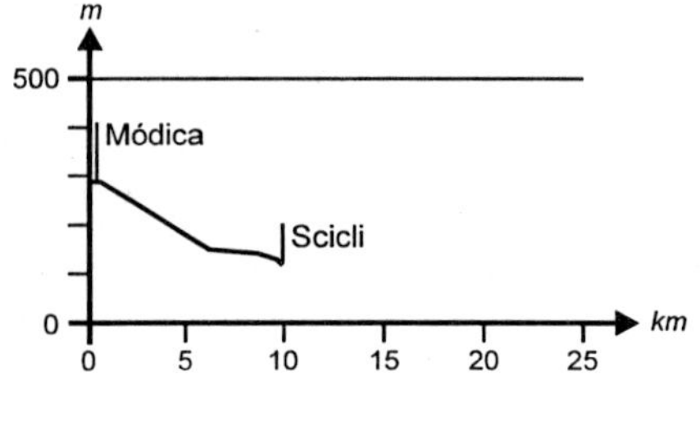

Vom Piazza Principe di Napoli (km 0/295 m) auf dem Corso Umberto in südlicher Richtung zum Piazza Rizzone, am Kreisverkehr rechts in die Via Vittorio Veneto und bei km 0,5/290 m an der Gabelung halb links bergab Ri. „Mercato Ortifruttico" (bergauf geht es zur Stazione). Unterhalb der Mauer, vorbei an uralten Gummibäumen und im Vordergrund der imposante „Riese auf Stelzen", das Brückenbauwerk der SS115. Hinein in die Schlucht und hinunter nach Scicli. Nach knappen 9 Kilometern ist das Ortsschild erreicht, noch kurz aufwärts und auf der Via Nazionale hinunter zum Piazza Italia. Bienvenuti!

Orientierung in Gegenrichtung:
Vom sechseckigen Caffè-Pavillon auf dem Piazza Italia fahren Sie die Via Nazionale in nördlicher Richtung bergauf; diese geht in die Via S. Nicolo über, und bei km 0,5/130 m heißt es aufgepaßt: nicht bergauf Ri. „Ragusa/Módica", sondern an der Mauer halb links bergab, keine Beschilderung. Geradeaus nach Módica hochkurbeln und genießen!

Etappe 17:
Módica – Ragusa (15 km) ***

Zwischen Módica und Ragusa hat der Fiume Irminino ein tiefes Tal in die Monte Iblei geschnitten und begründet den zackigen Verlauf des Höhendiagramms. Die neu angelegte SS115 überquert das Flußtal auf einer gigantischen Stahlbetonbrücke und hat deshalb weniger Höhenmeter, aber ein sehr hohes Verkehrsaufkommen. Genau umgekehrt verhält sich dies bei der alten, kurvenreichen Staatsstraße (vecchia SS115), die ideal zum Radfahren ist. Genießen Sie die wilde Romantik des Flußtals und einen Postkartenblick auf die barocke Stadtsilhouette von Ragusa Ibla. Eine attraktive Alternative ist die Bahn (Nebenstrecke Noto – Gela), die mehrmals täglich verkehrt.

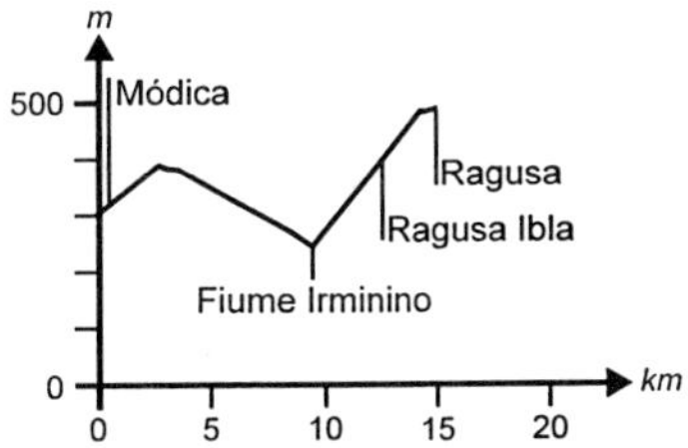

Von der Stadtinfo (km 0/300 m) am Piazza Principe di Napoli führt der Corso Umberto I in nördlicher Richtung nach Ragusa hinauf. Bei km 1,0/325 m mündet rechts die Via Napoli Ri. „Pallazolo" (Etappe 19) ein. Weiter geradeaus steigt die Straße steil an. Oben angekommen (km 2,9/395 m) zweigt links (Ri. „Catania/Módica") die neue SS115 ab. Geradeaus schlängelt sich die alte Provinzstraße (strada vecchia) ins Tal hinunter. Diese herrliche Abfahrt endet mit dem Überqueren des Irminino auf einer alten Steinbrücke (km 9,1/260 m). Danach geht's wieder bergauf. Bereits bei km 10,9/345 m steht das Ortsschild von Ragusa, und ab km 11,8/375 m haben Sie einen überwältigenden Blick auf die Stadt. Sehr deutlich sind die beiden Stadtteile Ragusa Ibla und das höher liegende Ragusa Superiore zu unterscheiden. Der Abzweig nach Ragusa Ibla folgt bei km 12,9/400 m. Geradeaus gewinnt die Via Risorgimento weiter an Höhe. Bei einer Agip-Tankstelle (km 14,3/490 m) rechts Ri. „centro citta" in die Via Ing. Migliorisi abbiegen. Auf dieser geradeaus über die Ponte del Cappuccini zum Piazza S. Giovanni. Bei km 14,6 ca. 30 Meter entgegen der Einbahnstraßenrichtung schieben.

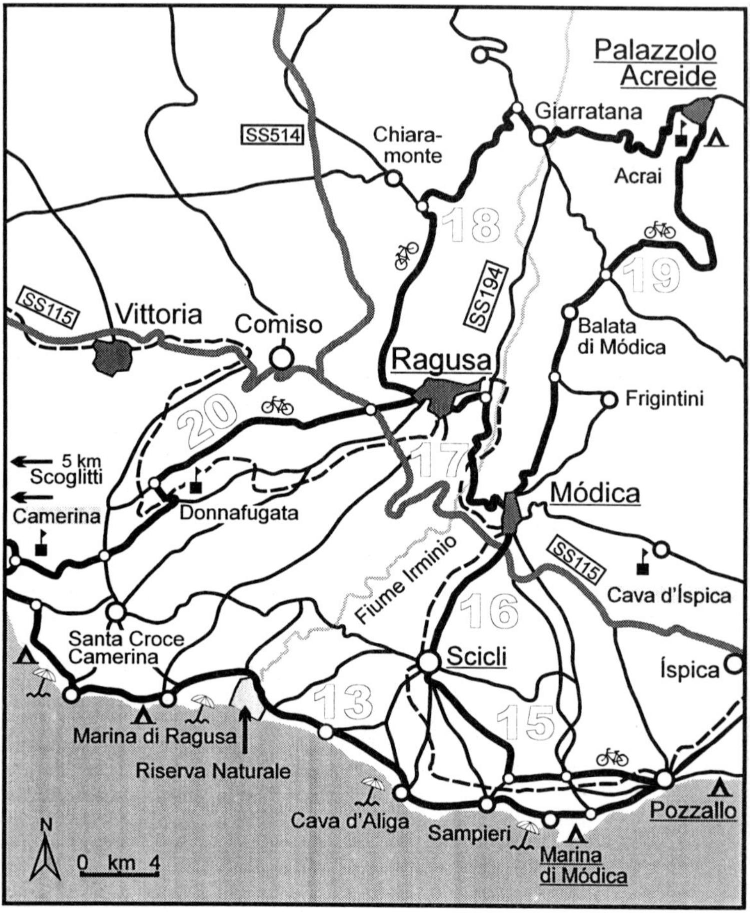
Palazzolo
Acreide
Giarratana
Acrai
Chiara-
monte
SS514
18
SS194
19
Balata
di Módica
Frigintini
SS115
Vittoria
Comiso
Ragusa
20
5 km
Scoglitti
Camerina
Donnafugata
17
Módica
SS115
Cava d'Íspica
Fiume Irminio
16
Santa Croce
Camerina
Scicli
Íspica
13
15
Marina di Ragusa
Riserva Naturale
Cava d'Aliga
Sampieri
Marina
di Módica
Pozzallo
N
0 km 4

Ragusa (70.000 Ew): Die Provinzhauptstadt erstreckt sich malerisch über drei Hügel, die durch tiefe Schluchten voneinander getrennt sind. Ibla heißt der am niedrigsten Hügel gelegene Stadtteil. Hier stand die Sikulerstadt Hybla, die später von den Griechen Hybla Haraia genannt wurde. Wegen Streitigkeiten über den Wiederaufbau entstanden nach dem Erdbeben von 1693 zwei voneinander getrennte Städte. Während die Getreuen von „San Giorgio", von der Kirche und den Edelleuten unterstützt, die alte Stadt (Ibla) nach den mittelalterlichen Plänen wieder erbauten, entstand auf der gegenüberliegenden Hochebene Ragusa, ein neues Wohnzentrum mit einem rechtwinkligen Straßensystem. Es folgte ein architektonischer Wettstreit um die schönsten Paläste und Kirchen. Die vielen Prunkbauten entstanden auf Kosten und durch große Opfer der ibleischen Bevölkerung. Anfang des 20. Jahrhunderts wurden die beiden Gemeinden wieder vereint und zur Provinzhauptstadt ernannt. Die obere Stadt dehnte sich bald über die Schlucht des Torrente Santa Domenica aus, und so wurde 1836 die 114 m lange Ponte del Cappuccini gebaut. Zu beiden Seiten dieses sehenswerten Brückenbauwerks wurden 1938 und 1964 neue Überführungen konstruiert und brachten Ragusa den Namen „Stadt der drei Brücken" ein. Wenn Sie über die autofreie Ponte Cappuccini radeln, stoßen Sie auf die beiden parallel zur Schlucht verlaufenden Hauptstraßen, Corso d'Italia und Corso Vittorio; dazwischen liegt der Piazza San Giovanni mit dem gleichnamigen Dom. Sehr beliebt bei jung und alt ist die große Bar gegenüber dem Rathaus, direkt am Dom. Von hier läßt sich das geschäftige Treiben in Ruhe beobachten. In den verkehrsreichen Straßen gibt es zwischen barocken und modernen Gebäuden schöne Palazzi, sehenswerte Kirchen und zahlreiche Cafés zu entdecken. Offener Wein vom Faß und andere Spezialitäten werden in der Via Matteotti (zwischen Ponte del Cappuccini und Corso Vittorio) verkauft. Das Museo Archeologico Ibleo ist im Palazzo Mediterraneo (Via Natalelli) untergebracht. Es bietet vorgeschichtliche, griechische und römische Funde der Region. Folgt man dem Corso Italia in östlicher Richtung, so gelangt man zur Chiesa La Scala. Deren Kirchplatz bietet einen tollen Blick auf die Unterstadt (Ibla), zu der 240 Stufen hinunterführen (per Rad kann man den Corso Mazzini hinunterrollen).

Besonders beeindruckend in **Ragusa Ibla** ist die alles überragende **Chiesa San Giorgio**. Gut fünfundzwanzig weitere Kirchen lassen sich in Ibla zählen. Einige davon erwecken Bewunderung wegen ihrer prunkvollen Fassaden und der barocken Architektur, während andere schlicht, fast unauffällig sind, aber im Inneren mit kunstvollen Bildern und Skulpturen überraschen. Ein kostenloser Kirchenführer „Chiese die Ragusa" ist in der Touristinfo erhältlich. Zu Füßen von San Giorgio liegt der mit Palmen geschmückte Piazza Duomo. Der Mittelpunkt einer wie ausgestorben wirkenden Stadt. In den engen und verwinkelten Gassen scheint Hektik und Verkehrslärm ein Fremdwort zu sein. Vom Piazza Duomo gelangen Sie über den Corso 25 Aprile (hier steht auch der **Palazzo Donnafugata**, der eine Gemäldegalerie beherbergt) zum Giardino Iblio. Ein palmenbewachsener Stadtpark mit herrlicher Aussicht in die Monte Iblei und auf das gotische Portal der Chiesa San Giorgio Vecchio. Die Kirche selbst wurde 1693 von dem Erdbeben zerstört und nicht mehr aufge-

baut. Eine Exkursion durch die älteren Stadtteile sollte besser zu Fuß unternommen werden. Treppauf, treppab, unter Torbögen hindurch können barocke Tuffsteinfassaden, Kirchenportale und verlassene Stadthäuser entdeckt werden. Die Ausgrabungen des antiken Hybla Heraia sind gut beschildert. Zu sehen sind Grundmauern eines griechischen Straßenzuges.
Mitte des 20. Jh. wurden in der Region um Ragusa Erdöl- und Asphaltvorkommen entdeckt. Daraufhin entstanden Raffinerieanlagen und Neubausiedlungen im größeren und sehr unansehnlichem Ausmaß.

Information: APT, Palazzo La Rocca, Via Capitano Bocchieri 33 (Ibla), ✆ 0932621421, 🖷 0932623476.
Bahnhof: Piazza Popolo, ✆ 0932621239, Via Roma über Ponte Nuovo Ri. Süden.
Unterkunft: Hotel Jonio***, Via Risorgimento 40, beim Ponte del Cappuccini, ✆ 0932624322, EZ o.B. 24 €, EZ m.B. 38 €, DZ o.B. 38 €, DZ m.B. 58 €, schöne Lage, altmodisch, aber freundliche Atmosphäre, gute Abstellmöglickeit für Fahrräder; Hotel San Giovanni***, Via Transpontino 3, ✆ 0932621013, EZ o.B. 24 €, EZ m.B. 36 €, DZ o.B. 36 €, DZ m.B. 60 €; für mehr Geld gibt es noch vier andere Hotels.
Camping: Rocca dei Tramonti**, Località Punta Bracchetto, ✆ 0932918054, 1. April bis 31. Oktober.
Fahrrad: Francesco Massari, Corso Vittorio Veneto 482, ✆ 0932255270, links vom Piazza San Giovani (Ri. Dom gesehen) steil hinauf, Franceso ist ein ehemaliger Radprofi mit Enthusiasmus und großem Herzen für Radsport und Amateursportler, sehr ansprechendes Fachgeschäft; Cupperi, Via Scuole 9, ✆ 0932655047.

Orientierung in Gegenrichtung:
Vom Piazza S. Giovanni auf der Via Matteotti geradeaus über die Ponte del Cappuccini, den Piazza Cappuccini und die Via Ing. Migliorisi, dann links die Via Risorgimento (Agip-Tankstelle) hinunterrollen. Diese geht in die Strada Provinciale nach Módica über. Auf der anderen Seite des Flußtals angekommen, links Ri. Módica (km 12/395 m) abbiegen.

Etappe 18:
Ragusa – Giarratana – Palazzolo Acreide (40 km) ***

Eine temporeiche Abfahrt in die Schlucht des Fiume Irminino eröffnet diese Radpartie. Es folgt eine sanfte Steigung entlang dem Flußtal, auf der kaum befahrenen SS194. Ab Giarratana verdoppelt sich die Steigung, aber auch das Radvergnügen denn die Aussicht über die karge Bergwelt der Monti Iblei gewinnt an Weite. Am Ziel in Palazzolo angelangt, setzt sich der schier endlose Barock der Südosthälfte Siziliens fort.

Start ist am Piazza S. Giovanni (km 0/500 m). Fahren Sie gegenüber vom Dom die Via Matteotti hinunter, immer geradeaus über die Ponte del Cappuccini, den Piazza Cappuccini und die Via Ing. Migliorisi, dann links die Via Risorgimento Ri. „Módica" hinunterrollen. Bald geht's am Abzweig (links) nach Ragusa Ibla 'orbei und in weiten Serpentinen ins Tal. Aufgepaßt: Noch vor der Irimino-3rücke (km 4,5/300 m) zweigt links die SS194 Ri. „Giarratana“ ab. Nach weni-jen Kilometern ist rechter Hand ein Stausee in Blickweite. Eine Stichstraße ührt dorthin. Wegen eines Kraftwerks kann der Lago leider nur zu Dreiviertel ımrundet werden – für eine Siesta finden sich aber herrliche Plätze. Nach ‹m 23/500 m haben Sie die Città della Cipolla erobert.

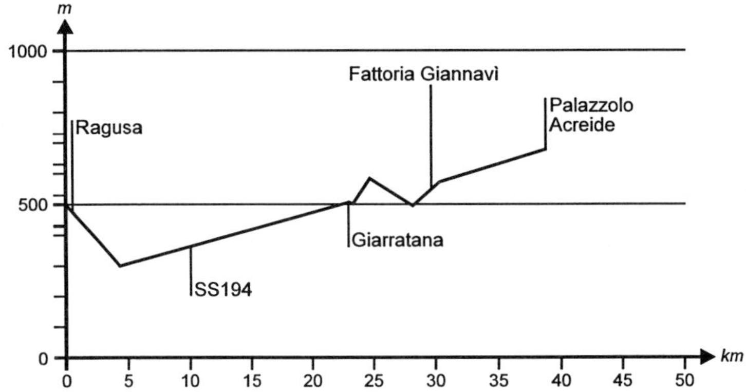

Monti Iblei

Giarratana ist berühmt für den Anbau von Zwiebeln. Die Cipolla haben hier eine flache, aber überdimensional große Erscheinungsform und sind sehr geschmacksintensiv. Leider haben wir in dem Bergdorf keine Übernachtungsmöglichkeit gefunden, dafür eine „Biciteria". „Atala" heißt das kleine Spielwarengeschäft, das auch Räder verkauft und repariert (Viale Giovanni Bovio 100, geöffnet 9-13 und 17-20 Uhr, Montag vormittag geschlossen), ein blaues Schild an der Hauptstraße weist den Weg. Fürs leibliche Wohl im Dorf sorgen eine Pizzeria, ein Alimentari und mehrere Bars. Sehenswert ist die Basilica Sant'Antonio, über deren Hauptportal der gekrönte spanische Doppeladler thront. Von den Glockentürmen genießt man einen fantastischen Rundblick.

Agriturismo: Fattoria Giannavì, ✆ 0931881776, an der SP23 Ri. „Palazzolo" (siehe Text unten), Appartement für vier Personen, ca. 22 € pro Person.

Am Ortsende folgt der nächste Anstieg, bis bei km 26/585 m die Provinz Siracusa erreicht ist und Sie auf eine schöne Abfahrt einlädt (SP23). Die Straße überquert den Fiume Tellaro (km 29/590 m) auf einer Steinbrücke. In den Sommermonaten fließt hier natürlich kein Wasser, dafür jede Menge Schweiß beim Anstieg zum Etappenziel. Bei km 31/590 m passieren Sie die Fattoria Giannavì. An der T-Kreuzung (km 35,5/620 m) rechts auf die SS124 abbiegen. **Palazzolo Acreide** ist schon in Sichtweite.

Orientierung in Gegenrichtung:

Start ist am Piazza di Popolo. Fahren Sie in östlicher Richtung die Via S. Sebastiano hinab. Nach km 0,3 links in die Via Roma. Dem Straßenverlauf folgend, am Piazza Roma vorbei. Nach km 1,0 wird die Via Roma zur SS124. Nach km 4/620 m links Ri. „Giarratana" auf die SP23 einbiegen. Cappuccino-Pause in Giarratana (km 18/520 m). Der SS194 abwärts Ri. „Módica/Ragusa" bis km 35,5/300 m folgen. Dann rechts Ri. „Ragusa" hinauftreten. Es folgt der Abzweig nach Ragusa Ibla und weiter oben eine Agip-Tankstelle. Hier rechts Ri. „centro citta" in die Via Ing. Migliorisi abbiegen, immer gerade aus (ca. 30 Meter wegen Einbahnstraßenrichtung schieben) und über die Ponte del Cappuccini zum Piazza S. Giovanni.

Etappe 19:
Palazzolo Acreide – Módica (34 km) ***

Eine abwechslungsreiche Streckenführung im „Herzen der Monti Iblei", die sowohl eine langgezogene und aussichtsreiche Abfahrt als auch einen Anstieg und eine Hochebene einschließt. Fast durchwegs auf äußerst ruhigen Nebenstraßen.

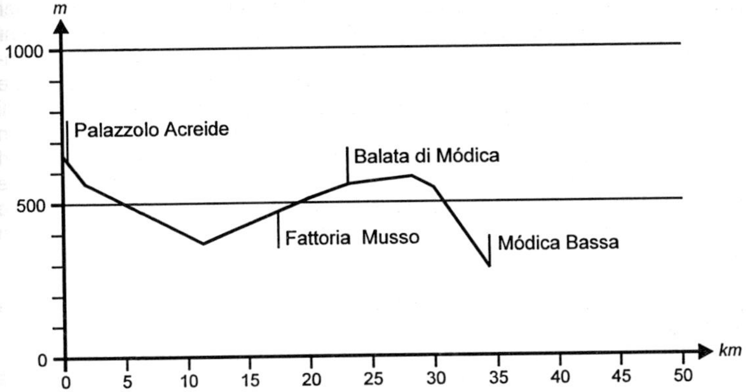

Raus aus einer der vielen Bars auf dem Piazza Popolo (km 0) und rein in die Pedale. Es geht auf der Via C. Alberto (parallel zum Corso Emanuele) bergauf. Beim braunen Schild Camping „Torre Ludici/Noto“ links in die Via Acre und weiter halb links in die Via Primosolo. Am Ortsende bietet sich ein Abstecher zur Archäologischen Stätte von „Akrai“ an. Bei km 2/570 m rechts Ri. „Callabia“. Bis km 11,5/380 m ins Tellaro-Flußtal bergab, dann rechts Ri. „S. Giacomo“ und bergauf nach Fattoria Musso. Geradeaus durch den kleinen Weiler Ri. „Ragusa/ Giarratana“, an der T-Kreuzung dann links Ri. „Módica“, bald darauf durch den Ort „Balata di Módica“. Die Straße wellt so dahin – versinken Sie in die Welt der Trockenmauern – vorbei an Feldern und Gehöften! Der Scheitelpunkt ist nach km 27/590 m erreicht, nun halb rechts Ri. „Módica“, vorbei an einem markanten Steinbruch (km 30/550 m), und die Ausläufer der Stadt sind erreicht: eine Villengegend mit bombastischen Gärten, gefolgt vom Sportpalast „Palasport“, dann beginnt das übliche „Augenschließen“ vor den unansehnlichen Stadteinfahrten. Folgen Sie der Beschilderung „Módica Bassa“. Etappenende ist der „Piazza Principe di Napoli“ im wunderschönen „Unterort“ – Módica Bassa.

Módica (50.000 Ew): Die Città dell'Arte, ein Kind des üppigen Barocks, rakelt sich malerisch vom Tal die Steilhängen hinauf. Touristen gibt es, doch im Vergleich zu Ragusa sehr wenige. Die quirrlige und freundliche Città ist dreigeteilt in eine Oberstadt (Alta), eine untere Stadt (Bassa) und das Neubauviertel im Nordosten mit riesigen Einkaufszentren. Anders als sonst im sizilianischen Barock sind hier die Adelspaläste im Tal (Zentrum), dagegen ziehen sich die Viertel der Handwerker und Landarbeiter den Berg hinauf. Beide verbindet ein scheinbar undurchdringliches Gassenlabyrinth. Orientieren können Sie sich jedoch am Wahrzeichen Módicas, der honiggelben Kirche **San Giorgio** (1702), die ihrer gleichnamigen „Schwester“ in Ragusa Ibla sehr ähnelt. Kein Wunder, denn beide haben denselben Baumeister – Rosario Gagliardi. Die 300 Stufen vom Corso Umberto zur Kirche hinauf sind allerdings kein Zuckerschlecken. Geschäftiger geht es auf genanntem Corso, dem „Salon" der Módicani, zu. Boutiquen, Alimentari, Gemüsehändler, aber auch Galerien und Museen wetteifern um Interessenten. Sonntagabends verwandelt er sich in einen Laufsteg. Einheimische spalieren, flanieren und parlieren bei der allwöchentlichen *Passeggiata*. Wer sich nicht als Touri „outen" will, tauscht seine Radmontur gegen einen Gucci-Anzug o.ä.! Natürlich trumpft auch der Corso mit einem barocken Prunkbau auf: dem **Duomo San Pietro**, über eine imposante Freitreppe mit 12 Aposteln zugänglich. Ein weiteres sehenswertes Gotteshaus ist die **Chiesa San Maria di Betlem** (Via M. Tedeschi, nahe der Info), deren Bildergalerie im Eingangsbereich die verheerende Überschwemmung von 1902 dokumentiert. Infolge der Flutkatastrophe wurden die zwei Bäche überbaut und vereinigen sich nun in Módica Bassa unterirdisch zum **Fiumare di Módica**. Traditionelle Handwerkskunst ist im **städtischen Museum** in der Via Merce ausgestellt. Einen Blick in die Werkstatt eines Blechfanatikers können Sie in der Via Tirella werfen (Gießkannen, Teller, Eimer, etc.). Und wenn Sie jetzt nicht mehr wissen, wo rechts und links ist, dann schlendern Sie zum **Castello** hoch und verschaffen sich einen Überblick (über halb San Pietro). Die Burg und ihr berühmter Uhrenturm erstrahlen nachts in romantischem Scheinwerferlicht. Noch imposanter, jedoch mühevoller zu erreichen, ist die Aussicht vom **Belvedere Pizzo**, nahe der **Kirche San Giovanni** (Módica Alta). Lassen Sie sich durch die zahlreichen engen Gäßchen treiben, und Sie werden noch etliche Herrlichkeiten entdecken.

Information: Corso Umberto 72, Módica Bassa, ✆ 0932759204.
Unterkunft: Siciliando*, Via Cannata 24, auf dem Corso Umberto stadtauswärts, unauffälliger Treppenweg ggü. Motel di Módica, ✆/🖷 0932942843, Internet www.siciliando.it, pro Person 18 € o.B./m.F.; Piero, Rosalia und Valleria haben das Haus aus dem 16. Jh. liebevoll restauriert; Mosaiklege- und Malkurse; Radfahrer sind herzlich willkommen, Radkeller in der Künstlerwerkstatt, wertvolle Tips für Radtouren von Piero (Englisch/Italienisch). Notfalls ins Motel di Módica***, Corso Umberto, ✆ 0932941022, EZ 36 €, DZ 50 €; das Hotel Bristol** liegt im Neubaugebiet, weit vom Centro entfernt, ✆ 0932762890.
Tip: Pizza in Più (Take-Away), Corso Umberto, ggü. Motel Agip, stadtauswärts auf der rechten Straßenseite, der Inhaber spricht deutsch und hat sein Können als „weltbester" Pizzabäcker bei zahlreichen Wettbewerben unter Beweis gestellt.
Noch ein Tip: Caffè dell'Arte, Corso Umberto, unbedingt das arabische Mandelgebäck mit dem unaussprechlichen Namen „mpanatigghi" kosten.
Und Ihr *Tip* (Trinkgeld) sollte großzügig ausfallen.

Orientierung in Gegenrichtung:
Von der Info am Piazza Principe di Napoli auf dem Corso Umberto in westlicher Richtung stadtauswärts. Vorbei am „Motel Agip" (km 1, linke Seite), und die nächste Möglichkeit scharf rechts auf die Via Napoli abbiegen. Bergauf nach Módica Alta – vorbei an der Chiesa San Giorgio (jetzt Corso San Giorgio), vor dem Castello scharf links dem Straßenverlauf auf den Corso Francesco Crispi

lgen, die Chiesa S. Nicola passieren und immer in westlicher Richtung auf lgenden Straßen stadtauswärts: Corso Regina Margherita, vorbei an der hiesa San Giovanni, weiter auf dem Corso Principessa Maria del Belgio, der ia Roma und von dieser in die Viale Sicilia Ri. „Giarratana“ abbiegen. Nach m 13 passieren Sie „Balata di Módica“, und bei km 15,5 geht's rechts Ri. „Fatt. lusso/Palazzolo Acreide“, dann ins Flußtal des Tellaro hinunter und an der T-reuzung bei km 22/380 m links bergauf. Nach km 32/570 m links „Palazzolo creide“. Auf der Via Primosole, dann dem Corso Emanuele zum Piazza di opolo.

Etappe 20:
Ragusa – Donnafugata – Scoglitti (35 km) ***

uf üppigsten Barock folgen malerische Iblei-Landschaft und erfrischende luten des Mittelmeers. Lediglich die steile Ausfahrt aus Ragusa treibt den Puls n die Höhe, danach können Sie „alle Viere von sich strecken“. Schmale, größtenteils unbefahrene Straßen versprechen pures Radvergnügen! Ein kurzer Stopp in Donnafugata sollte zeitlich drin sein. Buon divertimento!

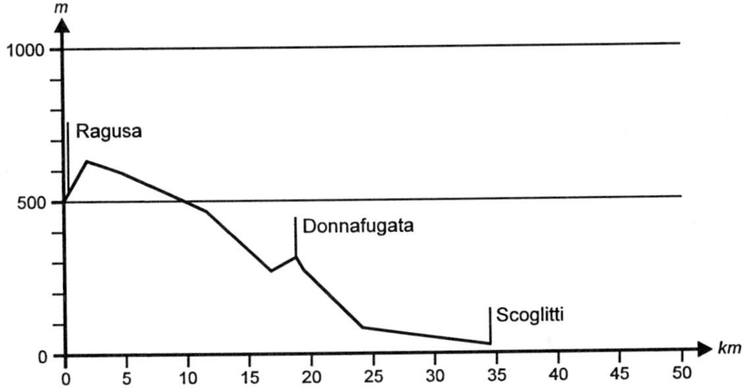

Vom Piazza Duomo fahren Sie den steilen Corso Vittorio Veneto hinauf, nach km 1 am Fahrradgeschäft von Francesco Massari vorbei und bei km 2,1/630 m geradeaus Ri. „Marina di Ragusa“, am Kreisverkehr (km 2,4/630 m) gerade in die Via B. Collioni (auch braunes Schild „Chiesa C. Christina“); nach km 4,7/ 595 m unterqueren Sie die Schnellstraße, und weiter geht's auf der SP13. Erst bei km 11,6/470 m links auf die etwas mehr befahrene SP14. Biegen Sie bei km 17,1/280 m links Ri. „Donnafugata“ ab, bei km 18,5/310 m stehen Sie bereits vor dem Schloß.

Donnafugata: Inmitten von Feldern, Oliven- und Johannisbrotbäumen steht der zinnenbewehrte Prunkbau. „Frau auf der Flucht" lautet die Übersetzung und an Wochenenden „fliehen" tatsächlich viele Ausflügler zum sagenumwobenen Schloß. Es wird erzählt, daß um ca. 1900 die Enkelin des Schloßherren gemeinsam mit ihrem französischen Liebhaber den Besitz bei Nacht und Nebel verlassen hat. Baron Corrado Arezzo ließ die einst mittelalterliche Burg Ende des 19. Jahrhunderts umbauen. Berühmt wurde das Schloß jedoch durch die Schilderung im Roman „Der Leopard" von Giuseppe Tomasi, Fürst von Lampedusa. Vor einigen Jahren erwarb die Stadt Ragusa das Anwesen, seitdem ist es „in restauro", und die 122 Räume können leider nicht besichtigt werden. Ein Blick in den Schloßpark lohnt sich, besonders wegen des Irrgartens.

Tip: Eine Rast in der Schloßtrattoria sollten Sie sich gönnen, speziell wenn die sizilianische Mamma ihre köstliche, hausgemachte Focaccia (dünner, gewickelter Fladenteig mit herzhafter Füllung) serviert.

Weiter geht's am Kreisel halb rechts Ri. „Ragusa/Azienda Lapa Cantida", bei km 19/280 m rechts „Santa Croce Cam./Comiso" (Strada Secondaria). Die Iblei-Landschaft zeigt sich in ihrer ganzen Pracht. Am nächsten Kreisel geradeaus Ri. „Scoglitti" (km 23,7/90 m, am Kreisel selbst ist „Kartodromo/Percorso Principale" angeschrieben). Das Asphaltsträßchen wird kurzzeitig zur Holperpiste. Fahren Sie bei km 25,2/90 m, nach einigen Gewächshäusern, halb links Ri. „Kartodromo" und bei km 27,7/75 m an diesem vorbei. Ein markanter Gummibaum und ein Reiterhof folgen. Weiter bergab, bis Sie auf die SP85 stoßen, dort rechts und nach 500 Metern links „Museo Regionale Camarina". Dem Meer entlang nach Scoglitti einrollen (km 34,5/10 m).

Orientierung in Gegenrichtung:

Der Beschilderung zum „Museo Regionale Camarina" folgen, weiter zur SP85, dort rechts und nach 500 Metern links (am Kilometerschild 9 Ri. „Kartodromo, Ristorante-Pizzeria"). Vorbei an einem Reiterhof, am Kartodrom, dann dem Sträßchen bis zur nächsten T-Kreuzung folgen (km 9,5/90 m), dort rechts. Nach km 11/90 m erreichen Sie einen Kreisverkehr, fahren geradeaus bergauf Ri. „Donnafugata", vorbei an einem Kuhstall – typische Iblei-Landschaft folgt. Nach km 15,5/280 m links „Donnafugata/Stazione", am Kreisel links Ri. „Ragusa/Comiso" (rechts geht's zum Schloß bzw. Park) und bei km 17,7/280 m rechts auf die SP14. Von dieser nach einer Verkehrsinsel bei km 23/470 m halb rechts auf die SP13 abbiegen (ohne Beschilderung), die direkt nach Ragusa führt. Oben in Ragusa angekommen, fahren Sie am Kreisel bei km 32/625 m geradeaus, dann steil bergab ins Centro.

Etappe 21:
Gela – Licata (35 km)

Mangels Alternativen führt diese flache Verbindungsstrecke von Anfang bis Ende über die stark befahrene Küstenstraße SS115 und hat eigentlich nichts in unserem Etappennetz verloren. Da aber etliche Tourenradler Sizilien komplett „in bici“ abstrampeln möchten, haben wir eine Etappennummer an dieses „Sorgenkind“ der Südküste vergeben. Zumutbar ist die Route nur vormittags an Sonn- und Feiertagen. Wesentlich entspannter läßt sich die Strecke mit der Eisenbahn zurücklegen, die Fahrradmitnahme ist unproblematisch.

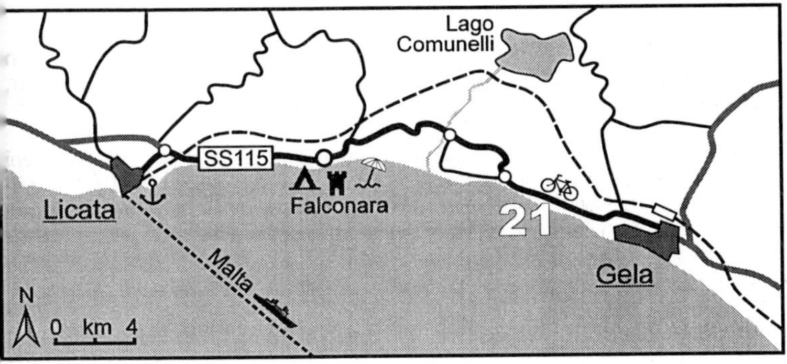

Von Gela immer der Beschilderung „Licata“ folgen, rauf auf die SS115 und bei der ersten Ausfahrt Ri. „Centro“ abbiegen. Hals und Beinbruch!

Licata (42.000 Ew): Der Heimatort von Lara Cardella, Autorin des Bestsellers „Ich wollte Hosen“ (Volevo i pantaloni), war unter römischer Herrschaft eines der wichtigsten Handelszentren Siziliens. 1553 von Türken geplündert, die Überlebenden als Sklaven verschleppt, dann wieder aufgebaut. Im Juli 1943 Landeplatz der Alliierten. Heute lebt die Stadt an der Mündung des Fiume Salso von der Fischerei und Fischverarbeitung, sie ist auch ein wichtiger Exporthafen für Schwefel und Kunstdünger sowie Fährhafen für Überfahrten nach Malta.
Ein Rundgang durch die Altstadt mit ihren engen Gassen ist lohnend, nicht zuletzt wegen des palmengesäumten **Piazza Progresso** mit dem im Jugendstil erbauten **Palazzo di Città** von Ernesto Basile. Im Palazzo ist ein kleines Museum mit antiken Funden aus der Stadt und deren Umgebung untergebracht. Sehenswerte Gebäude im barocken Stil sind das Karmeliter- und Franziskanerkloster. Auf dem 134 m hohen **Colle Sant'Angelo** im Westen der Stadt thront das Castello, von dem aus man einen schönen Blick genießen kann.

Information: Pro Loco, Via Dogana 6, ✆ 0922862374.
Unterkunft: Hotel Al Faro***, Via Dogana 6, ✆ 0922775503, EZ 34 €, Blick auf den Hafen; Roma*, Corso Serrovira 54, ✆ 0922774075, DZ 40 €.

Etappe 22:
Licata – San Leone (44 km) *

Ein Großteil der Etappe verläuft auf relativ ruhigen Nebenstraßen, die parallel zur Superstrada mit Ausblicken auf das nahe Mittelmeer entlangführen. Ziel ist der lange Dünenstrand von San Leone, der Lidosiedlung von Agrigento, ein hervorragender Ausgangspunkt für das „Valle dei Templi“.

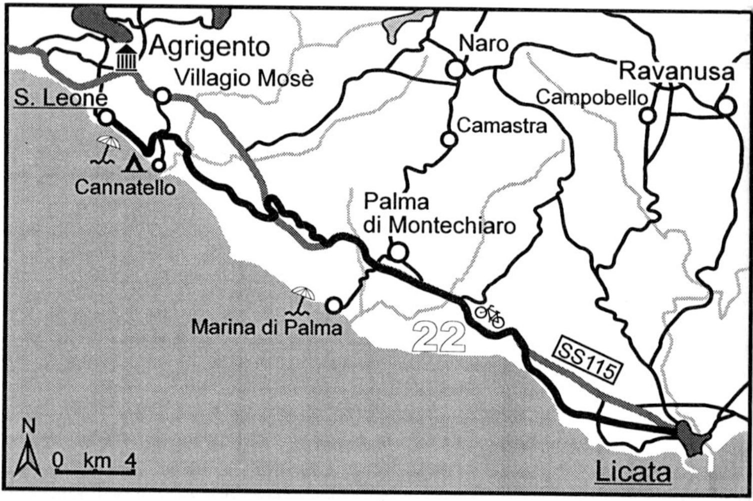

Start ist auf dem Piazza Progresso (Palazzo di Città). Fahren Sie 300 Meter auf dem Corso Umberto, und biegen Sie dann links und bald darauf rechts in die Via Pasquali Ri. „Agrigento“ ab. Nach km 1,2 links in die Via Mazzini (kurz bergab, auf Pflasterstein kurz bergauf) und bei km 1,3 rechts. Unterhalb der Mauer halten, die Fontanella (Fontäne) passieren und bei km 1,7/90 m halb rechts. Nach km 2,7/70 m links Ri. „Torre di Gaffe“ (Aufgepaßt: nicht rechts Ri. „Agrigento“ – diese führt zur SS115, das muß nicht sein!). Vorbei an Gewächshäusern, und bei km 12 treffen Sie auf die Superstrada 115. Hier links Ri. „Agrigento“ und vorbei an Palma di Montechiaro (ca. km 19).

Palma di Montechiaro (24.000 Ew): Der historische Altstadtkern ist von Betonsilos und slumähnlichen Wohnorten umgeben. Nicht schön, jedoch berühmt durch den Aristokraten und Buchautor Giuseppe Tomasi di Lampedusa. Mehrere Filmszenen seines Bestsellers „Il Gattopardo“ wurden in Palma gedreht. Prunkstück der Stadt ist die barocke Chiesa Madre, die man über eine große Freitreppe betritt. Der Palazzo Ducale der Fürsten von Lampedusa (17. Jh.) und das Chiaramonte-Kastell haben ebenfalls ihre Reize.

Nach einer Betonmauer, auf einer Anhöhe bei km 23,5, geht's rechts von der „SuperStraße“ weg (Hilfe: linker Hand ist kurz zuvor das Kilometerschild 206/SS115). Diese alte, holprige Asphaltstraße ist nahezu unbefahren, stößt bei km 30,5/155 m wieder auf die SS115, und Sie müssen nun 1,5 km links in Ri. Licata zurück fahren (lohnt dennoch), um dann rechts auf die wenig befahrene Straße nach „San Leone/Punta Bianco/SP71“ zu gelangen. Der Beschilderung nach „San Leone“ folgen. Der Dünensandstrand wird Sie nach 42 Kilometern anlachen, und bis ins Touri-Mekka San Leone dürfen Sie ihn lächelnd begleiten.

San Leone: die Strandsiedlung der *Agrigentini*. Den breiten Sandstrand müssen die Einheimischen im Hochsommer mit zahlreichen erlebnishungrigen Badegästen teilen, abends tobt das Nachtleben. Für die Vor- und Nachsaison ist der Lido-Ort ideal, um die müden Muskeln auf Etappe 25 vorzubereiten.

Unterkunft: Akragas**, Via Emporium 16-18, ✆ 0922414082, EZ 30 €, DZ 50 €; Pavone**, Via Lacco Ameno, ✆ 0922416254, EZ 18-36 €, DZ 30-54 €.
Camping: Internazionale San Leone***, Contrada le Dune, am östlichen Ende des Sandstrandes, dort wo die Straße ins Landesinnere knickt, ganzjährig, ✆ 0922416121, unter Pinien und Eukalyptus, Sandstrand; Nettuno***, „Nachbar“ vom Camping Internazionale, ebenfalls ganzjährig, ✆ 0922416268, schattiger Platz, terrassenförmig angelegt.

Orientierung in Gegenrichtung:
Start ist in San Leone am Piazza Aster (km 0/5 m), dem großen, mit Bars und Palmen gesäumten Hauptplatz. Fahren Sie die Küstenstraße „Le Dune“ in südöstlicher Richtung. Diese biegt bei km 2,8 rechtwinklig ins Landesinnere ab (rechts Campingplätze). Am Kreisverkehr bei km 4,2/55 m rechts, und nach km 12 stoßen Sie auf die SS115, dort links Ri. Agrigento zurück, nach km 13,5 allerdings scharf rechts auf die alte, wenig befahrene Straße, die oberhalb der Superstrada entlangkurvt. Bei km 20,5 stößt sie auf die SS115, dort links Ri. Licata, vorbei an Palma di Montechiaro, und dann (km 32) rechts Ri. „Torre di Gaffe“ abbiegen. Nicht in den Ort hineinfahren, sondern zuvor halb links und weiter bis ins Centro von Licata, dem Piazza Progresso.

Etappe 23:
San Leone – Valle dei Templi – Agrigento (7 km) *

Gäste aus Athen können sich in Agrigento wie zu Hause fühlen. Natürlich ist die griechische Metropole heute über 60-mal größer, die antiken Tempelanlagen sind aber ähnlich großartig erhalten, und zwischen den modernen Wohnblocks versteckt sich ebenfalls eine malerische Altstadt. Hier wie dort eilen die Touristen auf schnellstem Weg zu den berühmten Kulturdenkmälern. Grundverschieden ist die Lage: Die sizilianische Provinzhauptstadt ist auf einem langgezogenen Bergrücken erbaut, 5 km vom Meer entfernt. Das fälschlicherweise „Tal der Tempel“ genannte Gebiet liegt zwar deutlich tiefer als die „Oberstadt“, ist jedoch aussichtsreich auf einem Bergkamm zwischen Agrigento und dem Meer plaziert.

Von dem großen Promenadenplatz in San Leone immer der Beschilderung „Agrigento“ folgen. Sie fahren die Viale dei Giardini landeinwärts und nach km 1,6/75 m links auf die SP71. Kurz darauf (km 2,2/85 m) haben Sie einen Postkartenblick auf die Zeugen der Antike. Sie erreichen die Hauptstraße SS114 (km 4,9/70 m), biegen links ab und bald darauf an dem Kreisverkehr geradeaus Ri. „Valle dei Templi“ über eine prächtige Pinienallee, zum nächsten Kreisel (km 4,9/70 m). Hier rechts hinauf zum „Centro Turistico“. Falls Sie die Fahrräder am Parkplatz absperren, empfehlen wir, dem Parkwächter einen kleinen Obolus zu löhnen. Noch schöner – besonders für Ihre Fotos – ist es natürlich, die Räder bis vor die Tempel zu schieben.

Valle dei Templi: Das Gelände ist doppelt so groß wie das moderne Agrigento. Bringen Sie deshalb genügend Zeit mit, am besten auch Proviant. Die drei imposanten Tempel im Osten können gratis rund um die Uhr (offiziell 6-21 Uhr) bewundert werden. Wie üblich empfiehlt sich ein Besuch frühmorgens oder noch stimmungsvoller in den Abendstunden. Wenn die „Kulturpilger“ längst in ihren Bussen sitzen, färben sich die Sandsteinmonumente in ein immer tiefer werdendes Rot, bis die Abendsonne schließlich prachtvoll im Meer versinkt. In diesem Augenblick ragen die dunklen Tempelsilhouetten fast gespenstisch empor. Dann lassen die langsam aufflammenden Natriumdampflampen sie in einem völlig neuem Licht erstrahlen. Auch in der Antike sollen die Tempel übrigens schon mit Fackeln, die in eine nahe Erdölquelle getaucht wurden, beleuchtet worden sein. Stellen Sie sich die Tempel mit all den bunten, kunstvollen Plastiken, den schmückenden Figuren am Dachfries, dem marmorierten Stucküberzug und Holzdächern vor.
Besichtigung: Über eine Auffahrtsrampe erreichen Sie den **Tempio di Ercole** (ca. 510 v. Chr., Grundriß: 67 x 25 m). Der älteste Tempel des „Tals“ war ursprünglich Herakles, bei den Römern dann Herkules geweiht. Die acht Hauptsäulen wurden 1924 wieder aufgestellt, vier tragen noch stolz ihr dorisches Kapitell. Die Reste von dreißig weiteren Säulen liegen auf dem Hügel verteilt. Etwas oberhalb folgt die **Villa Aurea**, die als Museum und für Videovorführungen genutzt wird (Eintritt frei). Lohnend ist jedenfalls ein Blick in den

prächtigen Garten. Weiter aufwärts – rechts oben sind Reste der alten Stadtmauer im Fels zu erkennen – thront der berühmte **Tempio della Concordia** (480-430 v. Chr., Fläche ca. 17 x 40 m, 6 x 13 Säulen). Der Concordiatempel ist nach dem Theseion in Athen der am besten erhaltene griechische Tempel der Welt. Seinen guten Zustand verdankt er der Umwandlung in ein christliches Gotteshaus im 6. Jahrhundert. Die damals eingefügten Mauern zwischen den Säulen sind heute nicht mehr vorhanden. Schön ist hier die Cella zu sehen, ein von Steinmauern abgeschirmter Raum innerhalb der Säulenhalle. Die Cella war das Heiligtum jedes Tempels und der Öffentlichkeit nicht zugänglich. In respektvollem Abstand folgt mit fast denselben Abmessungen der **Tempio di Lacina**, auch Hera-Tempel genannt. 25 der ursprünglich 34 Säulen stehen noch (teils nur als Stumpf). Leider ist er durch die Bodenerosion bedroht. Wesentlich mehr Vorstellungsvermögen brauchen Sie für das **westliche Tempelgebiet** (geöffnet: 8-19.30 Uhr, 3 € Eintritt, Fahrrad am bewachten Eingang absperren). Zuerst stolpert man über die Trümmer des einst gigantischen Zeustempels, **Tempio di Olimpico** (56 x 113 m), die ein Erdbeben über eine Fläche von 6000 m² verteilt hat. Ein Großteil der Steine wurde im 18. Jh. zum Ausbau des Hafens Porto Empedocle verwendet. „Zweiundzwanzig Männer, im Kreise nebeneinander gestellt, würden ungefähr den Umfang einer Säule bilden", so beschrieb Goethe die Superlative des Tempels. Das Dachgebälk wurde von fast 8 m hohen Figuren getragen. Einer dieser Giganten ist im archäologischen Museum Agrigentos ausgestellt. Wie zufällig liegt eine Kopie zwischen dem Steinchaos, das gegenüber in den Betonklötzen der Neustadt eine Fortsetzung gefunden hat. Beschaulicher ist der Blick auf den **Tempio dei Dioscuri**, auch Tempio di Castore e Polluce genannt. Kurioserweise ist nicht der Concordiatempel, sondern diese im 19. Jh. aus verschiedenen Originalteilen rekonstruierte Tempelecke heute das Wahrzeichen Agrigentos.

Geschichte: Griechen aus Rhodos und Gela gründeten um 580 v. Chr. am Fiume **Akragas** eine gleichnamige Siedlung. Auf drei Seiten durch steile Abhänge geschützt und zusätzlich von einer 12 km langen Mauer umringt, entwickelte sie sich bald zu einer reichen Stadt, in der nach Schätzungen von Historikern bis zu 800.000 Menschen gelebt haben sollen. In seiner Blütezeit reichte das Stadtgebiet vom Valle dei Templi bis zum heutigen Agrigento hinauf. Nach dem gemeinsam mit Siracusa errungenen Sieg über die Karthager (480 v. Chr.) bei Himera wurde als Zeichen der Macht und des Reichtums mit dem Bau der riesigen Tempel begonnen. Es folgten siebzig ruhmreiche Jahre, bis die Karthager Akragas eroberten und zerstörten. Erst im Römischen Zeitalter gewann die Stadt mit dem Namen **Agrigentum** wieder an Einfluß. Unter den Wandalen und Ostgoten (ab 5. Jh.) vergingen Jahre der Bedeutungslosigkeit, die Araber (9. Jh.) prägten den Namen **Girgenti**. Mit den Normannen kam wieder mehr Wohlstand und 1086 die Ernennung zum Bischofssitz. 1927 brachte die „Italienisierung" den Namen **Agrigento**. Von Goethe (1787) inspiriert, besuchten zahlreiche Prominente die Tempel, unter anderem 1823 der bayerische König Ludwig I.

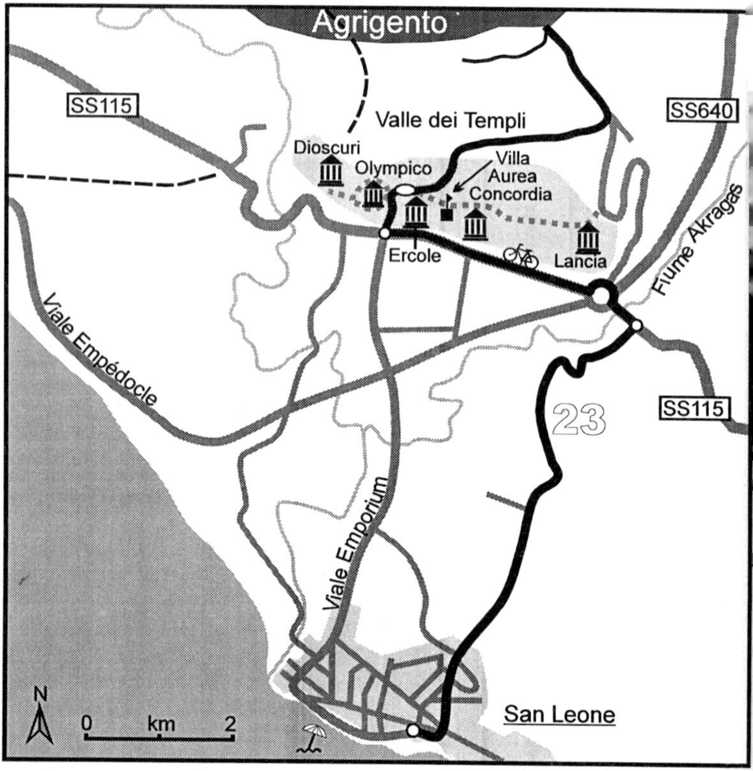

Vom Parkplatz folgen Sie der Straße weiter aufwärts und biegen dann links Ri. „Centro" ab (km 7/170 m). Wenn Sie Ihr Fahrrad durch die östliche Tempelanlage geschoben haben, können Sie das Gelände auch beim Ausgang am Tempio dei Dioscuri verlassen und rechts Ri. „Centro" hinaufradeln.

Agrigento (55.000 Ew): Als ob sie mit den Tempeln der Antike konkurrieren müßten, haben die Agrigentini des 20. Jahrhunderts monströse Wohnhäuser errichtet. Hinter dieser Hochhausskyline sind Hektik, Lärm und Verkehrschaos ebenso zu Hause wie ruhige, verwinkelte Gassen und romantische Piazzi in der Altstadt. Erlebenswert sind auch die vielen kleinen Lokale und Läden, vor allem aber die Gastfreundschaft und ausgeprägte Lebensfreude der Menschen. „Sie speisen, als ob sie morgen sterben würden, und bauen,

als ob sie ewig leben sollten", so beschrieb der berühmteste Sohn der Stadt, Empedokles, seine Mitbürger. Für Gaumenfreuden hat das Weinanbaugebiet Agrigento auch heute noch einiges zu bieten. Kein Genuß ist allerdings die steile, verkehrsreiche Auffahrt zur „Oberstadt", zusätzlich behindern zahlreiche Treppen im mittelalterlichen Stadtkern das Radvergnügen. Falls Sie dort nicht „nächtigen" möchten, empfehlen wir, in San Leone oder Valle dei Templi auf einen Bus (verkehrt regelmäßig) umzusatteln, um einen Stadtbummel ganz entspannt genießen zu können.
Vom Piazza Marconi, dem Bahnhofsplatz, über den begrünten Piazzale Aldo Moro erreicht man das Stadttor Porta di Ponte. Im Anschluß beginnt die lebhafte Flaniermeile **Via Atena**. „Sehen und gesehen werden" ist das Motto in der schmalen Hauptstraße. Zwischen Juwelierläden und schicken Boutiquen gibt es jede Menge Leckereien zu kaufen. Gut gestärkt geht es dann zu den Sehenswürdigkeiten: die Barockkirche **Chiesa del Purgatorio** steht auf dem gleichnamigen Platz. Unter einem steinernen Löwen befindet sich der Eingang zu einem unterirdischen System aus Gängen und Kanälen (nicht zugänglich). Es diente vom 5. Jh. v. Chr. bis in die achtziger Jahre des 20. Jh. als Wasserversorgung der Stadt, wurde dann aber nicht mehr instand gehalten und gegen moderne Technik ersetzt. Heute leidet Agrigento im Sommer unter extremem Wassermangel. Über verwinkelte Treppen erreichen Sie die **Chiesa Santa Maria dei Greci**. Ein kleiner Garten und die Reste eines dorischen Tempels im Inneren geben dem gotischen Gemäuer ein besonderes Flair. Am höchsten Punkt der Altstadt steht der Dom. Im 11. Jh. in katalanischer Gotik erbaut, von hinzugefügten Barockelementen heute größtenteils wieder befreit. Die mittelalterliche Klosteranlage der Kirche **Santo Spirito** beherbergt das Städtische Museum und eine Pinakothek. Die Architektur Agrigentos wird von der katalanischen Gotik bestimmt, und wenn Sie bei Ihrem Spaziergang in einer Sackgasse „enden", haben Sie auch den städtebaulichen Einfluß der Araber entdeckt. Einen besonders schönen Blick auf das Tal der Tempel hat man von der Promenade Via della Vittoria. Interessante Funde der letzten Jahrtausende sind in dem modernen **Museo Archeologica** ausgestellt (Beschreibungen am Eingang erhältlich, geöffnet von 8-12.30 und 14-17 Uhr).

Information: APT, Viale della Vittoria 225, etwas abseits, ✆ 0922401352, 🖹 092225185; AST, Via Empedocle 73, ✆ 092220391; noch ein AST, Via Ces. Battisti 15, zentral vor der Altstadt, ✆ 092220454.
Unterkunft: Hotel Bella Napoli**, Piazza Lena 6, ✆/🖹 092220435, EZ 27 €, DZ 48 €; Concordia**, Piazza San Francesco 11, in der Altstadt, einfach und sauber, ✆ 0922596266, EZ 18-27 €, DZ 29-47 €; Belvedere**, Via San Vito, oberhalb des Bahnhofs, ✆ 092220051, EZ 22-40 €, DZ 26-54 €.
Unterkunft in Villaggio Mosè: siehe Etappe 25.
Unterkunft in San Leone: siehe Etappe 22.
Camping: siehe Etappe 22, San Leone.

Agrigento, Tempio della Concordia

Etappe 24:
Sciacca – San Leone (76 km) *

Die ersten 10 km herrlich einsam, die folgenden sieben teuflisch verkehrsreich, 30 km wunderbar ruhig, der Rest eine Gratwanderung zwischen schön und scheußlich industriell (Porto Empedocle). Sehr bedauerlich, daß es an dieser attraktiven Küste nur eine einzige Straße gibt. Was tun? Busse verkehren regelmäßig! Buona fortuna!

Vom „Obelisken" beim Grand Hotel delle Terme zur 100 m weiter liegenden Kreuzung, wo rechts die Zufahrt zur SS115 abgeht. Nach 1,5 km auf dieser (kurz vor der SS) rechts der Beschilderung „Piscine Mollinelli" in die unauffällige Via Marco Polo folgen. Vorbei an einem Fußballfeld; bis km 2,8 kein Gegenverkehr (Einbahnstraße). Weiter auf der ruhigen SP76, bei km 5,0 die Schnellstraße unterqueren, bei km 6,4 rechts durch die Unterführung Ri. „Ribera", aber nicht die gleich folgende, sondern erst nach km 9,5 auf die SS115 „Ribera". Dieser nur bis km 10,7 folgen, die SS queren und links auf die unbeschilderte, schmale Asphaltstraße abbiegen (rechts führt ein Feldweg zum Camping „Baia Maccauda", Juni bis Oktober). Queren Sie die alten Bahngleise, dahinter rechts, bis Sie bei km 12,7 wieder auf die Superstrada treffen. Diese dürfen Sie nach m 16,4 Ri. „Ribera/SS386“ links verlassen. Es geht bergauf. Ribera ist kein ugenschmaus, eine typische Agrarsiedlung, Heimatstadt des Politikers rancesco Crispi. Sie kommen jedoch lediglich mit der Peripherie in Berührung. iegen Sie bei km 20,1/195 m rechts Ri. „Cianciana“ auf die Umgehung „Via irconvalazione“ ab, am Kreisel nach km 21,7/200 m halb links Ri. „Sp. Bonignore“. Hurra – jetzt kommt unverbrauchte, sagenhaft ruhige Landschaft 30 km lang!). An der Gabelung bei km 26,5 links Ri. „Montallegro“. Die Straße vindet sich zwischen den Sandsteinhügeln hindurch. Bei km 31,7/40 m besteht echts die Möglichkeit, nach „Eraclea Minoa“ abzuzweigen.

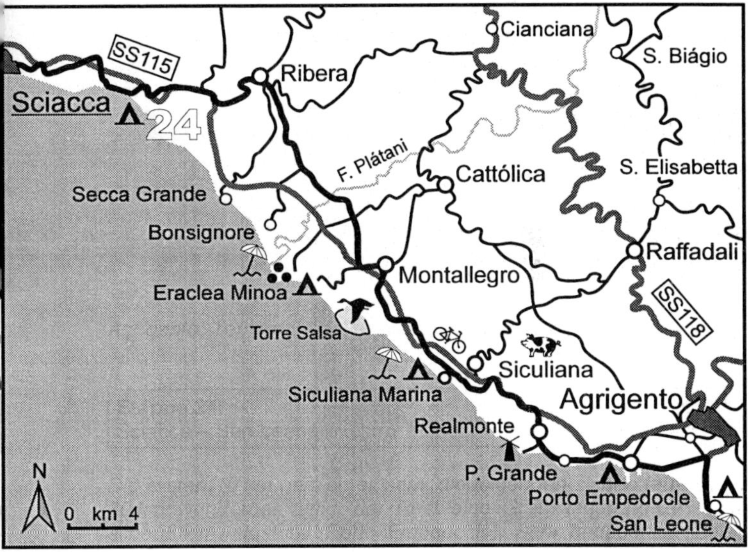

Eraclea Minoa liegt auf einem malerischen Hochplateau (75 m), dem heutigen Capo Bianco. Überreste eines griechischen Theaters, der Stadtmauern und einiger Wohnhäuser wurden freigelegt. Hobbyarchäologen werden begeistert sein – Hobbyradlern hingegen empfehlen wir, am wunderschönen, piniengesäumten Sandstrand zu relaxen.

Öffnungszeiten: 9 Uhr bis 1 Stunde vor Sonnenuntergang, 2 €.
Camping: Eraclea Minoa***, Capo Bianco, ✆ 0922847310, 15. April bis 15. September, schattig und groß.

Ansonsten geradewegs weiter und bei km 35,4/105 m den Ort „Montallegro“ anpeilen. Der quirlige Ort liegt idyllisch zwischen zwei felsigen Hügeln. Im

Zentrum fahren Sie an der Gabelung rechts auf den Corso Emanuele und der Beginn der SP75 entgegen (km 37,6/120 m). Diese verläuft immer in Nähe de SS115. Nach km 42,2 geradeaus (ohne Beschilderung), und Sie gelangen zu Kreuzung, an der es rechts nach „Siculiana Marina“ abzweigt (Ferienort m schönem Sandstrand, Übernachtung möglich). Fahren Sie an dieser Kreuzun links Ri. „Agrigento“. Bei km 46,3/50 m geradeaus auf die schmale asphaltiert Straße. Dies ist eine Umgehung von Siculiana (Azienda Villa Capo, oberh Siculiana, ✆ 0922817186). Bei km 47,9/85 m, an den letzten Häusern, links und bei km 48,5/85 m begrüßt Sie erneut die SS115; dort rechts und bi km 52,1/125 m die Straße nicht verlassen. Nun rechts Ri. „Realmonte“. Nehme Sie geradeaus die neue Straße, denn die ist flacher und Sie gelangen ebenfall zum Piazza Umberto und zum Municipio. In Serpentinen bergab und den Schil dern zum „Madison“ folgen. Weiter Ri. „Porto Empedocle“, dessen Name vo gleichnamigen griechischen Philosophen stammt. Von dieser schmutzige Hafenstadt verkehren Fähren zur pelagischen Insel Lampedusa. Nun Ri „Agrigento“, bei km 62,4 rechts Ri. „Caltanisetta“. Kurz darauf beginnt die unum gängliche SS640. Vorbei an einer stillgelegten Fabrik – dann Vorsicht: Licht an Ein 355 Meter langer Tunnel folgt – und weiter, bis bei km 73,2 das erlösende Schild „San Leone“ kommt, hier rechts abfahren, am Kreisel Ri. „Lungomare und auf der Viale Viareggio dem Ende entgegen. Sie haben sich nach 76 Kilo metern den herrlichen Sandstrand redlich verdient! Bravissimo – ringraziamo!

Autobus: Sciacca – Agrigento, Via Agatocle, oberhalb des Grand Hotels; Agrigento – Sciacca, Piazza Vittorio Emanuele, nahe der Flaniermeile Via Atenea.

Orientierung in Gegenrichtung:

Los geht's! Von San Leone auf die SS640 Ri. „Porto Empedocle/Agrigento“. In Porto Empedocle der Beschilderung zum „Madison“ folgen, dann hoch nach Realmonte, vorbei am Municipio, dem Piazza Umberto und zur SS115 hinunter-rollen, dort links und ca. bei km 27/85 m links Ri. „Gialonardo“ (Umgehung von Siculiana). Sie stoßen bald an eine Gabelung, dort nicht dem Schild „Marmi-masso“ folgen, sondern halb links bergauf und am Warnschild „Vorsicht Straßenverengung“, an den letzten Häusern, rechts abzweigen. Nach 1,6 km stoßen Sie auf die SP75. Dieser folgen Sie nicht bis in den Badeort Siculiana Marina, sondern biegen kurz zuvor am Straßenknick (ca. km 32, Schild „Vor-sicht Steinschlag“) rechts ab. Auf dem Corso Emanuele in den Ort „Montallegro“ hochfahren, an der Kreuzung im Zentrum links Ri. „Ribera“. Kurz nach Ortsende ist „Ribera/Trápani“ beschildert. Folgen Sie dieser nicht, denn Sie würden auf die SS115 gelangen. Fahren Sie am Ortsende schlicht geradeaus. Bei km 44 könnten Sie links nach „Eraclea Minoa“ abbiegen. Unsere Streckenbeschrei-bung führt allerdings Ri. „Ribera“. An dessen Peripherie stoßen Sie auf einen Kreisel, dort halb links auf die Via Circonvalazione“ und bei km 55 links bergab Ri. „Sciacca/SS115. Nach einer langgezogenen Linkskurve, Feigenkakteen und einer langen Betonmauer (ca. km 66) folgt das Schild „S. Giorgio“, dieses weist ach rechts, und genau auf dieser Höhe biegen Sie links ab. Auf der angenehm uhigen und schmalen Straße fahren Sie nun die letzten 8 km bis Sciacca.

Etappe 25: *(Skizze in zwei Teilen, 2. Teil s. Etappe 26)*
San Leone – San Biágio Platáni – Palazzo Adriano – Corleone (123 km) **

)ie Süd-Nord-Durchquerung Siziliens ist kein einfaches Unternehmen, zudem ;ind die ersten 30 km wenig reizvoll. Im weiten Umkreis der Route gibt es keine Übernachtungsmöglichkeit – somit kommen leider nur konditionsstarke Radler ınd Biker mit Zeltausrüstung in den Genuß der reizvollen Einsamkeit Innersizili-ens. Von den Dörfern ist jedoch ein Weiterkommen per Bus möglich, außerdem verbindet Agrigento und Palermo eine eindrucksvolle Bahnlinie.

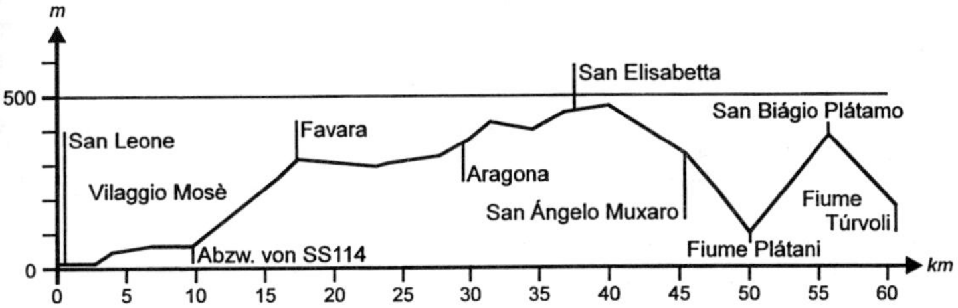

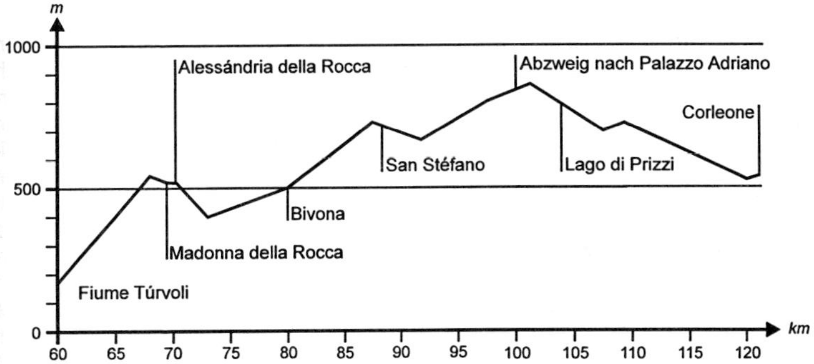

Start ist in San Leone am Piazza Aster (km 0/5 m), dem großen, mit Bars und Palmen gesäumten Hauptplatz. Fahren Sie die Küstenstraße „Le Dune" in süd-östlicher Richtung. Diese biegt bei km 2,8 rechtwinklig ins Landesinnere ab. Rechts sind die beiden Campingplätze. An dem Kreisverkehr (km 4,2/55 m)

geradeaus Ri. „Agrigento/Hotel Bella Holiday“, nach einer S-Kurve ist das Do Villaggio Mosè erreicht (km 6,5/60 m Hotel Tre Torri). Dann links auf die SS11 (km 7/65 m) Ri. „Licata“ abbiegen, rechts ist Agrigento beschildert.

Villaggio Mosè: auf der „grünen Wiese“ entstandener Vorort von Agrigent an der SS114. Einkaufszentren, Autohäuser und Hotelbettenburgen reihe sich schmucklos aneinander. In der zweiten Reihe stehen Villen reicher Agri gentini.

Unterkunft: Tre Torri***, Viale Cannatello, ✆ 0922606733, 🖷 0922607839, ange nehme, moderne Atmosphäre, Schwimmbad, Radtouren-Info, EZ 36-60 €, DZ 72-9 €; Villa Holiday**, Via E. Grabrici 9, ✆ 0922606332, EZ 22-36 €, DZ 44-48 €.
Affittacamere: Cioffi, Via dei Venti 9, ✆ 0922606455.
Agriturismo: Fattoria Mosè, Chiara Agnello, Via Mattia Pascal 4, ✆/🖷 0922606115 pro Person 30 €. Der Gutshof liegt am Rand des Neubaugebiets, an der Straße R Favara, Blick auf das Valle del Templi und die Altstadt von Agrigento.
Fahrradgeschäft: Atala, Via dei Platani, ✆ 0922606777, von der Kreuzung km 7 65 m links ein Kilometer in Ri. „Agrigento“, dann links, beschildert.

Verlassen Sie die stark befahrene Küstenstraße 114 (km 9,6/70 m) links Ri „Favara“, dann die SP3 bergauf. Über einer wilden Mülldeponie sticht be km 15,7/280 m das Neubaugebiet von Favara ins Auge. Keine Angst, das is kein Vorgeschmack auf die Städte im Landesinneren, sondern ein besonders unschöner Auswuchs von Agrigento. In Favara bei km 17/310 m links Ri „Centro“, beim Stoppschild rechts die Hauptstraße hinauf, km 17,7/325 m links Ri. „Palermo“, km 19 nicht rechts der Beschilderung „Ex SP3“ folgen, sondern geradeaus weiter (SP3). Sie unterqueren die SS640, bei km 23,2/305 m rechts Ri. „Aragona/Scalo“, vorbei am Bahnhof und am nächsten Kreisverkehr wieder Ri. „Aragona/Scalo“, km 25,2/305 m am Kreisel links und direkt nach der Bahn-überführung wieder rechts jeweils Ri. „Palermo“; dann der Beschilderung Ri. „Aragona“ folgen (km 27 rechts, km 27,2/335 m links). Sie sind jetzt auf der SP17 bzw. der „Via Salvatore la Rosa“ und fahren geradewegs durch Aragona. Achtung: im Centro links Ri. „San Elisabetta“ steil bergauf.

Aragona: Der Ort selbst ist wenig sehenswert, hochinteressant sind dafür die kleinen Lehmkrater am Ortsrand. Die **Vulcanelli di Macalubbe** sehen wie Bonsaivulkane aus, statt Magma blubbert Schlamm aus ihnen hervor. Der Weg ist beschildert.

Infos über die Vulcanelli: Via Santa Rosa, ✆ 0922699210.

Eine aussichtsreiche, kurvige Bergstraße (SP19) führt in ständigem Auf und Ab nach San Elisabetta (km 37/465 m). Dort auf der Via Umberto geradeaus bis zum Ortsende, dann rechts Ri. „San Ángelo“. Ab km 46/365 m sind Restaurants und Busparkplätze das untrügliche Zeichen für eine Sehenswürdigkeit. Es folgt eine steile Abfahrt, und unvermittelt passiert man linker Hand ein stilvolles Natursteinhaus mit der Aufschrift: „Information“ (km 47,3/225 km).

San Ángelo Muxaro (2000 Ew) hat die typische Berglage der sizilianischen Inlandsdörfer. Steil gestaffelt sind verwinkelte Gassen in den Hang gebaut. Der Sandstein fällt schroff zum Flußtal des Fiume Plátani ab. In den Felswänden unterhalb des Ortes können auf einem Rundweg prähistorische Grabkammern besichtigt werden. Wichtige Fundstücke der **Nekropole** (11. bis 5. Jh. v. Chr.) sind wieder mal im Museum von Siracusa ausgestellt.

Weiter auf der SP19 überqueren Sie den Fiume Plátani (km 50/100 m) und treten dann wieder bergauf nach San Biágio Plátani. Bei km 55/390 m können Sie rechts ins Centro abbiegen.

San Biágio Plátani: Das Dorf ist bekannt für seinen außergewöhnlichen Ostermarkt. Die Hauptstraße wird mit geflochtenen Bögen überspannt. Diese sind mit riesigen Kunstwerken aus Brotteig geschmückt sowie mit Blumen und Getreide verziert. Besucher aus ganz Sizilien verwandeln die Straße in der Karwoche und an Ostern in ein buntes Treiben.

Ein weiteres Flußtal muß durchquert werden und bestätigt die Erkenntnis, daß die meisten Flußläufe ausgetrocknet sind und auf jede Abfahrt im Inland eine mindestens ebenso lange Steigung folgt. Im weiteren Straßenverlauf prägen Mandelbaumplantagen das Landschaftsbild. An der nächsten großen Kreuzung (km 70/515 m) ist links „Madonna della Rocca" beschildert. Wenn Sie das Kloster nicht besichtigen wollen, fahren Sie rechts Ri. „Alessándria" weiter. Dieses Dorf trägt ebenfalls den Beinamen „della Rocca" und ist bald darauf erreicht (km 70/530 m). Es folgen das Tal des Fiume Magazzolo und Bivona, die „Stadt der Pfirsiche" (km 80/500 m), dann weiter bergauf nach San Stéfano (km 88,5/ 730 m). Von hier führt eine Paßstraße (ca. 300 Höhenmeter) ins 17 km entfernte Camarata (zwei Hotels). Weiter Ri. „Corleone": Folgen Sie von San Stéfano immer der Beschilderung „Prizzi". Bei km 100/800 m ist links der Abzweig nach Palazzo Adriano.

OPTION: Abstecher Prizzi – Palazzo Adriano (10 km) ***
Eine ruhiges, neu asphaltiertes Sträßchen führt in Serpentinen zum abgeschiedenen Albanerort Palazzo Adriano, alias Giancaldo.

Palazzo Adriano (3000 Ew): Ein kleiner Ort mit großen Erinnerungen. Das Kino war seit 15 Jahren geschlossen, als der junge Regisseur Giuseppe Tornatore aus Palermo kam und Palazzo Adriano als Drehort für seinen Film „Nuovo Cinema Paradiso" wählte. Die Wahl fiel auf das Dorf wegen des großen, zentralen Platzes, des Piazza Umberto I., auch Piazza Grande genannt. Für kurze Zeit erwachte Palazzo Adriano (im Film: Giancaldo) aus seinem Dornröschenschlaf. Heute kurven nur mehr wenige Touristenbusse die neue Straße zum Ort hinauf. Palazzo ist einer der vier Orte, die im 15. Jh von Albanern auf der Flucht vor den Türken gegründet wurde. Der Piazza diente den Bürgern, nach albanischem Brauch, als Versammlungsort. Heimatliche Bräuche werden immer noch gepflegt. So wandern die Palazzesi am Abend des 31. Juli auf die Montagna delle Rose (Hausberg, 1454 m) und singen am 1. August mit Sonnenaufgang den alten albanischen Song „O e Bukura Morè". Danach wird die „Cuccia" (Suppe) auf dem Piazza Umberto I. verteilt. Das Fest erinnert an die Ankunft der Albaner im Ort.
Der Film „Nuovo Cinema Paradiso" ist eine Liebeserklärung an das Kino der 40er Jahre. Die Geschichte ist die des kleinen Dorfjungen Totò, der von einem alten Filmvorführer das Handwerk lernt und später als Regisseur in Rom Berühmtheit erlangt. Den Alten spielt Philippe Noiret. Um Totò zu finden, zogen die Filmleute durch die Schulklassen der umliegenden Dörfer. Jeder im Dorf war am Film beteiligt, wenn auch nur am Bau des Kinos, als Kabelträger, Statist oder Sargträger. Es war „die Zeit des Paradieses", wie die Palazzesi selbst gern behaupten. 1990 erhielt „Nuovo Cinema Paradiso" einen Oscar für den besten ausländischen Film. Heute erinnert ein Bild an der Hauswand des einzigen Hotels im Ort an den Glanz vergangener Tage. Die Dorfjugend zieht es ins 70 km entfernte Palermo, denn Arbeit in Palazzo ist knapp. Es werden Versuche unternommen, einen „sanften Tourismus" einzuführen. Natur und landschaftliche Schönheit der Umgebung sind jedenfalls einen Besuch wert – nicht nur für Filmfreaks à la Carmen F.

Information: Pro Loco, Piazza Umberto I. 46, ✆ 0918348056, Fotoausstellung von den Dreharbeiten.
Unterkunft: Albergo del Viale*, Via XX. Settembre 1, ✆ 0918348164, 8 Zimmer, EZ o.B. 22 €, DZ 30 €, Ristorante/Pizzeria im Erdgeschoß.
Führungen: Touren im Naturpark des Sosiò-Tals und Führungen durch den Ort bietet die Kooperative T.R.I.P.S., ✆/🖷 0918348423.

Endlose Weizenfelder mit vereinzelten Monolithen (riesige Felsblöcke) bestimmen die Landschaft im weiteren Verlauf der SS118. Sie umfahren eine der ältesten Siedlungen Siziliens: Prizzi. Auch dieses Dorf wird überwiegend in der Karwoche besucht. Im Schatten einer Burgruine wird der Kampf „Gut gegen Böse" von maskierten Teufeln in einem Tanz symbolisiert. Weiter auf der „SS" haben Sie einen Ausblick auf den Lago Prizzi und erreichen nach mehrmaligem Auf und Ab das Etappenziel Corleone nach km 123/560 m.

Corleone (11.500 Ew) liegt zwischen zwei schroffen Felsblöcken, den Monti Sicani. Auf dem einen sind die Überreste des Soprano-Kastells zu erkennen, auf dem anderen thront das ehemalige Sottano-Kastell, heute ein Kloster. Unten überragen zahlreiche Kirchen und der Rathausturm die schlichten Wohnhäuser. Seinen hohen Bekanntheitsgrad verdankt Corleone der Cosa Nostra. Die Killer der „Ehrenwerten Gesellschaft" ermordeten hier mehr als 150 Menschen, was dem verschlafenen Provinzstädchen den Namen „tombstone" (Grabstein), eintrug. Schon in der Nachkriegszeit verschob die Viehmafia ganze Herden, der Drahtzieher Luciano Liggio wurde bald international gesucht (mit dem „Rinderwahnsinn" hatte das nichts zu tun).
Auch die Mafiabosse Bernardo Provenzano und Salvatore Riina, besser bekannt als Totò, erblickten in Corleone das Licht der Welt. Totò wurde 1993 in Palermo verhaftet. Er soll in den 80er Jahren die Cosa Nostra neu strukturiert haben, zahlreiche Morde werden ihm angelastet. Weltberühmt wurde die Stadt jedoch durch den Roman „Der Pate" von Mario Puzo. Das Oberhaupt des fiktiven Mafia-Clans, in der Verfilmung von Marlon Brando gespielt, heißt Don Vito Corleone. Heute kämpft Bürgermeister Giuseppe Cipriani erfolgreich gegen Korruption und das negative Stadtimage. Die letzten Mafiamorde liegen über 5 Jahre zurück, und die Altstadt ist nun abends wieder belebt. Ob Corleone von den Mafiosi befreit ist? Als Tourist werden Sie keine Anzeichen der „Paten" finden, aber Cipriani beantwortet diese Frage in einem Interview mit der Süddeutschen Zeitung mit „per carità!", „um Himmels willen – noch lange nicht". Übrigens eröffnete Cipriani zusammen mit UNO-Generalsekretär Kofi Annan im November 2000 ein Mafia-Dokumentationszentrum im Kloster San Ludovico (Nähe Rathaus). Und auch 1996 blickte die Welt (zumindest die Modebegeisterten) auf Corleone: Um vom Mafiaimage abzulenken, präsentierte die Firma Benetton auf Plakaten und in Katalogen einheimische „Models" vor Stadtmotiven. Erstmals bekam die Stadt von der Regenbogenpresse positive Schlagzeilen.

Information: Pro Loco, Piazza Nascè, ✆ 0918467004.
Unterkunft: Belvedere***, Contrada Belvedere, 2 km Ri. Bisaquino, ✆ 091846944, EZ 17-25 €, DZ 42-60 €, neues Hotel mit viel Komfort.

Orientierung in Gegenrichtung:
Die Strecke ist dank der guten Beschilderung einfach zu finden, deshalb hier nur die wichtigsten Stichpunkte: SS118 Ri. „Prizzi", es folgt San Stéfano (km 38/730 m), Bivona, Alessándria della Rocca (km 56,5/530). Bei km 58 verlassen Sie die SS118 und radeln links Ri. „Biágio Plátani"; nach Passieren der Felsengräber (Info-Gebäude) geht's steil hinauf nach San Ángelo Muxaro. Dann über San Elisabetta, SP19, Aragona, SP17, über eine Eisenbahnbrücke nach Favara (SP3), dann abwärts bis zur SS115, hier links Ri. „Agrigento",

2,6 Kilometer auf der SS114, bis in Villaggio Mosè eine Straße links nach „San Leone“ abzweigt und am Hotel Tre Torri und den beiden Campings vorbeiführt.

Etappe 26:
Corleone – Piana degli Albanesi (35 km) **

Die kräfteraubende Etappe folgt anfangs der kurvenreichen SS118, am Waldgebiet des Bosco della Ficuzza und der dahinterliegenden, senkrechten Felswand des Rocca Busambra (1613 m) vorbei. Auf einer kleinen Nebenstraße dann durch einsame und weitläufige Gebirgslandschaft zum Albanerort Piana degli Albanesi.

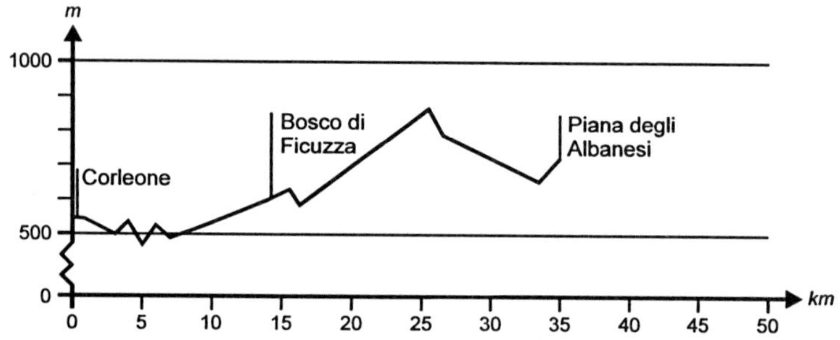

Beginnen Sie die Etappe am Piazza Falcone Borsellino bei km 0/545 m. Auf der Via So di Mille, vorbei am Palmen-Stadtpark, weiter auf der Via Verdi, und bei km 0,8/540 m treffen Sie auf die SS118, dort links Ri. „Palermo“. Nach ca. 10 Kilometern fahren Sie durch eine wunderschöne Allee. Bei km 15,6/625 m links Ri. „Palermo“. Die Fahrt führt am Bosco della Ficuzza vorbei.

Bosco della Ficuzza ist das größte Waldgebiet im Westen Siziliens. Der Jagdbegeisterung Ferdinands IV. ist zu verdanken, daß der herrliche Laubmischwald vor weiterer Abholzung geschützt wurde. Beim Jagen und Fischfang entspannte sich der Bourbonenkönig von seiner turbulenten Herrschaft in Neapel. Eigens für ihn wurde 1803 sogar ein Jagdschloß im Ort Ficuzza errichtet. Eine Wanderung auf den Rocca Busambra ist anstrengend, doch entschädigt der sagenhafte Blick von dem Kalksteinmassiv. Guter Ausgangspunkt für die Besteigung ist das Rifugio Alpe Cucco.

Information: I.D. delle Foreste, Palermo, ✆ 0916968928.
Rifugio: Alpe Cucco, EZ m.F. 24-30 €, DZ m.F. 42-60 €, ✆ 0918208225. Nördlich der Rocca Busambra, auf 1080 m Höhe. Von Ficuzza führt eine beschilderte Straße am Fuß der Rocca Busambra entlang Ri. Osten direkt bis vor das Rifugio, man kann dort auch gut speisen.

Biegen Sie nach km 16,3/595 m links auf die SP5 Ri. „Piana d'Albanesi" ab. Vorbei an Weinhängen und dem Staudamm Scanzano. Nach km 25,6/870 m folgt der nächste Stausee, der Lago di Piana d'Albanesi. Bei km 26,5/795 m geht's rechts Ri. „Palermo", nach km 33,5/655 m geradeaus Ri. „Piana d'Albanesi" (wer gleich weiter nach Palermo möchte, kann hier rechts abbiegen – diese neue Umgehungsstraße spart einige Höhenmeter). Das Centro des Dorfes, der Piazza Vittorio Emanuele, ist nach km 35/720 m erreicht.

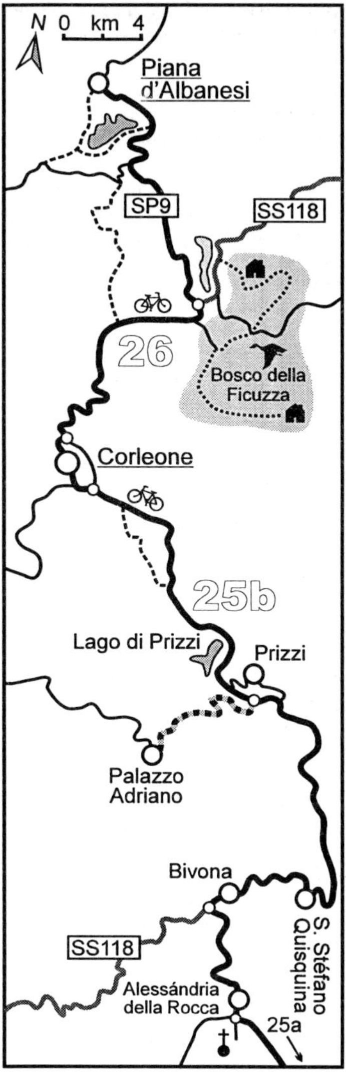

Piana degli Albanesi (6000 Ew): Das hübsche Bergdorf liegt an den Hängen des Pizzutas und ist Ausgangspunkt zahlreicher Wanderungen. Mittelpunkt und sogleich Kommunikationszentrum ist der Piazza Vittorio Emanuele. Auf der Flucht vor den Türken ließ sich hier im 15. Jh. eine albanische Gemeinschaft nieder, die bis heute ihre Sprache, Traditionen und ihren orthodoxen Glauben beibehalten hat. Der albanische Name des Dorfes lautet „Horës së Arbëreshëvet". Zu Ostern, Hochzeiten, Taufen und dem Fest des S. Giorgio zeigen sich die Einwohner in ihren traditionellen, farbenprächtigen Trachten. Frauen tragen kostbare Kleider aus Brokat und Seide, mit Gold- und Silberornamenten verziert, mit Perlen und Edelsteinen geschmückt. Etliche ältere Bürger tragen die feinen Kleider sogar beim sonntäglichen Gottesdienst. Seit 1937 ist Piana d'Albanesi Sitz des griechisch-orthodoxen Bischofs für die in Sizilien lebenden Albaner. Die wichtigste der drei Kirchen entlang der Hauptstraße (Corso Kastriota) ist San Demetrio aus dem 16. Jh., mit Fresken Pietro Novellis. Alte albanische Trachten und andere Folkloregegenstände sind in der Mostra

Etnografice (Corso Kastriota 213) ausgestellt. Südlich der Bergstadt liegt ein Stausee, leider kein Badesee, er dient der Stromerzeugung. Einige Kilometer vom Ort entfernt, in der Weite der Berge, steht die Gedenkstätte für das Massaker von *Portella delle Ginestre*. Im Inneren einer kreisförmigen Mauer erinnern Gedenksteine an den 1. Mai 1947, an dem Salvatore Giuliano in eine Kundgebung für die Landreform hineinschoß. Am Tag der Arbeit sollte auf der Portella ein großes Volksfest stattfinden. Bauern, Handwerker, auch ganze Familien versammelten sich zum Picknick, als plötzlich Schüsse fielen: 11 Menschen wurden getötet, 56 verletzt. In Piana d'Albanesi erzählen heute noch Wandmalereien von dem Massaker, und zum 50. Jahrestag wurden zahlreiche Percorsi (Wanderwege, mit Holztafeln ausgeschildert) zur Erinnerung angelegt. Auch der Fernwanderweg S.I. = Sentiero Italia führt durch den Ort.

Information: Pro Loco, Via Guzzetta 11, ✆ 0918574761.
Affittacamere: Fileccia Vita*, Via Francesco Crispi, sauber, groß, Blick auf das Dorf, ✆ 0918571763/0918571789, DZ 30 €; Cooperativa Portella delle Ginestre*, Via Schirò 37, man bekommt Infos zu Ausflügen, Wanderungen und Exkursionen zu Pferd, ✆ 0918575326, DZ 30 €.
Tip: Ristorante La Montagnola, Corso da Brigna (siehe Etappe 27), Ausblick entschädigt für die Höhenmeter.

Etappe 27:
Piana degli Albanesi – Palermo (24 km) **

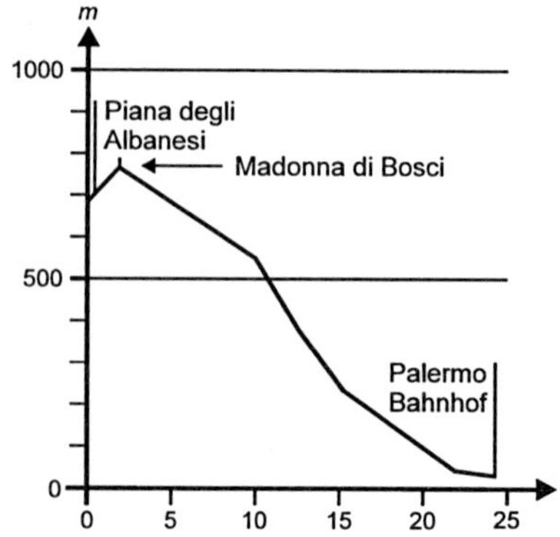

Die leichte Etappe führt vom Bergdorf Piana d'Albanesi in Serpentinen der Metropole Palermo entgegen – nach kurzem Anstieg folgt ein müheloses Hinunterrollen. Der Verkehr wird stärker, je näher Sie dem Stadtrand kommen. Eine Anfahrt der Gegensätze: aus der Einsamkeit der Berge in das Treiben der pulsierenden Hauptstadt.

Startpunkt ist der Piazza Vittorio Emanuele (km 0/695 m). Folgen Sie der Beschilderung „Palermo" durch den Ort, dann auf der SP5 bergauf. Den höchsten Punkt, Madonna di Bosci, erreichen Sie schon bei km 1,8/780 m (rechts Pizzeria La Montagnola). Bei km 3,5/720 m gelangen Sie an die Kreuzung mit der neuen Umgehungsstraße (siehe Abzweig nach Palermo von Etappe 26). Fahren Sie

links. Es öffnen sich herrliche Blicke ins Tal, auf den Berg Portella di Pianetto, den Stadtrand von Palermo und den Monte Pellegrino. Nach km 10,2/ 555 m scharfe Rechtskurve Ri. „Palermo", nach km 12,4/ 390 m weiter bergab Ri. „Palermo". Nach km 15,5/240 m erreichen Sie den Stadtrand. Es geht auf der Via Villagrazia stadteinwärts (immer parallel zum Fiume Oreto, der nur in den Wintermonaten Wasser führt). Ab dem Piazza Guadagna geht die Via Villagrazia in die Via Buonriposo über. Bei km 21,9/40 m fahren Sie an der Kreuzung mit der Via Oreto geradeaus, nach km 22,4 unterqueren Sie die Bahnlinie, stoßen auf den Piazza Ponte Ammiraglio, folgen nach km 22,7 der 180°-Wende und fahren auf dem breiten Corso di Mille geradeaus. Nach km 23,8 links in die Via Abramo Lincoln – und nach km 24/30 m gelangen Sie auf den Piazza Giulio Cesare, den Platz vor dem Hauptbahnhof.
<u>Bemerkung:</u> Die Beschilderung in Palermo ist schlecht, es existieren wenig Straßenschilder. Allerdings geben Einheimische gern Auskunft!

Orientierung in Gegenrichtung:
Am Piazza Giulio Cesare vor dem Hauptbahnhof (km 0/30 m) rechts auf die Via Abramo Lincoln (gegen Einbahnstraße), die erste Möglichkeit rechts in die Via Rosario Gregorio, die zweite Straße links in die Via Balsamo (Busbahnhof) und wieder die zweite rechts auf den Corso di Mille. Bei km 0,9 am Piazza Ponte Ammiraglio rechts (gleich nach der Überquerung des Flusses Oreto), dann links und gleich darauf rechts durch die Bahnunterführung auf die Via Buonriposo. Geradeaus weiter. An der Kreuzung mit der Via Oreto (Ampelanlage) geradeaus weiter. Auch bei km 1,9 am Piazza Guadagna geradeaus auf der Via

Kartenskizze Etappen 27 & 45

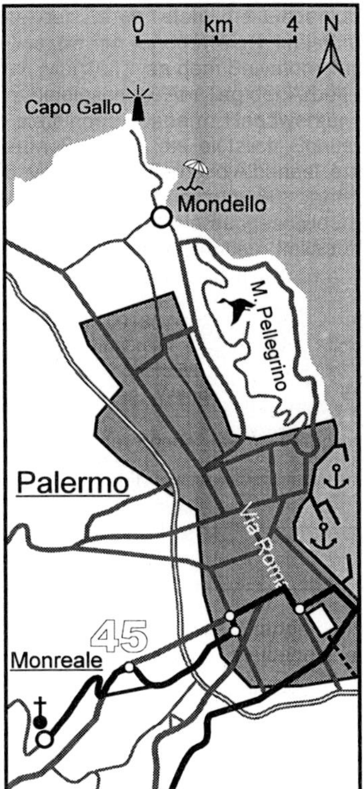

Villagrazia stadtauswärts. Im weiteren Verlauf folgen Sie der SP5 nach Piana d'Albanesi. Die Etappe endet am Hauptplatz, dem Piazza Vittorio Emanuele.

Palermo (688.000 Ew): Als Goethe an einem leuchtenden Tag im Frühjahr 1787 nach Palermo kam, wurde er nicht müde, das strahlend blaue Meer und den weiten Hafen zu bewundern, der, eingerahmt vom Monte Pellegrino, seiner Meinung nach das „schönste Vorgebirge der Welt" ist.
Als wir an einem ebenso leuchtenden Tag im Frühjahr 2000 das erste Mal nach Palermo kamen, wurden wir nicht müde, immer wieder festzustellen, daß das erwartete maßlose Chaos ausblieb. Durch die Veranstaltung autofreier Sonntage wird sogar der Umweltgedanke gefördert. Freilich quälen sich täglich zahllose Autos durch die Hauptverkehrsadern der Stadt, sicherlich ist Armut in vielen Teilen der Altstadt Alltag, auch sind Dreck und Lärm nicht wegzudenken, doch beginnt für Palermo zweifelsfrei ein neuer Lebensabschnitt. Jahrelang herrschte Krieg, der Staat gegen die Mafia. Düster und verschlossen wirkte die Stadt, abends wagte sich niemand auf die Straßen. Der Ausnahmezustand ist vorbei: Die Bewohner haben ihre Stadt zurückerobert, sie atmet wieder. Vieles können sie Leoluca Orlando, ihrem jetzigen Bürgermeister, verdanken. Er geht aktiv gegen Korruption und die Mafia vor. Im Dezember 2000 fand in „seiner" Stadt sogar der UN-Kongress gegen die Organisierte Internationale Kriminalität statt. Doch blicken wir erst ein wenig in vergangene Zeiten:
Die **Geschichte** Palermos könnte man grob in zwei Epochen aufteilen: die von der Gründung an bis zur Zeit der Araber und die nachfolgende.
Die Gründung geht ins 8. Jh. v. Chr. zurück, **Phönizier** siedelten sich an, gaben ihr den Namen Ziz (die Blume), und ein wichtiger Handelsstützpunkt war geschaffen. Der Ort erweiterte sich, **Karthager** gaben ihm den Namen Panoramus (ganzer Hafen = viel Meer). Palermo und die Karthager verloren die Schlacht von Himera nach langem, hartem Krieg (480 v. Chr.) gegen die **Griechen**. Die zweite Niederlage erlebte Palermo im Ersten Punischen Krieg, den die **Römer** im Jahr 251 v. Chr. für sich entscheiden konnten. Die römische Periode brachte der Stadt einen Lebensaufschwung. Danach folgten die **Wandalen, Ostgoten** und **Byzantiner**. Die erste Periode war beendet, Palermo nahm keinen wichtigen Platz im Leben der Insel ein.
Erst 831 begann Palermo, als Hauptstadt des **arabischen** Sizilien wieder eine wichtigere Rolle für die Region zu spielen. Die Stadt wuchs, wurde schön, sehr schön sogar, mit ihren Palästen, öffentlichen Gebäuden, Moscheen, Kirchen, Thermen, Fontänen und enormen Gärten. Die **Normannen** nahmen den Arabern Sizilien schließlich ab, Palermo wurde jedoch als Hauptstadt bestätigt (1130). Unter Friedrich II. erlebte die Stadt einen ungeheuren wirtschaftlichen Aufschwung. Als die **Anjou** die Macht übernahmen, war das der Beginn einer langen und dunklen Periode. Nach der Verlegung der Hauptstadt Siziliens nach Neapel verfiel Palermo immer mehr. Armut kehrte ein, die schließlich zum Volksaufstand, der Sizilianischen Vesper (1282), führte. Unter den **Aragonesern** erwachte die Stadt in neuem Glanz, bis 1415 die **Spanier** für lange Zeit an die Macht kamen (bis 1860). Deren

Machtstellung wurde lediglich für kurze Zeit von den **Savoyern** und **Österreichern** unterbrochen. Volksaufstände (1820-1848) endeten mit der „Landung der Tausend" unter der Führung Garibaldis. Palermo stimmte für den Anschluß an Italien. Die Stadt begann sich zu vergrößern und verschönern, doch der 2. Weltkrieg hinterließ nach den Bombardements der Alliierten tiefe Wunden, die heute noch überall zu sehen sind. Die Verspätung beim Wiederaufbau bedeutete aber paradoxerweise zugleich das Überleben des alten Stadtkerns: der Bauboom der Nachkriegszeit blieb so nämlich auf die Peripherie beschränkt.

Bei einem Stadtrundgang tun Sie sich leichter, wenn Sie ausgehend von dem zentralen Platz **Quattro Canti** die Altstadt in vier Viertel aufteilen. Der Quattro Canti ist Kreuzungsbereich zweier Hauptstraßen, nämlich der **Via Maqueda** und dem **Corso Vittorio Emanuele**. Von dieser Kreuzung aus können Sie dann ins Straßen- und Gassengewirr abtauchen und sich immer wieder an den zwei Hauptstraßen orientieren. Die größtenteils von den Spaniern im 17. Jh. erbaute Altstadt vereint barocke, maurische und gotische Architektur manchmal in ein und demselben Gebäude. Das Labyrinth enger Gassen wurde angelegt, um Invasoren abzuhalten – heute haben Touristen ihre liebe Mühe damit.

Entdecken Sie Ihr ganz persönliches Palermo selbst, werfen Sie Blicke in Schmiedewerkstätten, Haushaltswarenläden, Schreinereien, Alimentari, schlendern Sie mit offen Augen durch die Gassen. Wir nennen Ihnen lediglich einige herausragende Sehenswürdigkeiten, an denen Sie auch ohne Wegweiser ganz zufällig vorbeilaufen werden. Abschließend noch zwei Tips, die Ihnen das Entdecken leichter machen: Bewegen Sie sich in den Altstadtvierteln per pedes, außerhalb per bici oder Bus, und beachten Sie, daß während der Siesta viele Sehenswürdigkeiten ihre Pforten geschlossen haben.

Piazza Pretoria (unweit des Quattro Canti): Der Rathausplatz wird volkstümlich Piazza Vergogna genannt (Schamplatz), wegen der nackten Figuren der Fontana Pretoria. Der Renaissancebrunnen war ursprünglich für einen Garten in Florenz von Camillo Camillianis geschaffen worden.

Piazza Bellini: Dieser Platz hinter dem Rathaus war im Mittelalter das Zentrum Palermos. **San Cataldo** (12. Jh.), die Kirche mit den leuchtend roten Kuppeln, diente einst als Synagoge. **La Martorana** (auch 12. Jh.), die normannische Kirche nebenan, wurde für den Admiral König Rogers II., Georg von Antiochien, gebaut. Auffallend schön sind ihr Glockenturm und die hochstrebenden Fenster. Die byzantinischen Mosaike im Inneren der Kirche zählen zu den ältesten Siziliens. Spanier schenkten das Gotteshaus den Benediktinern, diese fügten im 16. Jh. die Barockfassade hinzu. Die Marzipansüßigkeiten in Form von Früchten, hergestellt von den Mönchen im benachbarten Konvent, sind als *frutta di Martorana* bekannt geworden.

Mercato Vucciria: Nordöstlich des Quattro Canti, zwischen der Via Pannieri und Via Argenteria, liegt der bekannteste Straßenmarkt Palermos, der Mercato Vucciria (Mo-Sa), ursprünglich ein arabischer Basar. Hier gibt es so gut wie alles zu kaufen. Es ist ein einzigartiges Markterlebnis voller Farbenpracht, Gerüchen, Gedränge und Geschrei. Die Fortsetzung des „Vucciria" ist der **Mercato Capo** auf der Via Bandiera und Via Sant'Agostino. Dort gibt es überwiegend Textilien zu kaufen.

La Cala: Das alte Hafenbecken wurde im 2. Weltkrieg schwer zerbombt und nie wieder richtig aufgebaut. Wenn Sie am Hafenbecken entlang gehen, kommen Sie an einer typisch palermitanischen Einrichtung vorbei: Straßenstände mit *pane con meusa*, Milz auf Brot, ein volkstümliches Gericht. Das Brot ist mit Scheiben von Kalbsmilz und anderen Innereien belegt, die in Schmalz gebacken und mit geriebenem Cacciocavallo-Käse oder mit Ricotta bestreut werden. Gleich hinter den Ständen steht die **Chiesa Santa Maria della Catena** (Heilige Maria von der Kette, die einst nachts den Hafen zusperrte), eine gelungene Verbindung von spätgotischer, katalanischer und Renaissance-Architektur. Auf der Südseite des Hafens öffnet sich das monumentale Stadttor Porta Felice (16. Jh.) zum Corso Vittorio Emanuele. Ganz in der Nähe befindet sich das **Museo delle Marionette**, eine Sammlung sizilianischer Marionetten und fernöstlicher Schattenfiguren (Mo-Sa 9-13 und Mo, Mi, Fr 16-19 Uhr).

Oratorien-Kapellen: Folgende Kirchen sind durch ihre Oratorien (Gebetskapellen) mit Meisterwerken Giacomo Serpottas (1656-1732), dem städtischen Meister monumentaler Stuckarbeiten, bekannt. **Oratorio di Santa Zita** mit der Darstellung des Siegs der Italiener über die Türken (1571) in der Seeschlacht von Lepanto, auf der Innenmauer über dem Eingang. **Oratorio di San Domenico** (an der Nordseite des Vucciria Marktes) mit der Darstellung von Malteser Rittern mit Frau und Kind. In dieser Barockkirche befinden sich u.a. auch die Grabdenkmäler der ermordeten Richter Giovanni Falcone und Paolo Borsellino. Die dritte Oratorien-Kapelle ist San Lorenzo (Via Immacolatella) mit der in Gips gegossenen Geschichte des Heiligen Lorenzo und Francesco.

Piazza Marina: Hier steht ein prachtvoller, mittelalterlicher Bau, der **Palazzo Chiaramonte**. Im 14. Jh. Wohnsitz einer der mächtigsten Adelsfamilien Siziliens, der Chiaramontes. Der letzte des Geschlechts, Andrea, wurde 1396 vor seinem Palast enthauptet. Heute beherbergt der Bau die Architekturfakultät.

Palazzo Abatellis: Der Palast beherbergt die **Galleria Regionale Siciliana**, die wichtigste Bildergalerie Siziliens (Mo-Sa 9-13.30 Uhr, So 9-12.30 Uhr, Di und Do auch 15-17.30 Uhr). Malerei und Bildhauerei vom Mittelalter bis zum 18. Jh.).

Orto Botanico: Der Botanische Garten wurde 1779 angelegt und zeigt neben süditalienischer Flora eine Menge tropischer Pflanzen, die im sizilianischen Klima gut gedeihen. Darunter Palmen, Baumwolle, Zuckerrohr, Papyros, Erdnuß und vieles mehr (Mo-Sa 9-13, Di, Do auch 13-18 Uhr). Die **Villa Giulia**, ein öffentlicher Park, schließt unmittelbar an den Botanischen Garten an und ist geradezu ideal zum Entspannen und Ausruhen.

Mercato Ballaro: Dieser große, lebendige und farbenprächtige Lebensmittelmarkt (Mo-Sa) liegt westlich des Bahnhofs im Altstadtviertel und ist von weitem an der bunten Majolikakuppel (Zinnglasur der Kuppel) der **Chiesa del Carmine** erkennbar. Orientalische Atmosphäre herrscht im angrenzenden **Albergheria-Viertel**, im Mittelalter Wohnort der arabischen Handwerker.

Palazzo dei Normanni: Der Normannenpalast (Bau im 12. Jh., Umbau im 16. Jh.) diente im Mittelalter als Königspalast Roger II. und ist heute Sitz der Regionalregierung. Die **Cappella Palatina**, die königliche Kapelle (Mo-Fr 9-12 und 15-17 Uhr, Sa 9-12 Uhr, So 9-10 und 12-13 Uhr) im ersten Stock, ist das Schmuckstück des Palastes. Im **Roger-Saal** (Mo, Fr, Sa 9-12 Uhr) können prachtvolle Wand- und Deckenmosaike gesehen werden.
San Giovanni degli Eremiti: Diese von roten Kuppeln gekrönte Klosterkirche in der Via dei Benedettini wurde auf Wunsch Rogers II. gebaut (Mo-Sa 9-13, Mo und Do auch 15-18 Uhr, So 9 Uhr). Ein kleiner Park ist angeschlossen, und einen wunderschönen Kreuzgang des Benediktinerordens gilt es zu besichtigen.
Duomo: Ein offener, einladender Domplatz, geschmückt mit hohen Palmen, Treffpunkt einheimischer Schüler, Studenten, Reisegruppen, Individualtouristen (Mo-So 7-12 und 16-18 Uhr). Walter of the Mill, der englische Erzbischof der Stadt, ließ 1185 das monumentale Bauwerk an der Stelle einer byzantinischen Kirche erbauen. Wie viele Kirchen Palermos ersetzte auch diese damals eine Moschee. In den folgenden Jahrhunderten wurde das Bauwerk mehrfach verändert und erweitert. Seine jetzige Form bekam es erst zu Beginn des 19. Jahrhunderts. Im Inneren der Kathedrale befinden sich die Gräber Rogers II. und Friedrich II. Die Außenwände der Apsiden sind mit Intarsienarbeiten aus Lava und Kalkstein geschmückt. Im rechten Seitenschiff befindet sich die Kapelle der heiligen Rosalia, der Stadtpatronin, die Palermo von der Pest befreite. Ihr zu Ehren wird jährlich Mitte Juli ein großes Fest veranstaltet.
Mercato delle Pulci: Auf dem Flohmarkt nördlich des Duomos, an der Via Papireto, findet man vormittags Antiquitäten, Bücher und Trödel.
Teatro Massimo: Das 3200 Personen fassende Theater wurde in ca. zwanzigjähriger Bauzeit zwischen 1877 und 1897 von Giovanni Battista Basile und seinem Sohn Ernesto errichtet. Am 16. Mai 1897 wurde es mit Verdis „Falstaff" eingeweiht. Das neoklassizistische Gebäude mit seiner riesigen Kuppel und den sechs korinthischen Säulen ist eines der größten Opernhäuser Europas. Rechts und links der Freitreppe stellen zwei auf Löwen reitende Frauenstatuen die Lyrik und Tragödie dar. Nach jahrzehntelangen Renovierungsarbeiten öffnete „das Massimo" 1997 wieder die Tore, genau 100 Jahre nach seiner Fertigstellung.
Teatro Politeamea: Folgt man vom Teatro Massimo der Hauptstraße Via Ruggero Settimio, gelangt man zum neoklassizistischen Politeama (1867-1874). Dort finden Theateraufführungen, Ballett und Konzerte statt. Im oberen Stock des Theaters befindet sich die **Galleria d'Arte Moderna** (Di-So 9-13 Uhr, Mi 15-18 Uhr). Es sind überwiegend Werke süditalienischer Künstler des 19. und 20. Jahrhunderts ausgestellt. Vor dem Hotel Politeama, am Piazza Castelnuovo, ist Startpunkt zahlreicher Bustouren.
Fondazione Mormino: Ein Geschenk der Banco di Sicilia. Das Museum in der Viale Liberta 52, im ersten Stock der Villa Zito, beherbergt eine Sammlung antiker Vasen und Münzen, Münzen und Briefmarken (Mo-Fr 9-13 Uhr und 15-17 Uhr, Sa 9-13 Uhr, Eintritt frei).

Giardini Inglese: Die Via Libertà führt zum Englischen Garten, einem schönen Park, der für eine Verschnaufpause hervorragend geeignet ist.

Convento dei Cappuccini: Im Westen des Zentrums folgen Sie der Via Cappuccini bis zum Piazza Cappuccini, und am Piazza steht dann das Convento dei Cappuccini. Wer meint, es dreht sich hier alles um den famosen Milchschaumkaffee, den Cappuccino, der wird eines Besseren belehrt. „Il Cappuccino" bedeutet der Kapuzinermönch. Das Kapuzinerkonvent ist wegen seiner Katakomben bekannt. Diese unterirdischen Gänge wurden seit 1599 in den Tuffstein gehauen und bis 1881 für Beisetzungen verwendet. Heute können 8000 nach Geschlecht und Stand geordnete, mumifizierte Leichen besichtig werden. Die Leichen wurden in einem kleinen abgeschlossenen Trockenraum acht Monate lang aufbewahrt, dann mit Essig gewaschen, angezogen und in die Wandnischen gehängt oder in offene Särge gelegt. Die Kleidung der Toten verrät deren Stand, denn bis ins vorige Jahrhundert wurden viele Mumien von ihren Angehörigen noch regelmäßig frisch eingekleidet.

Information: APT, Piazza Castelnuovo 35, ✆ 0916058111, 📠 091331858, Internet: www.aapit.pa.it, eMail: aapit@gestelnet.it; AST, Salita Belmonte 1, ✆ 091540122; Aeroporto Falcone Borsellino, ✆ 091591698; Stazione Centrale, Piazza Giulio Cesare, ✆ 0916165914; einige Infopavillions in der Stadt verteilt; monatliches Stadtblatt Palermo & Provincia Live.

Unterkunft: zahlreiche Billigunterkünfte in Stadthäusern auf der Via Roma und den Seitengassen, alle mit „rooms" gekennzeichnet; Pension Cavour*, Via Manzoni 11, Seitenstraße vom Bahnhof, einfach und sauber, Rad kann im Keller deponiert werden, ✆ 0916162759, EZ o.B. 24 €, DZ o.B. 30 €; Hotel Azzurro di Lampedusa**, Via Roma 111, ✆ 0916166001, 📠 0916171409, EZ 24-42 €, DZ 36-48 €; Hotel Sicilia**, Via Divisi 99, Querstraße von Via Roma und Via Maqueda, große Zimmer, ✆/📠 0916168460, EZ o.B. 24 €, DZ o.B. 36 €; Hotel Petit*, Via Principe di Belmonte 84, kleine saubere Zimmer im Ballaro-Viertel (großer Markt), ✆ 091323616, EZ o.B. 22 €, DZ o.B. 40 €; Hotel Moderno**, Via Roma 276, ✆ 091588260, 📠 091588683; EZ 45 €, DZ 64 €.

Camping: In Zentrumsnähe gibt es keinen, die nächsten sind 10 km westlich von Palermo in Sferracavallo, Richtung Flughafen, Etappe 44; Camping Trinacria**, Via Barcarello 23-25, ganzjährig, liegt an der Uferstraße ggü. eines Felsstrandes, ✆/📠 091530590, auch Bungalows; Campeggio degli Ulivi*, Via Pegaso 25, ganzjährig, 500 m vom Strand, unter Olivenbäumen, ✆/📠 091533021, auch Bungalows; La Plaia**, Viale Marino, Isole delle Femmine, 1. April bis 31. Okt., die kleine Insel liegt 15 km westlich von Palermo, ✆ 0918677001.

Fahrradservice: Massimo Cannatella, Via Papireto 14a, Werkstatt, Verleih und Verkauf, nahe dem Duomo, ✆ 091322425, eMail maxcannatella@libero.it, ca. 5 € am Tag; Reparaturgaragen in der Via S. Rosalia, vom Bahnhof auf der Via Roma die 3. Straße links – schnelle, zuverlässige und preisgünstige Reparaturen.

Bahnhof: Stazione Centrale, Hauptbahnhof, am Beginn der Via Roma; Stazione Notarbartolo, Bahnhof und Metrostation, zur Fußball-WM 1990 gebaut.

Busse: es gibt die sog. Kleinbusringlinie Aquilotti, die roten und gelben Stadtbusse, die ganztägig unterschiedliche Runden im Zentrum fahren, ca. 2 € fürs Tagesticket und ca. 1 € für die Einzelfahrt, Zustieg u.a. direkt vor dem Hauptbahnhof möglich; der überregionale Busbahnhof liegt direkt neben dem Hauptbahnhof, am Ostausgang in einer kleinen Seitenstraßen sind die Ticketbüros.

Tip: Sonntags ist die Altstadt nahezu ausgestorben, eine grobe Erkundungstour kann problemlos mit dem Bike abgeradelt werden, allerdings haben viele Kirchen und Museen geschlossen.
Kino: „Palermo flüstert“ – ein Film von Wolf Gaudlitz/2001. Der Dichter Mimmo stammt aus einer Mafiosi-Familie und führt den Zuschauer durch eine 90-minütige Reise durch sein Palermo.

Etappe 28:
Nicosia – Calascibetta – Enna (48 km) ***

Nur wenige Kilometer der Etappe teilen Sie mit motorisierten Verkehrsteilnehmern. Die hügelige bis bergige Strecke führt durch die Monti Erei zum Mittelpunkt Siziliens, und sie zeichnet sich durch angenehme Ruhe sowie ausschweifende Blicke ins Land aus. Bitte Verpflegung mitnehmen.

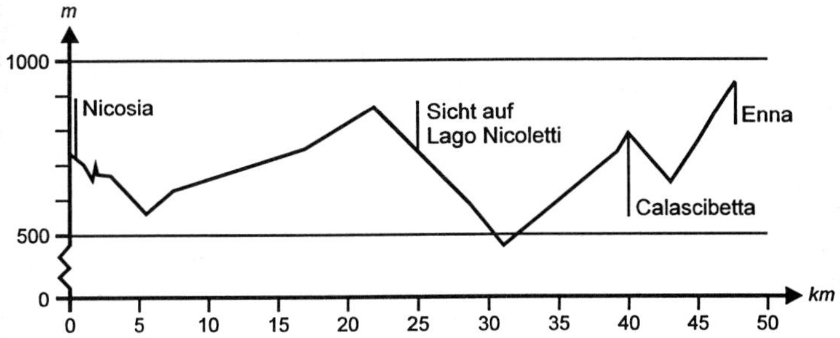

Los geht's am Piazza, dem Marktplatz von Nicosia (km 0/730 m). Auf der Via Vittorio Emanuele nach km 0,4 links Ri. „Enna“ (Vorsicht: Schild ist nur in Gegenrichtung zu sehen!), nach km 0,8/700 m rechts durch den Tunnel und bergab. Bei km 1,6/665 m links auf die schmale Asphaltstraße Ri. „Enna“ (Vorsicht: Schild „Enna“ wieder nur in Gegenrichtung sichtbar“!). Bei km 1,8/700 m durch die Brücke, bei km 2/675 m links und nach km 3/675 m rechts „Enna“. Sie stoßen auf einen recht undurchschaubaren Knotenpunkt verschiedener Straßen. Lassen Sie sich nicht verwirren, fahren Sie einfach geradeaus bergab und nach km 5,5/570 m immer noch geradeaus Ri. „Enna“. Es geht durch ein bewaldetes, felsiges Tal und dann bei km 7,6/620 m rechts auf die SP19 Ri. „Villadoro“. In Höhe km 17/740 m links auf die SP39 Ri. „Leonforte“, nach km 21,8/ 875 m rechts Ri. „Enna“. Im Bereich von km 25 ist der Lago Nicoletti zu sehen. Bei km 28,5/590 m rechts auf die SP63 Ri. „Calascibetta“. Die Schilder „irregulare“ können Sie außer acht lassen. Nach km 31/435 m erneut rechts „Calascibetta“ oder alternativ:

OPTION (weniger Höhenmeter): Bei km 31/435 m geradeaus, vorbei am Lago Nicoletti und bei km 36,8 rechts auf die SS121, nach km 42,2/635 m rechts Ri. „Enna Centro“, und bei km 42,5/655 m stoßen Sie wieder auf die reguläre Etappe.

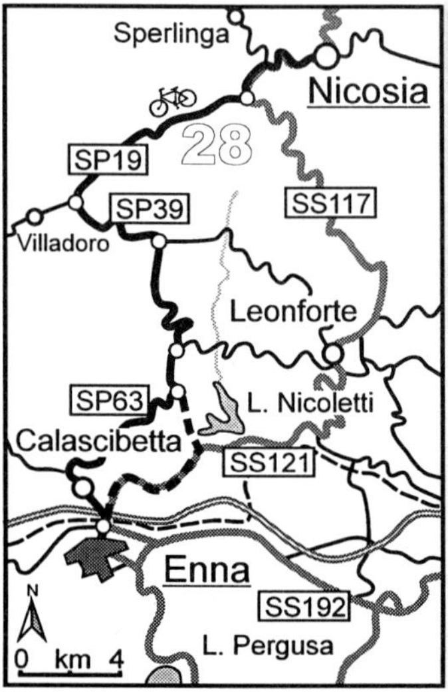

Nach km 39,3/730 m links auf die SS290 Ri. „Calascibetta“ und nach km 40/795 m links „Centro Calascibetta“.

Calascibetta (5000 Ew): Das Städtchen mit arabischem Namen („kalat“ heißt Burg, „Scibet“ ist der Name des Berges) ist angelegt wie ein Amphitheater. Roger I. errichtete hier 1062 ein Kastell. Zu besichtigen sind mehrere Kirchen aus dem 17. und 18. Jahrhundert. Touristen verschlägt es meist wegen des Foto-Blicks zum gegenüberliegenden Enna in den Ort.

Das Ortsende ist bei km 41,1 erreicht, es geht auf der SP290 in engen Serpentinen ins Tal und nach km 43,3/655 m rechts Ri. „Centro/Enna“. Nach km 45/775 m links Ri. „Enna Centro“, nach km 46,0/840 m wieder links, und der Piazza Garibaldi im Centro ist nach km 47,4/930 m erreicht.

Enna (28.000 Ew): Die mit 1000 m höchstgelegene Stadt der Insel ist gleichzeitig geografischer Mittelpunkt Siziliens, auch „Belvedere“, „Herz“ und „Nabel“ Trinacrias genannt. Man genießt eine fantastische Aussicht auf Weizenfelder, Oliven- und Mandelhaine, bis hin zum Etna im Osten. Die Ennesi zelebrieren jährlich ausgiebig die Osterwoche. Begonnen wird am Karfreitag, an dem die 15 Kirchengemeinden, verkleidet in weiße Leinenkutten mit Kopfbedeckung (lediglich Augenlöcher frei), von ihren eigenen Kirchen zur Kathedrale ziehen. Beinahe gespenstisch wirken die Verhüllten, wenn sie mit Kreuz und Laternen durch die Gassen Ennas ziehen. An die 60 Männer tragen auf schweren, hölzernen Balken die lebensgroße Figur des toten Heilands, der in einem erleuchteten Glassarg ruht. Ihm folgt die schwarzgekleidete Madonna in einem gläsernen Schrein. Die ganze Woche über finden Prozessionen statt, und am Ostersonntag wird schließlich die Auferstehung gefeiert. Sizilien in der Osterwoche ist ein Fest der Vergangenheit, denn fast jede Fremdherrschaft hat auf der Insel ihre Bräuche hinterlassen. Leben und Sterben, diese Reihenfolge des ewigen Wechsels trifft mitten in die Seele eines Volkes.
Ausgangspunkt für einen Rundgang ist das **Castello Lombardia**, eine der größten Burgen Siziliens, erbaut unter Friedrich II. im 13. Jh. (täglich 9-13 und

15-17 Uhr). Die Spanier wandelten das Kastell in eine Sommerresidenz um und quartierten eine Garnison lombardischer Truppen ein – daher der Name. Von den ursprünglich 20 Türmen blieben sechs erhalten. Vom **Torre Pisana** haben Sie einen grandiosen Ausblick, u.a. auf die **Rocca di Ceres**, den Ceresfelsen, auf dem sich im antiken Henna ein riesiger Tempel für die Fruchtbarkeitsgöttin erhoben hat. In einem der drei Innenhöfe, dem Corte degli Armati, finden Freilichttheateraufführungen statt. Schnurgerade führt die Via Roma vom Kastell zum **Duomo** (täglich von 7-12.30 und 16-20 Uhr) und weiter in die lebhafte Innenstadt. Der Dom wurde im 15. Jh. durch einen Brand stark beschädigt. Die imposante Barockfassade stammt aus dem 18. Jahrhundert. Auffallend sind im Inneren die dicken Säulen aus schwarzem Basalt und die Holzkassettendecke im Mittelschiff. Den **Piazza Crispi** im Zentrum ziert ein Brunnen mit der Nachbildung des „Raubs der Persephone" von Bernini. Weiter südwestlich erhebt sich inmitten des Stadtparks der achteckige **Torre di Federico II.**, Wohnturm Friedrich II. von Hohenstaufen (täglich von 9-13 und 15-18.30 Uhr). Der 24 Meter hohe Turm war einst durch einen 1 Kilometer langen, unterirdischen Tunnel mit dem Castello verbunden. Es gibt 2 Museen in der Stadt: das **Museo Alessi** (neben dem Dom) mit Domschatz, Tafelbildern und sizilianischen Gemälden aus dem 19. Jh. (täglich außer Mo von 9-13 und 16-19 Uhr) und das **Museo Archeologico** (im Palazzo Varisano) mit griechischem und römischem Schmuck sowie antiken Terrakotta-Grabfiguren (täglich von 9-18 Uhr).

Information: Piazza Napoleone Colajanni 6, ✆ 093526119.
Unterkunft: Grande Albergo Sicilia***, leider das einzige und auch teure Hotel im Ort, neben der Information, Piazza Colajanni 7, ✆ 0935500850, EZ 50-65 €, DZ 90 €.
Unterkunft in Pergusa (ca. 10 km südlich): siehe Etappe 29.

Orientierung in Gegenrichtung:
Der Beschilderung „Calascibetta" auf der Panoramastraße folgen. Geradeaus durch den Ort und am Ortsende, nach einer langen Steinmauer, Hausnummer 378 (ca. km 7/795 m), geht es rechts Ri. „Necropoli Realmese" und nach 700 Metern wieder rechts „Leonforte". Nach ca. 17 Kilometern links Ri. „Villadoro", km 19,5 wieder links „Villadoro". Bei km 26 links auf die SP39 „Nicosia", nach km 31 rechts auf die SP19 Ri. „Nicosia" und weiter der Beschilderung „Nicosia" folgen.

Etappe 29:
Enna – Lago di Pergusa – Piazza Armerina (30 km) *

Die Verbindungsetappe führt über landschaftlich schöne, zeitweise aber relativ stark befahrene Straßen. Zu Beginn schockiert die Nummer-Eins Umweltsünde Siziliens: das Autodrom am Lago di Pergusa. Dafür entschädigt am Ziel eine der Top-Ten Sehenswürdigkeiten: die Bikinimädchen in der Villa Casale.

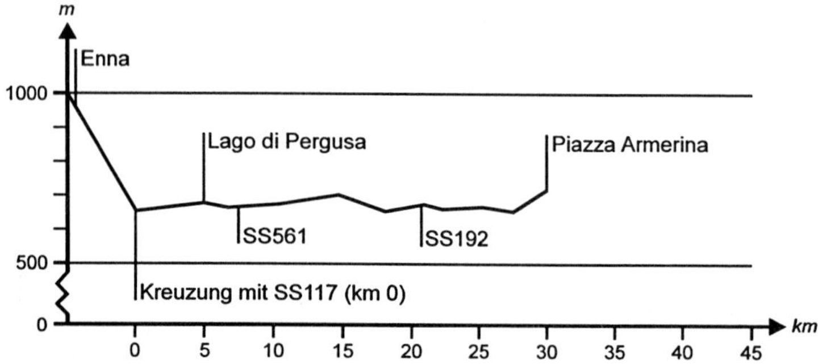

Rollen Sie die Via Pergusa hinunter. Unten an der Hauptstraße SS117 (km 0/ 650 m) angelangt, geradeaus Ri. „Pergusa/Piazza Armerina“ (SS561). Nach km 5/670 m ist das traurige Umfeld des Pergusa-Sees erreicht.

Lago di Pergusa: Der kleine, ovale Lago ist einer der wenigen Naturseen Siziliens und war deshalb für die Völker Innersiziliens eine heilige Kultstätte. Ähnlich wie der Krater am Etna galt der See als Zugang zur Unterwelt. Hades, der Gott der Unterwelt, soll hier das Mädchen **Persephone** entführt haben, da ihn alle anderen weiblichen Gottheiten als Freier ablehnten. Ihre Mutter Demeter, Göttin der Fruchtbarkeit, ließ vor Wut das ganze Land verdorren. Schließlich mußte Zeus eingreifen und bestimmte, daß Persephone, die sich längst in Hades verliebt hatte, Frühjahr und Sommer auf der Erde verbringen solle. Daraus entwickelte sich der Zyklus der Jahreszeiten und des Pflanzenwachstums.
Eine Kultstätte ist der See heute nur noch für **Motorsportfans**, die das seeumschließende Autodrom nicht als Umweltsünde empfinden, sondern aktiv bei der Naturzerstörung mitwirken, indem sie nach den Autorennen jede Menge Müll hinterlassen. Wenn Sie mit Ihrem Zweiradferrari auch Gas geben wollen, können Sie außerhalb des Sicherheitszauns den See umrunden (ca. 5 km). Der seichte See verfügt über keinen Flußzulauf, und so werden die umliegenden Villen das restliche Wasser wahrscheinlich bald abgepumpt haben, falls die Algen nicht schon vorher für den endgültigen Exodus sorgen.

Einziger Grund, hier eine „Boxen-Stop“ einzulegen, sind einige Hotels. Während der Autorennen explodieren die Preise.

Unterkunft: Miralago**, Via Nazionale, kleine saubere Pension, ✆ 0935541272, EZ 30 €, DZ 42 €; es gibt noch mehr Hotels in der Via Nazionale, jedoch super teuer. **Camping:** die umliegenden Wiesen gelten als inoffizieller Campingplatz für Rennfans. Auch wenn kein Rennen stattfindet, können Sie dort Ihr Zelt aufbauen.

Kartenskizze Etappen 29 & 30b

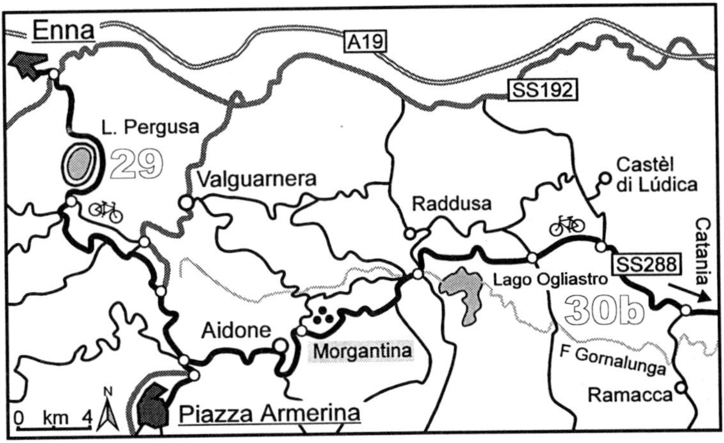

Die SS561 führt etwas oberhalb des Ostufers des Lagos; dann nicht links Ri. „Valguarnera/Piazza Armerina“, sondern weiter geradeaus und erst an der nächsten Kreuzung (km 10,6/685 m) links auf die SS117 abbiegen. Die schnell wachsenden Eukalyptuswälder sind vor einigen Jahren in dieser Region aufgeforstet worden, aber umwelttechnisch sehr umstritten. Eukalyptusbäume übersäuern den Boden und machen ihn für heimische Pflanzen unfruchtbar. Die Hirten verlieren dadurch Weideland, der Staat wegen regelmäßiger Waldbrände viel Geld! Bei km 17,5/650 m nicht links zur verkehrsreichen SS192, sondern noch vier Kilometer auf der ruhigeren Nebenstraße, dann auf der „SS“ bis Piazza Armerina. Wie üblich ist das Centro gut ausgeschildert (km 30/710 m).

Piazza Armerina (22.000 Ew): Das reizvolle Städtchen, im 11. Jh. vom normannischen Grafen Roger gegründet, dehnt sich malerisch über 3 Hügel aus und wird von einem trutzigen Kastell beherrscht. Heute dient die Stadt hauptsächlich als Ausgangsbasis für einen Besuch der bekannten römischen Villa del Casale. Alljährlich findet Mitte August das Fest **„Palio dei Normanni“** statt. Dabei wird der Einzug Rogers in die Stadt nachgespielt. Ein farbenprächtiger Umzug, samt Turnier in historischen Kostümen, erinnert an den

Sieg des Normannenkönigs Roger über die Araber. Die Oberstadt wird vom barocken **Duomo „Santissima Assunta“** und dem 40 Meter hohen Glockenturm dominiert. Im Dom ist eine Madonnenikone aufbewahrt, die nach dem Turnier durch die Stadt getragen wird. Das Zentrum der Altstadt bildet der **Piazza Garibaldi**, eingerahmt von der Barockkirche **San Rocco** (1613) und dem **Palazzo di Città** aus dem 18. Jh. (heute Club). Im **Palazzo Demani** in der nahegelegenen Via Cavour, ist die Touristeninformation untergebracht.

Information: Via Cavour 15, ✆ 0935680201.
Unterkunft: Mosaici da Battiato**, am Abzweig zur Villa Casale, ✆ 0935685453, EZ 36 €, DZ 50 €; Villa Romana***, teuer, ✆ 0935682911.
Jugendherberge: Ostello del Borgo, Largo San Giovanni 2, ✆ 0935682000, 📠 0935684000, 60 Zimmer, nicht dem JH-Verband angeschlossen, renoviertes ehemaliges Benediktinerkloster, saubere Zimmer, bei Übernachtung Vergünstigungen in verschiedenen Restaurants der Stadt, DZ 40 €.
Camping: Trattoria La Ruota, kurz nach dem Abzweig zur Villa Casale, im Garten sind einige Zeltstellplätze vorhanden, die nach Besuch der Trattoria selten abgeschlagen werden.

Orientierung in Gegenrichtung:
Immer der Beschilderung SS192 „Enna“ folgen, bei km 7,5 von der „SS“ links auf die kleine Nebenstraße abbiegen. Über die SS117 zum Lago di Pergusa und weiter auf der SS561 in die höchstgelegene Stadt Siziliens.

Piazza Armerina

Etappe 30: *(Skizze 2. Teil s. Etappe 29)*
Catania – Morgantina – Piazza Armerina (100 km) **

Eine lange Etappe, die nach der Stadtausfahrt (wir haben nicht die kürzeste, sondern eine möglichst angenehme Strecke ausgewählt) durch die fruchtbare Ebene Piana di Catania führt, in der zweiten Hälfte gute Bergkondition verlangt und mit wunderbaren Ausblicken aufwartet. Die Superstrada 288 ist auf der gesamten Strecke wenig befahren, denn seit die A19 Catania mit Enna verbindet, verlagert sich der Verkehr auf die gebührenfreie Autobahn. ***Wichtig:*** *genügend Getränke- und Picknickvorräte einpacken!*

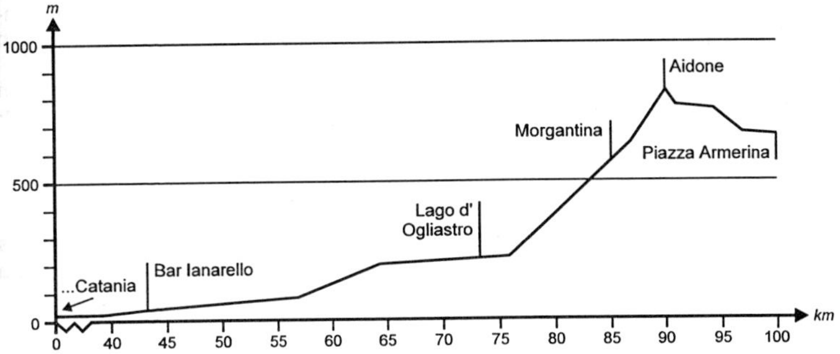

Verlassen Sie Catania wie in Etappe 1 beschrieben. Bei km 14 biegen Sie von der SP194 rechts ab (erste Möglichkeit, nachdem Sie von der SS114 auf die SP194 abgebogen sind) und fahren gerade im ausgetrockneten Flußbett des Simeto entlang. Nach km 30,8 rechts auf die SS417. Bis km 34,8, geradeaus Ri. „Bivio Ianarello“, an der nächsten Kreuzung links und wieder rechts (km 36,8) auf die SP208 Ri. „SS192“. Sie gelangen bei km 38,5 an die Kreuzung mit der SS192 und biegen links auf diese Superstrada ab. Bis km 43,7 ist mit erhöhtem Verkehrsaufkommen zu rechnen. Dort stoßen Sie auf einen Kreisverkehr (linker Hand die einzige Bar in absehbarer Zeit). Die SS192 geht hier automatisch in die SS288 über. Sie fahren geradeaus auf der 288er. Erst bei km 57 endet das Piana di Catania, und die Straße beginnt zu steigen. Vorbei am Lago di Ogliastro (km 68) und dem Abzweig zur Ausgrabungsstätte Morgantina (ca. km 85).

Morgantina: Nachdem ansässige Bauern immer wieder Münzen und Tonfiguren auf ihren Feldern fanden, begann man 1955 mit den Ausgrabungen. Gebäudefundamente, ein Marktplatz, Getreidespeicher, Brennofen, Versammlungsort und ein Theater präsentieren auf anschauliche Weise den Alltag einer griechischen Siedlung (täglich 9-16 Uhr). Die Funde sind in Aidone im Museum ausgestellt (täglich 9-13 und 15-18 Uhr geöffnet).

Die SS288 führt Sie weiter zum 800 m hoch gelegenen Städtchen Aidone (km 90).

Aidone: Der Ort ist sternförmig angelegt, die Altstadt mit ihren zahlreichen Kirchen mittelalterlich geprägt, die Aussicht in die umliegenden Monti Erei sehr beeindruckend. Die Gründung war im 12. Jh., vermutlich gab das normannische Kastell Anlaß für die Ansiedlung.

Unterkunft: Hotel Morgantina*, Via Adelasia 42, ruhig, im Ort gelegen, Ristorante angeschlossen, ✆ 093588088, EZ 24-36 €, DZ 48-60 €.

Die Höhenmeter haben Sie nun „in der Tasche“, der Rest der Etappe ist „easy going“. Folgen Sie der Beschilderung „Piazza Armerina“, das Centro der Stadt ist bald (km 100/665 m) erreicht.

Orientierung in Gegenrichtung:

Start ist in der Via Roma, vor dem Hotel „Villa Romana“. Folgen Sie stadtauswärts der Beschilderung zur „A19/Catania“, vorbei am Piazza Gen. Cascino, dem Giardini Garibaldi und auf der Via Gen. Gaeta Ri. „Aidone“. Nach km 3,4/685 m rechts Ri. „Aidone/SS288“. Es geht durch ausgedehnte Wälder; nach km 10 erreichen Sie Aidone und haben bei km 14,3/620 m die Möglichkeit, die Ausgrabungen von Morgantina anzuschauen. Jetzt geht's konstant bergab, schöne Blicke ins fruchtbare Tal und vorbei am Lago di Ogliastro (km 24). Nach km 26,5 durch einen 500 m langen, unbeleuchteten Tunnel, der Straßenzustand verschlechtert sich auf den folgenden Kilometern. Nach km 42/100 m sind Sie in der Piana del'Catania angelangt, Oliven- und Orangenplantagen, soweit das Auge reicht. Bei km 57/35 m am Kreisverkehr (rechts die einzige Bar auf gesamter Strecke) geht die SS288 in die SS192 über, der Verkehr wird stärker.

Nach km 62,2 rechts auf die SP208, dann links Ri. „Catania“ (km 64) und gleich darauf rechts Ri. „Gela/SS417“ (km 64,2). Bei km 66 stoßen Sie auf die SS417. Folgen Sie dieser bis km 70, und biegen Sie dann links in die kaum befahrene, asphaltierte Allee ein (dem ausgetrockneten Flußbett des Gornalungo entlang). Nach km 86,5 geht's links und gleich wieder links auf die SS114 Ri. „Catania/ Centro“. Die Stadteinfahrt ist ab dem Kreisverkehr gut beschildert.

Etappe 31:
Piazza Armerina – Villa Casale – Barrafranca – Ravanusa (59 km) **

Für die Besichtigung der Villa Casale sollten Sie ca. 1½ Stunden Zeit einrechnen. Die Tour führt dann über sanft gewölbte, mit Getreidefeldern bedeckte Hügel – die typische Landschaft der sizilianischen Hochebene – dem Tyrrhenischen Meer entgegen. Je nach Jahreszeit erwarten Sie scheinbar grenzenlose, saftig grüne, leuchtend gelbe oder abgeerntete, beige Felder der „Kornkammer Italiens“.

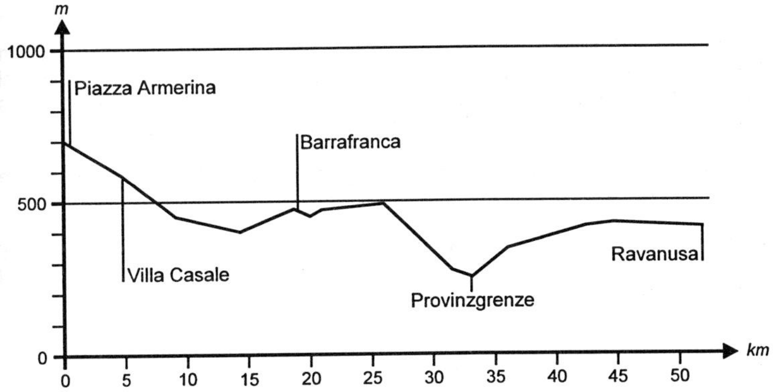

Vom Piazza Garibaldi auf der Via Umberto bergauf, vorbei am Teatro Garibaldi und immer der Beschilderung zur „Villa Casale/Mosaici“ folgen. Bei km 4,7/ 600 m im Flußtal des Fiume Giozzo ist der Abzweig von der Provinzstraße zur Villa. An der Ecke stehen das Hotel Mosaici und die Trattoria La Ruota. Von hier sind es noch 1000 Meter bis zum Eingang.

Villa Casale: Inmitten einer sanften Hügellandschaft zwischen Zypressen, Eukalyptus, Pinien und Eichen liegt eine der größten Sehenswürdigkeiten Siziliens: die Überreste einer römischen Villa, berühmt wegen ihrer sensationellen Mosaiken, insbesondere der „Bikinimädchen“. Wenn Sie frühmorgens zu der Villa radeln, werden Sie einen Ort der Ruhe vorfinden. Der große

Busparkplatz ist dann noch leer, die Souvenirhändler sind mit dem Aufbau ihrer Stände beschäftigt. Ihr großer Reibach beginnt in etwa einer Stunde mit Eintreffen der ersten Touristenbusse. Also noch genügend Zeit, um in das römische Sizilien der Kaiserzeit einzutauchen.
Die am Ende des 3. Jahrhunderts von Kaiser Maximilianus Herculius errichtete Römische Villa in Casale lag an einer der wichtigsten römischen Straßen, die Agrigento mit Catania verband. Als ständiger Wohnsitz diente das Anwesen wahrscheinlich nicht, vielmehr lassen die vielen Jagdszenen in den Mosaiken darauf schließen, daß sich der adelige Eigentümer hier gern zur Jagdgesellschaft mit Freunden traf. Im 12. Jh. wurde es von Erdrutschen des nahegelegenen Monte Mangone vollständig mit Schlamm und Erde bedeckt und kam erst in den 50er Jahren wieder ans Tageslicht. Bisher ist das Herrenhaus mit seinen annähernd 50 Räumen freigelegt worden, wohingegen Wirtschaftsräume und Unterkünfte der Dienerschaft noch ausgegraben werden müssen. Ein Restaurateur ist ganztägig mit dem Vervollständigen der Kunstwerke beschäftigt und läßt sich dabei gern über die Schulter schauen. Um die Mosaiken vor Witterungseinflüssen zu schützen, ist die Anlage mit lichtdurchlässigem Plastik überdacht. Über Laufstege schiebt und drängelt sich zur Hauptzeit (9-16 Uhr) ein nicht enden wollender Touristenstrom. Ein Blitzlichtgewitter beleuchtet dann den 3500 m² großen Bilderteppich, der aus farbigen Mosaiksteinchen mühevoll zusammengesetzt wurde. Nordafrikanische Künstler haben Motive aus dem täglichen und höfischen Leben, aus der Mythologie und immer wieder aus dem Bereich der Jagd verewigt.
Der **Rundgang** folgt einer vorgegebenen Route. Aus dem Atrium **(Innenhof)** führen zwei kleine Räume in die längliche Paleastra **(Turnhalle)**, deren Bodenmosaik die Wagenrennen im Circus Maximus in Rom darstellt. Das angrenzende achteckige Frigidarium **(Kaltbad)** schmückt eine Meeresszene mit Nymphen und Delphinen. Das Aleipterion **(Salbungsraum)** zeigt Sklavinnen beim Massieren von Badenden, während andere die Öle vorbereiten. Im Tepidarium **(warmes Bad)** und in der Calidaria **(Heißbad/Sauna)** kann man noch die drei Praefurnia **(Öfen)** sehen, in denen die Heißluft erzeugt wurde, die dann durch Tonröhren im Boden (Fußbodenheizung) sowie in den Wänden ins Warmbad weitergeleitet wurde. Eine meist großartige Thermenanlage gehörte zu einem reichen römischen Haushalt, besonders wenn er wie die Villa Casale abseits der Stadt lag. Der Gang in eine Sauna war ein gesellschaftliches Ereignis, bei dem Geschäfte ausgehandelt und sogar politische Entscheidungen getroffen wurden.
Vom Atrium nach rechts geht es über eine Treppe ins Peristyl **(Innenhof)** mit seinen 18 korinthischen Säulen. Die Mosaiken an den Seitenwänden zeigen geometrische Muster und Tierabbildungen. Der Weg führt am Raum der vier Jahreszeiten, am kleinen Jagdsaal und dem großen Jagdkorridor vorbei. In Letztgenanntem sind detaillierte Szenen afrikanischer Zirkustiere dargestellt. Dann erst kommt man zur Hauptattraktion, der jeder Besucher entgegenfiebert: die **Bikinigrazien**, zwei Reihen von je fünf Mädchen bei Ballspiel und Gymnastik. Allesamt sind sie nur mit trägerlosen Bikinis im Tangaschnitt bekleidet. Beim Suchen nach dem besten Fotoblickwinkel vergißt der stau-

nende Betrachter meist, daß erst 1996 der 50. Geburtstag des Zweiteilers gefeiert wurde; vor 1600 Jahren war er augenscheinlich auch schon modern! Zum Schluß lohnt sich ein Blick ins **Triclinium**, einen quadratischen Raum, wahrscheinlich der ehemalige Speisesaal. Das Hauptthema hier sind die Heldentaten des Herkules. Verläßt man diesen Raum und geht um die östliche Außenseite der Villa herum, so gelangt man an den Resten eines **Aquädukts** zurück zum Eingang.

Öffnungszeiten: täglich von 8 Uhr bis 1 Stunde vor Sonnenuntergang, in der Nebensaison nur bis 13 Uhr, Eintritt 4 €, ermäßigt 2 €. Ratsam ist ein Besuch frühmorgens, gleich zu Beginn der Öffnungszeit, noch vor Ankunft der Reisebusse!
Unterkunft: Mosaici da Battiato**, am Abzweig zur Villa Casale, ✆ 0935685453, EZ 36 €, DZ 50 €.
Camping: Trattoria La Ruota, siehe Etappe 29.

Weiter auf der Hauptstraße von Piazza Armerina nach Barrafranca überqueren Sie den Fiume Giozzo. Bei km 20/460 m links Ri. „Barrafranca" abbiegen und durch ein Neubaugebiet ins Zentrum hinauf. An der ersten großen Kreuzung in Barrafranca (km 21,2/495 m) geradeaus Ri. „Mazzarino", den Corso V. Emanuele entlang. Die Ortsdurchfahrt ist wegen diverser Einbahnstraßen äußerst kompliziert. Nach der großen Kreuzung (km 21,2/495 m) vom Corso V. Emanuele in die dritte Seitenstraße rechts abbiegen (Via Felice Cavalotti), nach 200 Metern rechts auf den Corso Garibaldi und sofort wieder links in die Viale della Repùbblica (an der Ecke sind eine kleine Grünanlage und eine kreisrunde Bar). 800 Meter nach diesem Abzweig links in eine Seitenstraße (km 25,3). Am Ende dieser steil abwärts führenden Viale wieder rechts und kurz bergauf. Diese Umgehungsstraße wird von den Einwohnern als Müllkippe mißbraucht. Bei km 25 rechts, km 25,4 links. Sie stoßen auf eine Provinzstraße (km 26,5) und rollen diese rechts hinunter.

Barrafranca (13.500 Ew): Sehr lebendige Kleinstadt inmitten der Erei-Berge. Die *Baresi* leben von der blühenden Landwirtschaft (Oliven, Mandeln, Weintrauben) und einer Maschinenfabrik.

Die Abfahrt endet an einer T-Kreuzung (km 32,1/285 m). Dort links Ri. „Riesi" abbiegen. Sie überqueren den Fiume Braemi (km 33,7/275 m), der die Grenze zwischen den Provinzen Enna und Caltanisetta bildet. Die Straße nennt sich nun SP7. Folgen Sie jetzt immer der Beschilderung „Riesi". Bei km 35,4/360 m links, dann geradeaus auf einer Brücke über die SS626 (km 36,3/365) und weiter auf der SP7, parallel zur Schnellstraße (die Generalkarte und TCI/K+F stellen den Straßenverlauf hier falsch dar). Bei km 40,5/420 m durch eine Unterführung – wieder Seitenwechsel mit der SS626. An der nächsten großen Kreuzung rechts (km 43,4/430 m) auf die SS190 abbiegen. Bei km 54,7/190 m links Ri. „Licata", jetzt weiter auf der SS626. Diese Superstrada ist kilometerlang auf Betonpfeilern konstruiert, der Verkehr ist mäßig. Bei km 59 links auf die SS557 Ri. „Ravanusa". Das Centro ist kurz später erreicht.

Ravanusa (16.300 Ew): Die schmucklose Kleinstadt liegt zwischen Getreidefeldern und Weinreben auf einer Hochebene. Historische Bauten gibt es nicht zu bewundern. Nichtsdestoweniger wirkt die Stadt auf den zweiten Blick ganz sympathisch. Touristen trifft man in den belebten Straßen äußerst selten, dafür sehr hilfsbereite Ravanusani.

Information: Pro Loco Ravanusa, nur telefonische Auskunft, ✆ 0922878719.
Unterkunft: Hotel Kennedy**, Via Salvador Allende 57, ✆ 0922874913, EZ 24-36 €, DZ 46-54 €, modernes Gebäude mit akzeptablen Preisen.

Etappe 32:
Ravanusa – Licata (25 km) ***

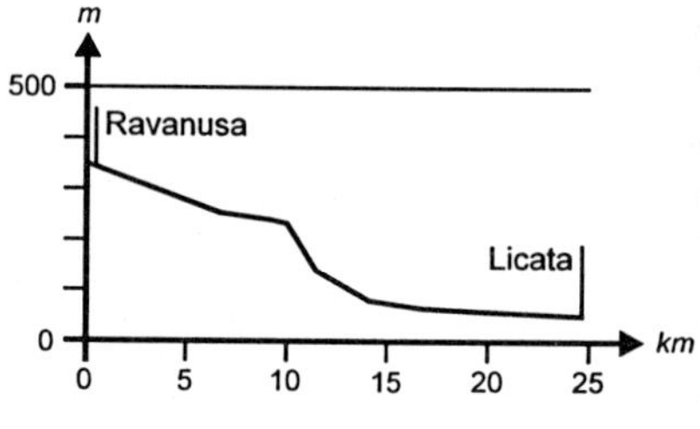

Suchen Sie die Route nicht in Ihrem Kartenmaterial, denn dort ist nur die neue Schnellstraße verzeichnet. Die alte kurvenreiche Strada Provinciale existiert aber noch. Genießen Sie die Ruhe ebenso wie die lieblichen Hügel mit ihren aufgesetzten Kalksteinformationen und die ausgedehnten Weinfelder, bevor Sie in das hektische Gassengewirr Licatas eintauchen. Ein Altstadtbummel und ein Blick in den Fährhafen runden diese leichte Etappe ab.

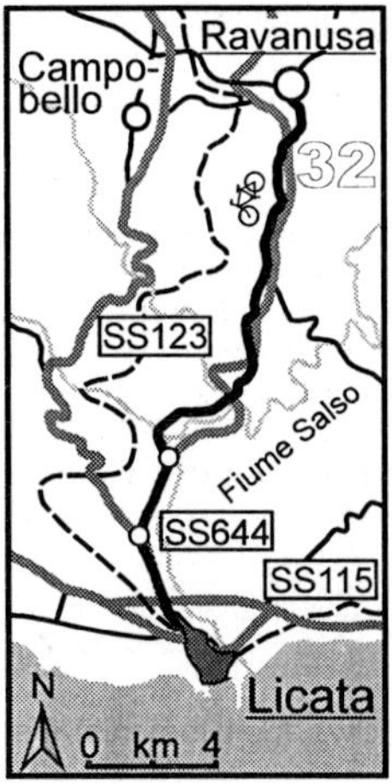

Tourbeginn ist auf dem Corso della Repùbblica (km 0/355 m). Fahren Sie die Via G. Garibaldi geradeaus, nach 200 Metern links Ri. „Campo Sportivo“, am Friedhof vorbei, am Kreisel rechts Ri. „Licata T. Braemi“, vorbei am Stadion, beim folgenden Kreisel links Ri. „SP6“ (km 1,4), nicht der Beschilderung „S.S.V. Licata“ folgen. Nach km 2,1 rechts durch den Tunnel (geradeaus ist bald das Ende einer Einbahnstraße erreicht). Der Blick ins Tal des Fiume Salso und bald auch aufs nahe Mittelmeer öffnet sich. Ein gigantisches Brückenbauwerk ist ebenfalls im Blickfeld. In Serpentinen windet sich die Straße hinab in die Ebene mit ihren weitläufigen Gemüseplantagen. Nach km 19,2/70 m links „Licata“, und im weiteren Verlauf der Beschilderung ins Centro folgen. Die Tour endet nach km 24,5/55 m am Piazza Progresso.

Orientierung in Gegenrichtung:
Start ist am Piazza Progresso. Fahren Sie in nördlicher Richtung stadtauswärts Ri. „Ravanusa/Canicatti/SS123“. Nach ca. km 5/70 m biegen Sie rechts auf die „SP6“ ab und folgen auf dieser anfangs dem Flußtal des Salso, dann weiter in Serpentinen bergauf nach Ravanusa.

Etappe 33:
Palermo Flughafen – Terrasini (13 km) *

„Punta Raisi“ oder „Falcone Borsellino“, beide Namen meinen ein und denselben Flughafen, nämlich den der Palermitaner, der, circa 30 Kilometer vom Zentrum entfernt, direkt am Meer liegt. Eine kurze Etappe, um sich zu akklimatisieren und den Urlaub gemächlich bei Pasta und Vino in einem netten Touristendorf am „Golfo di Castellammare“ zu beginnen.

Rauf auf die noch frisch gepackten Velos! Verlassen Sie den Flughafen auf der breiten Standspur der Autobahn (richtig gelesen – dies ist die einzige Möglichkeit!) Ri. „Palermo“. Beim ersten Abzweig (km 4) rechts Ri. „Mazara del Vallo“. Ein zweites Mal stoßen Sie auf eine Autobahn, die Sie nach 700 Metern verlassen. An der folgenden T-Kreuzung links Ri. „al mare“, bergab und vor der zweiten Unterführung links auf eine schmale Asphaltstraße (wenn Sie campieren möchten, fahren Sie durch die Unterführung und am Meer links Ri. „Camping Al Mare“). Diese führt bald am Begrenzungszaun des Aeroporto entlang und stößt später wieder auf die SS113. Dort rechts Ri. „Cinisi“, am Ortsende rechts Ri. „Terrassini“, die Bahnlinie queren (hier versteckt sich die unscheinbare Bahnstation „Cinisi/Terrassini“ – Verbindungen nach Palermo) und der Straße in den

Ort „Terrassini“ folgen. Ortskern ist der Piazza Duomo. Schöne Reise, *Buon Viaggio in Sicilia!*

Kartenskizze Etappen 33, 34 & 44, 45

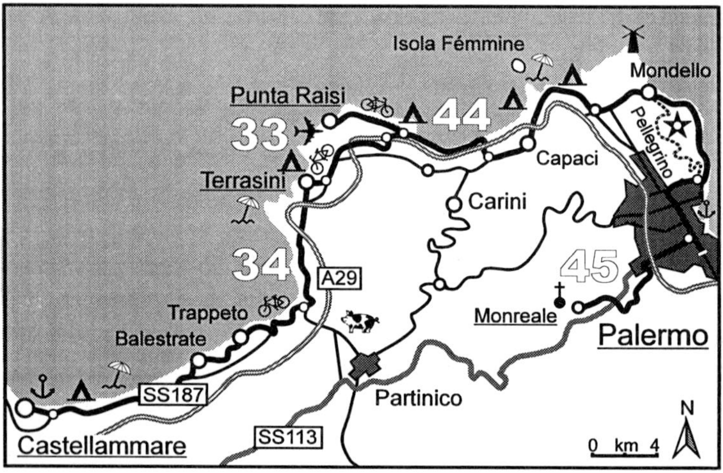

Terrasini (9000 Ew): Freundliches Fischerdorf mit Sandstrand, Steilküste, zwei Museen und „Gott sei Dank“ keinen Bettenburgen im Ort. Lohnend ist der Spaziergang ab der Cala Rossa, über die Steilküste westlich des Dorfes bis zum Capo Rama. Auf einem Felsplateau, ebenfalls westlich des Ortes, thront die bekannte Città del Mare, eine 220.000 m² große, komfortable Feriensiedlung mit terrassenförmiger Riesenrutsche ins Meer – eine Hochburg des Pauschaltourismus. Im Palazzo d'Aumale (Museo del Caretto Siciliano), an der Küstenstraße, ist eine Sammlung bemalter sizilianischer Karren zu sehen (Sa 9.30-12.30 und So 10-12 Uhr). Das Museum für Naturgeschichte (Museo Naturalistico), in der Via Calarossa, weist eine beachtliche Sammlung an Vögeln, Fossilien, Muscheln und Insekten auf (täglich außer Mo von 9-13 und 15-17 Uhr).

Information: Pro Loco, Via Gorizia 65, hier gibt es auch gute Übernachtungstips, ✆ 0918682819.
Unterkunft: Città del Mare, s. Text, ✆ 0918687111, 🖷 0918687500, 1700 Betten und eine imposante Riesenrutsche, Komfort hat seinen Preis, DZ m.F. 130-200 €.
Affittacamere: Amantea*, Via R. Ruffino 8, ✆ 0918681269/0918682229, DZ 36 €; Toboggan Club*, Via Francesco Crispi 200, ✆ 0918684200, 🖷 0918682398, DZ 24-42 €.
Camping: Al Mare/Club Z 10***, Marina di Cinisi, s. Text, Località Torre Pozzillo, ganzjährig, ✆/🖷 0918693217.

)rientierung in Gegenrichtung:
\b Terrassini auf der SS113, über Cinisi, immer der Beschilderung Ri. Flugafen „Aeroporto Punta Raisi“ folgen.

Etappe 34:
Terrasini – Castellammare (32 km) **

)er Hauptverkehrsstrom bewegt sich auf der Autobahn, daher ist die Staatstraße für Biker gut befahrbar. Eine liebliche, leicht wellige Strecke, die nur in len zu durchquerenden Orten, wegen der Einbahnstraßen, etwas Orientieungssinn verlangt.

Start ist am Piazza Duomo (km 0/40 m), dort rechts in die Via Roma, an der Kreuzung links auf den Corso Emanuele, leicht bergauf, über die Bahngleise und bei km 0,9/70 m rechts Ri. „Trápani/SS113“. Nach km 9,6/60 m rechts auf die SS187 Ri. „Trappeto“, bei km 12,4/30 m wieder rechts „Trappeto“. Im Ort selbst bei km 13,9 links (Schild „Pro Loco“) und weiter Ri. „Trápani“, über die Bahngleise und unter der imposanten Brückenkonstruktion der SS187 durch. Im folgenden Ort Balestrate rechts Ri. „Carabinieri“ (km 18,1), dem Meer entgegen, unten links und bei km 19,3/35 m rechts. Es folgt ein Kreisel (km 18,7), an dem Sie sich geradeaus halten und kurz darauf an der Gabelung rechts Ri. „Trápani/SS187“, dann rechts auf die SS187. Sie erreichen den Badeort Alcamo Marina, in dem Sie die erste Möglichkeit wahrnehmen und von der linken auf die rechte Seite der Bahnlinie wechseln (links ist nicht falsch, doch der Verkehr ist stärker). Nach km 32/40 m rechts Ri. „Castellammare del Golfo“ bergab.

Castellammare del Golfo (14.000 Ew): Das verwinkelte Fischerstädtchen war im Altertum Hafenstadt von Erice und Segesta. Einst brachte der Thunfischfang dem Ort wirtschaftlichen Aufschwung, heute leben die Castellammaresi von der Fischverarbeitung und Badegästen. Am Hafen tummeln sich Fischer- und Ausflugsboote, die an der Küste von Scopello und am Zingaro-Nationalpark entlangschippern. Herrschaftlich ragt das Castello hoch über dem Hafen. Auch die Chiesa Madre mit ihrer schönen Fassade und die verwinkelte Altstadt sind einen Besuch wert. Im August steht das lebhafte Städtchen für kurze Zeit im Rampenlicht, das Liederfestival „Agosto Castellammarese“ findet statt.

Information: Pro Loco, Via de Gasperi 6.
Übernachtung: Al Madarig***, Piazza Petrolo 7, ✆ 092433533, modern, am unteren Ende der Altstadt, gute Küche, EZ 48-60 €, DZ 72-84 €; Belvedere Oasi del Golfo**, SS187 Ri. Trápani, hoch über der Küste, ✆ 092433330, EZ 30 €, DZ 42 €; Punta Nord Est**, Viale Leonardo da Vinci 67, ✆ 092430511, sehr laut, EZ 36-48 €, DZ 54-63 €.
Camping: Nausicaa*, Località Forgia, 4 km östlich von Castellammare, direkt am Sandstrand, 1. Mai bis 30. September, ✆ 092433030, 🖷 092435173.

Orientierung in Gegenrichtung:
Treten Sie die SS187 in westlicher Richtung hinauf, durch Alcamo Marina und nach ca. km 12 auf der SS187 (Straßenkilometer 54) links Ri. „Palermo“ und gleich darauf Ri. „Balestrate“. Geradeaus durch den Ort, die SS187 unterqueren, durch „Trappeto“ und bald danach auf die SS113 „Terrassini“.

Etappe 35:
Castellammare – Scopello/Parco dello Zingaro (14 km) **

Das Ende dieser Tour ist der Anfang einer intakten, bezaubernden Küstenlandschaft mit idyllischen Sandbuchten, kristallklarem Wasser und einem romantischen Hirtendorf.

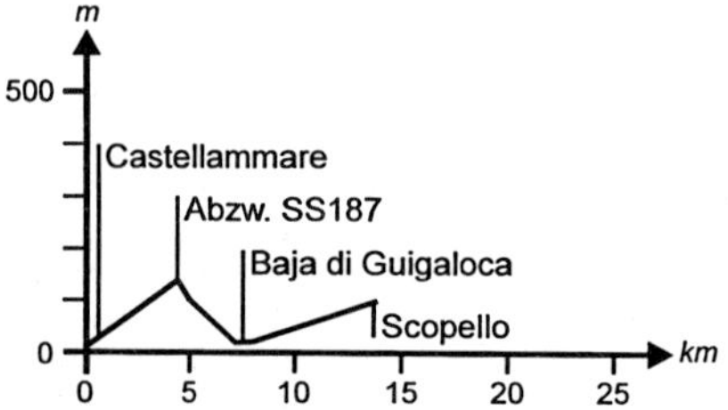

Treten Sie die SS187 in westlicher Richtung hinauf. Km 0 ist bei der großen Kreuzung mit dem Abzweig links nach „Segesta“. Geradeaus ist auf der SS187 nach km 4 die Abfahrt nach „Scopello/Riserva Zingaro“ erreicht (nach Trápani geradeaus). Rechts hinunter passieren Sie den Camping „Lu Baruni“ und landen am Baja di Guigaloca (sauberer Kiesstrand). Über eine kleine Brücke geht's nach Scopello hinauf und zum Zingaro-Park.

Scopello (150 Ew): Wie an der Einwohnerzahl erkennbar, ein sehr kleines, jedoch sehr heimeliges Dorf mit ursprünglichem Charakter. Jeder Blick ein Fotomotiv! Fischer gibt es trotz der kurzen Distanz (500 Meter) zum Meer nicht, dafür vorzügliche Lokale mit frischem *pesce* (Fisch). Ein idealer Ort zum Entspannen, Mountainbiken, Baden und für Abstecher in den nahen Parco di Zingaro. Diese „heile Welt“ ist natürlich kein Geheimtip, denn entlang der Straße nach Castellammare stehen zahlreiche neue Ferienhäuschen. Turbulente Monate sind nur Juli und August.

Information: in Castellammare del Golfo, Via de Gasperi 6, kein Telefon.
Unterkunft (entweder in dem Alimentari im Ort fragen oder folgende Adressen angehen): Torre Bennistra*, Via Armando Diaz 9, ✆ 0924541128, DZ 35 €; Torre Bennistra II*, Via Natale di Roma 19, ✆ 0924541128; zwei weitere Pensionen im Ort haben nur von Juli bis September geöffnet.
Agriturismo: Azienda Agrituristica di Camillo Finazzo – rustikal eingerichtete Bungalows, traumhafte Panoramalage, Anna und Camillo sprechen deutsch und verwöhnen ihre Gäste mit familiärer Atmosphäre und kulinarischen Schmankerln. Da die Auffahrt zu der 300 m hoch gelegenen Azienda sehr steil ist, kutschiert Camillo Gäste und Fahrräder auch per Auto (Pickup) hinauf. ✆ 092438051. Halbpension 32 €.

Camping: Lu Baruni, ✆ 092439133, großer, schattiger Platz mit viel Komfort, auch Bungalows für 2 und 4 Personen, 1. April bis 30. Sept., auf der Straße zur SS187, 1,5 km vom Meer entfernt; Baia di Guidaloca, ✆ 0924541262, 1. April bis 30. Sept., Kieselstrand, Schatten unter Pappeln.

Riserva Naturale dello Zingaro: Ein wunderschönes Wander-, Bade-Schnorchel- und Naturparadies. Die Einwohner der Region sind zu Recht sehr stolz auf ihren Naturpark. Zusammen mit Umweltschützern aus ganz Sizilien demonstrierten sie 1980 gegen den geplanten Straßenbau von Scopello nach San Vito lo Capo. Die Regierung in Palermo hatte ein Einsehen und erklärte das Küstengebiet zum ersten sizilianischen Naturschutzgebiet (derzeit gibt es 98). Anstelle der Schnellstraße wurde ein beschildertes Wanderwegenetz angelegt. Der Hauptweg (7 km) vom Nord- zum Südeingang verläuft oberhalb der herrlichen Steilküste und bietet mehrere Abstiegsmöglichkeiten zum Meer. Einige renovierte Hirtenhäuser dienen als Museen, in denen man vieles über regionale Pflanzen, Tiere, typische Handwerksprodukte und die vorgelegten Korallenriffs erfährt. Das Wahrzeichen des Zingaro Parks sind die bis zu 2 Meter hohen Riesen-Zwergpalmen. Botaniker haben über 700 weitere Baum-, Busch- und Pflanzenarten gezählt, darunter wilde Orchideen, Thymian und Mandelbäume, die den Zingaro im Frühjahr in ein Duft- und Blütenmeer verwandeln. Die Ruhe der kargen Bergwelt und eine gigantische Fernsicht sind der Lohn für den schattenlosen Aufstieg in die höheren Parkregionen. Am nördlichen Parkeingang können steinzeitliche Grotten besichtigt werden. Apropos Unterschlupf: Das Übernachten im Park, das Verlassen der Wege sowie Ober- und Unterwasserjagd(!) sind verboten. Eine Eintritts- und Wanderkarte gibt es für 1 €, Auskünfte (man spricht deutsch) und bewachtes Radparken bei den beiden Parkeingängen zum Nulltarif. Beeindruckt? Dann nichts wie hin!

Parkverwaltung: Via San Michele 20, Scopello, ✆ 0924541197.
Öffnungszeiten: 7-18 Uhr, Mai-August bis 21 Uhr.
Einkehrmöglichkeit: keine, aber zahlreiche Picknickplätze, Trinkwasser kann am Ortseingang von Scopello aufgefüllt werden – im Park gibt es keins!

Zwergpalmen: „Sie haben niedliche Beschen aus Palmenblättern, die mit wenig Abänderung zum Fächerdienst eignen“, so bestaunte Johann Wolfgang Goethe die wichtigste Einnahmequelle der Zingaro-Bewohner im 18. Jh. Aus den Blättern der *Guimmara* wurden neben den Palmenwedeln, die als Besen dienten, auch Körbe geflochten. Die beliebte Zierpflanze ist neben der Dattelpalme die einzige in Europa beheimatete Palmenart. Ihr Stamm ist gewöhnlich nicht über einen Meter hoch, an geschützten Stellen auch höher.

Orientierung in Gegenrichtung:
Zur SS187 hinaufkurbeln und nach Castellammare hinunterrollen.

Etappe 36:
Scopello – Trápani (km 38) *

Die Marmorbrüche in den Flanken des Monte Sparagio und der verbaute Küstenabschnitt vor Trápani verdeutlichen eindrucksvoll, wie wertvoll der Zingaro-Nationalpark ist. Der Verkehr auf der SS187 ist erträglich, auf der Provinzstraße ab Custonaci gesellen sich einige Tieflader der Marmorindustie dazu.

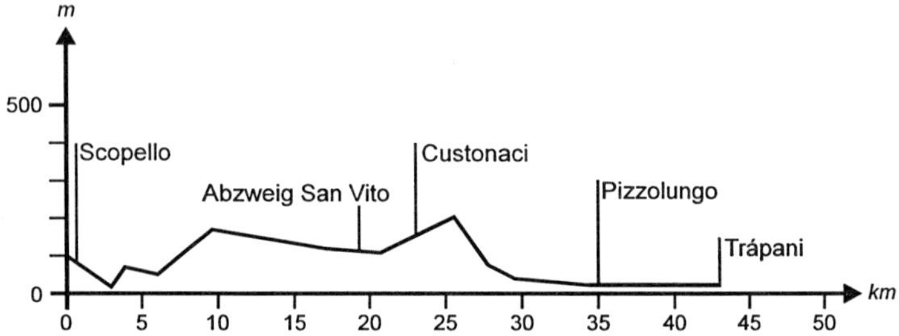

Von Scopello (km 0/100 m) zum Kiesstrand Baja di Guigaloca hinunterrollen, dort (km 3/10 m) scharf rechts Ri. „Trápani" zur SS187 steil bergauf treten. Der Schnellstraße rechts Ri. „Trápani" folgen (km 4,8/75 m). Bald sind rechter Hand die großflächigen Marmorsteinbrüche zu sehen. Falls Sie sich für Marmorabbau interessieren, lohnt ein Abstecher über eine der Lehmpisten. Nach Regenfällen allerdings nicht zu empfehlen – der aufgeweichte Lehm haftet wie Fliesenkleber an den Reifen. Tachovergleich: bei km 11 steht das Kilometerschild 22 der SS187. Nach km 15,5/115 m rechts Ri. „San Vito" abbiegen (gelbes Schild). Apropos Schild: viele Blechtafeln in dieser Gegend haben einen Platz im Verkehrsmuseum sicher. Es folgen ein mit Felsblöcken übersäter Antennenberg, ein großer Supermercato und der Abzweig nach „**San Vito lo Capo**" (km 19/210 m). Dort warten nach kurzem Anstieg eine herrliche Abfahrt, tolle Sandstrände und die schönsten Sonnenuntergänge der Insel. In dem Badeort sind zahlreiche Unterkünfte und Campingplätze vorhanden. Ausgebucht ist San Vito nur im Juli und August. der Ort eignet sich als Ausgangspunkt für den Nordeingang des Zingaro. Weiter Richtung „Trápani" ist die Umgebung, insbesondere die Ortschaft Custonaci, weniger ansprechend. Marmorabbau und Steinmetzbetriebe halten die Umwelt in Schach. Matt sind Sie deshalb hoffentlich nicht, denn auch hier beflügelt eine lange Abfahrt und bald der Golf von Bonagía. Weiter durch einige unschöne Vororte (Abstecher zum „Strand" sind den Reifenabrieb nicht wert!), hoch oben das mittelalterliche Erice (Abzweig bei km 26,5), und schon rollen Sie auf der unerfreulichen Strandpromenade der Altstadt entgegen. Es ist nicht ratsam, das Fahrrad in dieser Hafenstadt unbeaufsichtigt abzusperren.

Trápani (73.000 Ew): Der größte Teil der Provinzhauptstadt wirkt modern, unpersönlich und somit für Urlauber abstoßend. Man muß sich schon bis zur sichelförmigen Halbinsel „durchbeißen“, um das alte Trápani mit seinem ehemals zu Erice gehörenden Hafen und den pastellfarbenen Prunkbauten zu entdecken. Besonders am Abend brodelt in den verkehrsberuhigten, engen Gassen das Leben. Zahlreiche vornehme Geschäfte haben hier scheinbar genügend Kundschaft für ihre Luxusartikel. Ausgedehnte Salinen, Schiffsbau, Fischerei, Goldschmiedekunst und die Verarbeitung von Korallen verhalfen den Trapanesi zu Reichtum – heute läßt man im Bankenzentrum Siziliens das Geld arbeiten. Die Liste der sehenswerten Gebäude ist lang, doch dank der begrenzten Abmessungen des Centros fällt ein „Selbstentdecken“ leicht. Wieder einmal heißt die, in Ost-West-Richtung verlaufende, Hauptstraße Corso Emanuele, und wieder einmal entsprechen viele Fassaden barocken Schönheitsidealen. An beiden Enden der Querstraßen (Nord-Süd) glitzert das blaue Meer, im Süden blockieren allerdings oft große Fährschiffe die Sicht. Vom sogenannten Afrika-Hafen besteht eine tägliche Überfahrtsmöglichkeit zu den Egadischen Inseln und einmal wöchentlich nach Sardinien und Tunis. Die enge Verbindung mit Tunesien ist auch sonst allgegenwärtig. Augenscheinlich sind viele Trapanesi nordafrikanischer Abstammung, und in den engen Gassen duftet es ebenso oft nach Cous-Cous wie nach Pasta und Pizza.

Geschichte: Drepano (griech., Sichel), hieß die Stadt in der Antike, obwohl sie nicht von Griechen besiedelt war, sondern den Karthagern als Stützpunkt diente. Die Römer erlitten hier 249 v. Chr. eine bittere Niederlage. Als Strafe bekam Trápani später nie das römische Stadtrecht und verfiel in der Bedeutungslosigkeit. Einen großen Aufschwung brachten die Araber (9. Jh.) und die Normannen (11. Jh.). Während der spanischen Herrschaft (15. Jh.) wurden die großen Salinen angelegt, und Trápani entwickelte sich zu einer der glanzvollsten Städte Siziliens, die aber leider im 2. Weltkrieg durch Bombenangriffe der Alliierten stark zerstört wurde.

Information: APT, Via San F. d'Assisi 27, ✆ 0923545511; AST, Piazza Saturno, sehr hilfreich, ✆ 092329000.

Unterkunft: Pension Messina*, Corso Emanuele 71, ✆ 092321198, EZ o.B. 16 €, DZ o.B. 30 €, einfach und sauber, in der Altstadt; Moderno**, Via Tenente Genovese 20, ✆ 092321247, EZ 26 €, DZ 40 €, auch in der Altstadt; weitere Hotels (mit mehr Sternen) in der Altstadt.

Jugendherberge: Amodeo, 2 km auf der SP Trápani – Erice, November geschlossen, ✆/📠 0923552964, 11 € inkl. Frühstück.

Fahrradgeschäft: Buffa Pietro, Via XXX. Gennaio 50, große Querstraße, beim Piazza V. Veneto, ✆ 0923547330, moderner, sehr gut ausgestatteter Laden mit Werkstatt; Major Bike, Salvatore Maiorana, Via Alcamo 92/94, ✆ 0923542437.

Hafen: Fähren zu den Egadischen Inseln, nach Tunis und Cagliari/Sardinien. Siremar fährt zur Isola Favignana (Etappe 39), morgens gegen 10 Uhr hin, abends gegen 17 Uhr zurück, Dauer: 1 h, Preis ca. 15 € inkl. Fahrrad; mit dem Aliscafi (Schnellboot) in 20 Minuten, ist jedoch teurer und eine Radmitnahme nicht möglich. Auskünfte über die Schiffsagentur der Siremar: Catalano Viaggi, Büro am Hafen, ✆ 0923921368.

Orientierung in Gegenrichtung:
Auf der Strandpromenade „Lungomare Dante Alighieri" in nordöstlicher Richtung („Custonaci/San Vito") durch die Ortschaften Casa Santa, Pizzolungo, den Abzweig nach Erice rechts liegen lassen und hinauf nach Custonaci. Hier entweder nach San Vito lo Capo oder weiter Richtung Castellammare zur SS187. Auf diese links abbiegen, vorbei am Abzweig nach „Balata di Baida" (Aziend Camillo) bis zum Abzweig „Zingaro/Scopello".

Kartenskizze Etappen 35 – 38

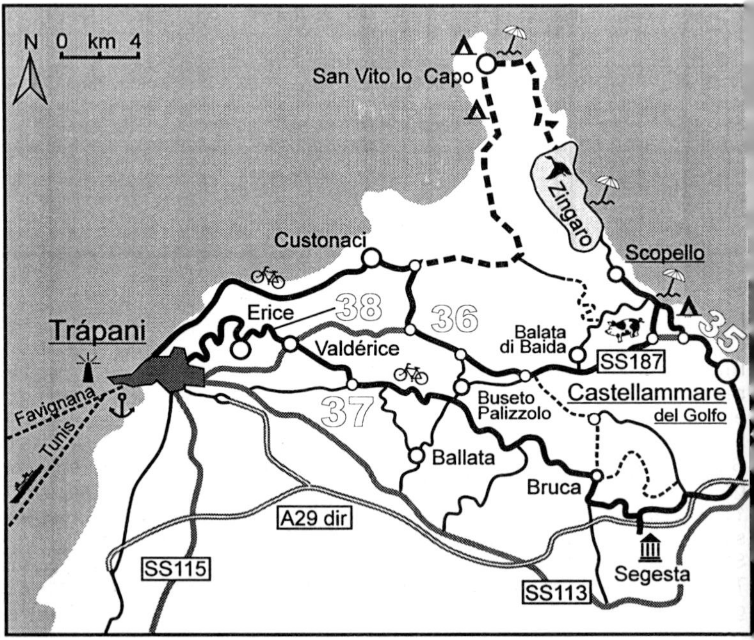

Etappe 37:
Castellammare – Segesta – Erice (50 km) **

Für das Sahnehäubchen, den Tempel von Segesta, sollten Sie eine „Auszeit" einplanen. Bald danach tauchen Sie ins weitläufige Landesinnere mit Wäldern, Wiesen, spitzförmigen Hügeln und riesigen Weinfeldern. Für die abschließenden Serpentinen müssen ein paar Kraftreserven aufgehoben werden. Umwer-

fende Ausblicke auf die Bucht von Trápani mit ihren glitzernden Salinen tun sich auf. Die Schokolade auf dem Sahnehäubchen folgt zum Schluß: Erice – ein mittelalterliches Kleinod.

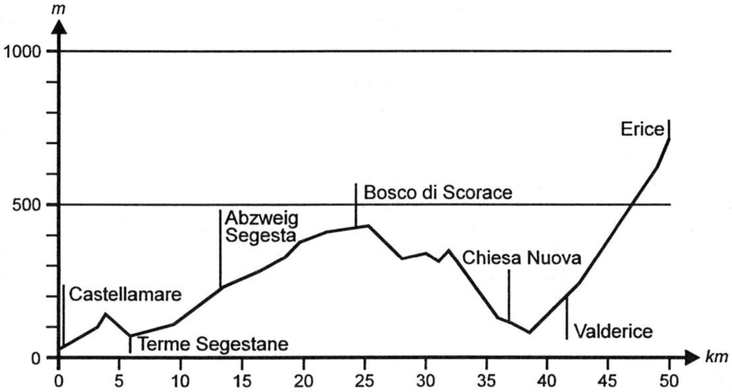

Start ist am Piazza Petrolo, vor dem 3-Sterne-Hotel „Al Madarig", das den Namen trägt, den die Araber dem heutigen Castellammare verpaßt haben. Lange Rede – kurzer Sinn: Los geht's! Treten Sie die SS187 in südwestlicher Richtung hinauf. Kilometer 0 ist bei der großen Kreuzung mit dem Abzweig links nach „Segesta". Nach km 6,1/75 m gelangen Sie links zur Terme Segestane, einem Thermalbad (von Juni bis Oktober täglich, außer Do, von 9 bis 13 und 16 bis 20 Uhr geöffnet). Bei km 6,3/75 m zweigt der Hauptverkehr links auf die SS113 ab – Sie nicht. Die Straße wird nun anmutiger und schmaler, der Verkehr geringer. Es folgen Bahn- und Autobahnunterführungen, und nach km 9,3/105 m fahren Sie links Ri. „Segesta". Nach km 13/230 m, kurz nach einem beschrankten Bahnübergang, stoßen Sie auf eine T-Kreuzung. Die offizielle Strecke geht rechts Ri. „Bruca", doch links führt ein 3 km kurzer Abstecher zum Tempel von „Segesta" (am Bahnhof vorbei, der Beschilderung folgen, und Sie gelangen zur Stelle, wo schon die Elymer lebten – 305 m).

Segesta: Im Frühjahr umgeben von einem bunten Blumenmeer, im Sommer inmitten von braun-verdorrtem Gras und im Winter oft nebelverhangen – zu jeder Jahreszeit besitzt Segesta eine theatralische Ausstrahlung. Selbst verwöhnte Liebhaber antiker Theater und Tempel werden gern zugeben, daß es nur wenige Orte gibt, an denen Landschaft und Menschenwerk zu einer solchen Harmonie finden. Der Tempel steht als einsames Denkmal, von weitem sichtbar, auf einer Hochebene zwischen dem Monte Barbaro und Monte Pispisa und beherrscht mit seinen 36 dorischen Säulen die Gegend. Archäologen diskutieren immer noch, welchem Kult der berühmte Tempel von Segesta als Heiligtum diente. Niemals besaß er Dach und Cella, seine Säulen blieben unkanneliert, und es wird gemunkelt, daß die griechischen Bauelemente eine uralte Kultstätte „verdecken" sollten, um ihr die Würde eines Tempels zu verleihen. Was hinter den Kulissen geschah, ist ungewiß.

Geschichte: Zusammen mit Erice gehörte Segesta zu den wichtigsten Zentren der Elymer auf Sizilien. Das Volk, das nach der Zerstörung Trojas aus Kleinasien flüchten mußte, fand auf Sizilien Unterschlupf und hatte nur eines im Sinn: die punische Kolonie Selinunt zu zerstören. Das ist ihnen im Jahr 409 v. Chr. gründlich gelungen. Um ihr Ziel zu erreichen, verbündeten sie sich je nach Lage mit den sizilianischen Griechen, den Athenern und den Römern, kamen aber selbst nicht ungeschoren davon. Im Jahr 307 v. Chr. wurde Segesta von den Barbaren dem Erdboden gleichgemacht und versank in Vergessenheit. Unter römischer Herrschaft erblühte die Stadt wieder, und in diese Zeit fällt auch die Errichtung des großartigen Theaters. Auch heute noch strömen Zuschauer zum Theater hinauf, wenn im zweijährigen Rhythmus antike Dramen aufgeführt werden. 20 Minuten sind für den Fußmarsch einzuplanen (Räder müssen am Aufgang abgestellt werden). Im Unterschied zu fast allen antiken Theatern ist das von Segesta genau nach Norden ausgerichtet, um den Zuschauern einen wunderschönen Blick über die grüne Ebene bis zum blauen Golf von Castellammare zu bieten.

Öffnungszeiten: von 9 Uhr bis eine Stunde vor Sonnenuntergang, Eintritt 2 €.

Nach dem Segesta-Abstecher wieder zum Abzweig bei km 13/230 m zurück, dort geradeaus Ri. „Bruca". An folgender T-Kreuzung (16,6/290 m) rechts Ri. „Bruca" und an der nächsten Kreuzung (km 18/325 m) links Ri. „Buseto Palizzolo". Bald folgt bewaldetes Gebiet, der Bosco di Scorace – ein beliebtes Picknickareal fußmüder Sizilianer mit dem Motto: Auto abstellen, nicht mehr als 50 m Fußmarsch, Picknick raus, Mund und Augen auf: quatschen, essen, schauen und genießen. Weiterfahrt nach Buseto P., und vor dem eigentlichen Ort halten Sie sich links auf der Höhe in Ri. „Trápani". Es folgt Chiesa Nuova (km 37/110 m). Kurz nach dem Ort (km 38/95 m) rechts Ri. „Valderice" (km 43/240 m) und in Serpentinen ins wunderschön restaurierte Erice hinauf.

Erice (30.000 Ew): Das von Wäldern und Weinbergen umgebene Städtchen hat sein mittelalterliches Stadtbild bis in die heutige Zeit komplett erhalten. In Werbebroschüren wird Erice als historischer Mittelpunkt und touristische Hauptstadt der Provinz beschrieben. Die Stadtanlage ist schön restauriert, keine Neubauten, keine Betonarchitektur, kein Verkehrslärm – kurz gesagt: vorbildlich! In der Hochsaison zwängen sich deshalb scharenweise Touristen und einheimische Ausflügler durch die engen Gassen. Die vielfach beschriebene mystische Atmosphäre können Sie dennoch erleben: früh morgens, in den Abendstunden und in den Wintermonaten, wenn die Stadt oft nebelverhangen ist und wie ausgestorben wirkt.

Die Stadtgründung will man sogar auf den sagenumwobenen König Eryk, Sohn der Göttin Aphrodite, zurückführen. Der Göttin der Liebe und Fruchtbarkeit zu Ehren errichteten die Elymer am Gipfel des Monte Erice einen großen

Venustempel. Später verehrten die Karthager hier die Astarte, die Griechen ihre Aphrodite und die Römer ihre Venus. Bei den Seefahrern galt die Göttin der Liebe als Beschützerin am stürmischen Kap, da der Tempel ein weithin sichtbarer Navigationspunkt war. Den zahlreichen Pilgern sollen Priesterinnen hier auch irdische Liebesdienste erwiesen haben. An der Stelle des Venustempels erbauten die Normannen das **Castello di Venere** (als Palast und Sitz des Statthalters), das noch heute im äußersten Südosten der Stadt steht. Von hier hat man eine herrliche Aussicht auf Trápani und die Egadischen Inseln. Die Stadtmauer, von den Phöniziern errichtet, zeichnet die Form eines gleichschenkligen Dreiecks nach. Auch die drei Stadttore sind erhalten: Porta del Carmine, Porta Spada und Porta di Trápani. Unmittelbar hinter dem letztgenannten steht die 1314 erbaute **Chiesa Matrice**. Eine festungsartige Kirche, mit einem sehenswerten Hauptportal und freistehendem Glockenturm. An der Porta Trápani beginnt die Hauptstraße Erices: der **Corso Vittorio Emanuele**. Er ist gesäumt von schönen *Palazzi* und Kirchen. Besonders auffällig ist die **Chiesa San Salvatore** mit ihren gotischen Fenstern und ebensolchem Portal. Der *Corso* führt zu dem idyllischen **Piazza Umberto** hinauf, an dem auch das Rathaus steht. Charakteristisch für Erice sind neben den vielen Baustilen (Gotik, Barock, Renaissance) auch die romantischen Innenhöfe, in denen fast überall Blumen, Sträucher und immergrüne Bäume stehen. Das Familienleben spielt sich nach arabischer Sitte überwiegend im Inneren der Häuser ab. Von dem Einfluß der Araber zeugt der gute Geschäftssinn der Ericini: Die Preise sind oftmals überteuert, es darf gehandelt werden! In Erice finden viele Kongresse statt, deshalb Zimmer unbedingt vorher reservieren (auch in der Nebensaison). Tip: Gute Weine (teilweise aus eigenem Anbau) und andere regionale Spezialitäten dürfen in der Enoteca Erice (Via Guarnotta) gratis verkostet werden.

Information: AST, Viale Conte Pepoli 11, ✆ 0923869388, 🖷 0923869544.
Unterkunft: Hotel Edelweiss**, Cortile Vicenzo 5, ✆ 0923869420, einfach, in der Altstadt, EZ 60 €, DZ 78 €; es gibt mehr Hotels – für mehr Geld.
Jugendherberge: Via delle Pinete, beim Sportplatz (Campo Sportivo), pro Person m.F. 11 €, ✆/🖷 0923567888, 7.30-10 und 15.30-24 Uhr, Nov. geschlossen.
Camping: In der Via delle Pineta, beim Sportplatz ist freies Campen möglich.

Orientierung in Gegenrichtung:
Beginnen Sie die Tour am Parkplatz vor der Porta Trápani. Es geht bergab Ri. „Trápani“, nach km 1,3/615 m rechts Ri. „Palermo/A29/SS187“. In engen Serpentinen brausen Sie nach Valderice hinab. Bei km 7,5/225 m, an der Kreuzung in Valderice, geradeaus (links ist „Palermo“ und rechts „Trápani“ ausgeschildert), weiter bergab Ri. „Chiesa Nuova“. An der Kreuzung bei km 12/95 m links Ri. „Buseto Palizzolo“, die Ortschaft Chiesa Nuova folgt. Nun bergauf Ri. „Buseto Palizzolo“. An der Kreuzung bei km 19/315 m geradeaus dem braunen Schild „Segesta“ (nicht mehr „Buseto Palizzolo“) folgen. Die enge Straße ohne Mittelstreifen und sehr geringem Verkehrsaufkommen führt bei km 25 durch den

Bosco di Scorace. An der Kreuzung bei km 32/325 m rechts Ri. „Segesta“ abbiegen, bald darauf links Ri. „Segesta“ (km 33,5/290 m), und die offizielle Strecke führt bei km 37/230 m links Ri. „Castellammare“. Doch der 3 km lange Abstecher nach Segeste lohnt! Bei km 37/230 m also geradeaus, am Bahnhof vorbei und der Beschilderung folgen. Auf der gut beschilderten Straße nach Castellammare geht's noch an der Terme Segestane vorbei (km 44/75 m), und nach km 50 ist Castellammare erreicht.

Etappe 38:
Trápani – Erice (15 km) **

Ein Blick auf das Höhenprofil sagt mehr als viele Worte: kurz aber anstrengend. Der Stadtverkehr von Trápani läßt bald nach, dafür beginnt eine schweißtreibende, serpentinenreiche Bergfahrt. Bei der gleichbleibenden Steigung hilft nur eine Pause, um die atemberaubenden Ausblicke auf Trápani, mit seinen in der Sonne glitzernden Salinen und dem dahinter liegenden Meer, genießen zu können. Im zweiten Streckenabschnitt spendet ein Pinienwald wohltuenden Schatten. Früher konnte man die 750 Höhenmeter von Trápani zu der mittelalterlichen Stadt Erice auch per Seilbahn zurücklegen, derzeit ist diese außer Betrieb und wird es wohl auch bleiben (Busse verkehren regelmäßig – Fahrradmitnahme siehe Kapitel Verkehr).

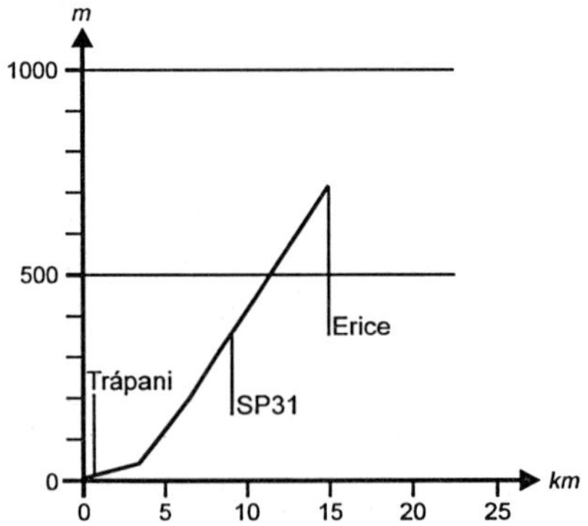

Verlassen Sie den Piazza Vittorio Emanuele (km 0/5 m) in östlicher Richtung über die zweispurige Prachtstraße Via G. B. Fardella. Nach km 3,1/40 m links, und gleich darauf (bei der Pasticceria Stabile) wieder rechts in die Via degli Stabilimenti einbiegen. Diese verläuft parallel zur Via Fardella, geht dann in die SP31 über und windet sich in scheinbar unendlich vielen Serpentinen den Hang des Monte Erice hinauf. Ein Aussichtspunkt bei km 6,3/200 m bietet Gelegenheit zum Verschnaufen. An der nächsten Abzweigung folgen Sie der Beschilderung „Erice“. Bei km 14,8/ 710 m erreichen Sie den Parkplatz mit dem dahinter liegenden Stadttor Porta Trápani.

Auf dem groben Kopfsteinpflaster in engen Gassen von Erice ist Radfahren sehr beschwerlich. Wenn Sie Ihr Rad nicht schieben möchten, sperren Sie es am Parkplatz ab. Der Parkwächter paßt für 2–3 € zuverlässig darauf auf.

Orientierung in Gegenrichtung:
Von der Porta Trápani die Viale Conte Pepoli (Ri. „Campo Sportivo") bis zur ersten Kreuzung hinunterrollen. Dort links Ri. „Trápani" abbiegen. Bis ins Centro der Provinzhauptstadt benötigen Sie nur Ihre Bremsmuskulatur. *Buon divertimento* (viel Spaß)!

Etappe 39: Giro di Favignana
L'Isola Favignana (23 km) ***

Ein Ausflug von der Insel auf die Insel, quasi ein Urlaub vom Urlaub. Holland läßt grüßen, denn Radfahren wird auf der kleinen Insel großgeschrieben. Sie werden „Gleichgesinnte" finden, die mit klapprigen No-Name Mietvelos die flache Insel erkunden. Asphaltierte Straßen und Schotterpisten wechseln ab, und sollte „der Berg doch rufen", dann nichts wie hoch auf den 300 m hohen Monte Sta. Caterina. In den Monaten während der Mattanza, dem traditionellen Thunfischfang, belagern Touristenscharen die Isola. In der restlichen Zeit können Sie dem Wind lauschen oder versuchen, das häufigste Postkartenmotiv zu finden: den „Traumstrand". Buono successo!

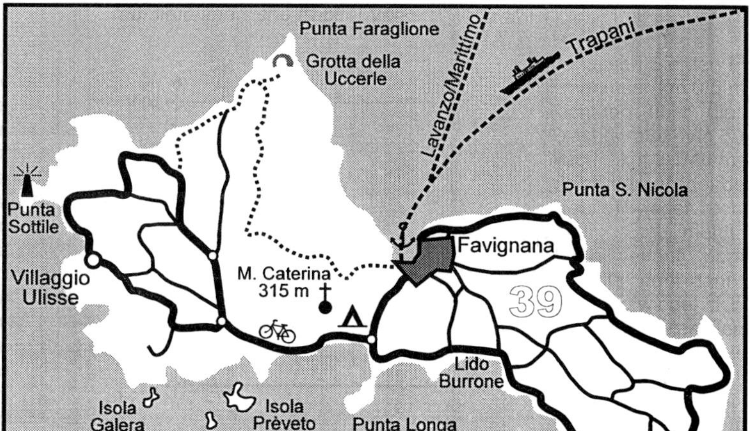

Isola Favignana, beim Tuffsteinbruch

Vom Piazza Europa auf der Via Floria den Hafen ansteuern. Dort rechts Ri. „Cimitero“, dann „Cala Rossa“ und „Cala Azzura“ (militärisches Gebiet), vorbei am Punta Fanfalo, dem „Lido Burrone“ (gilt als schönster Badestrand der Insel) und nach halber Strecke, beim Schild „Camping Miramare“, entweder rechts in den Ort zurück oder links der Küstenlinie folgend, zum „Villaggio Ullisse“ (Luxus-Ferienanlage). Ganz unerwartet tut sich ein schattiges Wäldchen auf. Der Weg steuert weiter in Ri. Leuchtturm, doch besser an der Gabelung halb rechts, wieder durch die schattenspendenden Bäume und Richtung Norden die „Punta Sottile“ (Bademöglichkeit) ansteuern. Unterhalb vom Höhenzug des Monte Caterina zurück (die Burg oben ist natürlich wieder einmal Sperrgebiet), am Fußballplatz vorbei und ins Dorf zurück.

Favignana (3500 Ew): Denken Sie an Pasta Farfalle, denn die Schmetterlingsnudeln gleichen der Inselform. Favignana ist ein Taucherparadies und bekannt für seine großen Tuffsteinvorkommen. Im abgegrabenen Erdreich sind die Schnittstellen der einzelnen Steinblöcke gut zu erkennen – der Tuffstein findet sich in den Bauten von Trápani, Marsala und Mazara wieder. Der erste Eindruck ist niederschmetternd: Die riesige, stillgelegte *Tonnara* (Thunfischfabrik) drängt sich ins Bild, gefolgt von einem großen Gefängniskomplex. Und doch besitzt der quirlige Hauptort eine angenehme Atmosphäre, die Sie am besten von der Bar-Panineria-Birreria „Due Collone“ aus genießen. Hier treffen sich die Favignesen (Piazza Matrice 74, dienstags geschlossen). An den Wänden berichten zahlreiche internationale Zeitungsausschnitte von der *Mattanza*.

Mattanza: Clemente Venpronte – „König der Thunfischfänger“ – erzählt, daß auf der Insel einmal alle Menschen vom Thunfischfang lebten. Der kräftige Mann, dessen blonde Lockenmähne aus der Gruppe der Fischer hervorsticht, ist schon 41 Jahre bei der Mattanza dabei. Damals ging es jedem gut – über 7000 Menschen hatten ihr Auskommen, 500 arbeiteten in der Tonnara –, heute leben gerade noch 3500 Menschen auf der Insel. Sie fühlen sich als Verlierer, denn 1974 wurde die Fabrik geschlossen. Dennoch fiebern die Männer jedes Jahr dem Spektakel entgegen, das von Ende April bis Ende Juni einen sicheren Verdienst einbringt. Hauptabnehmer des delikaten, roten Thuns sind die Japaner. Mit viel Sachkenntnis und immensem Kraftaufwand werden die bis zu 400 kg schweren Kolosse aus dem Wasser gehievt. Ein grausames Bild, wenn sich jeweils 8 Fischer in ihren Booten im Quadrat positionieren, der *Raisi* (Anführer) ein Zeichen gibt, die *Coppu* (Netze) gehoben werden und auf Kommando mit Harpunen auf die Thunfischleibe eingestochen wird. Die Arbeit ist blutrünstig und gefährlich, denn die Schwanzschläge der Fische können tödlich sein. Um den Schauer komplett zu machen, wird das Gemetzel von traditionellen Dankgesängen und Totenklagen begleitet.

Information: Pro Loco, Piazza Matrice 8, ✆ 0923921647.
Unterkunft: einige, doch die meisten sind nur zwischen Ostern und Herbst geöffnet; Hotel Egadi**, Via C. Colombo 17, ✆ 0923921232, EZ 30 €, DZ 50 €, 20. April bis 20. November.
Agriturismo: Azienda Senia Grande, Via delle Fosse 22, einfache Zimmer in einem altem Inselhaus, ✆ 0923922249.
Camping: Egad***, Località Arena, ✆ 0923921555, April bis September.
Fahrradvermietung: bei Giuseppe in der Strada Vittorio Emanuele, neben der Chiesa Matrice oder am Hafen, gut zu finden.

Etappe 40: Via del Sale
Trápani – Marsala (30 km) **

Eine ebene Etappe durch Trápanis Salinenlandschaft. Ständiger Blickkontakt zu den Inseln Favignana, Levanzo und Marettimo. Der Verkehr – bis auf das Teilstück vom Autobahnende zum Flughafen Birgi – ist mäßig.

An der kleinen Esso-Tanksäule auf dem großen Piazza Emanuele (km 0/15 m) ist der Startpunkt. Stadtauswärts auf der breiten Via Fardella, vorbei an den neuesten Modekreationen von Stefanel, Sisley, Benotton etc. Bei km 1,1 folgen Sie den alten braunen Schildern rechts nach „Marsala/Agrigento“ (Via Marsala). Es geht an der Bahnlinie entlang und bei km 1,8 rechts über die Gleise (die erste Möglichkeit, die Bahnlinie zu queren) und gleich darauf links „Via del

Sale". Nach km 5,4 rechts Ri. „Nubia/Museo del Sale/Mulino Avento" (nach einer Brücke). Bei km 6,2 am Ortsschild von Nubia ist rechts das „Museo del Sale" angeschrieben.

Sale del Trápani/Museo del Sale: Das liebevoll eingerichtete Museum veranschaulicht durch Original-Ausstellungsstücke sowie Fotos die einzelnen Schritte der Salzgewinnung von damals bis heute. Führungen finden sogar für Kleinstgruppen auf Italienisch oder Englisch statt. Eine Saline besteht aus einer Vielzahl verschieden tiefer Becken. Im März wird frisches Meerwasser in das tiefste Becken geleitet, in dem auch Fischzucht betrieben wird. Übrigens wird auf Bestellung auch ein Fischessen zubereitet. Während den einzelnen Verdunstungsvorgängen wird das Wasser mittels Elektropumpen in immer flacher werdende Becken geleitet. Früher waren „Archimedische Pumpen" im Einsatz (Ausstellungsstücke), die von Windrädern angetrieben wurden. Der Salzgehalt wird von Becken zu Becken intensiver. In sehr heißen Sommermonaten kann der Vorgang bis zu 3-mal wiederholt werden. Nachdem die Kristallisierung im flachsten Becken abgeschlossen ist (dauert ca. 3 Monate), werden Salzberge aufgeschüttet, mit Tonziegeln abgedeckt und bis zum Frühjahr gelagert. Das nun trockene Salz wird gemahlen, und fertig ist das Speisesalz! Abgepackt, auf Lkw abtransportiert, und das „Sale del Trápani" landet auf Europas Tischen!
Mit einer Jahresproduktion von 25.000 Tonnen liegt Trápani weit hinter der Menge früherer Jahre zurück. Die Bemühungen zum Erhalt der Salinenlandschaft, die sowohl Kulturdenkmal als auch Touristenattraktion ist, sind groß. In den letzten Jahren wurden sogar einige Windmühlen restauriert.

Öffnungszeiten: täglich von 9-13 Uhr, Juli bis September auch nachmittags, Eintritt 5 €, Verkauf von grobem, abgepacktem Speisesalz, ✆ 0923867442.

Fahren Sie geradeaus und nach km 7,4 links Ri. „Marsala", bei km 8,7 an einem Steinmetzbetrieb links „Marsala", bei km 9,2 an der Ampel rechts „Marsala", der Beschilderung zum Flughafen „Birgi" bis km 12,8 folgen. Sie fahren an der Autobahnbrücke geradeaus, rechts wäre der Abzweig zum Flughafen. Nach km 14,2 rechts über die Bahngleise Ri. „Marsala". Bei km 14,7 mündet die Autobahn ein (Ende der A29); auf der nun breiten Straße mit Seitenstreifen geht's bis zum km 17,5, dann geradeaus auf der SP21 Ri. „Marsala". Eine gemütliche Passage auf schmalerer Straße, gesäumt von Weinfeldern, beginnt. Ein Abstecher zur Insel Mozia kann unternommen werden.

Mozia: Die flache Insel wird auch Isola Pantaleo ganannt und gehört zur Inselgruppe Isole dello Stagnone. Viele Radkilometer werden Sie dort nicht sammeln können, denn die winzigen Ausmaße betragen gerade mal 600 x 700 m. Übersetzt bedeutet Mozia soviel wie „Spinnerei", und tatsächlich war Webkunst und Textilfärberei großgeschrieben. Mozia ist Privatbesitz der Familie Whitaker, welche die Ausgrabungen einer punischen Stadt veranlaßt hat. Die ganze Insel ist mit den Ruinen dieser alten Stadt bedeckt – den einzigen Resten, die von den Phöniziern auf Sizilien erhalten sind (Mauern, Türme, Höfe mit Mosaikfußböden, Treppen, etc.). Im kleinen Museum der Whitaker-Villa ist die Marmorstatue eines Jünglings, des „Epheben von Mozia“, ausgestellt. Ein schmaler Weg verbindet Mozia mit dem „Festland“. Dieser wird allerdings lediglich von höhergelegten Pferdekarren bei der Traubenernte benutzt, da er im halbmeter tiefen Wasser der Lagune verläuft. Für alle anderen Besucher der Insel werden regelmäßige Überfahrten in Fischerbooten angeboten. Als Reisegepäck empfehlen wir ein Picknick – und einen halben Tag Zeit mitzunehmen.

Ab der Stazione Ragattisi führt die Straße parallel zur Bahn, bei km 26,6 vorbei an der Villa Genna, und auf der Via Sappusi nach Marsala rein. Auf der Via del Fante ins Centro, vorbei an einigen Enotecen.

Kartenskizze Etappen 40 & 41

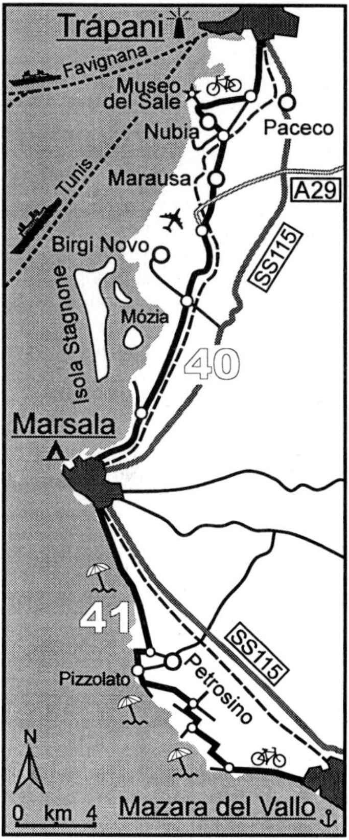

Marsala (80.000 Ew): erst die Stadt, dann der Wein! „Mars al-Allah“ haben die Araber Marsala genannt, „Hafen Gottes“. Hier landete **Garibaldi** mit seinen „Tausend“ am 11. Mai 1860. Die Befreiung Siziliens und dessen Anschluß an Italien, das sog. Risorgimento, begann. Ein Denkmal wurde ihm vor dem Cine-Teatro gesetzt. Die Peripherie der Stadt ist hauptsächlich vom Bild schlichter Wohn- und Geschäftsgebäude geprägt, hat aber einen recht hübschen und gepflegten Altstadtkern. Mittelpunkt ist der Duomo am Piazza della Repùbblica, dem Hl. Thomas von Canterbury geweiht. Auffällig sind dessen zwei offene Glockentürme und die reizenden, grellweißen Engel. Weitere Sehenswürdigkeiten sind: der Palazzo Comunale, die zwei klassizistischen Stadttore, das Ausgrabungsgelände am Capo Boeo mit Resten einer Wohnanlage und Thermen aus spätrömischer Zeit. Es gibt zwei Museen: das Archäologische „Baglio Anselmi“ (am Meer, im archäolog. Park, täglich von 9-12.30, Mi, Sa und So auch nachmittags von 16-18.30 Uhr), das Gobelin-Museum hinter dem Dom (Via Garaffa 57) mit 8 großen Gobelins flämischer Meister (Di-So von 9-13 und 16-18 Uhr, 2 €).

Information: Via XI Maggio 100, ✆ 0923714097.
Unterkunft: Hotel Garden**, Via Gambini 36, ✆ 0923982320, EZ o.B. 27 €, DZ 50 €; Villa Favorita**, Via Favorita 27, ✆ 0923989100, EZ m.F. 45-54 €, DZ m.F. 72-90 €.
Camping: Biscione***, Via Biscione, Località Biscione/Petrosino, 13 km südlich von Marsala, Ri. Mazara, am Strand, ✆ 0923731444, ganzjährig.
Fahrradgeschäft: Lupo V., Ortsteil „Contrada di Gesù 713", ✆ 0923961466.

Marsala, der Vino: Wer kennt ihn nicht, den „Berühmtesten" Siziliens? Der süße Dessertwein wurde Anfang des 19. Jahrhunderts von dem Engländer John Woodhouse kreiert. Der Krieg mit Frankreich schnitt England von den portugiesischen Portweinlieferungen ab, und es galt einen „Ersatzstoff" zu finden. Die neue Rezeptur wurde in Zusammenarbeit mit der italienischen Familie Florio ausgeklügelt. Wie er mundet? Bei der Degustation der halbtrockenen Variante kam den Autoren spontan chinesischer Reiswein in den Sinn! Unter Verwendung der Rebsorten „Cataratto" und „Inzolia" wird geköchelt, gemischt und gezuckert. Seinen charakteristischen Geschmack erhält der Wein durch die Beigabe von Rosinen. Der junge Marsala mit 15-16 % Alkohol ist trocken und fruchtig. Mit zunehmender Reifung entwickelt er einen Alkoholgehalt von bis zu 20 % und ein markantes, volles Aroma. Der einjährige, im Faß gereifte Marsala heißt „Fine", nach zwei Jahren „Superiore", nach vier Jahren „Superiore Riserva", der fünfjährige Wein wird „Vergine" genannt und der zehn Jahre alte „Vergine Riserva". Je nach Zuckeranteil kann man wählen zwischen trockenem (secco), halbtrockenem (semisecco) und süßem (dolce). Der noch unvermischte Vino ist goldfarben (oro), doch auch bernsteinfarbenen (ambra) gibt es zu kaufen.

Weinproben: 2 Enotecen beim Archäologischen Museum Baglio Anselmi.
Patate al Marsala: halbierte Kartoffeln in Olivenöl und etwas Butter anbraten, mit trockenem Marsala (Fine) ablöschen, aufkochen, Temperatur reduzieren und unter Beigabe von Butterflöckchen und Salz fertigbraten. Zum Schluß Basilikumblättchen darüberstreuen und pfeffern. *Buon appetito!*

Orientierung in Gegenrichtung:
Die Stadt Ri. Nordosten verlassen. „Mozia" ist beschildert. Nach ca. km 21 links Ri. „Nubia/Salina Grande", zweimal rechts „Nubia", dann Möglichkeit, links zum „Museo del Sale" abzuzweigen, oder geradeaus und an der nächsten Kreuzung links nach „Trápani".

Etappe 41:
Marsala – Mazara del Vallo (30 km) ***

Weinreben soweit das Auge blickt – und es blickt weit, denn der Südwesten Siziliens ist „bretteleben". Berge können Sie dennoch anfocussieren: die Egadi-

schen Inseln. Diese Tour führt abschnittsweise über asphaltierte Wirtschaftswege, die teils unbeschildert, dafür aber ideal zum Radfahren sind.

Startpunkt ist der kleine Piazza bei der Hafenbefestigung. Fahren Sie die Küstenstraße Via Lungomare in südöstlicher Richtung, vorbei am New Palace Hotel (km 1,3), dann den Abzweig zur „SS115/Mazara" links liegen lassen und geradeaus Ri. „Petrosino" die Küste entlang (SP84). Die Straße wendet sich bei km 9,7 vom Meer ab; Sie folgen der Beschilderung „Stadio" (Via Trápani), bis bei einer Kreuzung (km 12,3) „Lido Toratzo" beschildert ist. Hier biegen Sie rechts ab und rollen die Viale Mediterraneo bis zu einem Kreisverkehr (km 12,9), dessen Mitte eine Bronzestatue ziert. Nun für 150 Meter rechts (Via Pescatore), dann scharf links in die Via Lungomare Biscione. Leider führt diese Küstenstraße noch nicht wie geplant bis Mazara del Vallo, daher folgt ein komplizierter Tourenverlauf. Sie treten an Villen vorbei, die von hohen Mauern umgeben sind, weiter durch riesige Weinfelder und treffen bei km 16,8 auf eine T-Kreuzung. Dort rechts bis zur nächsten T-Kreuzung (km 17,5, Stopschild), dann links Ri. „Mazara", kurz darauf, an der nächsten Kreuzung (km 18), der maroden Steinmauer nach rechts folgen (Holzschild „Bagio Spano"), wieder durch Weinfelder bis zur nächsten Querstraße (km 22,1). Hier links bis zu einem auffällig abgeschirmten Gelände (km 22,3). Am hohen Maschendrahtzaun rechts, bei km 24 links und direkt am Sandstrand entlang. Nach dem modernen Hafenterminal (km 27,7) links Ri. „Centro" in die Via L. Vaccara abbiegen. An der nächsten großen Kreuzung rechts Ri. „Sporting Club/Camping" und über den Fiume Mazara geradeaus (Via Veneto) ins Centro. Kurz vor dem Bahnhof (km 29,2) rechts auf die Via Umberto abbiegen.

Mazara del Vallo (50.000 Ew): Das Zentrum der Kleinstadt ist arabischen Ursprungs, auffällig sauber und freundlich. Die Fischereiflotte zählt zu den größten Italiens (ca. ein Fünftel der gesamtitalienischen Ausbeute). Das Hafenviertel beim Fiume Mazzarò, mit seinem Labyrinth aus engen Gassen und Hinterhöfen, ist fest in nordafrikanischer Hand. Tunesische Einwanderer sitzen vor ihren Häusern, trinken Tee oder rauchen Wasserpfeife. Prunkvolle *Palazzi* und Kirchen gibt es dagegen in der Altstadt um den Piazza della Repùbblica zu bestaunen. Trotz der barocken Umgestaltung des Stadtkerns im 17. Jh. sind die orientalischen Einflüsse deutlich spürbar und die engen Gassen sogar „verkehrsberuhigt". Ideal, um sich treiben zu lassen, eine Portion arabischen Cous-Cous zu testen oder einen Caffè zu schlürfen. In der Antike war Mazara der Hafen von Selinunt und wurde gleichzeitig mit Selinunt von den Karthagern zerstört. Im Jahr 827 verhalfen die Araber der Stadt zu einer neuen Blüte. Für sie war Mazara Einfallstor der Insel und Hauptstadt des Val di Mazara, eine von drei Provinzen des damaligen Siziliens. In der Normannenzeit (1072) tagte hier unter Roger I. das erste sizilianische Parlament.

Information: Piazza San Veneranda, ✆ 0923941727.

Unterkunft: Kristallo*; Via Valeria 36, ✆ 0923932688, EZ o.B. 24 €, DZ 42 €, einfach und sauber; Hotel Hopps***, Via Hopps 29, beim Lungomare, stadtauswärts, Beginn von Etappe 42, ✆ 0923946133, modernes Hotel mit Pool und Palmengarten, EZ 48-60 €, DZ 76-84 €.
Fahrradgeschäft: Due Ruote per Vivare, Via Veneto 188, ✆ 0923908442.

Orientierung in Gegenrichtung:
Vom Lungomare stadteinwärts bis zur belebten Via Veneto. Dieser westlich (links) über den Fiume Mazara folgen, dann links die Via L. Vaccara bis zum Meer hinunter (km 0). Hier rechts, erst am Hafen, dann am breiten Sandstrand entlang, nach einem auffällig blau lackierten Gartentor (km 3,7) rechts in eine von Gartenmauern begrenzte Seitenstraße (Via Anno Santo) einbiegen (geradeaus beginnt rechts ein Gehweg). Am Ende der Gärten, beim militärischen Gelände, links bis zu einer Straßeneinmündung bei km 5,6. Hier rechts abbiegen (linker Hand steht eine Villa mit markanten „Fenstern" in der Gartenmauer). Durch Weinfelder und Gärten, an der nächsten T-Kreuzung links (km 6) und nach 500 Metern wieder rechts in die Via San Giuseppe einbiegen. Nach einem bewaldeten Eckgrundstück links und immer der Beschilderung „Marsala" folgen.

Etappe 42:
Mazara del Vallo – Cave di Cusa – Selinunte (36 km) **

Direkter Blickkontakt zum unverbauten Meer. Im Landesinneren ein Hauch von Afrika. Weite Palmenpflanzungen, Gemüse-, Wein- und Olivenplantagen, dazwischen leuchtend-weiße Hausquader. Die Straßen durchwegs schwach befahren! „Vai, Vai!" Auf zu den griechischen Tempeln von Selinunte – es lohnt sich!

Gestartet wird auf der Via Lungomare Mazzini, in Höhe des Arco Normanno/ Piazza Mokarta. Fahren Sie in östlicher Richtung, entlang der Strandpromenade, stadtauswärts. Vorbei am Hotel Hopps, am Motorboothafen, und am Kreisverkehr bei km 2,5 geradeaus dem braunen Schild „Granítola" folgen. Bis km 10,1 führt die Strecke direkt am Meer entlang. Dann nicht geradeaus in den Ort „Granítola", sondern halb links ins Landesinnere Ri. „Campobello/Cave di Cusa". Bei km 16,8, am Kreisel bei der Trafostation, links Ri. „Campobello", nach km 19,8 rechts Ri. „Erbe Bianche". Links könnten Sie einen Abstecher zur „Cave di Cusa" unternehmen.

Cave di Cusa: Antiker Steinbruch von Selinunte, in dem nachweislich 200 Arbeiter beschäftigt waren. Zwischen Feigenbäumen kann man die für Selinunte bestimmten Säulentrommeln heute noch besichtigen. Nach dem Überfall der Karthager (409 v. Chr.), bei dem Selinunte ca. 16.000 Tote zu beklagen hatte, wurden die Arbeiten nicht mehr aufgenommen. Einige Säulen liegen immer noch transportfertig am Boden.

Kartenskizze Etappen 42 & 43

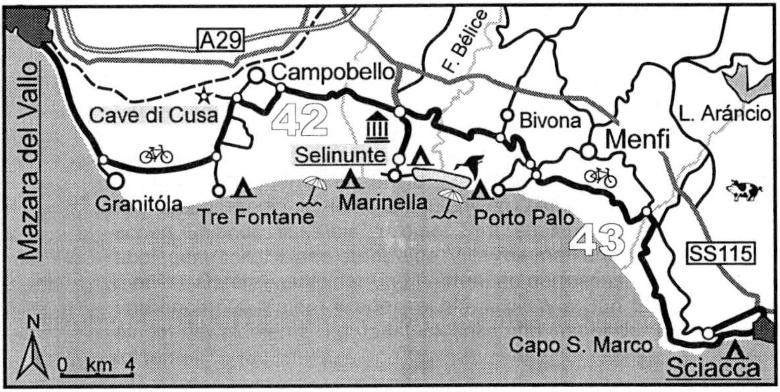

Die Straße macht bei km 22 einen 90°-Linksknick, daraufhin gleich wieder rechts (rechts leider <u>keine</u> Beschilderung, <u>Hilfe:</u> Geradeaus ginge es nochmals zur „Cave di Cusa"), vorbei an wilden Müllkippen, und bei km 23 stoßen Sie auf die SP56. Am Stopschild rechts auf selbige abbiegen. Es geht bergab Ri. „Menfi", vorbei an den silbrig glänzenden Silos örtlicher Weinfabriken; durch riesige Ölplantagen schlängelt sich die Straße in ständigem Auf und Ab bis zum Abzweig bei km 31,7/70 m „Selinunte/Riserva Naturale del Fiume Belice". Dort rechts, und nun lediglich noch bergab ins Reich der Antike rollen lassen!

Selinunte: Auf einem wunderschönen Flecken Erde, hoch über dem Mittelmeer, liegt die faszinierende Tempelanlage von Selinunte. Benannt nach dem antiken Fiume Selinon, dessen Name vom wilden Sellerie (griech. selinon) herrührt – dieser wächst hier in rauhen Mengen. Die einst westlichste griechische Kolonie wurde im 7. Jh. v. Chr. von Kaufleuten aus Megara Hyblea gegründet. Die Bauarbeiten zogen sich über mehr als 80 Jahre hin. Selinunte blühte auf, dehnte sein Einflußgebiet aus, gewann mehr und mehr an Macht und zog dadurch unweigerlich den Neid anderer Städte auf sich. Auseinandersetzungen mit Segesta und dessen mächtigen karthagischen Verbündeten brachten eine verheerende Niederlage. Im Jahr 409 v. Chr. verschwand Selinunte von der Landkarte, heftige Erdbeben gaben der Stadt den Rest. Erst im 18. Jh. befreite man die Trümmer vom Dünensand. Die gewaltige Größe der freigelegten Tempel läßt das Ausmaß des einstigen Reichtums der Stadt erahnen. Das Ausgrabungsgebiet ist in eine östliche und westliche Ruinengruppe aufgeteilt; dazwischen liegen 5 Minuten auf dem Drahtesel – eine asphaltierte Straße verbindet beide Teile. Weil man sieben der acht gefundenen

Tempel nicht klar einer bestimmten Gottheit zuordnen konnte, bezeichnete man sie der Einfachheit halber mit Buchstaben (A-G). Eine Besichtigung können wir lediglich frühmorgens oder in den Abendstunden empfehlen – der Touristenströme wegen, aber auch aufgrund der unbarmherzigen Sonneneinstrahlung –, zudem läßt die untergehende Sonne herrlich romantische Bilder entstehen.
Ein Erdwall umgibt das Gelände, und gewaltige Eisentore versperren den ungehinderten Zugang. Im Eingangsbunker empfehlen wir, sich anhand des topografischen Modells sowie einiger Bilder einen Überblick zu verschaffen. Der Rundgang beginnt im **östlichen Gebiet**, dort stehen die Tempel E, F und G dicht hintereinander. **Tempel E** wurde 1958 von Wissenschaftlern rekonstruiert. Die 70 x 25 m große dorische Anlage war wahrscheinlich der Göttin Hera (Juno) geweiht. Vier der Tempelfriese sind im archäologischen Museum von Palermo ausgestellt. Dahinter die Überreste des kleineren **Tempels F**. Eigentümlicherweise waren die Säulenzwischenräume dieses Tempels bis in eine Höhe von **4½** Metern vermauert. Weiter nördlich stößt man auf die verstreut herumliegenden kolossalen Säulen von **Tempel G**. Mit seinen 113 x 54 Metern war er der größte Selinunts. Von der östlichen Ausgrabungsstätte können Sie zu Fuß hinunter zum ehemaligen Hafen und hinauf zur **Akropolis** wandern. Alternativ können Sie sich auch wieder vor das Eingangsstor begeben und auf dem Fahrrad zum zweiten Eingang fahren (5 Minuten). Dort wartet ein Fahrradständer auf „Gäste"; ein Wächter wird ein wachsames Auge auf Ihr Rad werfen, und Sie können getrost die wenigen Restmeter zu Fuß hochwandern. Zwischen den schön restaurierten alten Straßen, die im Rastermuster angelegt sind, stehen die Ruinen vier weiterer Heiligtümer. Auf dem Gipfel der Akropolis wurden 14 Säulen des **Tempels C** wiederaufgerichtet (63 x 24 m). Dieser war einst bemalt und mit bunten Tontäfelchen verziert. Drei seiner Friese sind ebenfalls im Palermitaner Museum ausgestellt. Das **Heiligtum von Malaphoros**, der achte Tempel, war der Göttin Demeter, der Überbringerin des Granatapfels (malophoros), geweiht. Er befindet sich jenseits des Flusses Modione, 20 Minuten Fußmarsch von der Akropolis entfernt, und wurde wahrscheinlich für Begräbnisrituale genutzt. Ein flacher Opferaltar vor dem Tempel ist noch deutlich zu erkennen. Den kulturellen Teil erklären wir hiermit als beendet, jetzt heißt es „ab in die Fluten, der nahe Spiaggia ruft!" Wer nach mehr geschichtlicher Info verlangt, dem sei geraten, am Eingang die geeignete Literatur käuflich zu erwerben.

Öffnungszeiten: täglich von 9 Uhr bis eine Stunde vor Sonnenuntergang, 2 €.

Marinella war einst ein ruhiger Fischerort, ist mit dem Ausbau des nahen Selinunts zum Ferienort mutiert. Seinen Charme hat Marinella dennoch nicht verloren. Abends schlendern die Bürger und während der Saison auch die Touristen den Lungomare entlang, verkaufen die Fischer frischeste Sardinen „ab Boot", leuchten die Tempel mystisch in der Dunkelheit der Nacht. Ein schöner Sandstrand zieht sich in westlicher Richtung bis unterhalb der Ausgrabungen von Selinunte hin (das Tor vom Strand zum Ausgrabungsgebiet steht meistens offen). In östlicher Richtung gelangen Sie zum Riserva Naturale Fiume Belice mit ebenfalls wunderbar feinsandigen Stränden.

Information: am Kreisverkehr vor dem archäologischen Gelände, ✆ 092446251.
Unterkunft in Selinunte/Marinella: Costa d'Avorio*, Via Stazione 10, beim alten Bahnhof, ✆ 092446207, EZ o.B. 24 €, DZ o.B. 42 €; Lido Azzurro*, Via Marco Polo 98, ✆ 092446256, EZ m.F. 36 €, DZ m.F. 48 €, einfach und sauber, Zimmer teils zum Strand.
Affittacamere: Il Pescatore, Via S.D. 13, ✆ 092446303, EZ 18 €, DZ 30 €, klein, familiär, freundlich.
Camping: Athena*, Marina di Selinunte, ✆ 092446132, einfach und klein.

Orientierung in Gegenrichtung:
Fahren Sie die Stichstraße von Selinunte hoch zur SP56, dort links Ri. „Campobello". Nach den silberfarbenen Silos, am Ortsbeginn von Campobello, links Ri. „Cave di Cusa", dann geradeaus, vorbei an Müllhalden, und dem Straßenknick links und gleich darauf wieder rechts folgen (aufgepaßt: hier nicht rechts Ri. „Cave di Cusa"). An der nächsten Kreuzung links Ri. „Granítola", am Kreisel bei der Trafostation rechts Ri. „Granítola". Fahren Sie kurz vor dem Meer nicht in den Ort Granítola hinein, sondern geradeaus nach „Mazara del Vallo".

Etappe 43:
Selinunte – Sciacca (37 km) ***

Unsere Lieblingsetappe im Südwesten führt auf halber Höhe zwischen Küste und der SS115 in das arabisch anmutende Sciacca. Mehrere Flußtäler würzen die von Weinreben und Olivenbäumen gesäumten Nebenstraßen.

Start ist bei der Touristeninformation der antiken Tempelanlage (km 0/40 m). Fahren Sie landeinwärts, 3 km leicht bergauf. Das Castel Baffos zur Linken ist die perfekte Imitation einer mittelalterlichen Burg. Daß Zinnen und Wehrgänge den Gourmettempel vor der Mafia schützen und Touristen anlocken sollen, ist natürlich reine Spekulation. Direkt nach der Unterführung (km 3,6/80 m) rechts Ri. „Sciacca" abbiegen. Aus welcher Epoche wohl die knorrigen Olivenbäume stammen? Eindeutig aus dem Industriezeitalter sind die langen Stahlbetonbrükken der oberhalb verlaufenden SS115, die nacheinander zwei breite Flußtäler überquert. Für Sie bedeutet das jeweils kurze, aber serpentinenreiche Tal- und Bergfahrten – ist so, auch wenn's umgekehrt besser klingt! Wenn Sie den Anblick des nahen Meeres intensivieren möchten, nehmen Sie den Abzweig nach „Porto Palo"; dort wartet ein breiter Sandstrand auf Badegäste. Kurz nach dem zweiten Abzweig Ri. „Porto Palo" folgen Sie rechts den Schildern „Camping La Palma/Camping Geser" (km 14,8/35 m, geradeaus würde ein Kreuzung folgen). Jetzt befinden Sie sich auf der SP40, biegen aber schon nach 150 Metern wieder links auf die SP50 ab. Das „Spielchen“ mit dem Flußtal wiederholt sich nochmal. Bei km 23,6/40 m kurzzeitig auf die SP79, vor einer T-Kreuzung rechts (km 24,2) Ri. „Capo San Marco“ auf einen asphaltierten Weg abbiegen. Ein Wiedersehen mit der SP79 bei km 34/65 m und rechts ins Centro hinauf.

Sciacca (38.000 Ew): Siziliens berühmtes Thermalbad, mit farbenfrohem Fischereihafen und tausendjähriger Geschichte, liegt auf einer Terrasse, die steil zum Meer abfällt. Das Gebiet ist seit der Steinzeit besiedelt, heute ist der erste Eindruck für Radfahrer wenig erfreulich. Wenn Sie die modernen Wohnviertel überwunden haben, rollen Sie durch das barocke Stadttor Porta di San Salvatore, über eine enge Hauptstraße mit stehendem Verkehr und dicker Luft, an stilvollen, aber renovierungsbedürftigen Fassaden aller Epochen vorbei. Doch bald blicken Sie in verwinkelte Seitenstraßen, und spätestens am **Piazza Scandalito** wird die oft beschriebene freundliche Atmosphäre spürbar. Der Platz wirkt wie ein riesiger Balkon, wobei die Neuigkeiten der Nachbarn für die Saccensi natürlich interessanter sind als der herrliche Ausblick über die Dächer des Hafenviertels aufs offene Meer. Dort unten ist der orientalische Einfluß unverkennbar. Sie sollten unbedingt dabei sein, wenn am Hafen morgens die bunten Fischkutter festmachen, ihren Fang am **Mercato Ittico** versteigern und das gesamte Viertel zu pulsierendem Leben erwacht. Avete fame, Hunger bekommen? Die benachbarten Fischtavernen sind einen Besuch wert. Längst kein kulinarischer Geheimtip mehr ist dagegen die Hosteria del Vicolo. Hinter dem modernen Wort „Hosteria“ versteckt sich ein weit über die Stadtgrenzen hinaus bekanntes Ristorante. In der Vicolo Sammaritano 10, So und Mo geschlossen, ✆ 092523071, unweit des Piazza Scaglione gelegen. Direkt auf den „Balkon-Piazza“ mundet Pasta & Pizza unter freien Himmel, inmitten einer filmreifen Kulisse. Gegenüber ist der **Palazzo Municipio**, ein ehemaliges Jesuitenkloster, am westlichen Ende des Corso Emanuele der festungsartige **Palazzo Sterpinto** (16 Jh.). Seine außergewöhnliche Fassade besteht aus prismenförmigen Steinquadern. In entgegengesetzter Richtung passiert man direkt nach dem Piazza die **Stadt-Information** und stößt auf den **Dom**, Santa Maria Maddalena. Sein Bau datiert aus dem 12. Jh., die Fassade wurde in der Renaissance „modernisiert“. Direkt daneben ein hübscher Palazzo mit dem Casa Museo Scaglione, das einen Einblick in den Luxus des sizilianischen Adels um 1900 gibt. Geradeaus weiter befinden sich ein exotischer Park (Villa Comunale) und der Kurbereich. Die römischen Thermen an selbiger Stelle hatten vermutlich mehr Charme. Aus den zahlreichen Quellen sprudelt reichhaltiges Mineral- und Thermalwasser, dessen Heilkraft seit der Antike bekannt ist. Wer statt Schwefel- und Jodwasser lieber in Kunst badet, genießt die zahlreichen Keramikarbeiten und Majolikakacheln in den Gassen Sciaccas oder bestaunt einen extravaganten Kunstgenuß: das Castello Incantato, ca. 2 km östlich der Stadt (SS115 Ri. „Agrigento“, dann beschildert). Auf dem Landgut hat Filippo Bentivegna seine **„Tausend Gesichter“** gestaltet. Aus einem Steingebilde glotzen, aus Olivenholz geschnitzt, skurrile Gesichter den Betrachter argwöhnisch an. Andere Fratzen liegen scheinbar unvollendet herum. Der Künstler, ein ehemals einfacher Bauer, ist in den USA zu Reichtum gekommen. Nach seiner Rückkehr widmete sich der Sonderling ganz seinem Lebenswerk, das seit seinem Tod 1967 ein vielbestauntes Kunstwerk ist. Geöffnet: täglich 10.30-13.30 und 16.30-19.30 Uhr, Eintritt 2 €.

Information: AST, Via V. Emanuele 84, ✆ 092521182.
Unterkunft: Pension Buenos Aires*, Via Triolo 11, Seitenstraße (Treppenweg) des Corso Giuseppe Licata, EZ 24 €, DZ 36 €, ✆ 092521837; Hotel Paloma Blanca**, Via Figuli 5-7, neben den Thermengebäuden, ✆ 092525130, EZ 18-30 €, DZ 24-48 €.
Affittacamere: Serafina Bentivega, Via Licata 242, ✆ 092524678; Vicenzina Rossi, Via Figuli 18; Giuseppe Speziale, Via Figuli 2 (beide kein ✆).
Agriturismo: Azienda Montalbano, Giuseppe Montalbano, ✆ 092580154, 10 km ins Landesinnere, mitten in Olivenhainen, Pool, Camping auf Anfrage, DZ 42 €; Azienda Bono, Gaspare Bono, ✆ 092525325, nahe Torre Verdura, Beginn von Etappe 24, 2 km vom Meer entfernt, 28 € pro Person.
Camping: Baia Makauda**, Contrada Tranchina, ✆ 0925997001, 7 km östlich, Ri. „Agrigento“, am Sandstrand, 1. Juni bis 30. Sept.; Della Gioventù, Contrada Foggia, westlich am Strand Ri. „Capo San Marco/Villaggio Mediterraneo“, kurz vor Ende dieser Etappe, ✆ 0925991167, ganzjährig.
Fahrradgeschäft: Fisco Ignazio, Via de Gasperi 103, ✆ 092525767.

Orientierung in Gegenrichtung:
Verlassen Sie das Centro durch das Stadttor San Salvatore; treten Sie einige Meter weiter aufwärts, bis an einem Kreisel links „Contrada Foggia“ beschildert ist. Hinunterrollen, kurz nach einer Talsohle beginnt die SP79 (km 3); hier links, steil bergauf (Beschilderung „Pizzeria Panorama/Capo San Marco“). Sie treffen die SP79 wieder (ca. km 13), kurz später über eine Brücke (km 14) und rechts Ri. „Porto Palo“ (braunes Schild), jetzt auf der SP50 – ein Viadukt quert bei km 16,5/75 m, danach nicht geradeaus nach „Menfi“, sondern links hinunter. Hallo SP79 (km 26), auf dieser bis zum beschilderten Abzweig nach Selinunt. Natürlich können Sie auch die gesamte Strecke auf der SP79 zurücklegen – der beschriebene Weg ist aber idyllischer und noch weniger befahren.

Etappe 44:
Palermo Flughafen – Palermo Zentrum (35 km) *(Skizze s. Etappe 33)*

Punta Raisi oder Falcone Borsellino – wie der Flughafen von Palermo nun wirklich heißt, ist die eine, ruhig angehen lassen oder mitten hinein in die sizilianische Hauptstadt, das ist die andere Frage. Falls Sie die erste Variante bevorzugen, sollten Sie Richtung Terrasini lostreten (Etappe 33). Auch von dort können Sie erste Palermo-Eindrücke bei einem Tagesausflug mit Bus oder Bahn sammeln und dann weiter westwärts radeln. Oder doch gleich in das Großstadt-Radabenteuer stürzen? Ein Highlight ist die Strecke ins Centro sicher nicht, aber durchaus machbar. Die Autobahn mal zur Linken, mal zur Rechten, das

Meer nur selten im Blickfeld. Der Verkehr nimmt stetig zu, aber schon bald sind die Nobelvororte am Rand des Monte Pellegrino, „Liebling und Hausberg" der Palermitaner, erreicht. Bergprofis und alle, die es werden wollen, kurbeln hinauf – verschaffen sich somit einen grandiosen Überblick, bevor sie hineinrollen. Genießer umkurven den Berg, passieren den Strand von Mondello und landen ebenso im Großstadtverkehr. In den Siestastunden sowie an Sonn- und Feiertagen ist fast nichts los, ein Eintreffen zwischen 17 und 20 Uhr wird allerdings höchstens Fahrradkuriere und Tour-de-France-Teilnehmer „kalt" lassen.

Die einzige (aber illegale) Möglichkeit, den Flughafen tretenderweise zu verlassen, führt über einen Autobahnzubringer (Fahrrad-Verbotsschild). Das Verkehrsaufkommen ist zum Glück relativ gering, und eine breite Standspur ersetzt den fehlenden Fahrradweg. Bei der ersten Ausfahrt (km 4) rechts Ri. „Mazara del Vallo". Sie werden auf die Autobahn A29 geleitet, die Sie bereits nach 700 Metern wieder Ri. „Marina di Cinisi" verlassen dürfen. An der folgenden T-Kreuzung links Ri. „al mare", bergab und nach der zweiten Unterführung rechts auf eine schmale Asphaltstraße (links ist „Camping Al Mare" beschildert). Ein kurzer Ausblick auf die felsige Küste, dann versperren die Mauern einer Ferienhaussiedlung die Sicht. Sie stehen nun erneut vor der Autobahnauffahrt „Falcone Borsellino", fahren dort halb links Ri. „Carini". Später verläuft die Via Cristoforo Colombo direkt neben der A29. Die Straße endet bei km 11, Sie überqueren die Autobahn und fahren auf der SS113, rechts der Autobahn, Ri. „Palermo". Leicht bergauf durch die Ortschaft Capaci und wieder über die A29 (Tachovergleich: bei km 18 steht das Kilometerschild 267 der SS113). Folgen Sie nun immer der Beschilderung „Mondello". In Sferracavallo geht es an der großen Kreuzung links ab. Bald wird die Straße zweispurig, mittig von Palmen gesäumt, vorbei am Einkauszentrum Centro Olympio, immer wieder folgen Kreisel, und jedesmal fahren Sie geradeaus – solange bis Sie den Nobel- und Vergnügungsvorort Mondello erreichen. Am Ortsbeginn stoßen Sie auf eine palmenbewachsene, dreieckige Verkehrsinsel (zur Orientierung: Api und Agip-Tankstelle).

OPTION: Einfahrt über den Monte Pellegrino ***
Geradeaus führt eine serpentinenreiche, asphaltierte Straße auf den Monte Pellegrino. Oben (420 m) angekommen erreichen Sie das Kloster „Santuario e Grotta di San Rosalia". Von dort führt eine Stichstraße zu dem gleichnamigen Aussichtspunkt. Geradeaus folgt ein Ausflugslokal, auch Start eines weiteren „Uphills" zum sogenannten Antennenberg (540 m; ca. 1,5 km) und/oder Beginn des aussichtsreichen „Downhills" ins Centro. Unten am Kreisverkehr treffen Sie auf die normale Route (rechts). Das schönste Vorgebirge der Welt (Goethe) ist ein Naturschutzgebiet, die Straßen sind für den Kraftverkehr gesperrt und deshalb ein „Sportparadies" für palermitanische Mountainbiker und Rennradfahrer.

Hier fahren Sie halb links auf der zweispurigen Straße hinunter, dem Strand entgegen. 100 m zuvor biegen Sie rechts in die Via della Paine ab und folgen nun der Küstenstraße, anfangs Via Cristoforo Colombo, durch Vergine Maria,

Arenella bis nach Acquasanta. Dort an der Villa Igea scharf rechts in die Via Card. Marino Rampolla. Diese geht am Linksknick in die Via Pietro über, am Kreisverkehr geradeaus auf die Via Imperatore Federigo und dann links auf die breite Einfallstraße, Via Marchese di Roccaforte. Immer geradeaus, im letzten Abschnitt heißt die Straße Via Roma und stößt direkt auf den Hauptbahnhof, die Stazione Centrale.

Orientierung in Gegenrichtung:
Vom Hauptbahnhof auf der Via Roma 4 km geradeaus. Die Straße ändert im Verlauf ihren Namen. Im letzten Abschnitt heißt sie Via Marchese di Roccaforte, und von dieser biegen Sie rechts ab in die Via Imperatore Federico, geradeaus über einen Kreisel und bald darauf scharf rechts (hier besteht die Option, halb links auf der Via Bonanno über den Monte Pellegrino nach Mondello zu fahren) in die Via Card. Marino Rampolla. Sie stoßen auf die Villa Igea, dort links und der Küstenstraße nach Mondello folgen. Links auf der zweispurigen Straße stadtauswärts, und der Beschilderung „Sferracavallo" folgen. Über einige Kreisel geht es immer geradeaus und im Ort selbst rechts auf die engere Via Sferracavallo. Auf der SS113 im weiteren Verlauf die Autobahn kreuzen, durch Capaci fahren und dann aufgepaßt: von der SS113 rechts „Ri. Pilieri/Falcone Borsellino" abbiegen, links „Falcone Borsellino" (rechts ist Autobahnauffahrt), über die Autobahn hinüber und im Kreisel die erste Abfahrt rechts „al mare". Die schmale Straße führt zwischen einer Häuserzeile und der Autobahn hindurch, ohne Meeresblick – Via Cristoforo Colombo Navigatore. Nun der Beschilderung „Falcone Borsellino" über die Zubringerautobahn, mit breitem Standstreifen, folgen.

Etappe 45:
Palermo Centro – Monreale – Palermo Centro (21 km) *
(Skizze s. Etappe 27 bzw. 33)

Monreale zählt zum Pflichtprogramm eines jeden Sizilienreisenden. Der Ausflug mit dem Rad ist anfangs äußerst verkehrsreich, doch mit zunehmender Entfernung vom „Kessel" wird das Verkehrsaufkommen geringer und die Luft frischer.

Sie schwingen sich an der Stazione (Piazza Giulio Cesare) auf Ihr Rad, fahren bis km 0,6 auf der breiten Via Roma und biegen links auf die Via Vittorio Emanuele ab. Diese geht bis zur Kathedrale geradeaus (km 1,3), wird dort zur Einbahnstraße. Das bedeutet für Sie: Rad am Gehweg geradeaus schieben oder mit dem Verkehrsstrom nach rechts fahren, am Piazza Peranni gleich wieder links und dann weiter auf der Fortsetzung des Corso Vittorio Emanuele, dem Corso Calatafimi. Linker Hand sehen Sie den Piazza Indipendenza. Folgen Sie dem Corso Calatafimi bis km 3,3. Dort überqueren Sie auf einer Brücke die äußerst verkehrsreiche Viale della Regione Siciliana. Hinter dieser biegen Sie links ab. Bei ca. km 4 geht's rechts in die kleine, unscheinbare Viale Palmerino

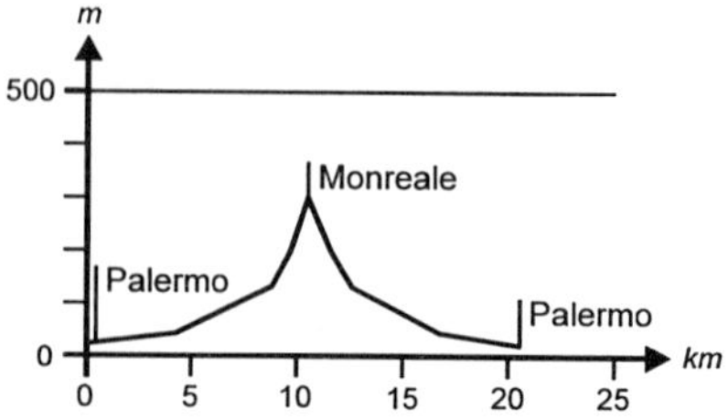

(weißes Schild mit roter Schrift jedoch verdeckt durch Stromkasten, Orientierungshilfe: zwischen Fliesenhandlung und Agip-Tankstelle. Wenn diese nach 800 m zur Einbahnstraße wird, fahren Sie rechts in die Via Due Vanelle, die Sie durch einen Vorort und über eine Querstraße führt, weiter bis zur Villa Flora (km 8/140 m, rosarotes Restaurant linker Hand). Dort geradeaus 1000 Meter aufwärts, bis eine horizontal am Hang laufende Straße erreicht wird. Von dieser geht es dann sofort den kurzen, steilen Stich zur Hauptstraße hinauf und auf dieser links bergauf. Es folgen zwei Spitzkehren. Nach km 9/200 m erreichen Sie das Ortsschild von Monreale, nach km 10,5/300 m stehen Sie auf dem Piazza V. Emanuele. Was nun? Cappuccino, Gelato oder in die Kathedrale? *Come loro vogliono* (die Entscheidung liegt bei Ihnen)!

Monreale (25.000 Ew): Die benediktinische Klosterstadt ist eines der künstlerischen Glanzstücke Siziliens. Das Kloster wurde 1174 von Wilhelm II. gegründet und 1183 Sitz des Erzbischofs. Der Bau war ein Wettlauf mit dem ehrgeizigen englischen Erzbischof Walter of the Mill, der zwei Jahre zuvor mit dem Bau der Kathedrale in Palermo begonnen hatte. Wegen seiner prachtvollen Abteikirche wurde jedoch Monreale zum Sitz des Erzbischofs ernannt. Monreales (königlicher Berg) normannische Kathedrale, die als eines der schönsten mittelalterlichen Gebäude Italiens gilt, vereinigt die Architektur und Handwerkskunst der Römer, Byzantiner und Araber. Sie besitzt zwei Wehrtürme und einen klassizistischen Portikus aus dem 18. Jh. Die Bronzetüren mit Bildern aus dem Alten und Neuen Testament schuf Bonnano Pisano 1186. Die heutige Decke ist eine Nachbildung der ursprünglichen, die 1811 durch einen Brand zerstört wurde. Ruhm und Stolz der Kirche sind aber die Mosaike aus dem 12. und 13. Jh., die auf über 6000 m² eine der vollständigsten Bilderbibeln des Mittelalters darstellen. Die biblischen Szenen im Mittelschiff und der Christus in der Halbkuppel der Apsis sind das Werk byzantinischer und venezianischer Künstler. Die Mosaike in den Seitenschiffen stellen einige Wunder Jesu dar: Jesu schreitet über den See Genezareth, Speisung der 5000, Wunderheilungen, etc.

Vom alten Benediktinerkloster ist glücklicherweise der Kreuzgang erhalten geblieben. Dieser ist im arabisch-normannischen Stil gestaltet, er schließt einen exotischen Garten sowie einen prachtvollen Springbrunnen ein.

Das Bistum Monreale liegt im „Goldenen Dreieck“ der Cosa Nostra, und der Dom gelangte 1997 wegen Verbindungen des Klerus mit den großen Mafia-Familien in die Schlagzeilen der Weltpresse.

Information: Piazza Duomo, Monreale, ✆ 0916564570.

Öffnungszeiten: Dom: täglich von 8-12 und 15.30-18 Uhr, Kreuzgang: Mo-Sa von 9-13 Uhr, Mo-Fr auch von 15-18 Uhr und So von 9-12.30 Uhr, Eintritt: 2 €.
Übernachtung: Carrubbella Park Hotel***, Via Umberto 233, ✆ 0916402188, EZ 48 €, DZ 70 €.

rientierung in Gegenrichtung:

uf dem Rückweg biegen Sie nach km 0,5/270 m rechts in die Via Cannolicchio b (180-Grad-Kurve) und halten die Bremsen bis zur Villa Flora gedrückt, weiter uf der Via Saitta, unter der Brücke hindurch und an der Mauer entlang bis zur ächstgrößeren Kreuzung bei km 3,1/95 m. Hier geht es links (geradeaus ist etzt leider Einbahnstraße), dann geradeaus bis zum Corso Calatafimi, dort echts und Richtung Centro halten (Via Vittorio Emanuele – Via Roma – Stazione).

Etappe 46:
Palermo – Solunto – Termini Imerese (44 km) *

Die Tour folgt größtenteils der Küstenstraße SS113 Richtung „Cefalù" und ist eine beliebte Rennradstrecke der Palermitaner, obwohl der Verkehr, je nach Tageszeit, sehr dicht sein kann. So richtig entspannend ist nur die Teilstrecke entlang dem Capo Mongerbino. Dort erwartet Sie auch eine herrliche Sicht auf den Monte Pellegrino und die Bucht von Palermo! Parallel laufende, ruhigere Straßen gibt es nicht, dafür eine gute Bahnverbindung. An dem gesamten Küstenabschnitt ist Baden wegen des verunreinigten Wassers nicht empfehlenswert.

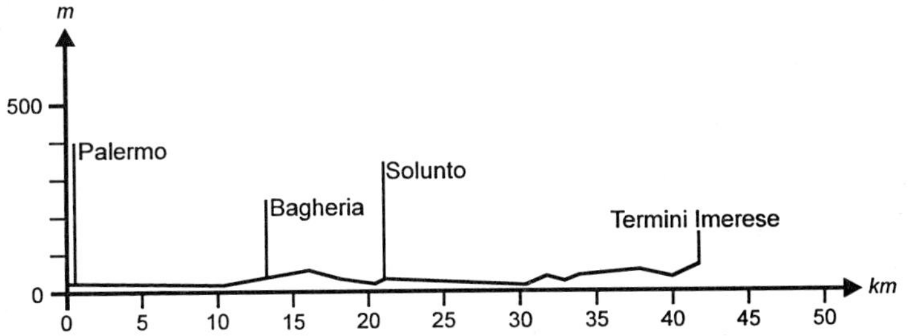

Am Piazza Giulio Cesare vor dem Hauptbahnhof (km 0/30 m) rechts auf die Via Abramo Lincoln (gegen Einbahnstraße), die erste Möglichkeit rechts in die Via Rosario Gregorio, die zweite Straße links in die Via Balsamo (Busbahnhof) und wieder die zweite rechts auf den Corso di Mille. Dann geradeaus, über den Fiume Oreto hinweg, bis nach km 2 links eine schöne Alleenstraße, die Viale

Amadeo Aosta, abzweigt. Auf dieser erreicht man bei km 2,7 die stark befah-rene Küstenstraße SS113 (Via Messina Marine). Biegen Sie rechts ab, die ein-heimischen Radfahrer nutzen meist den breiten Gehweg und kommen som wesentlich schneller und sicherer voran als auf der Straße. Nach km 6,4 wird's spürbar ruhiger (der Hauptverkehr fließt rechts ab Ri. „Autostrada"). Sie errei-chen die Ortschaft Ficarazzi. Aufgepaßt: Im Ort nach einer Panificio (km 10,6 links Ri. „Aspra" in die schmale Seitenstraße Via San Martino abbiegen (we den Abzweig verfehlt, kann auch am Ortsende Ri. „Aspra" abbiegen). Folger Sie nun immer der schmalen Küstenstraße: km 13,6 rechts durch Bagheria km 14,6 Ri „Capo Zafferano" leicht bergauf, dann durch die Ortschaft Monger-bino; km 19,5/35 m links Ri. „S. Elia"; km 20,7 rechts Ri. „SS113/Messina". Das klingt kompliziert, ist aber gut beschildert und daher leicht zu finden. Bei km 21/25 m haben Sie die Möglichkeit, rechts nach Solunto hinaufzustrampeln. Gute 10 % Steigung hat die 1 km lange Auffahrt bis zum Eingang.

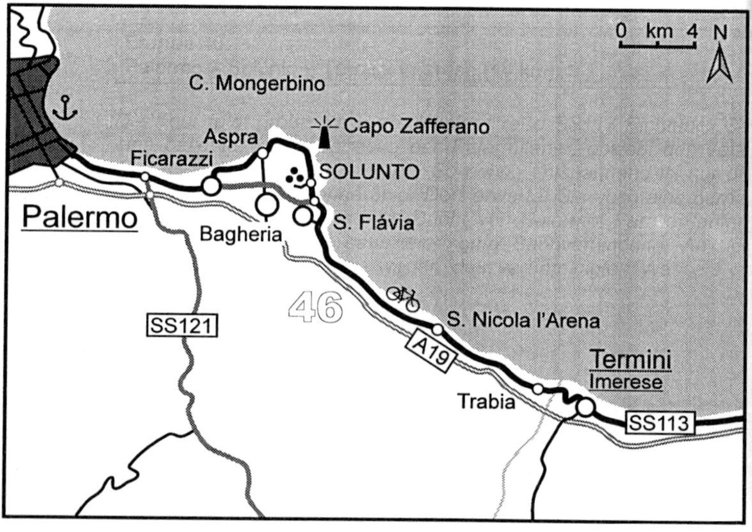

Solunto: Das archäologische Gebiet liegt auf einer aussichtsreichen Hoch-ebene des Monte Catalfano. Auf dem Ausgrabungsgebiet sind die gut erhal-tenen Grundmauern und das rechtwinkelige Straßensystem einer römischen Stadt zu sehen. Am Eingang steht ein Besucherpavillon (Antiquarium), in dem hier gefundene Gegenstände (Keramiken, Münzen, Statuen, Kapitelle) ausgestellt sind (einige wichtige Funde befinden sich in Palermo). Besonders sehenswert sind die Ruinen des Gymnasiums, das Theater (faßte 1200 Zuschauer) und das „Haus der Lena" mit schönen Bodenmosaiken. Einen

Grundrißplan zur Orientierung gibt's am Eingang (Öffnungszeiten: Mo-Sa 9-19 Uhr, So 9-12.30 Uhr; Eintritt 2 €).

Weiter geradeaus stößt man bald auf die SS113 Ri. „Termini/Messina". Es folgen die Ortschaften Solunto, S. Nicola Arena und Trabia. Bei km 42/20 m führt eine alte Steinbrücke über den Fiume San Leonardo, dann geht's hinauf, durch das Stadttor Porta Palermo und über die Via Garibaldi direkt zum Piazza Duomo ins Centro der Oberstadt von Termini (km 44/80 m).

Termini Imerese (26.500 Ew): Die moderne **„Untere Stadt"** ist von Industrieanlagen und dem großen Hafen geprägt. Die Gassen und Plätze sind verkehrsreich und für Besucher wenig attraktiv. Gleichwohl befinden sich hier die schon von den Römern wegen ihrer heilenden Wirkung geschätzten Thermalquellen. Die auch heute noch sehr beliebten **Thermen** (Grand Hotel delle Therme) nutzen die salz-, brom- und jodhaltigen Wasser von zwei Quellen mit einer Temperatur von über 40 °C. Sie helfen bei arthritischen, rheumatischen und urikämischen Leiden. Von dem Heilbad führt die Strada Comunale Serpentina zur wesentlich ruhigeren **Oberstadt** (Altstadt) hinauf, die für Kulturinteressierte einiges zu bieten hat. Wer sich in Termini lediglich eine kurze Radpause gönnen möchte, findet Schatten und Ruhe im Park der **Villa Palmieri** (vom Duomo kommend: rechts neben der Porta Palermo) und kann gleichzeitig die Grundmauern eines römischen Bauwerks studieren. Direkt dahinter stehen die Reste eines römischen **Amphitheaters** und etwas weiter östlich die Kirche Santa Caterina aus dem 15. Jh., mit einem spätgotischen Portal und interessanten Wandmalereien im Inneren. Der **Duomo San Nicola** wurde in der Barockzeit (Anfang 16. Jh.) neu aufgebaut. An dem dreischiffigen Dom vorbei (Via Belvedere) gelangt man zu einem herrlichen Aussichtspunkt.

Information: Pro Loco, Via Vencenzo La Barbera 1.
Unterkunft: Pensione Il Gabbiano, Via Libertà 221, ✆ 0918113262, EZ in der Dipendenza, EZ 24 €, DZ 36 €.
Affittacamere: Paola Mercurio, Vicolo Morello 5, ✆ 0918111686, EZ 24 €, DZ 36 €.
Camping: Himera**, Località Buonfornello, 14 km östlich, an der SS113 Ri. „Cefalù", in der Nähe der archäolog. Stätte von Himera (siehe Etappe 47), ✆ 0918140175, ganzjährig; Torre Battilamano*, Contrada Buonofornello, Lage s.o., ✆/℻ 0918140044, ganzjährig.

Orientierung in Gegenrichtung:
Vom Piazza Duomo die Via Garibaldi in westliche Richtung, der Beschilderung „Palermo/SS113" folgen, durch die Porta Palermo hindurch den Berg hinunter rollen, weiter auf der Küstenstraße SS113 bis S. Flávia (km 22/20 m), dort rechts Ri. „S. Elia" (auch braune Schilder Ri. „Solunto"). Über die Ortschaften S. Elia und Aspra bis Ficarazzi, dort weiter auf der SS113 nach Palermo.

Etappe 47:
Termini Imerese – Himera – Cefalù (37 km) **

Vom hübschen Thermenort führt die kräfteschonende Tour anfangs auf der SS113, dann auf einer schmalen Asphaltstraße parallel zum Meer und bietet einige Bademöglichkeiten.

Start der Tour ist am Piazza Duomo (km 0/80 m) vor dem Denkmal des Giuseppe la Massa. Fahren Sie die Via Belvedere, und biegen Sie rechts auf die Strada Comunale Serpentina ab (es geht in Serpentinen bergab). Immer der Beschilderung „SS113/Messina/Stazione“ folgen. Die SS113 führt rechts der Bahnlinie und macht einen kurzen Knick bergauf, ins Landesinnere. Die häßlichen Industrieanlagen haben Sie somit nur von Weitem im Blickwinkel. Bei km 11,7/35 m wendet sie sich wieder dem Meer zu, und bald fahren Sie an der Ausgrabungsstätte „Himera“ (km 16,1/35 m) vorbei.

Himera: Ausgrabungen einer griechischen Kolonie aus dem Jahr 648 v.Chr. Einst lebten 4000 Menschen in der Stadt, die durch die Schlacht und den Sieg der Syrakuser und Agrigenter über die Karthager bekannt wurde. An der Stätte des Triumphs wurde ein riesiger dorischer Sieges-Tempel erbaut, von dem noch Ruinen zu sehen sind. Viel Fantasie muß man schon mitbringen, um sich ein Bild früherer Zustände machen zu können. Öffnungszeiten täglich von 9 Uhr bis Sonnenuntergang.

Mittelalterliches Cefalù

ufgepaßt: Bei km 18,9/30 m links abbiegen (keine Beschilderung). Es geht nun uf einem schmalen, asphaltierten Sträßchen (in keiner der empfohlenen Karten erzeichnet) links der Bahnlinie weiter dem Ziel Cefalù entgegen. Die Straße vurde im Zug der Erschließung des Gebiets neu angelegt und führt an einigen leubauten und Wegweisern zum Strand vorbei. Sie passieren die zwei *Stazioni* Bahnhöfe) „Campofelice“ und „Lascari“. Bei km 29,2/20 m geht's unter der Bahnlinie durch, und nach km 29,5 gelangen Sie wieder auf die SS 113; dort nks in Fahrtrichtung Cefalù halten. Nach km 34/55 m begrüßt Sie das Ortschild von Cefalù, und die Etappe ist bei km 37/35 m beendet.

Cefalù (14.000 Ew): Heutzutage ist der Tourismus Haupterwerb der Cefalùtani. Die Kombination aus herrlicher Lage, breitem, feinsandigem Strand und den engen arabischen Flaniergäßchen zieht zahlreiche Pauschaltouristen, Tagesausflügler, Sprachschüler und abends auch Einheimische (die gibt es!) an. Man trifft sich in den zahlreichen Caffès, Gelaterien und Ristoranti.
Das ehemalige Fischerdörfchen mit überaus malerischer Altstadt und dem berühmten **Normannendom von Roger II**. drängt sich zwischen Meer und dem 270 m hohen Felsen **Rocca di Cefalù**. Die Kathedrale ist eine der größten Siziliens (konkurriert mit Monreale und dem Dom zu Palermo). Der Name Cefalù hat seinen Ursprung im griechischen Wort Kephalodion (Kopfstadt), Kopf des gigantischen Felsens. Er hat im Lauf der Geschichte viele Völker und Mächte erlebt. Syrakuser, Römer, Araber und Normannen. Letztere sind für die Blüte Cefalùs und den Bau des Doms verantwortlich. Dieser gilt als eines der großartigsten Bauwerke der Normannenzeit (täglich 8.30-12 Uhr, Mo-Sa auch von 15.30-19.30 Uhr). Baubeginn war im Jahr 1131, die Fassade wurde jedoch erst 1472 fertiggestellt. Im Inneren ist außer den Gerüsten zur Restaurierung das überragende Mosaik des allmächtigen Christus zu sehen. Verläßt man den **Piazza Duomo** auf dem Corso Ruggero nach Süden, stößt man bei der Via Amendola auf die ehemalige Residenz von Roger II., den gotischen Palast **Osterio Magno** (beim Tourismusbüro). Von der Via Amendola gelangt man auf den Corso Vittorio Emanuele, der parallel zum Meer verläuft. Man kann einen Blick ins **Lavatorio Medievale** (mittelalterliches Waschhaus), einen tiefgelegenen Innenhof, werfen. Die verschiedenen Steinbecken, die durch starke Quellen gespeist werden, sind allerdings eher unspektakulär. Bis in die sechziger Jahre des 20. Jahrhunderts benutzten die Frauen Cefalùs diesen uralten Waschplatz, der gleichzeitig als Kommunikationsstätte diente. Die nächste Querstraße nach rechts führt zum **Museo Mandralisca**. Baron Mandralisca stellt seine Privatsammlung der Öffentlichkeit zur Verfügung (geöffnet von Di-So 9.30-12.30 Uhr und 15.30-19.30 Uhr). Antike Kunstwerke und Gemälde aus dem 15.-19. Jh. sind ausgestellt. Davon ragt ein Exponat besonders heraus: das berühmte Portrait eines Unbekannten von Antonello da Messina (1470). Nach so viel Kultur kann eine Pause im Caffè an der **Porta Pescara** nicht schaden. Schlendern Sie noch durch die Via Bordonaro, werfen Sie einen Blick auf die schroffen Felsen und Reste der Stadtmauer an der Küste (Belvedere). Wir erklären den offiziellen Altstadt-Rundgang als beendet.

Vom **Piazza Garibaldi** im Süden der Altstadt führt neben dem Gebäude de Banco di Sicilia eine Treppe auf den Hügel oberhalb der Stadt. Der Ber lieferte das Baumaterial, den hellen Kalkstein, für die antiken Stadtmauer und die Kathedrale. Auf dem Weg befinden sich ein **Diana-Tempel** und di Ruinen der Verteidigungsanlagen aus byzantinischer Zeit. Der 45-minütig Aufstieg zwischen duftenden Pinien-, Oliven- und Zypressenbäumen wird m einem wunderbaren Ausblick auf die Stadt und das Meer belohnt.

Information: Corso Ruggero 77, zwischen Piazza Garibaldi und Piazza Duomo, ✆ 0921421050, ℻ 0921422386.
Unterkunft: Hotel Locanda Cangelosi*, Via Umberto 26, ✆ 0921421591, einfach und laute Zimmer, nahe der Altstadt, EZ o.B. 22 €, DZ o.B. 36 €; La Giara**, Vi Veterani 40, mitten in der Altstadt, in Domnähe, Dachterrasse, ✆ 0921421562, EZ 24-40 €, DZ 36-72 € und in der Hochsaison noch mehr; Delle Rose**, Via Gibilmanna, 1 km außerhalb vom Zentrum an der Straße nach Gibilmanna (Beginn von Etappe 48), einfach, sauber, familiär, zwischen Olivenbäumen, Dachterrasse mit Blick au Cefalù, ✆/℻ 0921421885, DZ m.F. 48-60 €; Al Pescatore**, Località Caldura, 1 km außerhalb Ri. Messina an der SS113, nicht weit vom Capo Caldura, ✆ 0921421572 EZ 22-36 €, DZ 30-48 €; Villa Belvedere**, Via dei Mulini 43, 1 km außerhalb, oberhalb der Stadt im Grünen, ✆ 0921421593, ℻ 0921421845, EZ 42-54 €, DZ 48-67 € in der Hochsaison Preissteigerung; es gibt noch viel mehr, und die Preissteigerungskurve geht ins Unendliche.
Camping: Costa Ponente Internazionale Camping***, Località Ogliastrillo, 3 km westlich Ri. Palermo, Klippenküste, ✆ 0921420085, ℻ 0921423122, ganzjährig; Sanfilippo**, Località Ogliastrillo (s.o.), sauber, terrassenförmig angelegt, zwischen Oliven, an einer Steilküste, ✆/℻ 0921420184, ganzjährig; auf der Strecke liegen noch mehrere Campings, ausgeschildert.
Fahrradservice und Verleih: Villa la Lumia, Località S. Lucia, ✆ 0921420090.
Tip: der Stadtstrand ist schön, noch schöner der 5 km westlich gelegene Strand von Mazzaforno mit tollem Blick auf die Stadt.

Orientierung in Gegenrichtung:
Ab dem Piazza Garibaldi auf der Via Roma zur SS 113 Ri. „Termini Imerese/ Palermo". Aufgepaßt: Bei km 7,1 rechts auf die schmale, asphaltierte und unbeschilderte Straße abbiegen (erste Möglichkeit nach dem Abzweig zum Carlton Hotel Rivera), die Bahnlinie unterqueren und im weiteren Verlauf immer rechts die Bahnlinie entlang. Bei km 17,7/30 m wieder links auf die SS 113, vorbei an der Ausgrabungsstätte Himera und den Schildern nach „Termini Imerese" folgen. Etappenende ist der Piazza Duomo in der Oberstadt (km 37/80 m).

Etappe 48:
Cefalù – Gibilmanna – Isnello (25 km) ***

Die Tour führt von der Küste über steil ansteigende Nordhänge in die dicht bewaldete Gebirgsregion der Madonie. Die serpentinenreiche Bergstraße gewinnt gleichmäßig an Höhe. Atemberaubende Ausblicke auf Cefalù und das are Tirreno sind Ihr Wegbegleiter. Die Ruhe des Naturreservats steht in angenehmem Kontrast zu dem touristischen Treiben in Cefalù.

Kartenskizze Etappen 47 & 48

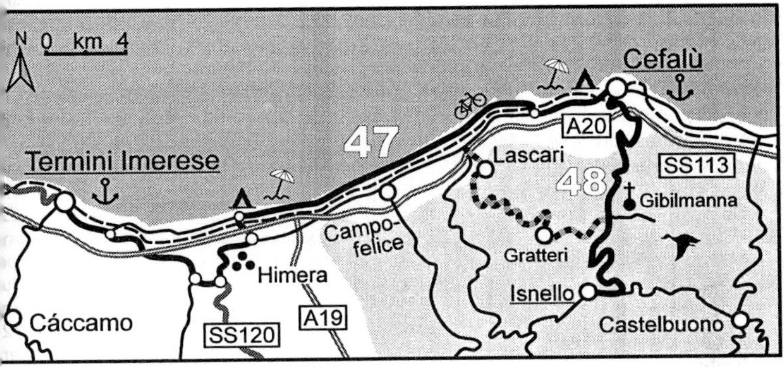

Verlassen Sie Cefalù vom Piazza Garibaldi (km 0/30 m) über die Via Umberto. Achten Sie auf die braune Beschilderung „Gibilmanna“, die Sie zur SP54 führt. Diese windet sich in zahlreichen Serpentinen nach oben. Bei km 9/540 m geradeaus Ri. „Gratterie/Gibilmanna“. Das Santuario die Gibilmanna kündigt sich bei km 14/760 m mit einem großen Parkplatz an. Das Gebiet ist auch ein beliebtes Picknickareal der Cefalùtani.

Santuario di Gibilmanna: Das Wallfahrtskloster am Fuß des Pizzo Sant' Angelo wurde 1619 in nur fünf Jahren erbaut und ist heute eine der bedeutendsten Pilgerstätten der Insel. Besonders am Festtag Mariä Geburt (8. September) kommen Gläubige aus ganz Sizilien, um die Madonna zu verehren. In dem Kapuzinerkloster können Sie außerdem die Bibliothek und die Katakomben (Eingang außerhalb) unter der Kirche besuchen. Der Name kommt aus dem Arabischen und bedeutet „Berg des Manna“. Manna war ein klebriger Süßstoff, der ähnlich wie Ahornsirup von Bäumen (einer Eschenart) gewonnen wurde, die hier sehr zahlreich wuchsen.

Unterkunft: Bel Soggiorno**, Località Gibilmanna, an der Hauptstraße, unterhalb vom Kloster, zwischen Bäumen, einfach, ✆ 0921421836, EZ o.B./m.F. 28 €, DZ o.B./m.F. 36 €, nicht ganzjährig geöffnet.

Vom Parkplatz weiter auf der SP54 Ri. „Isnello“. Die Straße ist leicht abschüssig, bis man bei km 20/475 m eine Schlucht überquert. Dann wieder aufwärts, bis rechts die SP9 Ri. „Collesano/Isnello“ (km 21,4/545 m) abzweigt. An der Kreuzung bei km 24,4/590 m rechts ins Centro von Isnello.

Isnello (2000 Ew): Das mittelalterliche Isnello ist ein beliebtes Ausflugs- und Ferienziel der Sizilianer. Vor allem an sonnigen Wochenenden verwandeln sich die engen Gassen in eine Flaniermeile. In den Natursteinhäusern befinden sich zahlreiche kleine Läden, die Spezialitäten der Madonie und selbstgefertigte Handarbeiten anbieten. Isnello hat seine Ursprünglichkeit bewahrt und ist idealer Ausgangspunkt für Wanderungen. Besonders sehenswert sind die Chiesa San Nicolò und die Chiesa San Michèle.

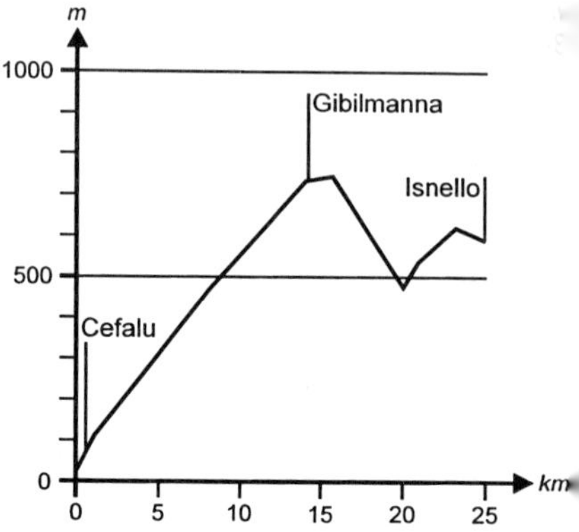

Information: Parco Regionale, Contrada Farchio, oberer Ortsteil, an der Umgehungsstraße, ✆ 0921662795; Infos auch in Cefalù.
Affittacamere im Ort: Manzelle Vincenza Bonafede, Via Roma 36, ✆ 0921662179, EZ 22 €, DZ 36 €.
Unterkunft in der Umgebung: Park Hotel Piano Torre***, Località Piano Torre (865 m), 8 km entfernt auf Etappe 41, ✆ 0921662671, EZ 54 €, DZ 72 €.
Rifugio: einige Berghütten befinden sich in ca. 10 km Entfernung, siehe Etappe 49.
Agriturismo in der Umgebung: Azienda Mongerratti, Francesco Licata di Baucina, Località Mongerrati, 4 km entfernt, an der Straße Isnello – Collesano, direkt am Abzweig nach Piano Zucchi auf Etappe 49, ehem. Gutshof aus dem 17. Jh., ✆ 0921662759, Appartement für 2 Personen, pro Woche 250 €.

Orientierung in Gegenrichtung:
Die SP9 (km 0/590 m) Ri. „Cefalù" hinunterrollen. Bei km 3/545 m rechts Ri. „Cefalù/Gibilmanna" (SP54), weiter abwärts, bis ein kleiner Gegenanstieg zu dem großen Parkplatz der Wallfahrtskirche führt. Nach Cefalù geradeaus der Beschilderung folgen oder links Ri. „Gratterie", falls Sie auf schnellstem Weg nach Palermo wollen.

Etappe 49:
Isnello – Piano Zucchi – Piano Battaglia – Petralia Sottana (38 km) ***

Eine weitere „Bergprüfung" stellt die erste Etappenhälfte dar. Gut 1000 Höhenmeter sind es bis zum höchsten Punkt der Madonie-Überquerung, dem Piano Battaglia. Hier laden zahlreiche Berghütten zu einer wohlverdienten Rast ein und bieten zudem günstige Übernachtungen an. Ein idealer Ausgangspunkt für Bergwanderungen! Traumhaft ist auch die lange Abfahrt nach Petralia Sottona.

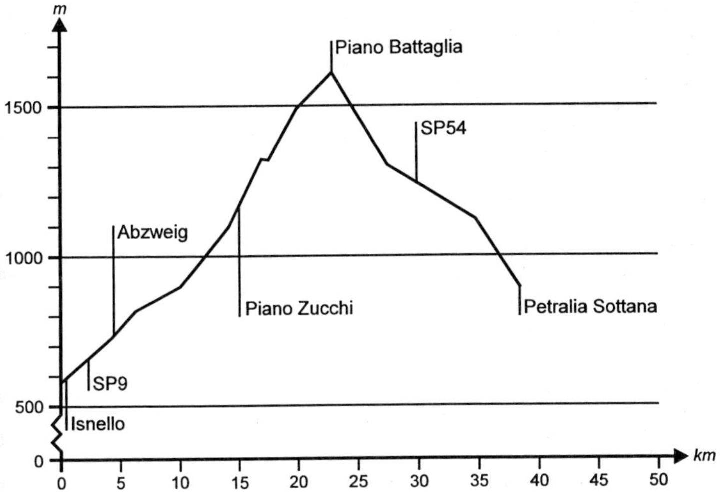

Die Tour startet an der Kreuzung der Ortszufahrt mit der SP9 (km 0/590 m). Diese verläuft weiter bergauf Ri. „Collesano". Bei km 4,7/750 m links Ri. Piano Battaglia auf die SP54 abzweigen (rechts ist die Autostrada beschildert). Die kurvenreiche Bergstraße führt durch bewaldetes Gebiet, vorbei am Parkhotel Piano Torre (km 9,4/860 m) zum Piano Zucchi hinauf.

Piano Zucchi: eine Hochebene, auf 1105 m gelegen, guter Ausgangspunkt zahlreicher Wanderungen. Der Übergang zwischen mediterraner Flora (Korkeichen, Steineichen) zur Gebirgsflora (überwiegend Buchen) ist hier gut erkennbar.

Rifugio: Rifugio Luigi Orestano, Località Piano Zucchi, hotelähnliche Berghütte mit gutem Restaurant und toller Aussichtsterrasse, ✆/🖹 0921662159, EZ m.F. 22 €, DZ m.F. 42 €; Rifugio Lo Scoiattolo, unterhalb des „Orestano" gelegen, meist nur an Wochenenden im Sommer geöffnet, ebenfalls gehobener Berghütten-Standard, ✆/🖹 0921662831, EZ m.F. 30-36 €, DZ m.F. 42-55 €.

Im weiteren Verlauf der SP54 folgt ein Abzweig (km 18,6/1420 m), halten Sie sich hier links Ri. „Piano Battaglia" (rechts ist „Polizzi" beschildert). Vorbei an der Jugendherberge, Ostello della Gioventù (km 20,8/1545 m), und hinauf zum höchsten Punkt der Etappe (km 22,3/1600 m).

Piano Battaglia: Ein Talkessel auf 1600 m Höhe, umgeben von einigen Ferienhäusern. Im Sommer idealer Ausgangspunkt für Bergtouren. Aufstieg zum zweithöchsten Berg Siziliens, dem Pizzo Carbonara, in ca. 1½ Stunden (ab dem Ostello della Gioventù). Im Winter ist Skisport möglich.

Unterkunft: Hotel/Ristorante Pomieri**, Piano Pomieri, 4 km Richtung Petralia Sottana, Oktober/November geschlossen, ✆ 0921649998, EZ m.F. 18-34 €, DZ m.F. 34-58 €.

Rifugio: Rifugio Giulianio Marini, Piano Battaglia, am rechten Straßenrand weist ein Schild den Weg zum etwas versteckt gelegenen Rifugio, ähnlich einer Jugendherberge, ✆ 0921649994, EZ 17 €, DZ 32 €; Rifugio Ostello della Gioventù, Piano Battaglia, ganzjährig geöffnet, keine offizielle Jugendherberge, urgemütliches Haus, Räume mit Holz verkleidet, offener Kamin gute Hausmannskost, DZ 42 €.

Bis Petralia Sottona geht's jetzt nur noch abwärts. Vorbei am Hotel Pomeri (km 27,4/305 m) haben Sie bald darauf den ersten Blick auf das Etappenziel (km 36,2/1050 m). Das Bergdorf ist bei km 38,3/905 m erreicht.

Petralia Sottana (4000 Ew): Schön gelegenes Bergdorf im Süden der Madonie mit Sitz der Institution Parco delle Madonie. Petralia Sottana besitzt nette Natursteinhäuser und ist stolz auf die katalanisch-gotische Fassade der Kirche S. Maria della Fontana. Nicht zu verwechseln mit ihrem „Schwesterndorf", **Petralia Soprana** 3 km entfernt und 150 m höher gelegen, mit tollem Panoramablick ins Landesinnere. Dort ist die Kirche San Salvatore in der Via Cavour mit mächtiger Kuppel sehenswert.

Information: Pro Loco, Corso Paolo Agliato 16, ✆ 0921641451; Ente Parco delle Madonie, gleiche Adresse, sehr hilfsbereit, wer Zeit mitbringt, wird mit ausführlicher Information belohnt, ✆ 0921680201; Alpinclub C.A.I., Corso Paolo Agliato 154, ✆ 0921641028.

Unterkunft: Madonie**, Corso Pietro Agliata 81, ✆ 0921641106, 100 Jahre altes, stilvoll renoviertes Haus, EZ m.F. 36-60 €, DZ m.F. 54-90 €.

Affittacamere: Farinella*, Via del Cimitero, ✆ 0921641101, EZ 18-24 €, DZ 30-36 €; Volante Grazia*, Via Conceria 17, ✆ 0921641081, EZ 22 €, DZ 36 €; Vaccarella Vincenza, Via Dietro Collegio 8, Petralia Soprana, ✆ 0921641135, EZ 12-24 €, DZ 24-48 €.

)rientierung in Gegenrichtung:

n Petralia Sottana der Beschilderung „Collesano/Isnello“ (SP54) folgen. Bis ²iano Battaglia sind gut 600 Höhenmeter zu bewältigen.

Etappe 50: Strada dell’Etna e Madonie
Petralia Sottana – Nicosia (42 km) **

)ie Strada dell’Etna e Madonie (SS120) führt parallel zur nordsizilianischen 3ergkette durch weites Hügelland, von der Madonie zu den Ausläufern der Vebrodi. Der Verkehr ist erträglich, doch wer auch zwischen den beiden Naturparks einsame Straßen bevorzugt, wartet auf die Mittagsstunden. In diesen Höhen ist die sonst gnadenlose „Siestasonne“ gut erträglich.

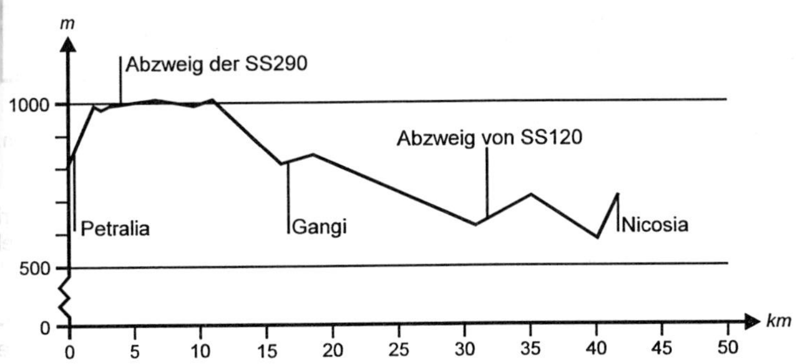

Startpunkt ist die Kreuzung der SP54 mit der SS120. Kurbeln Sie die „SS“ Ri. „Nicosia/Fiumefreddo“ hinauf. Bei km 1/950 m können Sie links ins Centro von Petralia abbiegen. Wenig später (km 3,6/990 m) zweigt die SS290 Ri. „Enna“ ab. Diese Nebenroute wird wenig befahren und ist ideal, wenn Sie auf schnellstem Weg zum „Mittelpunkt Siziliens“ wollen (ca. 55 Kilometer bis Enna). Weiter auf der SS120 überschreiten Sie den höchsten Punkt der Tour bei km 11 und rollen bald durch die schmale Ortsdurchfahrt von Gangi. Geschäfte und Lokale befinden sich im Bereich der Staatsstraße, die Altstadt auf dem Hügel.

Gangi (9500 Ew): Zwischen der SS120 und der alles überragenden Chiesa di San Nicosia (14. Jh.) mit ihrem gotischen Campanile liegt ein steil ansteigendes Labyrinth aus engen Gassen und Treppenwegen. Um Touristen das Eindringen zu erleichtern, führt heute eine gut beschilderte Umgehungsstraße über den steilen „Hinterkopf“ der Bergstadt, direkt ins Centro hinauf (2 km, 250 Höhenmeter). In der wie ausgestorben wirkenden, ehemaligen Sikulerstadt scheint die Zeit seit Jahrhunderten still zu stehen. Hinter etlichen Hausfassaden sollen sogar noch Felshöhlen als Behausung dienen (siehe Sperlinga). Rad absperren und auf Entdeckungstour gehen!

Unterkunft: Hotel Miramonti**, Via Nazionale 19, an der SS120, ✆ 0921644424, EZ o.B. 24 €, DZ o.B. 36 €.
Affittacamere: Villa Rainó, 1 km außerhalb, ✆ 0921644680, EZ 30-42 €, DZ 48-66 €.

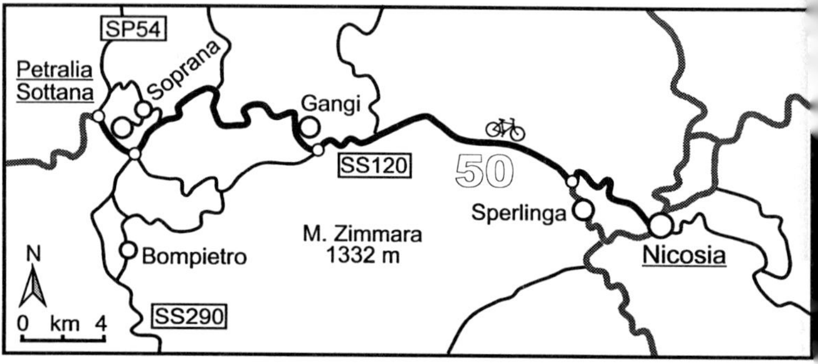

Nach Gangi endet die Provinz Palermo, die von Enna beginnt. Die Landschaft wird grüner, vereinzelte Gehöfte und Felsblöcke mit ehemaligen Wohnhöhlen ziehen die Aufmerksamkeit auf sich. Die SS120 verlassen Sie erst bei dem Abzweig (links) nach „Nicosia" (km 33,5/675 m). Eine schmale, kurvenreiche Nebenstraße führt ins Centro. Nur zwei Kilometer weiter auf der Staatsstraße liegt der besuchenswerte Ort Sperlinga.

Sperlinga (1400 Ew): Das romantische Städtchen wird wegen zahlreicher steinzeitlicher Felswohnungen gern als „Höhlenstadt" bezeichnet. Im steilen Sandsteinfels sind heute die meisten Höhlen zu Ställen umfunktioniert, einige sogar mit Hausfassaden verkleidet und mit Satellitenschüsseln „urbar" gemacht worden. Der Fels funktioniert immer noch störungsfrei als Klimaanlage. Sperlinga wird von einem mächtigen Normannenkastell beherrscht, zu dem eine steile Felsentreppe empor führt. Am Torbogen steht die berühmt gewordene Inschrift: „Quod Siculis placuit sola Sperlinga negavit" (nur Sperlinga wollte nicht, was ganz Sizilien wollte). Die Stadt nahm als einzige die nach der Sizilianischen Vesper (1282) flüchtigen Franzosen auf. Hinter den dicken Steinmauern des Kastells verbirgt sich ein beeindruckendes System unterirdischer Räume und Gänge.

Information: Piazza Francesco Crispi, beim Aufgang zum Castello, ✆ 0935643177.
Öffnungszeiten Castello: täglich 10-13 und 14.30-17.30 Uhr.

Nicosia (15.000 Ew): Das mittelalterliche Stadtbild wird durch einige schroffe Felsnadeln bereichert, zwischen denen sich die Häuser im steilen Gelände scheinbar festklammern. Völlig eben ist nur der **Piazza Umberto** mit dem im 14. Jh. erneuerten **Duomo San Nicola**. Laut Auskunft der Einheimischen wurde die Dachkonstruktion des ehemaligen Glockenturms (ca. 12. Jh.) komplett für den heutigen *Campanile* wiederverwendet. Die **Chiesa Santa Maria Maggiore** wurde 1757 nach einem zerstörerischen Erdrutsch „barockisiert". Im Inneren ein Thron, auf dem Karl V. gesessen haben soll, und ein Werk von Antonello Gangi. Hoch oben bezeugen Reste eines Kastells die Anwesenheit der Normannen. Die panoramareiche Bergstadt ist ein wichtiger Verkehrsknotenpunkt und darf sich stolz Bischofsstadt nennen.

Information: Via IV. Novembre, ✆ 0935638139.
Unterkunft: Patria*, Via V. Emanuele 13, nahe Piazza Umberto, ✆ 0935646103, EZ 20 €, DZ 30 €, sehr einfach und zweckmäßig, Fahrradstellplatz im Geräteschuppen nebenan; Pineta***, Località San Paolo, 1 km Ri. Gangi im Pinienwald, ✆ 0935647002, EZ m.F. 36-48 €, DZ m.F. 48-60 €.
Tip: Pizza in Piazza, Piazza Umberto, Take-Away Pizzeria mit einigen Tischen.

Orientierung in Gegenrichtung:
SS120 Ri. „Petralia/Palermo", gut ausgeschildert.

Etappe 51:
Bronte – Nicosia (69 km) **

Dieser Drei-Provinzen-Corso (Catania–Messina–Enna) vom Etna in Richtung Madonie führt zuerst ins Flußtal des Fiume Simeto und schlängelt sich nach Überschreitung der 1000-Höhenmeter-Marke in angenehmen Auf und Ab durch die einsame Landschaft der südlichen Ausläufer des Nebrodi-Nationalparks. In dieser hügeligen Region wird überwiegend Viehwirtschaft betrieben. Anschließend sind noch 25 km auf der Strada Statale SS120 abzuspulen, die verkehrsmäßig zu den ruhigeren SS (sprich: ÄsseÄsse) zählt.

An der südlichen Ortseinfahrt von Bronte (775 m) nullen Sie bei der Agip-Tankstelle. Die Via Marconi führt unterhalb der Tankstelle bergab Ri. „Cesarò". Folgen Sie der Beschilderung „Cesarò/Castello Nelson". An der Gabelung bei km 4,1/595 m führt die Etappe halb links auf der SP17 weiter Ri. „Cesarò"; ein Abstecher halb rechts zum 10 km entfernten „Castello Nelson" ist möglich.

Castello Nelson: in Karten als „Ex Abbazia di Santa Maria di Maniace", „Castello Maniace" oder „Castello Nelson" verzeichnet. Wie auch immer, die ehemalige Benediktinerabtei war ein Geschenk an den britischen Admiral Nelson als Dank für die Niederschlagung der französischen Republik in Neapel. Er wurde daraufhin zum Herzog von Bronte ernannt. Seit 1799 lebte hier die Familie des Admirals, dessen Nachkommen das Schloß bis 1981 noch bewohnten. Nachdem die letzten Erben das Castello wieder der Gemeinde Bronte verkauften, ist die englische Parkanlange auch der Öffentlichkeit zugänglich.

Öffnungszeiten: tägl. von 9-13.30 und 15.30 Uhr bis Sonnenuntergang, Eintritt frei.

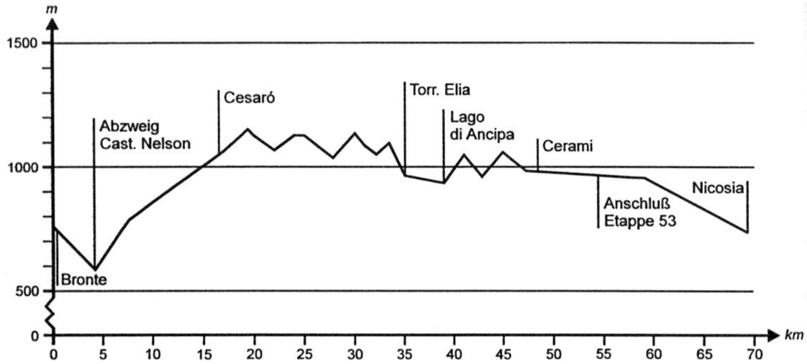

Einen Provinzwechsel Catania/Siracusa gibt es nach km 4,8, mit Überquerung des Fiume Simeto. Das bedeutet auch eine Änderung der Straßennumerierung, jetzt SP165 bis zum km 8,5/745 m, dort biegen Sie links auf die SS120 ab und treten der 1000-Höhenmeter-Marke entgegen. Nach km 17/1060 m erreichen Sie das 5000 Einwohner zählende Cesarò und fahren am terrassenförmigen Hauptplatz (bei einer kleinen Tankstelle) scharf links Ri. „S. Teodoro/Lago Ancipa". Die SP167 beginnt. Aufgepaßt: Bei km 19/1165 m geht's scharf links Ri. „Lago Ancipa", geradeaus würde es zur SS289, der Nebrodi-Paßstraße, führen. Bald darauf folgt der Friedhof, und die Straße kurvt, steigt und fällt nun oberhalb des Flußtals des Fiume Troina dahin. Bei km 35/960 m wird der Wildbach Elia (Torrente Elia) überquert, und nach km 39/960 erreichen Sie den wuchtigen Staudamm des Lago di Ancipa, der die Provinzen Messina und Enna trennt. Die Strada Provinciale nennt sich jetzt SP47. Bei km 42 heißt es „Augen auf": biegen Sie rechts Ri. „Nicosia/SS120" ab. Sollten Sie an dem Abzweig vorbeibrausen, gelangen Sie ebenfalls zur SS120, doch nehmen einige Kilometer Umweg in Kauf. An der Staatsstraße mit dem klangvollen Beinamen „Strada dell'Etna e Madonie" angekommen (km 44,5), biegen Sie rechts nach „Nicosia" ab. Nach dem Ort Cerami windet sich die Straße ins Flußtal des gleichnamigen Fiume, bei km 54,5/630 m besteht rechts Anschluß zur Etappe 53 Richtung „Capizzi/Caronia". Wenn Sie nach Nicosia wollen, lassen Sie allerdings nicht von der SS120 los und fahren auf dieser bis ins Centro.

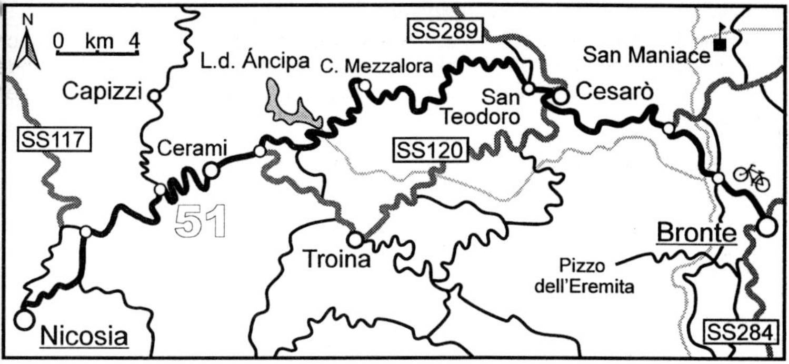

Orientierung in Gegenrichtung:
Bis km 13,5 siehe Beginn von Etappe 52. Dort biegen Sie nicht links Ri. „Capizzi" ab, sondern fahren geradeaus auf der SS120 weiter und biegen bei km 24,5 links Ri. „S. Teodoro" ab. Von S. Teodoro geht's nach Cesarò, dann über die SS120, SP165 und SP17 nach Bronte.

Etappe 52:
Nicosia – Caronia – Marina di Caronia (62 km) ***

Nachdem die ersten Kilometer auf der Strada dell'Etna e Madonie (SS120) hinuntergerollt sind, entführt Sie eine serpentinenreiche Paßstraße in die dichtbewaldete Bergwelt der Monti Nebrodi. Bezaubernde Märchenwälder und eine sensationelle Abfahrt zur Küste haben allerdings ihren Preis: Knapp 1000 Höhenmeter müssen auf der ruhigen Bergstraße erklommen werden.

Am Piazza Garibaldi, vor der „Pizza in Piazza" (km 0/720 m), rechts die Via V. Emanuele leicht aufwärts radeln. Vorbei am Albergo Patria tut sich bald ein schöner Blick auf das weite Hügelland auf. Am Ortsrand (km 1,2/730 m) bei der Tamoil-Tankstelle rechts und gleich darauf links, jeweils Ri. „Randazzo", bergab rollen. Die SS120 hat hier den Charakter einer Provinzstraße und ist zu Recht in der TCI-Karte grün gekennzeichnet. Am trockenen Flußbett des Fiume Cerami (km 13,5/585 m) wird die karge Weidelandschaft durch ein Kieswerk „bereichert". Wenig später (km 14/605 m) zweigt links die SP168 Ri. „Capizzi" ab und frißt sich in engen Serpentinen einen steilen Südhang hinauf. Am Straßenrand viele Weinstöcke und immer wieder der Hinweis: *„Serie Torante!"*. In Capizzi angekommen (km 21/1000 m) wissen Sie auch ohne Lexikon, daß das der Hinweis auf Kehren ist. Im Centro des kleinen Bergdorfes (km 22,8/1090 m) links Ri. „Caronia" weiter bergauf. Die Steigung wird jetzt deutlich flacher und ist zusätzlich durch einige kurze Abfahrten aufgelockert. Bald kündigen vereinzelte Bäume einen immer dichter werdenden Mischwald an. Der Abzweig nach Portella di Miraglia (km 32/1450 m) ist nur für Mountainbiker lohnend – der Asphaltbelag der Höhenstraße endet nach wenigen Kilometern, dann aussichtsreiche, aber steinige Schotterpiste! Kurz darauf ist die Paßhöhe, die Portella dell' Obolo, erreicht (km 33/1500 m). Keine Restauration zerstört die Ruhe, statt dessen ist ein schlichtes Picknickareal angelegt. Ausgangspunkt für einige Wanderungen. Ein kurzer Bremsen-Check, evtl. auch wärmere Klamotten überziehen, denn eine dreißig Kilometer lange Talfahrt beginnt. Ab km 50 ist das Meer in Sichtweite, und Korkeichen säumen den Straßenrand. An der Gabelung bei km 55/ 340 m links (rechts ist die SS113 beschildert) nach **Caronia** hinunter. Weiter abwärts, dem Mare Tirreno entgegen, können Sie sich an fortlaufenden Serpentinen erfreuen und stoßen schließlich auf die Küstenstraße SS113 (km 61/50 m). Geradeaus und dann rechts kommt man ins Centro und zur Stazione von Marina di Caronia.

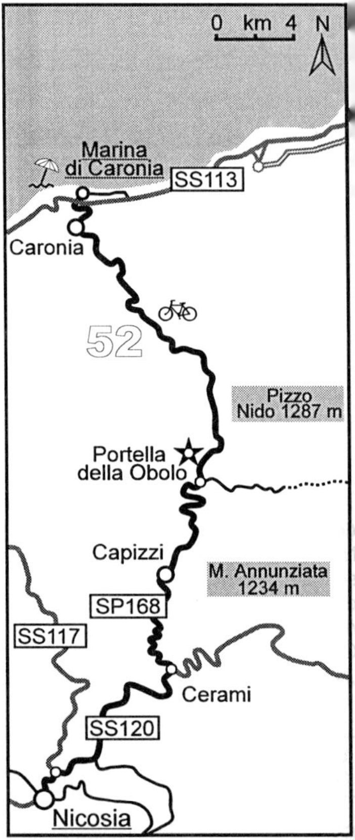

Marina di Caronia: Kleine Küstensiedlung mit Kiesstrand. Interessanter ist das 400 Meter höher gelegene **Caronia** mit seinen engen Gassen und alten Steinhäusern, die sich dem steilen Bergrücken hinaufziehen. Das freundliche Dorf wird vom Bosco di Caronia umgeben. Dieser Mischwald, mit immensem Korkeichenbestand, war einst das größte Waldgebiet Siziliens.

Information: Parco Regionale dei Nebrodi, 98072 Caronia, Via R. Orlando 126, ✆ 092133321, 🖷 0921333230, http://www.parks.it/parco.nebrodi.
Unterkunft: Globus**, Torre del Lauro, 10 km östlich, liegt auf Etappe 53, über dem Strand, Betonkasten, EZ 24 €, DZ 42 €, ✆ 0921335147.
Agriturismo: Curci, Contrada Bruga, Località Marina di Caronia, 2 km vom Bahnhof Marina di Caronia entfernt, ✆ 0921331185.

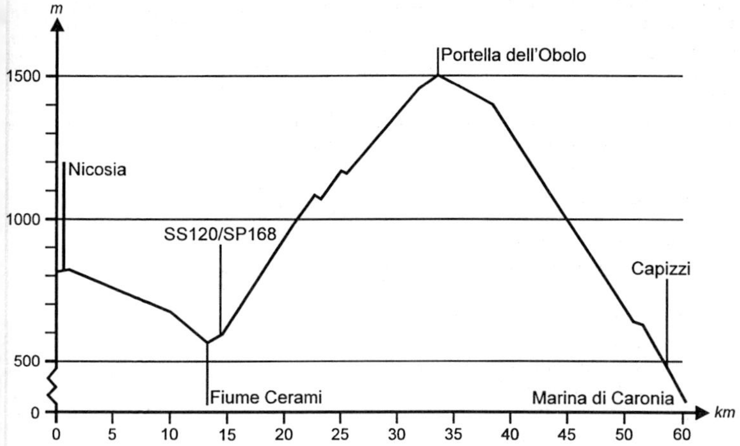

Orientierung in Gegenrichtung:
Nullen Sie den Radcomputer nicht an der Kreuzung der SS113 mit der SP168, sondern 200 Meter unterhalb bei dem Kilometerschild >0 | SP168<. Sie können dann bei der bevorstehenden Bergfahrt nebenbei Ihren Kilometerzähler prüfen. Am Ortsanfang von Caronia nach km 3,5 links Ri. „Capizzi“ (das Schild ist nur in Gegenrichtung lesbar). Folgen Sie der SP168 bis zur SS120, dort rechts nach „Nicosia“ oder links zum „Etna“.

Etappe 53:
Marina di Caronia – Capo d'Orlando (34 km)

Diese Verbindungsstrecke birgt wenig Reize und verläuft zudem auf unvermeidlichen Teilstücken der viel frequentierten Staatsstraße SS113.

Fahren Sie auf der SP168/b in östlicher Richtung dem Meer entlang. Die Straße mündet nach km 2,8 in die SS113, der Sie über die Orte Furiano und Acquedolce nach „S. Agata di Militello“ folgen. Dort am Ortsbeginn nach dem Friedhof links abbiegen (an dieser Stelle ist das Schild „Arrividerci a S. A. di Militello“ rückwärtig zu sehen) und links entlang der Bahnlinie nach Torrenova weiter. Am Ortsende geht's erneut auf die SS113 Ri. „Capo d'Orlando“, und links abgebogen wird erst wieder in „Rocca di Cabrileone“ (auch La Rocca), 100 Meter nach der Q8-Tankstelle (rechte Seite). Auf der Via Stazione überqueren Sie die Bahnlinie und fahren am zweiten Schild „Fratelli Domiana & Co.“ rechts, an der Stazione Zappulla vorbei und über den gleichnamigen Fiume hinüber. 700 m nach dem Überqueren des Fiume Zappulla links auf den schlecht asphaltierten von Schilf überragten Weg abbiegen (nur kurz!). Am Wegende rechts (links geht es zum Camping Santa Rosa) und dem Meer entlang nach Capo d'Orlando einrollen.

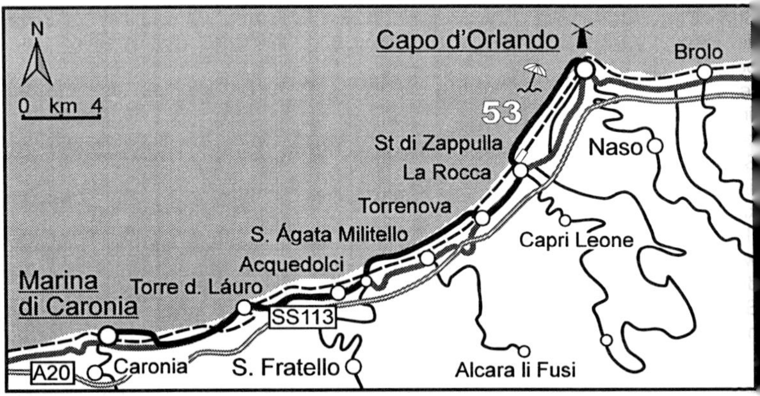

Capo d'Orlando (12.000 Ew): ein fröhlicher Ferienort mit belebter Fußgängerzone, der sich gern als Kunst- und Literaturzentrum ausgibt. Zum einen findet jährlich eine nationale Kunstausstellung statt, zum anderen hielt sich der Schriftsteller Giuseppe Tomasi di Lampedusa des öfteren in der Villa Piccolo (km 109 der SS113 Ri. „Palermo") auf, um Freunde zu besuchen und Teile seines berühmten Romans „Il Gattopardo" auf Papier zu bringen. Die Touristenbroschüre macht außerdem auf den Hundefriedhof(!) im Garten dieser Villa aufmerksam. 1987 wurden in Bagnoli die Grundmauern eines römischen Bades freigelegt, die heute kostenlos zu besichtigen sind. Capo d'Orlando ist ein möglicher Ausgangspunkt für Sonnen- und Wasserhungrige, die nebenbei den Nebrodi-Nationalpark entdecken möchten.

Information: Via Piave 71, nahe Fußgängerzone, ✆ 0941912784.
Unterkunft: Nuovo Faro**, Via Liberta 7, am Leuchtturm, EZ 22-30 €, DZ 44-50 €; Hotel Amato***, Via Consolare Antica 150, EZ m.F. 34-58 €, DZ m.F. 48-90 €; weitere Unterkünfte vorhanden.
Affittacamere: Appartamenti Nettuno*, Via Trazzera Marina, ✆ 0941901822.
Camping: Santa Rosa***, siehe Wegbeschreibung, 15. April bis 15. September, ✆ 0941901723.
Agriturismo: Fattoria Milio, Gaetano und Luciano Milio, Contrada San Gregorio 57, 3 km vom Capo und 500 m vom Meer entfernt, Bungalows im Grünen mit Terrasse und Küche, Direktverkauf von Obst und Olvienöl, pro Person 40 €, ✆ 0941955008, 0336924666.
Fahrradgeschäft: Cicli & Motocicli, Nunzio Lo Presti, Reparatur und Verkauf, Fachgeschäft mit gutem Service, Via Tripoli 16, ✆ 0941911599.

)rientierung in Gegenrichtung:

Nullpunkt" ist die Api-Tankstelle am Capo. Es geht auf der Via Andrea Doria in vestlicher Richtung dem Meer entlang (SP147). Bei km 2,5 folgt eine Links-Rechts-Kombination, vorbei am Stadion, und bei km 4,9 geht's direkt nach einer Steinmauer (mit Sackgassenschild) links auf den schmalen, schlecht asphal-erten und von Schilf überragten Weg (nur kurz!). Sollten Sie den Abzweig ver-passen, so landen Sie am Camping Santa Rosa und drehen um. Am Wegende echts, über den Fiume Zappulla und weiter zur Stazione Zappulla, nach km 7,2 inks, über die Bahngleise hinüber, und Sie erreichen nach km 8 die SS113. Bei km 8,8 passieren Sie das Ortsschild „Torrenova" und biegen 300 m hinter dem Schild (km 9,1) rechts Ri. „Torrenova" ab. Folgen Sie dem Straßenverlauf nach links, dann über die kleine Brücke des Fiume Favara; die große Brücke bei km 11 rechts liegen lassen und geradeaus durch die niedrige Eisenbahnbrücke (Ponte Basso) fahren. Auf der Via Rosmarino geht's weiter, vorbei an einem wenig erfreulichen Strand, und bei km 14,5 wieder links durch die Bahnbrücke, dem blauen Schild „Palermo" folgen. Sie gelangen bei km 15,1 erneut auf die SS113, der Sie bis zum Abzweig „Marina di Caronia" folgen, dort rechts und noch 3 km dem Meer entlang. Puh! Ende der Etappe.

Etappe 54:
Capo d'Orlando – Randazzo (59 km) ***

Das Tyrrhenische Meer im Rücken, ein Flußtal zum Einradeln, bald geht's am Ostrand der Nebrodi bergauf zur Portella di Zoppo, und da springt auch schon der Etna ins Bild, groß und mächtig. In den Höhenlagen wird die Natur sparsamer. Schafe, Kühe und Nebrodi-Pferde beherrschen die Szenerie, Vogel-Blicke auf das Alcántara-Tal, Randazzo sowie den Etna öffnen sich, und Sie dürfen sich von Ihrem Velo ins fruchtbare Tal hinunter chauffieren lassen. Ein großer Teil der Strecke führt auf der SS116, die ganz und gar nicht der Rubrik „staugefährdet" zugeordnet werden kann. Buon viaggio!

Verlassen Sie den Ort am Hotel Faro (direkt am Capo) in östlicher Richtung auf der SP147. Kurz aber nett ist die Ausfahrt am Meer entlang, über San Gregorio. Bei guter Sicht sind die Liparischen Inseln greifbar nahe. Nach km 2,4 wendet sich die Straße vom Wasser ab, führt an den Thermen von Bagnoli vorbei und sticht geschwind zur SS113 hinauf (km 3,3/55 m), der Sie links folgen und bei km 5,8/20 m rechts Ri. „Sinagra" auf die SP146 abbiegen. Dem fruchtigen Naso-Flußtal entlang können Sie bis km 15/200 m gemächlich Höhenmeter sammeln. Ab dem Ort Sinagra häufen sich die Altimeter in immer kürzeren Abständen – die Schlimmen! Doch sie meinen es gut mit Ihnen, denn die Aussicht wird immer schöner und nimmt ihren Höhepunkt kurz nach Floresta, bei km 39/1275 m. Dort begrüßt Sie die Portella Zoppo, die Paßhöhe, von der ab Sie ins Tal hinunter gleiten dürfen. Kurz vor der Ortseinfahrt wird der Fiume Alcántara überquert, und gleich darauf an der Kreuzung geht's rechts ins Centro.

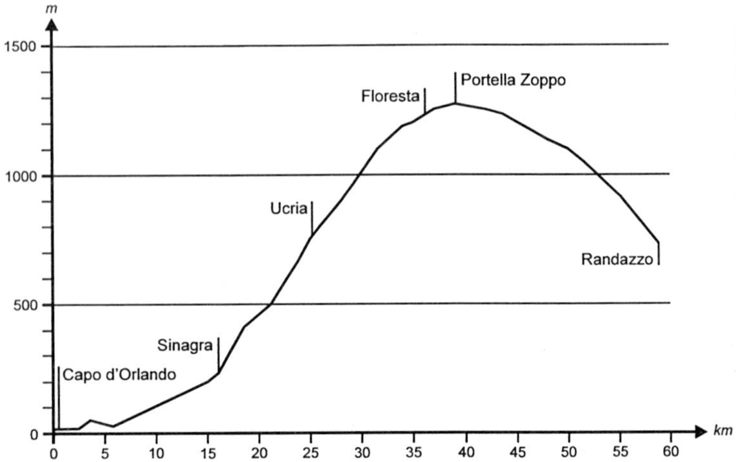

Randazzo (12.000 Ew): Giuseppe Tomasi di Lampedusa nannte das Land um die Gemeinde „Hölle von Randazzo“, da sie nur 15 Luftkilometer vom Kraterrand entfernt liegt, aber noch nie durch einen Vulkanausbruch zerstört wurde. Die Stadt besitzt drei Hauptkirchen, deren Ursprung in den Einwanderungsgruppen aus Byzantinern, Lombarden und Latinern liegt. Hübsche niedrige Häuser, verwinkelte Gassen und leichter Barock bestimmen das Ortsbild. Trotz der Bombenanschläge des 2. Weltkrieges blieb viel von der mittelalterlichen Atmosphäre erhalten. Bei einem Bummel kann im „Museo di Scienze Naturali“ eine Sammlung von über 2000 ausgestopften Vögeln betrachtet werden (tägl. 9-13 und 15-19 Uhr). Wer nicht auf tote Vögel steht, kann sich die Marionetten im „Museo Archeologico Vagliasindi“ ansehen (tägl. 9-13 und 16-20 Uhr). Aber auch ohne „Kasperltheater“ ist Randazzo als Ausgangsort für Etna- sowie Nebrodi-

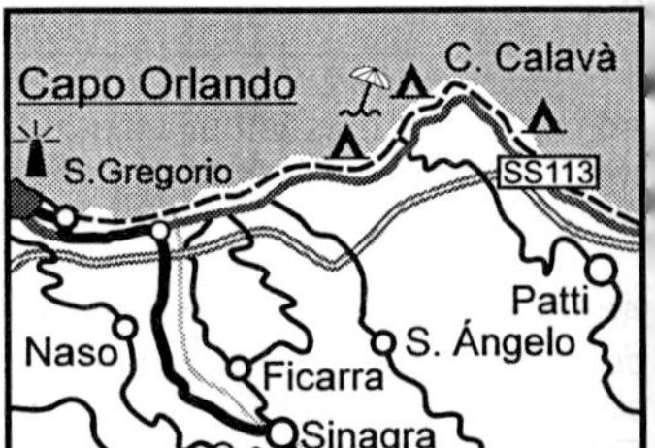

erkundungen geeignet und bietet Zustiegsmöglichkeit zur Circumetnea-Bahn.

Information: Pro Loco, Piazza Municipio 17, ✆ 095921028.
Unterkunft: Scrivano**, Via Bonaventura, ✆ 095921126, einziges Hotel im Ort, neu renovierter Betonkasten an der Hauptdurchgangsstraße, EZ 30 €, DZ 50 €.
Agriturismo: L'Antica Vigna, Contrada Montelaguardia, 4 km Ri. Linguaglossa, an der SS120, im Ortsteil Monte La Guardia, ✆ 095924003/095922766/0330587621; unterwegs noch die Azienden Sta. Maria Xilona, ✆ 0941594083, und Baronia, ✆ 0941421214, beide bei Sinagra.
Tip: Trattoria San Giorgio, Piazza Giorgio, neben dem Convento, geöffnet von 12.30-14.30 und 19.30-22 Uhr.
Fahrradgeschäft: Cariola A, Velo e Moto, ✆ 0957991731, an der Hauptsraße Ri. „Etna", kurz nach der Unterführung, Besitzer spricht deutsch und ist sehr hilfsbereit.

Orientierung in Gegenrichtung:
Vom Piazza Loreto in Richtung der Agip-Tankstelle (am Hotel-Scrivano) leicht bergab, nach 300 Metern links Ri. „Floresta", den Fiume Alcántara überqueren und auf der SS116 hoch zur Portella di Zoppo, dann durch Floresta und Ucria. In dieser Fahrtrichtung empfehlen wir, die SS116 komplett bis Capo d'Orlando weiterzufahren. Diese ist tendenziell zwar etwas stärker befahren als die Kombination aus SP146/SP147 ab dem Ort Ucria, doch führt sie bergab und gibt im Vergleich zur flachen Strecke entlang dem Fiume Naso (die sich in Gegenrichtung zum Warmradeln anbietet) schöne Blicke auf das Capo frei.

Etappe 55 (Rundtour):
Messina – Torre Faro – Peloritani – Messina (51 km) **

Abwechslungsreiche Rundfahrt entlang des Villen- und Naherholungsgebiets der Messinesen zum Nordzipfel der Insel. Äußerst kontrastreich ist die anschließende Bergwelt der Peloritani. Landschaftlich sehr lohnend und ideal zum Einradeln.

Messina

Für viele Reisende bedeutet die drittgrößte Stadt (270.000 Ew) der Insel „**Porta della Sicilia**", das „Tor zu Sizilien", denn oft findet hier die erste Berührung mit „Trinacria" statt. Motorenlärm und Dreck gehören zum Alltag der Messinesen, die nur wenige Meter vom Stiefel Italiens entfernt am Fuß der Peloritani-Berge zu Hause sind. Über den großen Hafen strömt der gesamte Schwerlastverkehr vom Festland ein. Besucher werden von der 45 m hohen Säule der „**Madonnina del Porto**", der Schutzpatronin Messinas, im Hafenbecken empfangen. Die Worte „Vis et ipsam civitatem benedicimus" bedeuten „Wir segnen Euch und Eure Stadt". Segen hätten die Messinesen im Lauf ihrer Geschichte wahrlich brauchen können, doch dazu später. Die geschäftige Hafenstadt wurde unter den Griechen wegen des sichelförmigen Hafens „Zancle“ (sizilian. „zanclon“ bedeutet Sichel) genannt. Eine Legende erzählt vom Jäger Orion, der mit seinen Riesenhänden die sichelförmige Bucht gestaltet haben soll. Neptun habe daraufhin seinen Dreizack eingeschlagen, um die Insel vom Festland zu trennen. Heute erreichen Sie die Stadt über den legendären **Stretto**, die 13 km lange, zwischen 3 und 16 km breite Meeresenge. Schon in der Antike gefürchtet und aktuell immer noch nicht gefahrenlos. Im Stretto treffen das Ionische und Tyrrhenische Meer aufeinander, deren Wasserspiegel beinahe 50 Zentimeter Höhenunterschied aufweisen. Deswegen bilden sich sehr starke Strömungen, die Geschwindigkeiten bis zu 12 km/h erreichen und zu Strudelbildungen führen. Nach einem Zusammenstoß zweier Tanker Mitte der achtziger Jahre entkam Sizilien nur knapp einer Umweltkatastrophe. Die geplante **Brücke** über den Stretto ist – wie so viele Projekte – auf Eis gelegt. Geplant ist eine Hängebrücke mit zwei 180 m hohen, 3300 m voneinander entfernten Türmen, die 70 m über der Meeresoberfläche eine 170.000 Tonnen schwere Stahlseilkonstruktion tragen soll. Zwei dreispurige Autobahnen (!) und eine zweigleisige Bahnlinie in der Mitte sollen über den Stretto führen. 15 Millionen Passagiere und neun Millionen Tonnen Waren pro Jahr – mit Auto, Lkw und Eisenbahn befördert – könnten die Meeresenge bedeutend schneller überbrücken. Die Sache hat freilich mehrere Schönheitsfehler: Erdbebengefahr, starke Strömungen, Gezeitenunterschiede sowie hohe Windgeschwindigkeiten von bis zu 160 km/h. Man hat auch Bedenken, daß der Bau einer Brücke in einem ökologischen und wirtschaftlichen Desaster enden könnte.

Messina war schon im Mittelalter eine wichtige **Handelsstadt**. Früher wurde mit Seide, Baumwolle und Textilfarben gehandelt, heute sind Parfümessenzen (Orangenblüten- und Bergamottöl) gefragte Handelsgüter. Nach alter Bausubstanz werden Sie in Messina fast vergeblich suchen. Die Stadt ist von schweren Schicksalsschlägen gezeichnet, wurde sie doch in den Jahren 1783 und 1908 von verheerenden Erdbeben dem Boden gleichgemacht. 60.000 Tote waren zu Beginn des 20. Jahrhunderts innerhalb von 32 Sekunden zu beklagen. Ein Erd- und Seebeben mit einer 3 Meter hohen Flutwelle verschluckte die Stadt. Nach dem Wiederaufbau folgten im 2. Weltkrieg an die 30.000 Bomben, die wieder nur Schutt und Asche übrig ließen. Mit bewundernswertem Elan schufen die Bewohner ihr neues Messina auf (angeblich) erdbebensicheren Fundamenten. Nur wenige Bauten konnten restauriert werden. Der **Duomo** aus dem 12. Jh. wurde bereits dreimal wiederaufgebaut. Ein Touristenbrüller ist die weltweit größte mechanische Uhr am **Campanile** (Glockenturm) auf dem Piazza (gebaut von den Gebrüdern Ungerer aus Straßburg). Pünktlich um 12 Uhr mittags ertönt ein Kanonenschuß, ein mechanischer Löwe brüllt, und ein Hahn kräht. Von einer Kalenderuhr kann das Datum abgelesen werden, eine astrologische Uhr zeigt den Stand der Gestirne, und darüber wird mit einer Kugel die jeweilige Mondphase dargestellt. Die **Fontane Orione** in der Mitte des Piazza ist einer von zahlreichen Brunnen in der Stadt. Seine Figuren stellen die Flüsse Tiber, Nil, Ebro und Camaro (letzterer kommt aus den Peloritani) dar. Der Bildhauer

Giovanni da Montorsoli war Schüler Michelangelos und schuf ebenfalls die **Fontana di Nettuno**. Ein Besuch im **Museo Regionale** ist empfehlenswert (siehe Beginn von Etappe 60). Im Museum sind Reste der bei den Erdbeben zerstörten Kirchen und Paläste Messinas ausgestellt. Unter den großartigen Bildern sizilianischer Künstler des Mittelalters und der Renaissance befindet sich das mehrflügelige Altarbild **Antonello da Messinas**, des namhaftesten Malers Siziliens Er wurde 1430 in Messina geboren und starb 49 Jahre später in seiner Heimatstadt. Ein Bummel über die Einkaufsstraße Viale San Martino und Via Garibaldi könnte die Erkundungstour abrunden. Allzulang sollten Sie sich jedenfalls nicht in der Stadt aufhalten: Sizilien bietet mehr!

Information: APT, Via Calabria Ecke Via T. Capra, am Bahnhof, ✆ 090674236 & 0906411047, 🖹 0906411047; AST, Via Cairole 45, ✆ 0902935292, 🖹 090694780.
Unterkunft: Monza**, Viale S. Martino 63, zentrale Lage, ✆/🖹 090673755, EZ o.B. 21-30 €, DZ o.B. 30-46 €; Mirage*, Via N. Scotto 1, ✆ 0902938844, EZ o.B. 22 €, EZ m.B. 38 €, DZ 54 €; Touring*, Via Scotto 17, ✆ 0902938851, EZ o.B. 20 €, DZ o.B. 36 €, DZ m.B. 30-60 €; Locanda Donato*, Via Caratozzolo 8, in Ganzirri, siehe Etappenbeginn, ✆/🖹 090393150, DZ o.B. 48-72 €; Faro Hotel**, Via Circuito, in Torre Faro, ✆ 090321762, EZ 36 €, DZ 54 €.
Affittacamere: House Inn*, Via Risorgimento 38, ✆ 0906402003.
Camping: Il Peloritano*, Frazione Rodia, ✆ 090348496, ganzjährig.
Hafen: Autos vom/zum Festland/Villa San Giovanni, Fähre: Via Libertà; Bahn und Autos vom/zum Festland/Villa San Giovanni und Reggio di Calabria, Fähre: Via Luigi Rizzo; Personen vom/zum Festland/Reggio di Calabria und den Liparischen Inseln, Aliscafi, Via Vittorio Emanuele.
Fahrradgeschäft: Valentini, Via Nazionale Milli Marina 176, ✆ 090881128, an der Küstenstraße Ri. „Capo Faro"; Ferro A., Via Ghibellina 153, ✆ 090716097, Curcuruto Bici & Bike, Via Cons. Pompea Paradiso 17, ✆ 090353442.

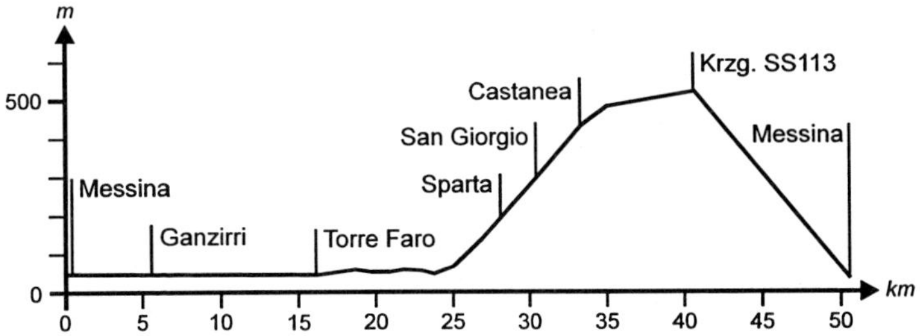

Der Piazza della Repùbblica an der Stazione Centrale (Hauptbahnhof) ist Startpunkt (km 0/35 m). Von dort steuern Sie in nördlicher Richtung auf der Via Vettovaglie den Porto an, dann links in die Hafenstraße Via Rizzo, die in die Via V. Emanuele und später Via Libertà übergeht. Vorbei am Messezentrum (Fiera di Messina), nach knappen 3 km passieren Sie den Ort Salvatore del Greci, links befindet sich das Museo Regionale, und bei km 6 ist „Ganzirri" erreicht.

Nun die Beschilderung „Torre Faro“ im Auge behalten, rechts am Binnensee von Ganzirri entlang, bei km 12,7 gerade Ri. „Torre Faro“ („Anno-Dazumal-Schild“), km 14,5/40 m links „SS113dir“, der zweite Binnensee folgt, und bei km 16,3 geht's rechts Ri. „Palermo d.dir“. Kurz darauf erreichen Sie Torre Faro.

Torre Faro: Am nördlichsten Inselausläufer klafft mit 3 Kilometern die schmalste Lücke zwischen Kalabrien und Sizilien. Unübersehbar sind die zwei Strommasten, einer auf sizilianischer, der andere auf kalabresischer Seite. Den aufmerksamen Beobachter wird das Fehlen der Stromkabel verwundern. Tatsächlich sind die 230 m hohen Eisengebilde seit 1993 außer Gefecht gesetzt, denn der Strom fließt mittlerweile via Kabel auf dem Meeresgrund nach Sizilien. Die Masten harren seitdem geduldig ihrer neuen Aufgabe als Denkmal. An den naheliegenden Binnenseen vergnügen sich Sommer für Sommer Einheimische und Gäste in den zahlreichen Caffès, Bars und Ristoranti. Zum Sonnenbaden werden die Lidi di Mortelle aufgesucht. Warum schwimmen denn die bunten Plastikkanister auf den Süßwasserseen? Sie dienen der Zucht von Miesmuscheln (cozze). *Buon appetito*!

Nun führt die Strecke gen Westen, durch „Mortelle“ (km 16,5), vorbei am Grand Hotel Lido, dann „Casa Bianca“, und am Abzweig „Acquarone“ (km 24,8/85 m) gibt es 2 Möglichkeiten: entweder abfahren und auf 'nen Sprung ins Wasser oder geradeaus weiter nach „Sparta“ (km 26,6/140 m). Dort links Ri. „Castanea/Colle S. Rizzo“. Meer ade – Berg olé! Der Serpentinen-Aufstieg in die Peloritani beginnt. Bei km 30,5/300 m folgen Sie im Ort S. Giorgio, vor dem großen Piazza, rechts der Beschilderung Ri. „Castanea“ (welch Meister hat hier das Schild nur für eine Fahrtrichtung sichtbar angebracht?). In Castanea trudeln Sie nach km 32,9/415 m auf dem Piazza S.S. Roario ein und suchen das braune Schild „Colle S. Rizzo“. Bei km 34,7/490 m stoßen Sie auf die SP50, weiter geradeaus, und nach einer welligen Fahrt gelangen Sie zur Kreuzung mit der SS113 (km 40,8/515 m), biegen dort links Ri. „Messina“ ab. Geradeaus führt ein wunderschönes Sträßchen hoch zum „Santuario Dinnamare“ (toller Ausblick), doch dann ist Schluß mit Asphalt, der Peloritani-Höhenweg läßt grüßen. „TCI-Kartler“ werden ohne Vorwarnung zu Mountainbikern. Mit Blick auf Messina und den Stretto verabschiedet sich die Strecke. Wir wünschen: „*Bellissime giorni in Sicilia*“.

Etappe 56:
Messina – Taormina (49 km) *

Die SS114 führt an den Osthängen der Peloritani, durch zahlreiche Küstenorte hindurch und wird (leider) auch gern von motorisierten Touristen gewählt. Auto- und Eisenbahn verlaufen parallel. Wir werden diese Verbindungsstrecke in aller Kürze „anreißen", denn falsch fahren ist unmöglich und zudem gibt es in den Feriendörfen reichlich Unterkünfte, Campingplätze etc. Ganz flach ist die Strecke allerdings nicht, sondern pendelt in leichtem Auf und Ab zwischen 10 und 60 Metern. Die Küste ist zumeist felsig, die Strände mal kiesig, mal sandig, und Dörfchen um Dörfchen reihen sich im Wechsel mit „Marinas" aneinander. Glücklicherweise wird die Strecke mit zunehmender Länge attraktiver, die Steilküste wildromantisch. Abstecher in die Seitentäler und Höhen der Peloritani lohnen sich wegen des grandiosen Panoramas und der häufig noch ursprünglichen Bergdörfer (Mili S. Pietro, Pezzolo, Itala, Ali, Savoca, Forza d'Agro…). Sonntag vormittags haben wir auf der SS114 übrigens mindestens soviele Rennradfahrer wie Autos gezählt!

Sie passieren nach km 18 den Ort „Scaletta Zanclea" und nach weiteren 7 km „**Ali Terme**". Die heilkräftigen Quellen der kleinen Hafenstadt (2700 Ew) wurden schon im 18. Jh. geschätzt. Das Wasser sprudelt hier bis zu 46 °C heiß aus dem Boden und soll Hautentzündungen heilen. Der Stolz des Kurortes ist ein runder Turm aus der Normannenzeit, erbaut auf einer Klippe. Weiter nach „Santa Teresa di Riva", zum nächsten Marinaort „S. Alessio", danach zweigt am Capo Sant'Alessio rechts eine 4 km lange Bergstraße nach Forza d'Agro ab – vielgerühmt wegen seiner Aussicht, die

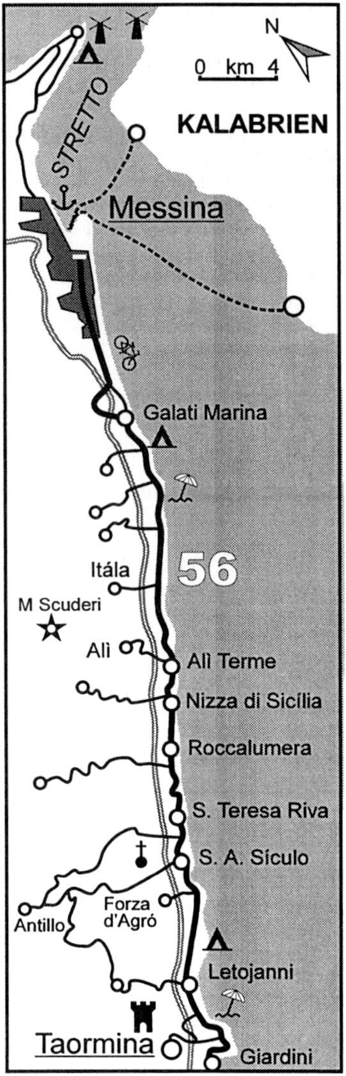

von den Ruinen des alten Castellos wirklich grandios ist. Mystisch wirkt der Friedhof, dessen Gräber scheinbar planlos auf dem Gelände des ehemaligen Kastells verteilt liegen. Der Ort bietet wenig, und wer noch etwas Geduld hat, wird am nahen Etappenende mit genügend Rundblicken belohnt. Kurz vor Taormina passieren Sie die Badeorte der „Pauschalis": „Letojanni" und „Mazzarò". Es lohnt sich übrigens nicht, schon den ersten Abzweig nach Taormina zu nehmen (SP12), auch wenn er kürzer ist, doch dieser ist gleichzeitig Auffahrtrampe zur oberhalb verlaufenden Autobahn. Geradeaus auf der SS114 treten Sie zum Capo Mazzaró hinauf. Oben angelangt haben Sie einen herrlichen Blick auf die Isola Bella und das dahinter liegende Capo Taormina.

Isola Bella: ein malerisches Inselchen, das nur wenige Meter entfernt eingebettet zwischen dem Capo Taormina und Capo Mazzarò seine Schönheit zur Schau stellt. Auf die *bella Isola*, die unter Obhut der Umweltorganisation WWF steht, gelangen Sie allerdings niemals trockenen Fußes. Eine erhöhte Sandbank führt von der Bucht auf die Insel und ist problemlos in 30 Sekunden zu waten.

Weiter auf der Küstenstraße, vorbei an der Seilbahnstation von Taormina, gilt es nun das Capo Taormina zu erobern. Am höchsten Punkt (Hotel Capotaormina, Camping San Leone) zweigt rechts die serpentinenreiche Panoramastraße nach Taormina ab.

Taormina (11.000 Ew): Taormina verzaubert Fremde in den ersten 24 Stunden oder überhaupt nicht! Die Stadt trumpft mit ihrer aussichtreichen Panoramalage auf einer Bergterrasse des Monte Tauro auf, doch allein daraus läßt sich noch kein Profit schlagen. Ein herrlich mildes Klima, eine überaus üppige Vegetation, ein nahezu perfekt erhaltenes römisches Theater und ein phänomenaler Blick auf den Etna tun ihr Bestes, um die zahlreichen Besucher für sich zu gewinnen. Den antiken Namen Tauromenion erhielt die Stadt wegen ihrer Lage auf dem Berg Tauro. Sie wurde im 4. Jh. v.Chr. von den Sikulern gegründet, bald darauf ließ Andromach die Überlebenden des zerstörten Naxos einwandern, und der Wohlstand wuchs. Die Folgezeit brachte wiederholte Machtwechsel, Taormina verlor seine einstige Bedeutung. Erst im 19. Jh. erlangte die Stadt durch den einsetzenden Tourismus wieder Berühmtheit. Von Taorminas Vorzügen schwärmte schon die „Crème de la Crème" des endenden 19. Jh. Großen Anteil an der Publizität der Stadt schreibt man Baron Wilhelm von Glöden zu, der zum Fotografieren kam und seine romantischen Knaben- und Landschaftsbilder in Europa ausstellte. Eine Sensation zu damaliger Zeit, waren die Knaben doch lediglich mit einem Feigenblättchen oder gar ganz nackt abgelichtet. Heute wetteifern die Touristenshops auf dem Corso Umberto mit Kunstdrucken und Postkarten seiner Motive um Käufer. Die Aufmerksamkeit war geweckt. Es folgte der deutsche Maler Otto von Geleng, der seine Bilder in den Salons von Paris ausstellte. Dieser bot folgende Wette an: wäre die Landschaft nicht auch in Wirklichkeit genauso schön, würde er jedem, der sich selbst davon überzeugen wollte, die

Reisekosten zurückerstatten. Es bestand keine Gefahr für Geleng, die Wette zu verlieren. Einige Journalisten kamen und berichteten an ihre Zeitungen von dem neu entdeckten Paradies. Persönlichkeiten wie der deutsche Kaiser Wilhelm II., Österreichs Kaiserin Elisabeth, Englands König Eduard VII., auch Maler, Dichter, Filmstars und Wissenschaftler verbrachten daraufhin ihre Winterurlaube im milden Klima an der Ostküste Siziliens. Freilich spielt heutzutage überwiegend die Sommersaison eine Rolle. In die ehemalige Kurstadt hat der Massentourismus Einzug gehalten. Busse schlängeln sich von Frühjahr bis Herbst die Via Pirandello hinauf und laden Tagestouristen an der Porta Messina ab. Einige benutzen auch die Seilbahn ab Mazzarò, die ebenfalls kurz vor der Porta Messina endet.
Dort kann der Stadtrundgang beginnen. Durch die Porta Messina gelangt man direkt auf den **Corso Umberto**, die Hauptstraße Taorminas – täglich Schauplatz der angeblich elegantesten *Passeggiata* Italiens. Diese Fußgängerzone (man lese und staune, denn auch das gibt es auf Sizilien!) führt von der Porta Messina bis zur Porta Catania. Sie ist gesäumt von hübschen Cafés, Eisdielen, Pasticcerien, Restaurants, Modeboutiquen und Souvenirshops. Auf dem Piazza Vittorio Emanuele ist das **Teatro Greco** ausgeschildert. Das klassische Theater wurde im 3. Jh. v.Chr. aus dem Stein des Monte Tauro gehauen und 500 Jahre später von den Römern für ihre Gladiatorenkämpfe vergrößert. Man stelle sich vor, daß 30.000 Zuschauer im drittgrößten Theater der griechischen Welt Platz hatten (nur Epidauros und Syrakus waren noch größer). Vom halbrunden griechischen „orchestra“, das die Musiker, der Chor und auch die Schauspieler benutzten, sind die weißen Marmorsäulen erhalten geblieben. Bei Restaurierungsarbeiten wurden einige dieser Säulen auf umliegenden Grundstücken gefunden und wieder an ihren ursprünglichen Standort zurückgebracht. Die weißen Säulen bilden einen starken farblichen Kontrast zu den hohen römischen Sitzreihen aus rotem Backstein und den grünen Zypressen dahinter. Von April bis August findet das Taormina-Arte-Festival mit Musik-, Theater- und Filmvorführungen statt. Dabei bietet die Arena mit ihren 109 Metern Durchmesser ein phänomenales Klangerlebnis! Wenn Klänge eines Richard Strauss oder Wagners durch die Lüfte schweben, darf Taormina schon mal mit der deutschen Stadt Bayreuth verglichen werden.
Eine üppige Oase der Stille mit Traumblicken auf den Etna und die Küste bietet der Stadtpark **Parco Duchi di Cesaro** unterhalb des Theaters. Ein bedeutendes Bauwerk, parallel zum Corso Umberto, ist die **Naumachia**, eine 122 m lange römische Mauer aus rotem Backstein. Der **Piazza IX Aprile**, eine Aussichtsterrasse erster Klasse, ist gleichzeitig Stadtmittelpunkt. Den **Duomo San Nicola** aus dem 13. Jh. erkennen Sie am Barockbrunnen mit dem Wahrzeichen Taorminas, einer pummeligen Zentaurin (halb Frau, halb Pferd) mit Zepter und Krone. Sicherlich gibt es noch die eine oder andere Sehenswürdigkeit. Werfen Sie einen Blick in die Touristeninfo, denn dort erhalten Sie einen Gratis-Stadtplan mit beschriebenen Rundgängen (natürlich auch auf Deutsch). Wenn Sie das Personal länger „löchern“, erhalten Sie zusätzlich einen „Sack voller böser Blicke“.

Information: Piazza Vittorio Emanuele, nahe der Porta Messina, ✆ 094223243.
Info Taormina Arte-Festival: Corso Umberto 19, ✆ 094221142, 🖷 094223348.
Internet: www.taormina-ol.it, www.taormina-arte.com.
Unterkunft in Taormina: zahlreich vorhanden; Villa Adele**, Via Arcageta 16, ✆ 094223352, EZ o.B./m.F. 22 €, DZ 50 € m.B./m.F., sauber und familiär, Besitzer sprechen Deutsch, wenn DZ, dann nach Zimmer 39 fragen, denn dort ist die Dachterrasse direkt „vor der Türe"; Villa Schuler (siehe Fahrradvermietung), EZ m.F. 30-55 €, DZ m.F. 65-90 €, saubere, einfache Zimmer, mit herrlichem Garten, Terrasse und Etna-Blick; Villa Igiea**, Via Circonvallazione 28, ✆/🖷 0942625275, DZ 30-50 €; Villa Astoria*, Via L. Pirandello 38, ✆/🖷 0942623943, DZ 30-40 € (ggü. der Busstation); Svizzera*, Via L. Pirandello 26, ✆ 0942623790, 🖷 0942625906, EZ 25-35 €, DZ 35-60 € (nahe Busstation); La Campanella**, Via Circonvallazione 3, ✆ 094223381, 🖷 0942625248, EZ 30 €, DZ 45 €; Pension Casa Moschella, Via Nazionale, ✆/🖷 094223328, EZ 20-25 €, DZ 30-35 € (liegt in Mazzarò).
Camping: San Leo*, Capo Taormina, ✆ 24658 (siehe Etappe 25).
Jugendherberge: Vico San Francesco di Paola 9, siehe Skizze, ✆ 094223193, 🖷 0942794702, 7.30-12, 15.30-18 und 20-23 Uhr, 6-Bett Zimmer, pro Person m.F. 14 €.
Fahrradvermietung: Villa Schuler, Via Roma, ✆ 0942623841, 🖷 0942623522; sechs tourentaugliche Mountainbikes der Fa. Schauff stehen den Gästen kostenlos zur Verfügung, siehe Kapitel „Rund ums Rad". Eine Reservierung vor Reiseantritt ist unbedingt erforderlich. Inhaber und Personal sprechen Deutsch. Wir haben auf ganz Sizilien keine bessere Adresse gefunden!
Seilbahn: fährt stündlich von Mazzarò (40 m) bis an den Rand des Zentrums von Taormina (200 m), 5 Minuten, einfache Fahrt 2 €.

Etappe 57:
Giardini Naxos – Taormina – Castello Saraceno – Giardini Naxos (20 km) **

Ein Ausflug auf den Monte Tauro gefällig? Eine kurze, steile und aussichtsreiche Etappe mit vielen Sehenswürdigkeiten. Schon Goethe widmete Taormina ganze Seiten der Bewunderung und fühlte sich vom griechisch-römischen Theater und der Umgebung angezogen.

Sie rollen an der Strandpromenade auf der Via IV Novembre und der Via Reg. Margherita stadtauswärts Richtung Taormina. Am Ende macht die Straße einen Links-Rechts-Knick und führt Sie automatisch auf die SS114 Ri. Taormina. Es geht an der Stazione „Taormina-Giardini" vorbei (schönes Jugendstilgebäude, erbaut für Österreichs reiselustige Kaiserin Elisabeth) und nach ca. einem Kilometer links bergauf nach Taormina (wenn Sie nicht abbiegen und noch einen Kilometer auf der SS114 dranhängen, gelangen Sie zur Seilbahn). Der Via Luigi Pirandello bis zum Ende folgen, und Sie gelangen zur Porta Messina, dem Beginn der Fußgängerzone, unweit des Teatro Greco. Um die 398 m hoch gelegene Burg von Taormina zu „erklimmen", fahren Sie nicht links durch die Porta Messina, sondern geradeaus auf der Via Circonvallazione bergauf. Weiter auf der Via Leonardo da Vinci Ri. „Castelmola". Der Abzweig zum Castello ist beschildert. Wenn Sie das Castello zu Fuß „erobern" möchten, weigen Sie von der Via Circonvallazione rechts auf den beschilderten Treppenweg ab.

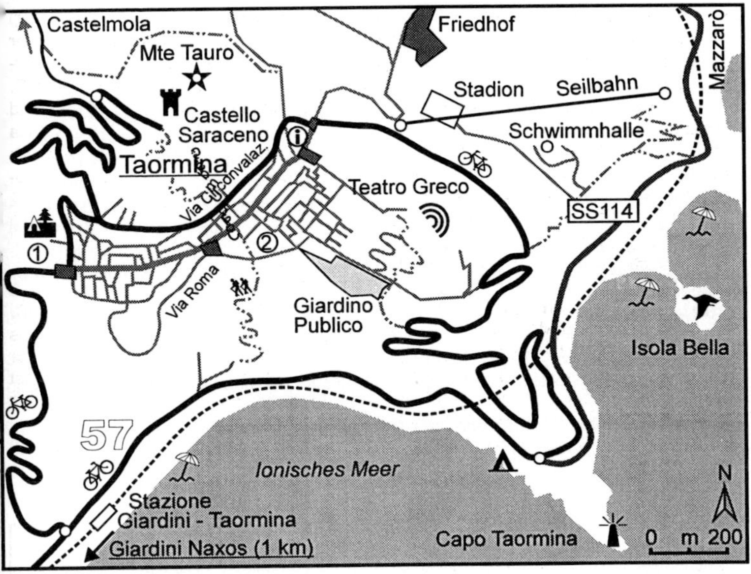

Castello Saraceno: Die Ruine der mittelalterlichen Burg (14. Jh.) steht auf dem Gipfel des Monte Tauro (398 m), an der Stelle der alten Akropolis, mit wunderbarem Blick auf die Stadt, das Theater und die Bucht von Naxos. Das Castello ist angeblich täglich von 10-12.30 und 14-19.00 Uhr geöffnet.

Bergab biegen Sie von der Via Leonardo da Vinci Ri. „Ospedale“ ab und erreichen die SS114 kurz vor Giardini Naxos.

Giardini Naxos (8700 Ew): Der beliebte Badeort Giardini bietet alles was die Herzen vergnügungshungriger Pauschaltouristen begehren. Einen weiten Sandstrand, mildes Klima, eine Promenade gesäumt von Bars, Kneipen, Restaurants, Nachtclubs und Hotels – alles scheinbar im Überfluß, doch im Hochsommer heillos überlaufen! Abgesehen vom Touristenrummel hat der Ort auch Geschichtliches vorzuweisen. Der Strand von Giardini geht in die Halbinsel Capo Schisò über, die aus verhärteter Lava des Monte Moro (Nebenkrater vom Etna) besteht. Auf dem Capo landeten im 8. Jh.v.Chr. die Griechen und gründeten Naxos. Drei Jahrhunderte später wurde es von den Syrakusern eingenommen und zerstört. Ein Teil der Überlebenden flüchtete in höher gelegene Etna-Regionen, u.a. auch nach Castiglione und Taormina.

Die Überreste der Stadt bestehen aus langen Mauertrakten, einem Aphroditetempel und zwei Öfen (Archäologischer Park). Einen wunderbaren Ausblick genießt man vom Archäologischen Museum.

Information: Via Tysandros 54, ✆ 094251010.
Archäologisches Museum: Via Lungomare Schisò, ✆ 094251001, Eintritt: 2 €. Öffnungszeiten: Mo bis So 9-14, im Sommer auch 15-19 Uhr, außer Mo.
Unterkunft: La Sirena*, Via Schisò 36, klein und einfach, toller Blick auf Meer und Taormina, etwas abseits des eigentlichen Lungomares, nahe am Archäologischen Museum, ✆/🖷 094251853, EZ 20-25 €, EZ 30 €, DZ 42-58 €; Otello*, Via Tysandros 62, einfach, am Lungomare, ✆ 094251009, EZ 18-30 €, DZ 36-48 €; La Riva***, Via Tysandros 24, kleines Hotel mit Terrasse zum Meer, ✆ 094251320, EZ 42 €, DZ 54 €; Porto Azzurro*, Via Calcide Eubea 8, an der Hafenmole, schlichte Zimmer, ✆ 0942571362, DZ 42-62 €; Villa Sant'Antonio, Via Filicudi, familiär, ruhig und im Grünen, etwas vom Meer entfernt, ✆ 094251475, EZ 27 €, DZ 48 €; und noch viele, viele mehr...
Affittacamere: Angelo Savoca, Via Naxos 42, ✆ 094252251, EZ 22 €, DZ 42 €; Sole Nascente, Via Ortogrande 61, ✆ 094251020, EZ o.B. 30 €, DZ 36-48 €.
Camping: San Leo*, Capo Taormina, ✆ 0942624658, liegt zwischen Giardini und Taormina an der Küste, wunderbarer Etna-Blick, sanitäre Anlagen lassen zu wünschen übrig.
Fahrradgeschäft: La Bicicletta, Via Nazionale 118, siehe Beginn von Etappe 58, Verleih und Reparatur, MTB 10 € pro Tag, Tandems können auch geliehen werden, ✆ 094253019.

Taormina, die perfekte Theaterkulisse

Etappe 58:
Giardini Naxos – Fiumefreddo di Sicilia (8 km)

Zwischen Giardini Naxos und Fiumefreddo mündet der Fiume Alcántara ins Ionische Meer und bildet die Grenze zwischen den Provinzen Catania und Messina. Da das kleine, von Riposto kommende Küstensträßchen beim Parco di Fiumefreddo unterbrochen ist, verläuft diese notwendige Verbindungsetappe komplett über die teilweise stark befahrene SS114.

Auf der SS114 Ri. „Catania" fahren Sie am Ortsende durch eine breite Unterführung (km 0). Bei km 0,6 passieren Sie den Fahrradverleih „La Bicicletta", kurz später überquert die SS114 den Fiume Alcántara (km 2), direkt danach zweigt Etappe 62 (Gegenrichtung) nach rechts Ri. „Calatabiano/Gola di Alcántara" ab. Weiter auf der Küstenstraße folgt auf einer kleinen Straßenkuppe (km 2,2) der Abzweig zum Camping San Marco. Nach einer Häuseransammlung namens Pasteriain können Sie rechts abbiegen (km 4,9, über die Bahngleise), wenn Sie Linguaglossa ansteuern wollen (nach 2 km treffen Sie auf Etappe 61). Weiter geradeaus ist das Etappenziel, der Piazza San Vincenzo, am Ortsanfang von Fiumefreddo bald erreicht.

Fiumefreddo di Sicilia (9000 Ew): Sizilianische Autofahrer kennen den kleinen Durchgangsort als Beginn der „Strada dell'Etna é Madonie" (SS120) oder vom Verkehrslagebericht im Radio. Die enge Ortsdurchfahrt und eine Ampelanlage führen zu regelmäßigen Stauungen auf der Superstrada 114. Naturfreunden ist der Name Fiumefreddo vom gleichnamigen, etwas unterhalb liegenden Naturreservat ein Begriff, und „Sizilien per Rad"-Leser können hier drei Etappen starten bzw. beenden.

Orientierung in Gegenrichtung:
SS114 Ri. „Messina", am Abzweig zum Camping San Marco, dann am Radverleih „La Bicicletta" vorbei, durch zwei direkt aufeinander folgende Unterführungen und bei der ersten Ampelanlage rechts Ri. „Schisò" zur Strandpromenade. Hier links, vorbei an zahlreichen Restaurationen, Unterkünften und dem kleinen Touristenbüro von Giardini Naxos.

Etappe 59:
Fiumefreddo di Sicilia – Acireale (26 km) **

Palmen, Traumstrände, enge Straßen, Zitrusfrüchte und ständiger Blickkontakt zum „Beherrscher der Insel", dem Etna. Müheloses Radeln, mit Ausnahme der letzten 5 Kilometer vor Acireale – der Karnevalshochburg Siziliens.

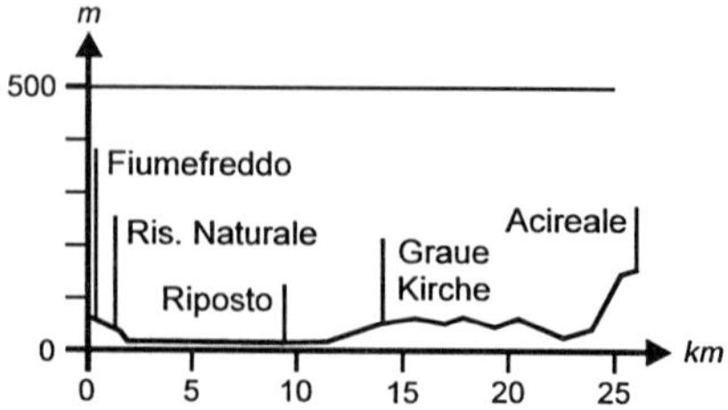

Vom Piazza Vincenzo (km C 80 m) die Via Badala hinunte rollen. Bei km 2/30 m vorbei ar Eingang vom „Riserva di Fiume freddo“, und nach km 2,6/10 n der 90°-Kurve rechts folger Geradeaus können Sie Ihr Ra zum weiten Sandstrand von Mari na di Cottone schieben und be guter Sicht die Konturen Kalab riens erblicken. Nun auf de Küstenstraße durch den Ort Fondachello (Hotel/Camping) und weiter bi „Riposto“. Dort am Ortsbeginn an der Verkehrsinsel rechts Ri. „Acireale (geradeaus Einbahnstraße). Nach 200 Metern links dem weißen Schilc „Carabinieri“, in die Via Antonio Gramsci, folgen. Wieder zur Küstenstraße hinunter, am „Porto di Etna“ vorbei und auf der Via Lungomare Torre Archiraf zum gleichnamigen Fischerort weiter. Im Ort rechts (geradeaus Einbahnstraße und 100 m später links in die Via Verazzano Ri. „Centro“. Bis zum Stopschild dann rechts Ri. „Catania“. Leicht ansteigend bis zur Kreuzung mit eine markanten grauen Kirche. Hier links auf die SP2 I/II, und von nun an immer de Beschilderung „Acireale“ folgen. Die letzten 3 Kilometer windet sich die Straße in Serpentinen den Berg hinauf zur SS114. Diese geradeaus überqueren, und auf der Viale Regina Margherita den Schildern ins Zentrum zum „Piazza Duomo“ folgen. Nach km 26/160 m ist dieser erreicht.

Acireale (50.000 Ew): Die Kur- und Kongreßstadt liegt zwischen Etna-Hang und Steilküste, am nördlichen Ende der „Riviera di Ciclopi“ (Zyklopenküste). Es werden überwiegend Zitrusfrüchte angebaut, denn Klima und Boden sind geradezu ideal dafür. Auch die alte Tradition des **Puppentheaters** (*Opera dei Pupi*) ist in Acireale beheimatet. Im Vergleich mit dem „Konkurrenten“ Palermo sind die Marionetten größer und tragen exotischere Kleidung. Das heutige Stadtbild ist geprägt durch die nach dem Erdbeben von 1693 neu errichteten Barockbauten um den **Piazza del Duomo**. Im Inneren des Doms sieht man einen Meridian (1843) und in der Capella di Santa Venera eine Silberstatue der Stadtpatronin (1651). Rechts neben dem Dom erheben sich die **Chiesa di Santi Pietro e Paolo** mit ihrer Säulenfassade aus dem 18. Jh. und der barocke **Palazzo Communale**. An dem südlich anschließenden **Piazza Vigo** fällt die **Chiesa San Sebastiano** ins Auge. Das Stadtviertel **Santa Caterina**, das früher in die Stadt eingebettet war, wurde durch den Bau der Küstenstraße SS114 von Acireale getrennt. Hier kann man durch verwinkelte Gassen schlendern, Ruhe genießen, und vom **Piazza Bellavista** hat man einen schönen Blick auf die Zyklopenküste. Ein Ausflug auf der alten, breiten **Strada delle Chiazzette** (Maultierstraße) ist lohnend. Sie verbindet Acireale mit dem Fischerdorf Santa Maria La Scala. Es geht im Zick-Zack-Kurs abseits des Verkehrs hinab zum Meer (ab dem Piazza Duomo die Via Romeo, und auf der anderen Seite der Schnellstraße beginnt der Abstieg).

Kartenskizze Etappen 58 – 71

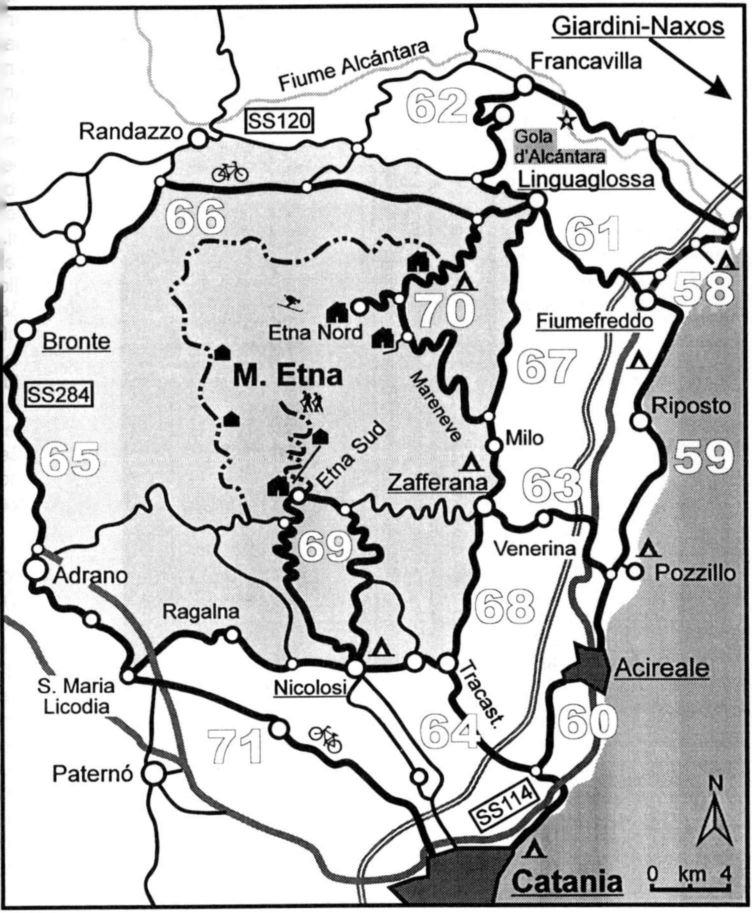

Karneval von Acireale: Zu Karnevalszeiten gerät die Stadt aus den Fugen: ausgebuchte Hotels, das Zentrum zum Bersten voll, fröhliche Musik und Tanzpodien in jeder Ecke, dazu ausgelassene Stimmung. Die *Acesi* sind nicht zu Unrecht stolz auf ihren „piu bel carnevale di Sicilia", den schönsten Karneval der Insel. Tausende bejubeln die buntgeschmückten, kunstvollen Wagen, die grotesken Allegorienfiguren, Majoretten- und Folkloregruppen und das grandiose Abschlußfeuerwerk.

Information: Corso Umberto 179, ✆ 095604521, 🖹 095604306.
Übernachtung: Convento San Biagio, Benediktinerkloster, im Zentrum, Piazza S. Biagio 4, ✆ 095601377; Maugeri**, Piazza G. Garibaldi 27, ✆ 095608666, EZ 36-54 €, DZ 60-84 €; der Rest ist teuer, doch die Kurgäste bezahlen.
Camping: Panorama**, Sta. Caterina, groß und gepflegt, tolle Aussicht, Zitronenbäume, zu Fuß ins Zentrum, Pool, ✆ 095605987/0336611532, 🖹 095608708, ganzjährig; La Timpa**, S. Maria della Scala, Via Floristella 25, ganzjährig, 2 km von Acireale entfernt, ganzjährig, ✆ 0957648155; einige Campings auch im Etappenverlauf ausgeschildert.
Thermalquellen: Die Quellen von Acireale waren schon zu Zeiten der Griechen berühmt. Im Süden der Stadt, nahe dem Camping „Panorama", direkt an der SS114, liegt das Thermalbad Sta. Caterina, ein klassizistisches Gebäude aus dem 19. Jh. Schwefelhaltige und radioaktive Quellen werden für Thermalkuren bei Rheuma, Hautkrankheiten, Knochen- und Bewegungsbeschwerden sowie bei Frauenleiden etc. verwendet.
Fahrradgeschäft: Giammarinaro, Viale Reg. Margherita 87, ✆ 0957648968; ein weiteres Geschäft befindet sich in der Via Galatea 119.

Orientierung in Gegenrichtung:
Start ist am Piazza Duomo. Den Corso Umberto I. entlang, rechts in die Via Paolo Vasta, links Viale Regina Margherita, die SS114 überqueren (km 0), bergab Ri. „Riposto/Hotel Sta. Tecla Palace". Auf der SP2 I/II bis zum km 12 immer der Beschilderung „Riposto" folgen, dann an grauer Kirche rechts Ri. „Torre Archirafi". Am Meer entlang gelangen Sie automatisch nach Riposto. Bis Marina di Cottone (km 23) parallel zum Meer, dann links nach „Fiumefreddo".

Etappe 60:
Acireale – Aci Castello – Catania (20 km) *

Eine relativ einfache Etappe, die erst oberhalb, dann direkt an der dicht besiedelten Zyklopenküste entlangführt. Wahrlich kein Highlight, doch in dieser verkehrsreichen Region ist diese Tour zweifelsfrei „radfahrerfreundlich", und auch die Einfahrt nach Catania kann vergleichsweise mit den Prädikaten „schönste" und „ruhigste" ausgezeichnet werden.

Verlassen Sie das Zentrum von Acireale Richtung Süden auf der Via V. Emanuele. Es geht bergab, den Schildern zur „Stazione" folgend. Genullt wird erst am Bahnhof (km 0/145 m). Die Strecke führt anfangs an den Gleisen entlang, die ersten 500 m müssen allerdings entgegen der Einbahnstraße geschoben werden. Bei km 2,6/140 m stoßen Sie auf die Gabelung mit dem braunen Schild „Località Turistica", dort fahren Sie halb rechts (halb links „Terme Romana S.

Venera"). Nach km 6/165 m geht's an der Kreuzung mit der „Panineria Karaoke" links, kurz in eine Straßensenke und dann bergauf bis km 6,9/175 m. Dort geradeaus und bergab Ri. „Residence Park Hotel". Bei km 7,4/130 m Blick auf die Felsen der Zyklopenküste. Nach km 7,9/135 m am Park Hotel vorbei, durch das Neubauviertel, dann steil bergab. Bald folgt die große Palmen-Gärtnerei „Piante Tropical", und schon stoßen Sie bei km 9,2/60 m auf die SS114. Diese queren und mehr oder weniger geradeaus auf das Castello von Aci Castello zusteuern.

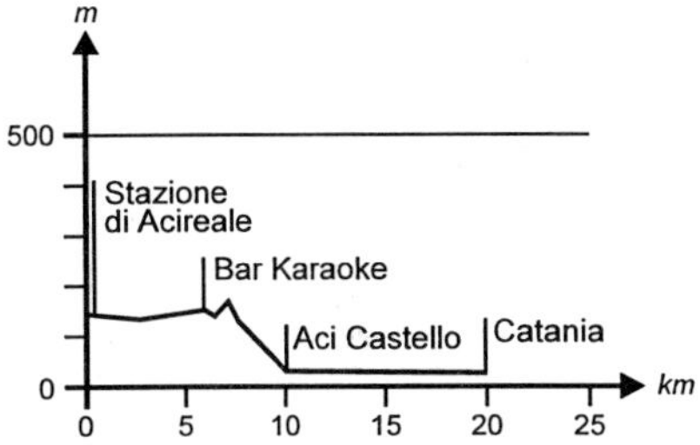

Aci Castello (18.000 Ew): Das ehemalige Fischerstädtchen ist ein beliebtes Sonntags-Ausflugsziel der Catanesen. Am Wochenende und an lauen Sommerabenden heißt es: sehen und gesehen werden, Eis essen, plaudern, beobachten und das malerische Normannenkastell bewundern. Dieses beherbergt ein Museum und thront auf einem Basaltfelsen, der steil aus dem Meer ragt. Mineralien, archäologische Funde und Versteinerungen sind ausgestellt (täglich 9-13 und 15-19 Uhr).

Am Piazza Castello rechts, der Küstenstraße folgen, die für ca. 500 Meter zur Einbahnstraße wird (Rad schieben). Die Straße verläuft direkt an der felsigen Küstenlinie, der sogenannten Bucht von Ognina, entlang. Bald geht's vorbei am Sheraton, dem Grand Hotel Baya Verde, aber auch dem familiäreren Mare Monti. Nachdem Sie das Stadtschild von Catania passiert haben, folgen Sie der Beschilderung „Centro". Von der zweispurigen Einfallstraße Via Aci Castello links Ri. „Ognina" abbiegen und der Küstenstraße bis zur Stazione Centrale (Bahnhof) folgen. Nach dem Bahnhof rechts in die Via Antonino San Giulianio. Diese stößt auf die Via Etnea.

Orientierung in Gegenrichtung:
Start ist am Piazza Duomo. Fahren Sie rechts (geradeaus beginnt die Via Etnea) in die Via Vittorio Emanuele, am Ende der „Emanuele" stoßen Sie auf einen Piazza, dort links auf die Via Sei Aprile. Diese führt am Bahnhof vorbei, parallel zur Küstenlinie. Hilfreich ist auch die gute Beschilderung zum „Camping Jonio". Aufgepaßt: Am Porto Ulisse, kurz nach der Brücke, scharf rechts in die Via Cristoforo abbiegen, am Eingang des Campingplatzes vorbei, und bald stoßen Sie auf die Ausfallstraße nach Aci Castello. Sie fahren die Bucht von Ognina entlang, vorbei am Sheraton, dem Grand Hotel Baya Verde, und nach ca. km 10/10 m erreichen Sie Aci Castello. Fahren Sie im Ort zur SS114 hinauf, dort rechts Ri. „Messina", und am Ortsende zweigen Sie nach einem Zebrastreifen mit dem auffälligen Schild „Residence Park Hotel/Cimitero" links ab.

Steil bergauf, vorbei an der Palmen-Gärtnerei „Piante Tropical“, durch das Neubauviertel, am Park Hotel vorbei, und nach ca. km 14/165 m gelangen Sie an die Kreuzung mit der „Panineria Karaoke“. Hier geht’s rechts auf die SP83 Ri „Acireale/Stazione/Zona Archeologica/Mulini Ad Acqua“. Nun immer geradeaus am Bahnhof von Acireale vorbei und auf der Via V. Emanuele bergauf ins Centro.

Etappe 61:
Linguaglossa – Fiumefreddo di Sicilia (12 km) **

Eine herrlich lange Abfahrt steht Ihnen bevor. Von den Ausläufern des Etna zu den Fluten des Ionischen Meeres.

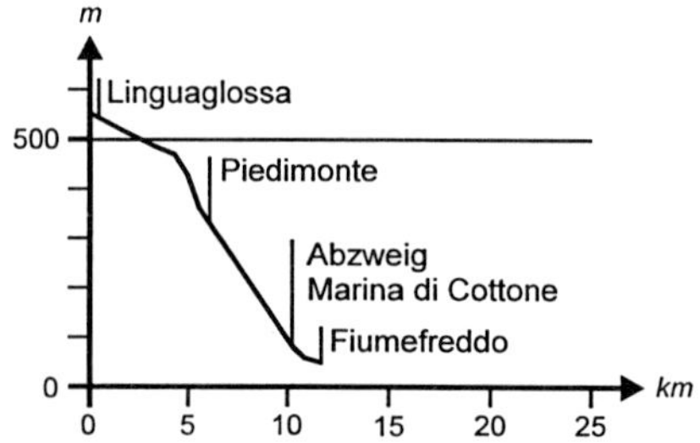

Die Tour startet an der Bahnstation der Circumetnea (km 0/550 m). Es geht auf der Via Umberto bergab und nach km 0,2/540 m (beim Fahrradgeschäft „Cicli Santangelo) rechts Ri. „Fiumefreddo“, nach km 0,5 am unteren Ende eines kleinen Parks links, nach km 0,7 am oberen Ende des Parks rechts, wieder bergab Ri. „Fiumefreddo“. Bei km 1 geht’s an der Gabelung halb links, nach km 1,4/ 520 m an der Kreuzung rechts Ri. „Cimitero“ (Friedhof). Bald kündigt der sehenswerte Friedhof (km 2) das baldige Ende des Dorfes an. Im weiteren Verlauf queren Sie viermal die Bahnlinie „Circumetnea“. Bei km 6 passieren Sie das Stadttor von „Piedimonte“, fahren 700 m lang auf Lavapflaster, am Ende steil bergab (vorsichtig an die T-Kreuzung heranfahren) und rechts abbiegen. Aufgepaßt: bei km 10,5/90 m halb links (am Lkw-Verbotsschild, SP188) Ri. „Marina di Cottone“ (braunes Schild, leicht zu übersehen). Etappenende ist der Piazza San Vincenzo in Fiumefreddo (km 12/80 m). Zum Naturpark und dem Sandstrand geradeaus bergab rollen (Etappe 59).

Orientierung in Gegenrichtung:
Vom Piazza San Vincenzo in nordwestlicher Richtung dem Schild nach „Linguaglossa“ folgen. Bald über eine Bahnbrücke (km 0,4) und nach km 1/100 m an der Kreuzung rechts „Linguaglossa“. Bergauf durch Piedimonte, vorbei am Friedhof von Linguaglossa und ab ins Zentrum.

Etappe 62:
Linguaglossa – Castiglione – Gola d'Alcántara – Giardini Naxos (35 km) ***

Vom Etna-Ausgangsort Linguaglossa durch Haselnußplantagen, auf einer ruhigen Asphaltstraße, über eine kleine Paßhöhe, und der Blick öffnet sich auf das herrschaftlich gelegene Bergdörfchen Castiglione. Es folgt eine lange Bergab-Passage, vorbei an der Alcántara-Schlucht, und Sie gelangen auf einer Nebenstraße zur Küste und ins touristische Hauptgebiet der Insel: kein Reiseführer ohne ein Bild des griechisch-römischen Theaters von Taormina, ohne die Erwähnung des von Badetouristen überquellenden „sizilianischen Riminis" (Giardini-Naxos) und kein Reiseführer ohne ein Bildchen der ***Alcántara-Schlucht****. Und Sie? Mittendrin?*

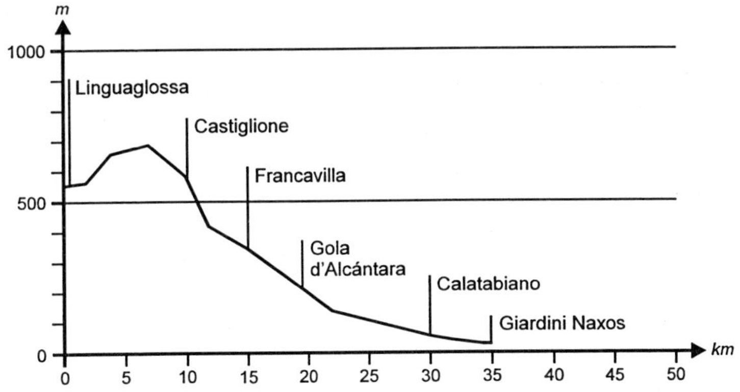

Beginnen Sie die Tour an der Bahnstation der Circumetnea (km 0/550 m). Es geht die Via Umberto bergab und nach km 0,5/535 m links auf der Via Roma Ri. „Castiglione di Sicilia", 200 m auf dem bereits bekannten Lavasteinpflaster, leicht ansteigend stadtauswärts. Nach km 1,8/560 m ist das Stadtende erreicht, und die Straße geht in die SS120 über. Folgen Sie nach km 4,1/630 m der Beschilderung rechts nach „Castiglione". Mitten durch die Haselnußplantagen führt die Straße Sie auf die 695 Meter hohe Paßhöhe, und dann kurven Sie mühelos über eine alte Steinbrücke (km 8,8) in den Ort hinein. Bei km 9,2/550 m rechts Ri. „Taormina", nach 100 Metern links Ri. „Francavilla", und Sie gelangen auf einen riesigen Piazza mit Aussichtsplattform und für Radler wichtig: mit Trinkbecken zum „Auftanken"! Genießen Sie das frische Quellwasser, auch die Einheimischen wissen die Wasserqualität zu schätzen. Vorsicht: Ihr Kartenmaterial bringt Sie vielleicht in Versuchung, die verführerisch anmutende, verkehrsarme SP81 am Piazza rechts weiterzufahren. Selbige endet unerwartet nach 2 km und geht abrupt in einen unbefahrbaren Mulipfad über! Dieses typische Beispiel sizilianischer Straßenplanung würde Ihnen 150 unnütze Höhenmeter aufhalsen. Fahren Sie also am Piazza links Ri. „Francavilla“. Nach 150 Metern können Sie rechts ins Centro abbiegen und die Altstadt besichtigen. Bei km 11,2 geradeaus, die Straße geht in die SS185 Ri. „Taormina“ über. Wieder Haselnußplantagen und bei km 12,1/410 m der erste Kontakt mit dem Fiume Alcántara. Sie überqueren ihn auf einer Steinbrücke und fahren dann rechts Ri. „Francavilla“. Bei km 13,5 rollen Sie in messinesisches Territorium. Nach km 14,7/340 m in Francavilla rechts nach „Taormina/Giardini“. Sie fahren nun auf der Via Mulini, der Straße der Esel, bergab Ri. „Gola d'Alcántara“. Endlich sichten Sie nach km 15,4/300 m an der Kreuzung auch das „Hotel d'Orange“, das schon 30 km zuvor beschildert ist. Biegen Sie an der Kreuzung rechts nach „Taormina“ ab. Nach km 19,4/215 m ist rechter Hand der Haupteingang zur „Gola d'Alcántara“.

Gola d'Alcántara: Ein großer Busparkplatz, Verkaufsstände und ein Aufzug zur Schlucht bieten den perfekten Touristenservice. Allerdings herrscht beim Treppenabstieg, 100 m oberhalb des Haupteingangs, weniger Trubel. Unten erwartet Sie ein Kiesstrand, der zum Picknicken und Relaxen einlädt. Es besteht auch die Möglichkeit, die Schlucht aktiv mit Latzhose und Gummistiefeln (Verleih) zu durchwandern. Dann heißt's: ab ins konstant 12 °C kalte Wasser und im Storchenschritt voran!
Der Fiume Alcántara (arab. „al kantar“, die Brücke) entspringt auf 1250 m ü.M. im Nebrodi-Gebirge, wird in der Nähe von Randazzo von einer Etna-Quelle gespeist und mündet bei Taormina ins Meer. Er gehört zu den wenigen Flüssen Siziliens, die auch im Sommer nicht austrocknen. Die Entstehung der wildromatischen Schlucht (400 m lang, 5-8 m breit und bis zu 50 m hoch) mit einmaligen Felsformationen aus Basaltgestein geht auf einen Vulkanausbruch im Jahr 2400 v. Chr. zurück. Der Besuch gehört zum Pflichtprogramm eines jeden Sizilien-Reisenden. Je nach Tages- und Jahreszeit ist die Gola mehr oder weniger überlaufen. Wir raten zu einem frühmorgendlichen Abstecher – nur dann kann man die wilde Romantik in Ruhe genießen.

Im weiteren Verlauf vorbei am eindrucksvollen Torrente di San Cattaldo. Aufgepaßt: bei km 22/135 m rechts Ri. „Mitogio“, den Fiume Alcántara überqueren und gleich darauf am Stopschild links auf die SP81. Man lese und staune, dies ist die Fortsetzung der zuvor erwähnten Straße in Castiglione, die in einen „Mulipfad“ übergeht! Sie rollen zwischen Orangen- und Zitronengärten dem Meer entgegen, gelangen bei km 29,9/65 m am Piazza Vittorio Emanuele (Kirche mit Palmenvorplatz) in Calatabiano an und halten sich links Ri. „Messina“.

OPTION: Am Piazza Vittorio Emanuele rechts Ri. „Fiumefreddo/San Marco“ abbiegen (Anschluß an Etappe 58).

Nachdem Sie die Autobahn A18 unterquert haben biegen Sie an der T-Kreuzung (km 31,5/35 m) links auf die stark befahrene Küstenstraße SS114 ab und verlassen diese bei km 33,8/10 m rechts Ri. „Schisò“, biegen am Strand links auf die „Auto-Fußgänger“-Flaniermeile ab; das Etappenziel ist erreicht.

Orientierung in Gegenrichtung:
Fahren Sie auf der SS114 ca. 3 km Ri. „Catania“, nach dem Überqueren des Fiume Alcántara rechts nach „Calatabiano“ (kurz nach Überschreitung der Provinzgrenze „Messina/Catania“). In Calatabiano am Piazza Vittorio Emanuele dem gelben Schild zur „Gola d’Alcántara“ folgen. Vorsicht: bei km 11,5/145 m endet die Ausbaustrecke der SP81. Biegen Sie hier rechts ab, überqueren Sie den Fiume Alcántara und dann links auf die SS185 (bergauf). Nach km 15/215 m vorbei an der „Gola d’Alcántara“ und weiter nach Francavilla. Dort bei km 19,5/340 m links in die Viale Regina Margherita (ein schlecht ersichtliches Schild weist den Weg nach „Castiglione“). Im weiteren Verlauf der Beschilderung „Castiglione“, dann „Linguaglossa“ folgen.

Etappe 63:
Zafferana – Acireale (15 km) *

Eine rasante Abfahrt über die fruchtbaren, dicht besiedelten Etna-Osthänge, zum Ionischen Meer.

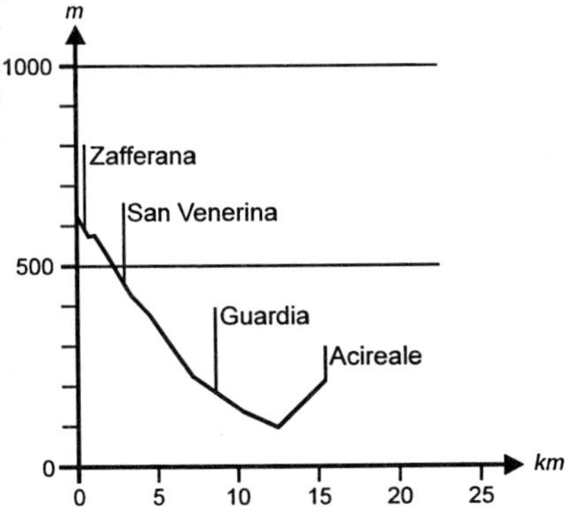

Vom Piazza Umberto die Via Roma 100 Meter gegen die Einbahnstraße schieben (km 0/640 m) und links Ri. „San Venerina“ die Via Renato Imbrianie steil bergab rollen. Nach km 0,7 rechts der Via Marco folgen, gleich darauf (km 1,1) wieder links hinunter. In San Venerina, an der Verkehrsinsel bei km 3/460 m), links Ri. „Giarre abbiegen. Auf der mit Basaltsteinen gepflasterten Via Emanuele macht sich der Luxus einer Federgabel bezahlt. Wenn Sie die schnurgerade Abfahrt ungefedert meistern, können Sie erst bei km 4,3 die Hände ausschütteln und den Asphalt der anschließenden Via Mazzini genießen. Endlich endet die Bebauung; Sie rollen auf der SP49 dem Meer entgegen, durch eine Bahnunterführung (km 7,1/290 m) bis zur stark befahrenen SS114. Hier rechts, Autos brauchen Sie auf den 1200 Metern nicht fürchten, da vor der Ampelanlage in Guardia „Stop and Go“-Verkehr obligatorisch ist. An der Ampel nach der Agip-Tankstelle (rechter Hand) rechts die Via

Stazione, später SP164, hinunter. Die Straße unterquert bei km 9/180 m den Bahnhof, und kurz darauf ist die Küstenstraße SP2-I/II erreicht. Nach **Acireale** (rechts) sind es noch 5 Kilometer. Wenn Sie eine Bade- oder Camping-Möglichkeit suchen, fahren Sie die SP2-I/II links und nach 400 Metern wieder rechts Ri. „Pozillo".

Fahrradgeschäft in Giarre: Forzisi, Via Callipoli 43, ✆ 095930867; Trovato, Via Tommaseo 24/26, ✆ 095931940.

Orientierung in Gegenrichtung:
Start ist am Piazza Duomo. Dem Corso Umberto I entlang, rechts in die Via Paolo Vasta, links Viale Regina Margherita, die SS114 überqueren, bergab Ri. „Riposto/Hotel Sta. Tecla Palace". Bei km 6,5 (Kilometerschild 5 der SP2-I/II) links hinauf Ri. „San Giovanni Bosco" bis zur SS114 (Guardia). Rechts abbiegen und nach 1200 Metern auf der SS links hinauf nach „San Venerina". Geradeaus durch diese Ortschaft, den Piazza Municipio passieren; ein weiterer Piazza mit barockem Gotteshaus folgt, 300 Meter weiter rechts Ri. „Zafferana".

Etappe 64:
Catania – Aci Castello – Nicolosi (35 km) *

Rein in die Pedale – manövrieren Sie Ihren Drahtesel durch den Großstadtverkehr. Nach dem Motto: erst die Arbeit, dann das Vergnügen! Halb so schlimm, bald geht es zum Aufwärmen ein Stück die Zyklopenküste entlang, dann erst beginnt der „Aufstieg" in die Etna-Gefilde. Es gibt kürzere Routen, doch gefällt uns diese wegen ihres geringeren (wohlgemerkt geringeren) Verkehrsaufkommens am besten. Die Wegbeschreibung ist detailliert, da der Schilderwald in den Orten verwirrend und für Einsteiger ein „Buch mit sieben Siegeln", ist. Wer den „Aufstieg" schafft, ist fit für die anschließende Giro dell'Etna.

Sie starten am Wahrzeichen Catanias – dem Elefantenbrunnen auf dem Piazza Duomo. Fahren Sie rechts (geradeaus beginnt die Via Etnea) in die Via Vittorio Emanuele, und am Ende der Straße stoßen Sie auf einen Piazza, dort links auf die Via Sei Aprile. Diese führt am Bahnhof vorbei, parallel zur Küstenlinie. Hilfreich ist auch die gute Beschilderung zum „Camping Jonio". Aufgepaßt: Am Porto Ulisse, kurz nach der Brücke scharf rechts in die Via Cristoforo abbiegen, am Eingang des Campingplatzes vorbei, und bald stoßen Sie auf die Ausfallstraße in Ri. Aci Castello. Sie fahren die Bucht von Ognina entlang, vorbei am Sheraton, dem Grand Hotel Baya Verde, und nach ca. km 10/10 m erreichen Sie Aci Castello. Fahren Sie im Ort zur SS114 hinauf, dort zweigt „Ihre" Straße Ri. „San Gregorio/Etna-Sud" ab. Zur besseren Orientierung haben wir an dieser Stelle erneut genullt (km 0/20 m). Bei km 2/155 m rechts Ri. „Campo Sportivo/Torre del Pino", km 3,2/195 m wieder rechts (gleiche Beschilderung), nach km 5,7/200 m an der Kreuzung geradeaus in eine namentlich nicht gekennichnete, enge Straße (Lkw-Verbot und Q8-Tankstelle). Diese führt auf den orf-Piazza. Dort fahren Sie links in die Via St. Nicolo und am Ende geradeaus i. „Eremo St. Anna/Catania/A18 ME". An der Kreuzung bei km 7,7/280 m eradeaus auf der SP126 Ri. „Aci S. Antonio/A18 ME/CT". Sie überqueren die utobahn, fahren an folgender Kreuzung wieder geradeaus (kein Schild) in die ortführung der Via Marchesano. Biegen Sie 200 m nach der Kreuzung links ab die Via Umberto, am Ende links und gleich darauf rechts in die Via Sold. tefano di Prima. An der Kreuzung bei km 11,2/330 m geradeaus auf das chmale Sträßchen Ri. „Lavinaio/SP165". Bergauf nach Lavinaio, am Piazza eradeaus weiter bergauf. Die Straße stößt auf eine große Straßenverzweigung der Ortschaft Monterosso. Hier finden Sie Anschluß an die Giro dell'Etna Etappe 68) nach Nicolosi.

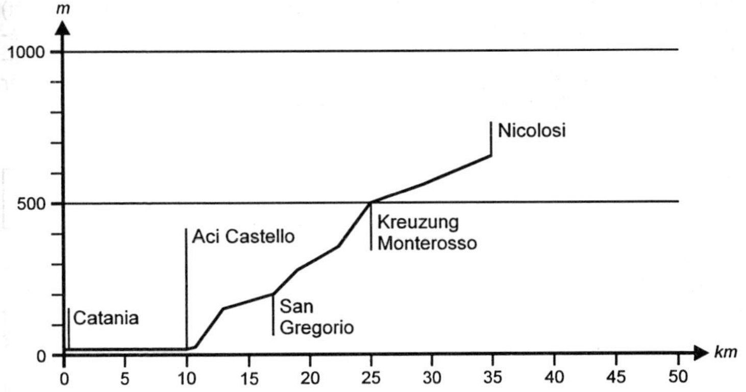

Nicolosi (5500 Ew): Immer wieder von Etna-Ausbrüchen zerstört und jedesmal wieder auferstanden! Man erzählt sich gern vom Wunder des Erzbischofs von Catania, der beim Ausbruch von 1886 dem bedrohlichen Lavastrom den Schleier der Heiligen Agatha entgegen hielt und damit die Lava nur wenige Meter vor dem Ort zum Stoppen brachte. Im Nordwesten, direkt am Campingplatz, erstrecken sich die pinienbewachsenen Monti Rossi, von denen im Jahr 1669 die Lava ausströmte und bis nach Catania vordrang. Dies war der schwerste überlieferte Ausbruch, die Flanke des Vulkans öffnete sich vom Gipfel bis zu den Monti Rossi. Die Pineta ist eingezäuntes Naturschutzgebiet und durch gut begehbare Wege erschlossen.

Heute nutzen wohlhabende Catanesen Nicolosi als Wochenenddomizil. Restaurants, Bars, Gemüse-, aber auch Kleidergeschäfte gibt es, und „halten Sie sich fest": eine Eislaufbahn – vielleicht sogar die einzige auf Sizilien! Der Ort ist nicht nur eine Sommerfrische, sondern auch guter Ausgangspunkt für Vulkan-Exkursionen auf die Etna-Südseite. Tip: Besonders ansprechend und kommunikativ, für Junge und jung Gebliebene ist die Jugendherberge.

Information: Via Garibaldi 63, ✆ 095911505, 🖷 0957914575; Via Etnea 65, ✆ 0957914580.
Park- und Forstverwaltung: Via Etnea, 107, u.a. Info zu geführten Touren des C.A.I., Kartenmaterial, Räumlichkeiten sind überhalb eines Supermarktes, Schulungs- und Vortragszentrum, ✆ 095914588.
Wanderführer: Via Etnea 49, das Büro ist nur sporadisch besetzt, ✆ 0957914755.
Unterkunft: Monti Rossi*, Via Etnea 177, zweckmäßig, ✆ 0957914393, EZ 24 €, DZ 36 €; Biancaneve***, Via Etnea 163, mit Pool und Tennisplatz, ✆ 095911176, EZ m.F. 42-48 €, DZ m.F. 60-80 €.
Jugendherberge: Ostello della Gioventù, Via della Quercia 5, im ganzen Ort beschildert, ✆ 0957914686, 🖷 0957914701, pro Person o.F. 15 €, neu renoviert, sauber, gemütlicher Aufenthaltsraum, einige Zimmer mit Terrasse oder Balkon, geöffnet vom 1. Dez. bis 30. April und 15. Juni bis 30. September.
Camping: Etna**, Via Goethe, Pineta Monti Rossi, ✆ 095914309, ganzjährig.
Busverbindungen: nach Catania alle 1-2 Stunden, zum Rifugio Sapienza morgens um 9 Uhr. Die Haltestelle ist am Piazza.
Fahrradgeschäft: Consoli, Via G. Marconi 14, ✆ 095911254

Orientierung in Gegenrichtung:

Bis zur Straßenverzweigung in Monterosso folgen Sie der Beschreibung der Gegenrichtung von Etappe 68. Nullen Sie in Monterosse am Abzweig nach „Lavinaio“. Nach km 1,3/420 m auf der SP165 vorbei am Piazza Lavinaio, geradeaus Ri. „Aci San Antonio“, das ausgetrocknete Flußbett entlang, bei km 4,8/330 m an der Kreuzung geradeaus Ri. „Centro“ in die Via Nocilla. Diese geht über in die Via Sold. Stefano di Prima, und Sie biegen an der T-Kreuzung links Ri. „Centro“ in die Via Regina Margherita ein und gleich darauf rechts Ri. „Campo Sportivo/Valverde/Catania“ in die Via Umberto. Bei km 6,3/285 m an der Kirche rechts (am Stop-Schild) in die Via Marchesano, über die Kreuzung und geradeaus Ri. „Eremo St. Anna/Campo Sportivo“ auf der SP125. Die Autobahn überqueren und an der Folge-Kreuzung bei km 9/280 m geradeaus Ri. „Catania/San Nicolo“. Am Beginn der Ortseinfahrt von San Nicolo (km 9,7/230 m) geradeaus, gegen die Einbahnstraße schieben (Via San Nicolo). Am Piazza mit dem Kriegerdenkmal bei km 10,2/205 m rechts und an der folgenden Kreuzung geradeaus Ri. „Villa Communale“ in die Via Oliva S. Mauro. Vorbei am Ristorante „Torre del Pino“ und bei km 12,8/195 m links (kein Schild). Blick auf die Zyklopenküste. Nach km 14/155 m stoßen Sie auf eine größere Straße, dort links, und nach km 15,3/75 m erreichen Sie Aci Castello. Die Bahnlinie und die SS114 kreuzen und geradeaus zum Piazza Castello weiter. Wegen des Einbahnstraßensystems werden Sie nicht an der Küste entlang herausgeleitet. Folgen Sie den Schildern, und Sie gelangen automatisch wieder auf die Küstenstraße, die an der Bucht von Ognina entlangführt. Bald vorbei am Sheraton, dem Grand Hotel Baya Verde, aber auch dem familiäreren Mare Monti. Nachdem Sie das Stadtschild von Catania passiert haben, folgen Sie der Beschilderung „Centro“. Von der zweispurigen Einfallstraße Via Aci Castello links Ri. „Ognina“ abbiegen und der Küstenstraße bis zur Stazione Centrale (Bahnhof) folgen. Nach dem Bahnhof rechts in die Via Antonino San Giulianio. Diese stößt uf die Via Etnea. Hier links und den hoffentlich „treuen Wegbegleiter“ bis zum iazza Duomo mit seinem berühmten Elefantenbrunnen schieben.

Etappe 65:
Nicolosi – Santa Maria di Licodía – Bronte (40 km) **

'eigenkakteen wuchern am Straßenrand – dazwischen leider auch viel Müll – och oben der rauchende Etna – wer unnötige Höhenmeter meiden möchte, ährt über Belpasso nach Licodía, muß sich die Straße aber mit mehreren Moto-ni bzw. „Autorini“ teilen. Leidenschaftliche Bergfahrer treten die Option hinauf.

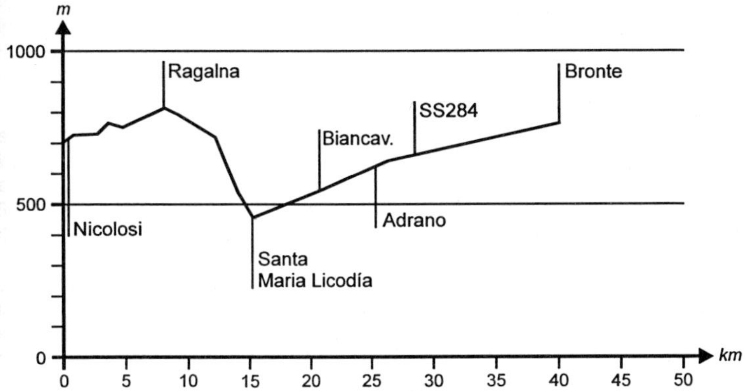

Vom Piazza V. Emanuele (km 0/700 m) die Via Etnea bergauf, am Eislaufplatz (km 0,3/720 m) links Ri. „Belpasso“ in die Viale della Regionale (schöne Allee), nach km 2,7 nicht links Ri. „Belpasso“, sondern weiter geradeaus nach „Ragalna“. Am Anfang des Dorfes – mit dem klangvollen Beinamen „Terrasse des Etna“ – an der kleinen Verkehrsinsel (km 7,8/820 m) rechts zum Piazza Cisterna hinauf. Dort scharf links Ri. „Santa Maria di Licodía“ (unauffälliges Schild), die Via Neghelle hinunter bis zur Chiesa San Barbara (km 8,1/800 m). Hier rechts Ri. „Campo Sportivo“ in die Via della Francesco, die am Ortsende als SP160 steil bergab durch Olivenplantagen führt. An der nächsten Gabelung (km 12,7/725 m) links Ri. „Biancavilla“. An einer weiteren Verzweigung (km 13,7/515 m) leicht rechts, kurz darauf unter der SS284 hindurch. Sie erreichen einen großen Kreisverkehr (km 14,8/480 m; Supermercato Eurospar) und rollen geradeaus weiter bis zu einem kleinen Kreisverkehr (km 15,2/460 m). Links hinunter geht's in Zentrum von Santa Maria di Licodía.

Geradeaus erreichen Sie nach km 19/540 m „Biancavilla“. Es folgt eine fast 3 km lange Ortsdurchfahrt, und auf der SP229 gelangen Sie beinahe nahtlos nach Adrano. Vorbei am Piazza Libertà, der Stazione und die Stadt verabschie det sich mit einem tollen Blick ins Flußtal des Simeto (km 24,7/620 m). Kur darauf stoßen Sie auf die SS284. Nun sind noch 15 km bis Bronte abzutreten.

OPTION: Landschaftlich reizvoller, kaum Verkehr, aber mehr Höhenmeter: Vo Nicolosi die Strada dell'Etna-Sud hinauf und nach km 6 links Ri. „Ragalna Monte Gallo" abbiegen. Eine ruhige, schmale Asphaltstraße steigt über 12 kn auf 1250 m. Wer noch Puste hat, läßt hier den Stich zum Monte Gallo (1570 m nicht aus. Alle anderen düsen direkt nach Adrano (ca. 600 Höhenmeter) hinun ter. Hier weiter auf der SS184 nach „Bronte".

Bronte (19.000 Ew): eine hübsche Kleinstadt mit engen Gassen, steiler Straßen und grandiosem Blick zum Etna. Stolz trägt Bronte den Titel „Citt del Pistacchio" – Stadt der Pistazien. Qualität und Bekanntheitsgrad der vor den Römern eingeführten Pflanze sind hoch. Erst nach 15 Jahren tragen die Bäumchen erste Früchte, und nach jeder Ernte muß erneut eine mehrjährige Pause eingelegt werden. Das erklärt den hohen Preis der schmackhafter Nüsse, die in allen örtlichen Konditoreien zur Eisherstellung, aber auch au Nudel- oder in Pilzgerichten Verwendung finden. Am zweiten Sonntag im Oktober findet die „Sagra del Pistacchio" statt, ein Markt, auf dem Pistazien im Mittelpunkt stehen, doch typische regionale Erzeugnisse ebenso feilgebo- ten werden.

Information: Pro Loco, Corso Umberto 226, ✆ 0957747111.
Unterkunft: Parco dell'Etna**, kleines Hotel mit Ristorante und freiem Blick zum Etna, sauber und neu renoviert, Ri. „Randazzo", am Ortsende, bei der Pasticceria von der SS284 rechts abbiegen, dann beschildert, Campen im Garten nach Anfrage möglich, ✆ 095691907, EZ 32-42 €, DZ 48-62 €.

Orientierung in Gegenrichtung:
Ab Bronte auf der SS284 bis km 14,2/615 m, dort rechts auf die SP229 durch „Adrano", „Biancavilla" nach „Sta. Maria di Licodia". An einem großen Kreisverkehr (Supermercato Eurospar) links Ri. „SS/Ragalna", die SS184 unterqueren und steil nach Ragalna hinaufkurbeln. Dann immer der Beschilderung „Nicolosi/ Etna-Sud" folgen.

Etappe 66: Giro dell'Etna
Bronte – Linguaglossa (35 km) ***

Die Etappe führt von Bronte zunächst zur Paßhöhe des Monte Maccarone. Die SS284 verläuft hier zwischen dem Hauptkegel des Etna und der sogenannten Contrada Santa Venera (einer Ansammlung von kleineren Nebenkratern) hindurch. Oben angekommen ist der höchste Punkt der Etna-Umrundung mit 1025 m erreicht. Die Landschaft wird spürbar karger, und die Luft ist deutlich ihler. Die zweite Etappenhälfte folgt einer schmalen, fast autofreien Asphalt-raße. Diese Strecke ist als einzige im Etnagebiet in den Straßenkarten nicht 's „landschaftlich schön" gekennzeichnet. Für uns zählt sie jedoch mit zu den 'traktivsten! Der Straßenbelag ist aus Asphaltsegmenten der letzten 30 Jahre usammengesetzt, kann aber dennoch auch mit Rennrädern gut befahren 'erden!

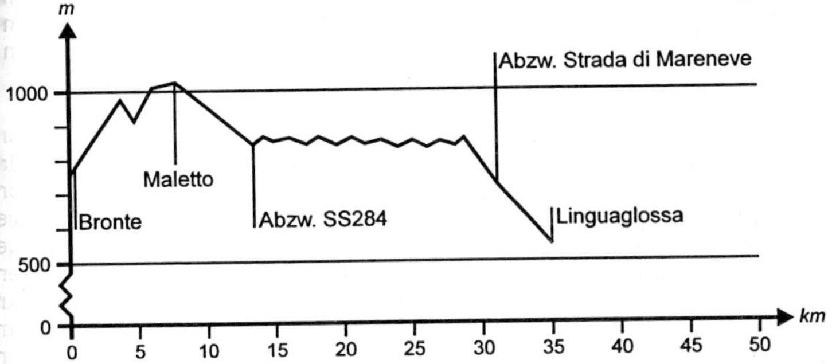

Start ist in Bronte am Piazza Spendaliere (km 0/760 m). An dem großen Hauptplatz ist die moderne Leuchtreklame der „Sport-Bar" besonders auffällig. Folgen Sie dem Corso Umberto Ri. Norden (Beschilderung „Catania"). Nach km 0,15 und km 0,5 jeweils rechts Ri. „Randazzo"; dann weiter aufwärts bis zu einer größeren Kreuzung (km 1/815 m). Hier links, wiederum der Beschilderung „Randazzo" folgen.

Die Talfahrt bei km 3,5/975 m ist nur von kurzer Dauer, denn der höchste Punkt der Etappe ist erst bei dem Abzweig nach Maletto (km 5,7/1025 m) erreicht. Bei der nun folgenden langgezogenen Abfahrt sollten Sie die Einmündung rechts nach „Linguaglossa" bei km 13,1/860 m nicht übersehen! Hier verläßt Sie nicht nur der Autoverkehr, sondern auch die Windrichtung ändert sich schlagartig! Dieser bezaubernde Streckenabschnitt geht im Bereich zwischen 820 und 680 m ständig auf und ab und ist daher im Höhendiagramm nicht exakt darstellbar.

OPTION: Wenn Sie zur Alcántara-Schlucht bzw. nach Taormina wollen und nicht nach Linguaglossa, können Sie bei km 29/840 m links Ri. „Rovitello" abzweigen. Nach einer rasanten 1,5 km langen Abfahrt links auf die SS120, nach weiteren 1,5 Kilometern wiederum links, jeweils Ri. „Castiglione" abbiegen. Weiter mit Etappe 62 (bei km 4)

Ab km 29/860 m beansprucht man nur noch die Bremsmuskulatur. Kurz darauf (km 31,5/610 m) ist der Knotenpunkt mit der Panoramastraße „Mareneve" erreicht. Links hinunter geht's nach Linguaglossa, rechts zum Rifugio Brunek und zum Camping Clan dei Ragazzi. Direkt an der Kreuzung ist die bei den Einheimischen sehr beliebte Pizzeria Sciaramanica. Die Tour endet am Bahnhof der Circumetnea in Linguaglossa (km 35/550 m).

Linguaglossa (5400 Ew): Die sympathische Bergstadt ist nicht nur Durchgangsstation der Etna-Umrundung, sondern auch ein idealer Ausgangspunkt für Ausflüge zum nur 20 km entfernten Ionischen Meer, zu den schönen Sandstränden des Naturparks Fiumefreddo (Etappe 61) oder zur nahen Alcántaraschlucht und dem geschichtsträchtigen Taormina (Etappen 56/57). In Linguaglossa beginnt auch die Panoramastraße Mareneve (Meer und Schnee), die den Nordhang des Etnas hinauf zum Wintersport- und Bergwandergebiet führt (Etappe 70). „*La lingua*" bedeutet übersetzt „die Sprache" bzw. „die Zunge". Vermutlich entstand der Name Linguaglossa 1643, als sich eine Lavazunge gefährlich nahe an die Stadt heranschob. Im Zentrum von Linguaglossa sind viele Gebäude aus der Barockzeit zu bewundern. Besonders sehenswert sind die drei Kirchen: Chiesa di San Francesco di Paola, Chiesa dell'Annunziata und Chiesa dell Immacolate sowie der Palazzo Municipale. Alle Gebäude befinden sich in der Hauptstraße, der Via Roma. Bemerkenswert sind die vielen bunten Fassadenmalereien. Bei der Aktion „Unser Dorf wird schöner" haben sich Künstler aus ganz Italien beteiligt. Sehr informativ ist die Stadtinformation. Sie beherbergt auch das kleine **Museo delle Genti dell'Etna**. Liebevoll ist hier die Tier- und Pflanzenwelt der Etna-Region dargestellt. Zu sehen sind traditionelle Handwerksgeräte und teilweise kuriose Gebrauchsgegenstände. Zu Recht präsentieren die Angestellten ihre Sammlung mit Stolz. Interessierte Besucher bekommen schon mal ein Gläschen Vino di Mandorla zum Verkosten. Weinliebhaber sollten sich eine Kostprobe des Etna Rosso D.O.C. bei der Azienda Valle Galfina (3 km außerhalb Ri. „Zafferana", SP59) nicht entgehen lassen. Besonders schön angelegt ist der Friedhof von Linguaglossa (am Stadtrand Ri. „Fiumefreddo").

Information: Piazza Annunziata, Via Roma, ✆/🖷 095643094.
Unterkunft: Pension Villa Refe*, Barletta Antonino, Via Mareneve 42, ✆ 095643926, EZ 20 €, DZ 40 €, familiär, herzlich, stilvoll renoviert, saubere Doppelzimmer und zwei Appartements mit Kochgelegenheit, kleiner Garten, Lage: stadtauswärts, 0,2 km nach dem Bahnübergang, ggü. Hotel Happy Day; Hotel Happy Day**, Via Mareneve 9, ✆ 095643484, EZ 30-42 €, DZ 60-72 €.
Rifugio: Rifugio Brunek, Strada Mareneve, ✆ 095643015, pro Person m.F. 22 €, gemütliche Berghütte auf 1400 m in herrlichem Pinienwald, der Besitzer spricht Deutsch, ca. 15 km von Linguaglossa Ri. Etna-Nord/Piano Provenzana, von hier kann der Percorso Ovest-MTB A in Gegenrichtung gestartet werden; Rifugio Ragalbo, gegenüber vom Rif. Brunek, s.o., ✆ 095647841.
Camping: Clan dei Ragazzi*, Strada Mareneve, im dichten Pinienwald, schattig, im Sommer angenehm, ✆/🖷 095643611, ganzjährig.
Fahrradgeschäft: Cicli Santangelo, Via Umberto 55, ✆ 095643511, Verkauf, Reparatur, Ersatzteile.

Etappe 67:
Linguaglossa – Milo – Zafferana Etnea (22 km) ***

Von Linguaglossa schwingt sich die wenig befahrene SP59 den Vulkanhang hinauf. Die anfangs liebliche Vegetation wird schlagartig durch schroffe Lavafelder beendet. Oft glaubt man den höchsten Punkt schon erreicht zu haben, aber immer wieder geht's weiter hinauf, immer wieder werden erstarrte Lavaströme umkurvt.

Vom Bahnhof in Linguaglossa (km 0/550 m) die Via Umberto hinunter, nach km 0,2 (beim Fahrradgeschäft) rechts Ri. „Zafferana", an der großen Piazza (km 0,4) halb links die Einbahnstraße hinab, an der nächsten Kreuzung (km 0,5) rechts. Diese Straße geht in die SP59 über, gewinnt schnell an Höhe und führt bald an dem bekannten Weingut „Valle Galfina" vorbei. Kurz nach dem Agriturismo-Gehöft „La Ciradella" haben Sie den höchsten Punkt der Etappe erreicht (km 13/875 m). In atemberaubendem Tempo geht's nun hinunter, in Fornazzo (km 15,5) mündet die Bergstraße „Mareneve" ein. Bei km 16,8/745 m rechts Ri. „Zafferana" halten. Wenig später rollen Sie durch das Bergdorf Milo, mit dem aussichtsreichen Piazza Madonina (km 17,4/710 m).

Milo (1100 Ew): Die Hauptstraße des kleinen Weinbauern-Dorfes ist so steil in den Etnahang gebaut, daß man von Fornazzo kommend schnell an Milo vorbeigebraust ist, ohne etwas Besonderes bemerkt zu haben. Die Piazza Madonina ist z.B. ein idealer Rastplatz, um das Ionische Meer, den Etnagipfel und die barocke Dorfkirche gleichzeitig zu betrachten. Die Bar nebenan ist Treffpunkt und Kommunikationszentrum der Milesi, die Pizzeria etwas oberhalb ist auch bei den Ausflüglern aus Catania sehr beliebt.

Unterkunft: im 5 Kilometer entfernten Zafferana.
Camping: Mareneve***, Via del Bosco 30, außerhalb Ri. „Zafferana", ✆ 0957082163, 📠 0957083417, ganzjährig, großer Platz im Wald mit Pool und urigem Restaurant.

Weiter bergab Ri. „Zafferana" passieren Sie nach km 18,6/650 m den Camping Mareneve, rollen durch einen schönen Laubwald, bis bei km 22/620 m Zafferana erreicht ist. Für die Giro dell'Etna folgen Sie der Beschilderung „Catania".

Zafferana Etnea (7400 Ew): Die „Città del miele" (Stadt des Honigs) liegt schön eingerahmt von grünen Gärten, Kastanienwäldern und Weinhängen an der Ostflanke des Vulkans und ist ein beliebtes Feriendomizil der Sizilianer. Die Strände von Pozzillo und Riposto sind ebenso zum Greifen nah wie die beiden Hochregionen des Etnas (Etna-Sud und -Nord). Es herrscht ein sehr ausgeglichenes mediterranes Klima, in dem Weinreben und Zitrusfrüchte reifen. In den Wintermonaten verleihen wintersportbegeisterte Süditaliener Zafferana den Flair eines Schweizer Skiortes, in den übrigen Monaten ist es in den teilweise steil ansteigenden Gassen wesentlich ruhiger. Dann laden die Zafferanesi zu schönen Wanderungen durch ihre Weingärten, einem Picknick in den kühlen Bergwäldern oder einer Bergtour ins Valle di Bove ein. Ein internationales Medienspektakel erlebte Zafferana 1991, als ein Lavastrom das Dorf bedrohten. Mit Sprengungen wurde versucht, die Lavamassen umzuleiten, die sich dadurch nicht aufhalten ließen, sondern kurz vor Zafferana von selbst zum Stillstand kamen. Dieses Wunder wird den Heiligen hoch angerechnet.

Information: Pro Loco, Piazza Lugi Sturzo 1, ✆/🖷 0957082825.
Unterkunft: Pensione Villa Pina*, Via dei Gerani 19, familiär, liebevoll eingerichtet, Preis-/Leistungsverhältnis stimmt, ruhige Lage am Berghang Ri. Etna-Sud, gut beschildert, ✆ 0957081024, EZ m.F. 30 €, DZ m.F. 36-54 €; Primavera dell'Etna***, Via Cassone 86, verschachtelter Bau mit vielen Terrassen, ✆ 0957082348, EZ m.F. 24-35 €, DZ m.F. 45-60 €; Reditus*, Via Passopomo 47, ✆ 095950297, EZ 30 €, DZ 42 €.
Camping: Mareneve***, Via del Bosco 30 (3,5 km außerhalb Ri. „Milo"), ✆ 0957082163, 🖷 0957083417, ganzjährig geöffnet, großer Platz im Wald mit Schwimmbad und urigem Ristorante.
Fahrradgeschäft: Linea Verde, Via Roma, ✆ 0957083869, Ersatzteillager für Motorini und einige gängige Fahrradteile, keine Reparatur.

Orientierung in Gegenrichtung:
Vom Piazza Umberto die Via Roma bergauf Ri. „Etna-Nord". Vorbei am Campingplatz, steil bergauf durch die Ortschaft Milo und am Abzweig der Strada di Mareneve geradeaus weiter (SP59) Ri. „Linguaglossa".

Höhendiagramm Etappen 67 & 68

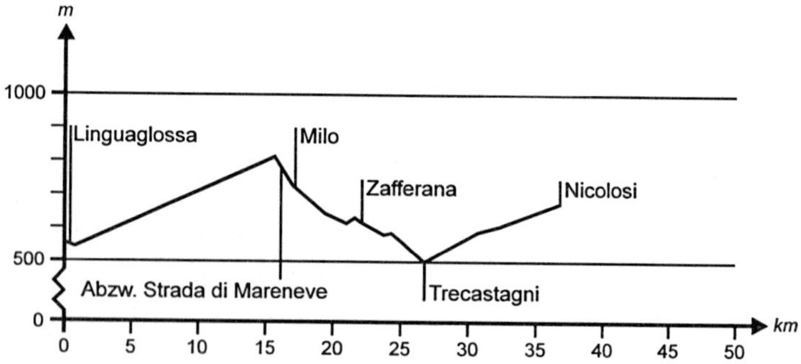

Etappe 68: Giro dell'Etna
Zafferana – Nicolosi (14 km) *

Die Tour führt entlang den von Weinanbau und Laubwäldern geprägten Osthängen des Etnas. Der Ausblick zum Ionischen Meer zur Linken und dem rauchenden Etna zur Rechten bleibt unvergessen. Die zweite Etappenhälfte verläuft durch das am stärksten besiedelte Etnagebiet, deshalb ist ab Fleri je nach Tageszeit mit dichterem Verkehr zu rechnen.

Vom Piazza Umberto die oberhalb (parallel zur Via Roma) führende Straße Ri. „Catania/Nicolosi“ hinunterrollen. Es folgen die langgezogenen Straßendörfer Sarro, Fleri und Monterosso. An der großen Straßenverzweigung in Monterosso (km 4/500 m) rechts Ri. „Nicolosi/Trecastagni“ abbiegen. Die Ortsdurchfahrten von Trecastagni und dem direkt anschließenden Pedare sind wegen der vielen Einbahnstraßen umständlich, aber gut beschildert. Fahren Sie immer Richtung „Nicolosi“. Zur Kontrolle die wichtigsten Stichpunkte: An der Kreuzung beim Stadion km 8,5/560 m geradeaus; km 9 links; km 10,5/610 m rechts. Achtung: Nach dem Ortsschild „Pedare“, bei der Q8-Tankstelle, ausnahmsweise nicht links Ri. „Nicolosi“ (Umgehung des Centros), sondern geradeaus der Hauptstraße Corso Ara di Giove folgen. Nach dem Centro bergauf und wieder Ri. „Nicolosi“, vorbei an dem Abzweig „Etna-Sud“ (wenn Sie zum Campingplatz Etna wollen, folgen Sie hier der Beschilderung) ins Centro von **Nicolosi** (km 14/680 m).

Etna, Monti Silvestri

Orientierung in Gegenrichtung:
Vom Piazza Emanuele in Nicolosi die Via Etnea 50 Meter hinunterrollen, an der Piazza Largo dei Ves links Ri. „Pedare“ auf die Via Cesare Battisti abbiegen. In Pedare ist es kürzer, nicht rechts Ri. „Trecastagni“, sondern geradeaus den Corso Ara di Giove entgegen der Einbahnstraßenrichtung zu schieben. Dann durch die Ortschaft Trecastagni, über Monterosso, nach Zafferana (km 14/ 600 m) und geradeaus weiter, vorbei am Camping Mareneve, hinauf nach Milo.

Etappe 69: Etna-Höhenstraße
Nicolosi – Etna-Sud – Nicolosi (39 km) ***

Der Gipfel steckt häufig im Wolkenmeer, doch sobald er sich enthüllt, ragt der Vulkankegel majestätisch in den azurblauen Himmel. Je nach Gemütslage pafft „der Riese“ genüßlich weiße Dampfwolken oder schleudert erzürnt schwarze Asche und schwere Gesteinsbrocken heraus. Den richtigen Zeitpunkt (klares Wetter) abpassen, dann kann das Abenteuer beginnen. Andiamo!

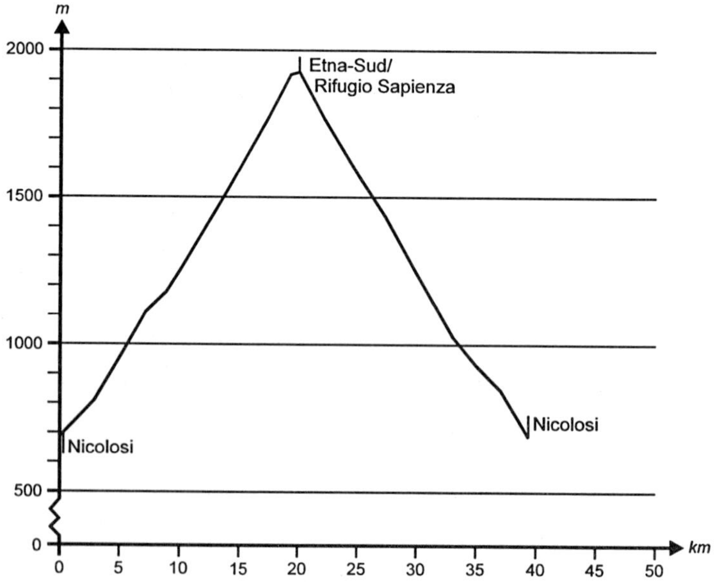

Verlassen Sie das Centro bergauf in nördlicher Richtung, den gelben „Etna“-Schildern folgend. Nach km 0,1/745 m an der Eislaufbahn vorbei und bei der barocken Kapelle S. Agata (am rechten Straßenrand) rechts Ri. „Tre Altarelli/

Monastero S. Nicola XIII". Immer Ri. „Etna-Sud". Entlang dunklen Mauern aus Lavagestein geht's auf asphaltierten Straßen einer anderen Welt entgegen: weg vom Lärm und Verkehr der Stadt – hinauf auf den magischen Giganten! Immer wieder erinnern Kreuze, verschüttete Häuser und Ruß auf der Straße an gestern und warnen vor dem Heute. Erstarrte Lavazungen haben bedrohlich bizarre Formen hinterlassen. Die Landschaft wird zunehmend karger, schroffer und schwärzer.

Etna-Sud/Rifugio Sapienza: Höchster Punkt (1915 m) der beiden Etnahochstraßen Süd und Ost, die hier zusammentreffen. Von Dezember bis ca. Ende Februar sind Skilifte in Betrieb, wenngleich das größere Skigebiet, Etna-Nord, wesentlich stärker frequentiert wird. Erst in den Sommermonaten ist der große Parkplatz überfüllt. Raus aus den klimatisierten Reisebussen, dünne Etna-Luft schnuppern und dicke Geldbeutel abspecken lautet das Motto. An den Souvenirständen gibt es viersprachige Videofilme – das ultimative Mitbringsel für die lieben Freunde –, aber auch hochprozentiges Etna-Feuer und neunzigprozentige Baumwoll-T-Shirts mit vielfarbigem Etna-Druck. Einheimische fahren überwiegend an glühenden Sommertagen hinauf, um der großen Hitze im Tal zu entrinnen, und entfernen sich ebenso wie die Pauschaltouristen meist nur einen Steinwurf weit vom Parkplatz weg oder entschweben per Seilbahn (wenn außer Betrieb ersatzweise in Allrad-Bussen) Von der Bergstation (2520 m) verkehren Allrad-Busse bis in die luftige Höhe von 2900 m. Bis dorthin (Ruine des Rifugio Alpino) können Sie unabhängig von der normalen Vulkantätigkeit auch auf eigene Faust lostigern, damit viel Geld sparen und fantastische Vulkaneindrücke gewinnen. Der Krateraufstieg sollte nur bei optimalen Bedingungen angegangen werden (siehe MTB-Tour C).

Information: Neben der Seilbahn ist ein kleines Touristenbüro untergebracht, Kartenmaterial erhältlich, doch wenn Sie eine Gipfelbesteigung planen, sollten Sie sich besser zuvor bei der Parkverwaltung in Nicolosi nach der derzeitigen Vulkan-Aktivität erkundigen. Andere Möglichkeit: wenn Seilbahn und Allradbusse aktiv sind, dann können auch Sie Ihre Aktion starten.
Rifugio: Rifugio Sapienza, Etna-Sud, ✆ 095911062, ca. 20 € pro Person; einfachste Unterkunft, Ristorante und Bar, idealer Ausgangspunkt für einen Krateraufstieg. Beim Ausbruch von 1986 wurde das Haus des C.A.I. (Club Alpino Italiano) gerade noch von den Lavamassen verschont, die Seilbahn nebenan wurde verschüttet; zu Beginn des neuen Jahrtausends ist das Haus renoviert worden.
Sehenswert: Die Krater der Monti Silvestri (ca. 10 Gehminuten, der Beschilderung folgen). Das Absteigen in die Kratermulden ist derzeit leider verboten, aber der Blick hinunter und die tolle Aussicht (Foto!) ist jedenfalls den kurzen Aufstieg wert.
Seilbahn: 15 € für nur Jeep und 30 € für Jeep inkl. Führung.
Unbedingt mitnehmen: warme Kleidung, denn auf fast 3000 m pfeift der Wind oft ordentlich um die Ohren.

Auf der SP92 sausen Sie nun 20 Kilometer lang bis Nicolosi hinunter! Bei km 34 passieren Sie das Ziel (Arrivo) des Oldtimerautorennens „Corso del'Etna"; kurz vor Nicolosi gelangen Sie rechts zum Campingplatz, dem Goethe-Denkmal und der Pineta Monti Rossi. Geradeaus geht's wieder ins Zentrum von **Nicolosi**.

Orientierung in Gegenrichtung:
Meiden Sie, die Tour in entgegengesetzter Richtung zu fahren, besonders in der Hauptsaison wetteifern auf der SP92 Reisebusse und Mietautos miteinander.

Etappe 70: Strada di Mareneve
Linguaglossa – Piano Provenzana (Etna-Nord) – Zafferana (59 km) ***

Der Name der Bergstraße zergeht auf der Zunge ebenso wie die Kraft in den Beinmuskeln, und beim Hinaufkurbeln wird die Sehnsucht nach „mare e neve" immer größer. Aber von beidem, Meer und Schnee, trennen Sie anfangs noch viele Serpentinen. Gegenüber den Etnahochstraßen im Süden verläuft die „Mareneve" von Linguaglossa kommend nicht ausschließlich durch Lavawüste, sondern präsentiert sämtliche Vegetationszonen des Vulkans und ist dank der herrlichen Mischwälder auch wohltuend schattig. Etwas karger, aber wegen der bizarren Lavaformationen nicht weniger spektakulär, ist die Abfahrt nach Zafferana. Von Januar bis Ende März ist am Piano Provenzana der Skizirkus in vollem Gange. Der Zubringerverkehr hält sich dennoch in Grenzen und erfolgt überwiegend von Zafferana aus. Warme Kleidung, Windschutz und Handschuhe sowie genügend Filmmaterial sind auch im Sommer ein Muß! Die Steigung beträgt ca. 9 %.

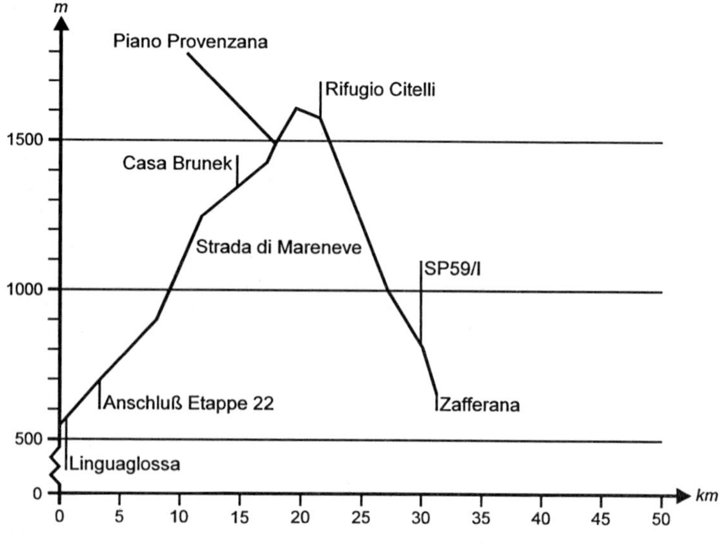

Vom Bahnhof in Linguaglossa (km 0/550 m) über die Gleise und schnurgerade bergauf. Bei km 3/700 m passieren Sie den Abzweig (rechts) nach Adrano. Die mediterrane Vegetation weicht bald einem Kiefernwald, der oberhalb in einen von Kastanien, Birken und Eichen geprägten Mischwald übergeht. Bei km 14/ 1400 m wähnt man sich im tiefsten Kanada. Die Rifugi Ragabo und Brunek sind im traditionellen Blockhausstil gezimmert. So untypisch sizilianisch – einfach urgemütlich, was allerdings auf die anderen Etna-Hütten ebenso zutrifft. Hier ist auch Startpunkt für eine traumhafte Mountainbiketour (MTB A). Etwas oberhalb, im tiefen Wald versteckt, liegt der Camping Clan dei Ragazzi. Wenig später ist auch schon der Abzweig zum Skizentrum Etna-Nord erreicht. Der 3 km lange Stich ist etwas steiler, ca. 12 %.

Piano Provenzana/Etna-Nord (1800 m): Eine Ansammlung von Holzhütten dient als „Talort" einiger Schlepplifte. Die Etnahochregion ist das Ski-Eldorado Süditaliens, zum Glück nicht vergleichbar mit den modernen Skizentren der Alpen. Die Abfahrten mit Blick auf das Meer sind aber gerade deswegen ansprechend. Sobald der Skibetrieb eingestellt wird, konzentriert sich der Besucherstrom auf die Etna-Südseite, obwohl auch von hier Allradbusse Richtung Krater abfahren. Die letzten 400 Höhenmeter müssen zu Fuß zurückgelegt werden. Der komplette **Gipfelaufstieg** zu Fuß dauert ca. 5 Stunden. Die Orientierung ist nur bei schönem Wetter gewährleistet. **Mountainbike-Freaks** können auf der Allradpiste Pionierarbeit leisten!

Rifugio: Rif. Nord-Est, Località Piano Provenzana, ✆ 095643015; Ragalbo, ✆ 095647841; Rif. Brunek, ✆ 095643015; Rif. Citelli, ✆ 0957824026, Unterkunft jeweils in einfachen Zwei- oder Mehrbettzimmern, ca. 20 €.

Weiter geradeaus sind Sie bald am höchsten Punkt der Stada di Mareneve angelangt (km 17,4/1610 m). Wer zum Rifugio Citelli will, kann den Windschutz für die Abfahrt im Gepäck lassen, der Abzweig folgt nach einem Kilometer. Wenn Sie es bis Zafferana rollen lassen, werden Sie sicher nicht um einige Panorama-, Foto- und Lavamassen-Bestaun-Pausen herum kommen. Stark abbremsen sollte man auch bei km 30,3/810 m. Hier endet die „Mareneve", nicht aber der Abfahrtgenuß. Sie treffen auf die „Giro dell'Etna" (Etappe 67). Folgen Sie der SP59/I bis nach Zafferana hinunter. Dort angekommen (km 35,8/585 m) gibt es eigentlich nur eines: neues Kräftesammeln und wieder hinauf, über die Etnahochstraße-Ost, in die südliche Hochregion des magischen Gigants.

Etappe 71:
Catania – Belpasso – Bronte (52 km) *

Im Autocorso hinaus aus Catania, geradewegs dem Etna entgegen. Wenn Sie dem Stadtverkehr entronnen sind, dürfen Sie sich auf sagenhafte Blicke ins Tal des Simeto mit seinem hügeligen Hinterland freuen, auch auf kakteengesäumte Straßen und typische Etna-Dörfer. Halten Sie den Blick fern vom Müll am

Straßenrand, richten Sie ihn lieber auf den Herrscher der Insel, den Mongibello mit all seinen fruchtbaren Nebenkratern! Benvenuti im *Parco dell'Etna.*

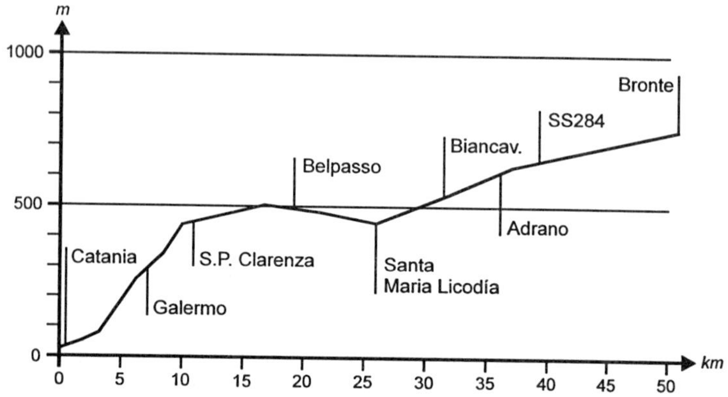

Ausgangspunkt ist der Elefantenbrunnen auf dem Piazza Duomo. Fahren Sie die Via Etnea in nördlicher Richtung, nach km 1,7/45 m links in die Via S. Nicolo Al Borgo (Beschilderung „Centro/Cibali"), bei km 2,5/60 m rechts Via Cifali, am Stadion vorbei, nach km 3,2/85 m links in die Via Galermo und weiter bergauf. Sie überqueren den Stadtring von Catania und fahren weiter geradeaus auf der Via Galermo. Bei km 6,4/260 m wird die Autobahn überquert, und nach weiteren 300 Metern erreichen Sie Galermo. Bei km 8/335 m Ri. „Etna-Sud" (gelbes Schild) und „Mascalucchia", nach km 10/430 m links Ri. „Belpasso". Vorsicht bei km 11,2/445 m: nicht links „Belpasso", sondern geradeaus nach S. Pietro Clarenza (nicht beschildert, doch Sie gelangen auf kürzerem Weg ins Dorf). Bei km 12,1/460 m im Ort geradeaus (Sie meiden dadurch einen Anstieg) und nach km 14,6 /470 m rechts auf die Strada Provinciale. Jetzt geht es relativ eben dahin, und Sie biegen bei km 17,3/500 m rechts ab Ri. „Nicolosi/ Centro" ins Zentrum von Belpasso. Auf der mit Lavasteinen gepflasterten Via Roma fahren Sie geradeaus bergauf und biegen am Ende (nach 1000 Metern) links Ri. „Santa Maria Licodía" ab. Weiter auf der SP4. Bei km 21,2/490 m fahren Sie geradeaus und passieren in Höhe von km 24 eine große Keramikfirma. Nach km 26/440 m heißt es aufgepaßt: nicht rechts Ri. „Biancavilla" (das führt auf die SS284), sondern geradeaus nach „Santa Maria Licodía". Es geht über die Bahnlinie der Circumetnea ins Centro. Vorbei am erhöhten Piazza Umberto, der mit seinen Betonstelzen an ein imposantes Stadion erinnert, und beim kleinen Kreisverkehr nach km 27,7/460 m links Ri. „Biancavilla". Von nun an fahren Sie auf die Giro dell'Etna. Biancavilla erreichen Sie nach km 31,6/ 540 m. Eine fast 3 Kilometer lange Ortsdurchfahrt folgt, dann weiter auf der SP229 nach Adrano (fast nahtloser Übergang). Vorbei am Piazza Libertà und der Stazione, und die Stadt verabschiedet sich mit einem tollen Blick ins Flußtal des Simeto (km 37,4/620 m). Kurz darauf stoßen Sie auf die SS284. Es sind nun noch ca. 150 Höhenmeter und 15 Kilometer bis **Bronte** zu bewältigen.

Fahrradgeschäft in Belpasso: Signorello, Via Roma 265, ✆ 0957912802.

Orientierung in Gegenrichtung:
Ab Bronte auf der SS284 bis km 14,2/615 m, dann rechts auf die SP229 durch „Adrano“, „Biancavilla“ und „Santa Maria Licodía“, weiter auf der Provinzstraße durch „Belpasso“, „S. Pietro Clarenza“, „S. Giovanni Galermo“; die Autobahn A18 (Messina – Catania) queren und der Beschilderung ins Centro von Catania folgen.

Etappe 72:
Catania Flughafen – Catania Zentrum (6 km)

Der Aeroporto „Fontanarossa“ liegt im Südwesten Catanias und wird regelmäßig von der Busgesellschaft SAIS angefahren. Es bestehen Busverbindungen nach Catania, Messina und Palermo. Wer sich gleich mit dem Rad fortbewegen möchte, dem sei gesagt: es geht! Erwarten Sie noch kein landschaftliches Highlight, denn die Strecke hat nichts zu bieten, was das Radlerherz begehrt, sie dient der reinen Fortbewegung mit dem eigenen Rad.

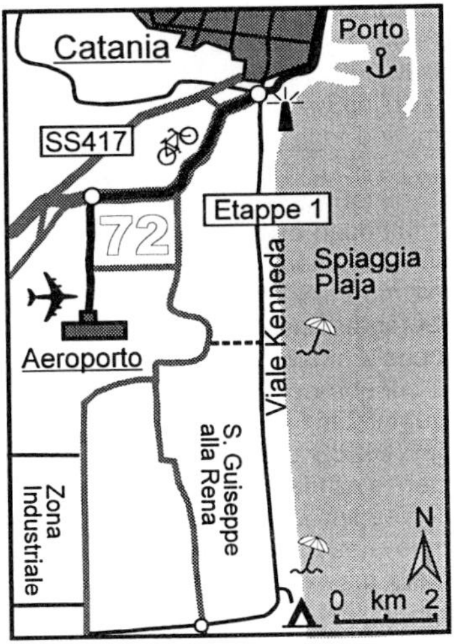

Folgen Sie der Beschilderung links nach „Catania“, und Sie gelangen nach kurzer Zeit über eine 2-spurige, meist vielbefahrene Schnellstraße (mit breitem Seitenstreifen) auf die Via Giuseppe la Rena, dann auf einen Kreisverkehr, der mittig einen Leuchtturm einschließt. Sie steuern das „Centro“ an. Die Via Domenico Tempio führt Sie entlang dem alten Hafenbecken und abbruchreifen Altbauten, geht über in die Via Mulino S. Lucia und auf die Via Alcala. Die Zugbrücke unterqueren, und gleich darauf links und dann die erste Möglichkeit rechts durch die Porta Uzeda hindurch. Sie befinden sich nun auf der Via Etnea, die – ja richtig – kerzengerade auf den Hausberg der Catanesi zuführt. Nach 20 Metern erreichen Sie bereits den Piazza Duomo, den Platz des Doms, auf dem auch das Wahrzeichen der Stadt, der Elefantenbrunnen, steht. Sechs Kilometer Distanz per Rad vom Flughafen, zu Stoßzeiten äußerst verkehrsreich und für die Erstankömmlinge auf Sizilien gewöhnungs-bedürftig, doch keineswegs unmöglich. Auch Catanesen sind teils mit dem Rad unterwegs. Es gilt jedoch der Grundsatz: Radler sind Autofahrern gleichgestellt! *Buon Viaggio*!

Information: APT, im Flughafengebäude, ✆ 0957306266.
Flughafen-Info: ✆ 095349837/095341654.
Unterkunft in Flughafennähe: Hotel Miramare***, Viale Kennedy 42, siehe Skizze, für eine Nacht akzeptabel, ✆ 095346963, 🖷 095346139, EZ m.F. 54-72 €, DZ m.F. 60-110 €, am beschriebenen Kreisverkehr rechts Ri. „Lido di Plaia" abbiegen und nach ca. 2 km auf der Viale Kennedy rechter Hand.
Unterkünfte im Zentrum: siehe Stadtbeschreibung Catania.
Camping mit Bungalow: Internazionale La Plaja*, Viale Kennedy 47, ✆ 095340880, 🖷 095348340, ganzjährig, DZ 50 €, Anfahrt wie Hotel Miramare, gegenüber dem Hotel; Bungalows teils direkt am Meer, minimalster Standard, Wucherpreise!; Villaggio Souvenir*, Viale Kennedy 71, ✆ 095341162, DZ 42 €, 1. Mai bis 30. Sept., Anfahrt: am Flughafen rechts Ri. „S. Guiseppe alla Rena" und nach ca. 2 km an der Kreuzung links auf die Viale Kennedy, dort in der 90°-Kurve rechts abbiegen.
Camping: Villaggio Turistico Europeo**, Viale Kennedy 91, ✆ 095591026, 🖷 095591911, 15. Mai bis 15. Okt., Anfahrt wie Camping Villaggio Souvenir, s.o., stehen in direkter Nachbarschaft.

Catania, Piazza Università

)rientierung in Gegenrichtung:
/om Piazza Duomo Ri. Süden durch die Porta Uzeda, dann rechts und gleich vieder links dem Straßenverlauf auf die Via Colombo folgen, weiter Via Domeııico Tempio bis zum Kreisel, dort der Beschilderung zum „Aeroporto Fontana-ossa" folgen. Ab dem Kreisel auf einer zweispurigen Schnellstraße, über diverse Brückenkonstellationen. Sie werden „automatisch" zum Flughafen geleitet. *Buona partenza!*

Ankunft in Catania

Am Aeroporto in Catania angekommen ist etwas Geduld gefragt. Denn erst nachdem das normale Fluggepäck abgefertigt ist, werden endlich auch die Fahrräder in den Ankunftsterminal gebracht. Ein kurzer Besuch bei der Tourist Information (im Abflug/Partenza Terminal neben den Autovermietungen) bringt einen Übersichtsplan von Catania und evtl. eine Straßenkarte der Provinz. Dann die ersten Meter auf dem Rad – weg vom tristen Flughafen – hinein ins unansehnliche Industriegebiet. Die Provinzhauptstadt selbst hat im Centro zweifellos ein gewisses Flair – zu den attraktivsten Städten Siziliens gehört sie aber keineswegs. In ruhigeres Fahrwasser kommen Sie am schnellsten, wenn Sie Richtung Süden lostreten. Die ersten Kilometer sind dann auch noch nicht der Hit, aber bald entschädigen barocke Baukunst und die ruhige Bergregion der Monti Iblei.

Richtung Süden: Um mit Etappe 1 zu starten, brauchen Sie nicht der Etappe 72 nach Catania zu folgen, sondern halten sich bei der Flughafenausfahrt rechts und biegen an der nächsten Kreuzung Ri. „San Giuseppe alla Rena" wieder rechts ab. Sie treffen auf eine weitere Kreuzung, geradeaus ist das Riserva Oasi Simeto angeschrieben, rechts geht's nach Catania zur Viale Kennedy (500 m bis zum Campingplatz), links steigen Sie in Etappe 1 bei km 7,5 ein.

OPTION: nach Catania Centro, wenn Sie die zweispurige Schnellstraße nicht fahren wollen. Folgen Sie der Beschreibung **Richtung Süden.** Kurz nach dem zweiten Rechtsabbiegen können Sie das Fahrrad über eine Wiese (ca. 30 m) zur Viale Kennedy schieben, allerdings müssen Sie Ihre Velo dort über die Leitplanke heben. Statt dessen können Sie auch einen Umweg in Kauf nehmen und geradeaus bis zur nächsten Kreuzung fahren, dort rechts Ri. „Catania/Lido di Pláia" abbiegen.

Sicilia in Mountainbike

„Tanz auf dem Vulkan“ betitelte eine große MTB-Zeitschrift ihren Tourenbericht vom Etna, aber zum Glück „tanzt“ die „Bikerszene“ immer noch am Lago di Garda. In Sizilien findet die Passeggiata (Sehen und Gesehenwerden) nämlich abends in Catania statt und nicht bei „Modetouren“ in den Bergen, weshalb die Naturparks Trinacrias vorzugsweise ein Paradies für Outdoor-Freaks sind, die einsame Trails und schlichte Berghütten zu schätzen wissen.

Natürlich lassen sich auf der bergigen Insel auch Mountainbike- und Strandurlaub kombinieren. Ideales Terrain hierfür ist der Badeort Cefalù an der Nordküste. Von dort steigt das dicht bewaldete **Gebirgsmassiv der Madonie** bis auf 1900 Meter an. Ein markiertes Wegenetz bietet reichlich Tourenpotential. Die Gratiskarte der Parkinformation ist zur Orientierung ausreichend (siehe Kapitel „Die Madonie“). Theoretisch (praktisch auch) kann man von den Offroad-Touren am Etna auch direkt zum Meer abfahren, aber wegen der großen Höhendifferenz ist ein Standort an der Küste für Tagestouren nur Bergprofis und mobilisierten Bikern zu empfehlen. Unberührte Natur und panoramareiche Trails bieten die **Peloritanischen Berge**. Zum „warm up“ für das Peloritani-Gebiet empfehlen wir die Offroad-Tour D. Besonderen Bikegenuß verspricht auch der Peloritani-Höhenweg (Ausgangspunkt Etappe 60 bei km 40,8). Super Geländetouren gibt es zudem im **Parco di Nebrodi** (Ausgangspunkt Etappe 53 bei km 32) und im **Bosco di Ficuzza** (Ausgangspunkt Etappe 26 bei km 16). Als Stützpunkt eignen sich in diesem Naturpark zwei bewirtschaftete Rifugi (Berghütten). Ein Highlight ist die **stillgelegte Eisenbahnstrecke** in den Iblei (siehe Kapitel Monti Iblei), und für Pioniere warten im Inland zigtausend Kilometer Schotterpiste.

Der Olymp unter den Bike-Eldorados ist und bleibt aber der **Etna**. Schon der Anblick des gigantischen Vulkans ist eine Sizilienreise wert. Die Faszination steigert sich mit jedem Pedaltritt. Spektakuläre Landschaften, unterschiedlichste Vegetationszonen, atemberaubende Aus- und Einblicke erwarten Sie. Der aktivste Feuerberg der Erde überrascht mit einem Festival der Farben: schwarzes Lavagestein, grüne Mischwälder, gelbe Ginsterblüten sowie glitzernd weißer Schnee am Gipfel stehen im Kontrast zum *azzurro*-farbenen Himmel und dem blauen Meer. Die Strecken sind einfach zu finden, da im Parco dell'Etna ein gut ausgebautes und markiertes Wegenetz angelegt ist. Alle Touren führen über Forststraßen bzw. feinschottrige, gesandete Lavapisten, die hervorragend befahrbar sind. Der Schwierigkeitsgrad der fünf Etna-Touren reicht von A wie „ainfach“ bis E wie „extrem“ Sie können die Routen beliebig kombinieren und ausweiten. Asphaltiert, aber dennoch äußerst lohnend sind die Strada di Mareneve, die Etna-Hochstraße Süd sowie die gesamte Etna-Umrundung (Etappen 65-70).

Als Stützpunkte empfehlen wir die Rifugi des CAI (Alpenvereinshütten) in den beiden Etna-Hochregionen (Etappe 69 und 70) sowie die Jugendherberge in Nicolosi und die Pension Villa Refe in Linguaglossa. Besonders beliebt wegen seiner herrlichen Lage und dem heimeligen Hüttenflair ist das Rifugio Brunek (Etna-Nord). Der Hüttenwirt hat lange in Südtirol gelebt, spricht Deutsch und hat reichlich Tips und Infos für Touren in der Etnaregion auf Lager.

Beste Bikezeit herrscht von Mitte September bis Ende November. Im Frühjahr (bis Mitte April) ist die Gipfelregion meist schneebedeckt. Mitte April bis Ende Mai sind ebenfalls hervorragend zum Mountainbiken geeignet (Ginsterblüte!).

Kartenmaterial: Parco dell'Etna, 1:50.000 (siehe Kapitel Karten).

MTB-Fachgeschäfte (Ersatzteile, Reparaturen, Zubehör) für die Etnaregion gibt es in Catania und Randazzo (siehe jeweilige Stadt-Beschreibung).

Kleidung: Warm und winddicht muß es sein – Funktionsklamotten, Handschuhe, Helm und Sonnenschutz sind auf 3000 m Höhe notwendige Wegbegleiter.

Die Skizzen zu den Offroad-Etappen sind in unterschiedlichen Maßstäben gezeichnet. Beachten Sie bitte den jeweiligen Kilometerbalken! Tour A ist in zwei Skizzen dargestellt. Zusätzlich werden folgende Symbole verwendet:

- Rifugio (bewirtschaftete Berghütte)
- Schutzhütte
- Ruine/durch Lava zerstörte Gebäude
- Grotte/Höhle
- Skilift

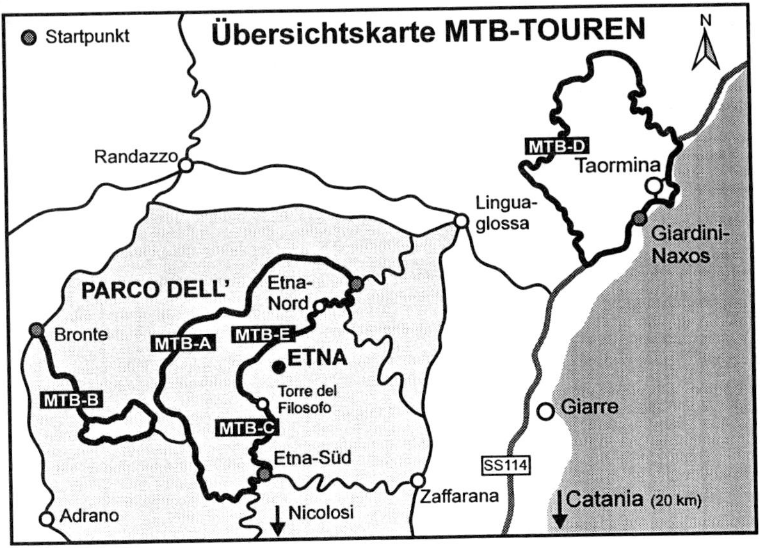

	Offroad-Touren Parco dell'Etna	km	Höhendiff.	Zeit	Anspruch
A	Percorso Ovest (Etna-Höhenweg)	32	650 m	3,5 h	einfach
B	Giro di Ginestre	38	800 m	4,0 h	mittel
C	Kratertour „Torre del Filosofo“	18	975 m	5,0 h	schwer
D	Belvedere dell'Etna e Peloritani	42	1050 m	5,5 h	mittel
E	Etna-Kraterüberschreitung	60,5	2050 m	8,0 h	extrem

Offroad-Tour A:
Percorso dell'Etna Ovest (32 km) ***

Eine Tour der Extraklasse! An den Hängen des mächtigen Etna verbindet auf ca. 2000 m Höhe eine hervorragend präparierte Lavapiste das Rifugio Sapienza (Etna-Sud) mit dem Rifugio Brunek (Etna-Nord). Der Etna-Höhenweg fasziniert mit grandiosen Ausblicken, einem abwechslungreichen Verlauf zwischen Waldgrenze und Lavawüste sowie einigen Schutzhütten des Club Alpino Italiano. Und das Schönste daran: nicht nur Mountainbiker, sondern auch Tourenradler können in den Genuß dieser einfachen Tour kommen.

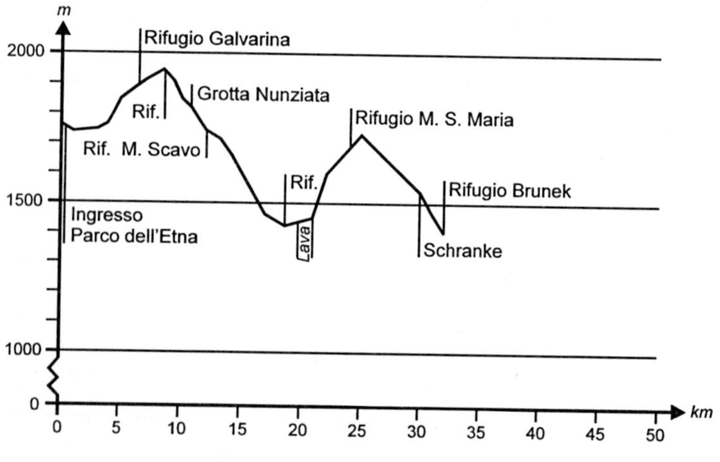

Rollen Sie vom Rifugio Sapienza 2 km Ri. „Nicolosi“ hinab, oder kurbeln Sie die 1000 Höhenmeter von Nicolosi (18 Km) bergauf. Egal aus welcher Richtung Sie kommen, Sie müssen auf jeden Fall den Abzweig zum „Osservatorio“ (1785 m) nehmen. Bald erspähen Sie den Stein mit der Aufschrift „Parco dell'Etna“ am rechten Straßenrand. Dieser ist Ihr Einstieg (km 0/1770 m) zur grandiosen Höhentour. Es geht rechts auf den Feldweg; schlängeln Sie sich durch die

Steinmauer, die Beginn des angelegten Rundwanderweges „Sentiero Natura“ ist. Nach 250 Metern fahren Sie links auf den schlecht asphaltierten Weg bergab, bis Sie nach km 1,2/1735 m die grüne Eisenabsperrung erreichen. Räder hinüberheben und anschließend rechts fahren, am Giardini Botanico vorbei, und weiter bis zur Gabelung mit der Kapelle „San Giovanni Cualberto“ (km 2,6/1745 m). Hier halb links und nach km 2,8/1760 m am Wegedreieck links auf den Forstweg (rechter Hand schlecht ersichtliche Holzschilder „Ingresso Demanio/San G. Cualberto“). Nach km 3,4/785 m auf dem Hauptweg bleiben (rechts führt ein Forstweg mit Holzzaun bergauf). Der schwerste Part der Orientierung ist geschafft. Nun befinden Sie sich auf dem Höhenweg, der bei km 6,7/ 1895 m am Rifugio Galvarino vorbeiführt.

Etna-Rifugi (nicht bewirtschaftete Berghütten): Diese besondere Art der Übernachtung ist nicht jedermanns Sache. Für Outdoor-Freaks eine ideale Möglichkeit, ihrem Fable für Natur nachzukommen. Die Selbstversorger-Schutzhütten des C.A.I. sind für jeden ohne vorherige Anmeldung zugänglich, kostenlos, sauber, jedoch ohne jeglichen Komfort. Zur Grundausstattung gehören ein Tisch mit Bank, eine steinerne Liegemöglichkeit, ein Kamin, ein Besucherbuch und ein Brunnen im Freien. Schlafplätze bieten der Steinboden oder die ebenen Flächen vor den Hütten. Wenn an lauen Sommerabenden müde Biker und Wanderer in den langersehnten Hütten aufeinandertreffen, beginnt erstmal das Kennenlernen, gefolgt vom Anschüren des offenen Kamins, Essen und Trinken, Geschichtenerzählen und der gemeinsamen Vorfreude auf den nächsten, unvergeßlichen Mongibello-Morgen. Fazit: Ob mit oder ohne Isomatte – Sie werden eine Nacht am Etna noch lange in Erinnerung behalten.

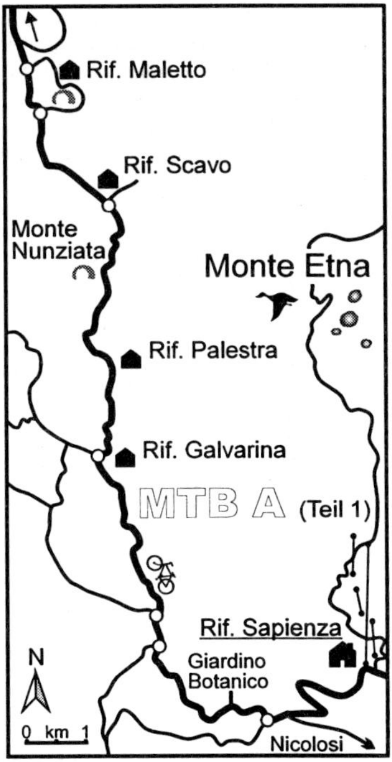

An der Gabelung beim Rifugio halb rechts bergauf, nach km 8,3/1935 m folgt der Abzweig zur nächsten Hütte, dem Rifugio Palestro. Bei km 10,1 geht es an einem moosbedeckten, hölzernen Schutzzelt vorbei, bald darauf folgt ein 500 m langer Lavafluß, der den Forstweg für kurze Zeit unterbricht. Keine Angst, im

Lauf der Jahre hat sich ein Trampelpfad über den erstarrten Lavafluß gebildet. Nach km 10,9/1825 m gelangen Sie zur famosen „Grotta di Monte Nunziata“.

Grotta di Monte Nunziata: eine tiefe Lavahöhle, deren Inneres ein Stück weit begangen werden kann. Lavaströme erstarren von außen nach innen, teilweise fließt die dünnflüssige Lava im Inneren ab, dadurch entstehen Hohlräume. Hier können Sie gänzlich in der Welt des Vulkanismus versinken. Der Monte Nunziata, ein Nebenkrater des Etna, ist erst spärlich mit winzigen Bäumchen bewachsen.

An der Gabelung bei km 11,7/1770 m links (rechts geht es zum Monte Guaradizzi); bei km 12,1/1740 m folgt schon die nächste Hütte, das Rifugio Monte Scavo. Unserer Meinung nach das gemütlichste. An der Gabelung bei km 14,3/1660 m geradeaus Ri. „Monte Maletto“. Bei km 14,5/1655 immer noch der Nase nach (rechts ist der Abzweig zum Rifugio Monte Maletto, das etwas versteckt im Wald liegt). Es geht nun bergab. Bei km 16,5/1500 m an der Gabelung rechts Ri. „Monte Spagnolo“. Nach km 17/1475 m folgt eine weitere Berghütte (etwas unterhalb gelegen). Nach km 17,7/1430 m an der Gabelung rechts Ri. „Monte Spagnolo“. An der nächsten Gabelung rechts (km 18,6/ 1430 m), vorbei am Rifugio Monte Spagnolo und weiter geradeaus (nicht scharf links), bis Sie bei km 19,8/1440 m auf einen noch recht jungen Lavafluß stoßen. Entweder Sie tragen/schieben Ihr Velo nun für ca. 1,2 km geradeaus über den Trampelpfad, was den großen Vorteil hat, daß Sie nicht an Höhe verlieren, oder:

OPTION: Sie rollen links hinab, erreichen bei km 1 den Tiefpunkt mit 1330 m, fahren nahezu auf gleicher Höhe weiter, biegen dann bei km 1,8/1340 m wieder rechts ab und machen nun die „verlorenen“ Höhenmeter wieder wett. Nach km 2,5/1450 m stoßen die beiden Varianten aufeinander.

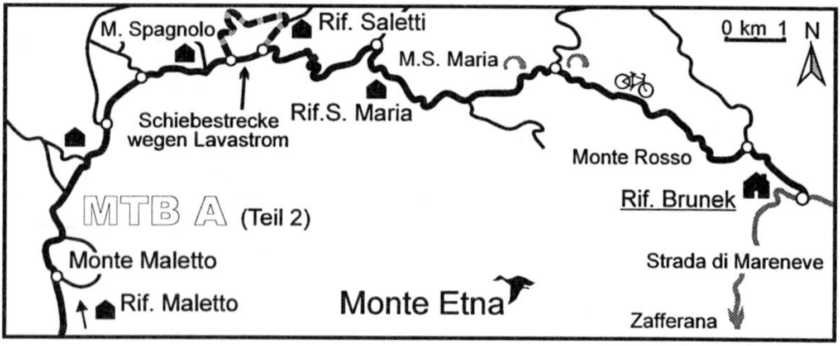

Bei km 21/1450 m stößt die Option von links unten auf den „normalen“ Weg, und es geht bis km 22,3/1600 m kontinuierlich bergauf; eine kurze Verschnaufpause folgt, weiter bergan, den Monte San Maria halb umrunden, das gleichnamige Rifugio folgt, und dann ist es nur noch ein Katzensprung bis zum höchsten Etappenpunkt, der bei km 25 mit 1720 Höhenmetern erreicht ist. In angenehmen Gefälle verlieren Sie nun gemächlich an Höhe. Nach km 30,2/1530 m gelangen Sie an eine Schranke, geradeaus weiter, vorbei an der Caserma Pittarone, einem Forsthaus (km 30,7/1480 m), dann rechts, und Sie erreichen das Fine (Ziel) nach km 32/1400 m – die bewirtschafteten Rifugi Ragalna und Brunek (C.A.I.). Von hier besteht Anschluß zur Giro dell'Etna (bis Linguaglossa hinabrollen), oder Sie treten die Strada di Mareneve bergauf Ri. „Etna-Nord" (Etappe 70).

Orientierung in Gegenrichtung:

Starten Sie auf der Strada di Mareneve beim Rifugio Ragalna (100 m unterhalb des Rifugio Brunek – km 0/1400 m). Dort führt ein Forstweg rechts (von unten kommend) in den Wald. Ein Holztäfelchen mit der Höhenangabe 1420 m und der Aufschrift „Posto di Cotura" ist am Weganfang angebracht, und zur fehlerfreien Orientierung noch der Hinweis, daß zwei Holzschuppen am Beginn des Weges stehen. Nach 300 Metern ist links eine Gebetsstelle mit steinerner Krippe aufgebaut. Nach km 1,4/1480 m steht an einer Gabelung rechts ein Forsthaus, und Sie fahren halb links. Es folgen eine Metallschranke (km 1,7/1500 m) und der Beginn des Weges „Pitarona Palomba". Nach km 2,5/1555 m queren Sie einen jungen Lavastrom, bald darauf folgt eine einladende Picknick-Zone, und nach km 3,5/1650 m geht's sozusagen „auf freies Feld" – hinaus aus dem heimeligen Mischwald, die Faszination der „Lavawüste" beginnt. Eine weitere Raststelle folgt bei km 5,6/1620 m, es geht geradeaus Ri. „Monte Spagnolo". Bei km 7/1685 m beginnt die Querung eines jungen Lavafeldes, und bei km 7,4/1710 m ist links der Abzweig zum Rifugio Timparossa. Sie halten sich halb rechts Ri. „Monte Spagnolo". Die folgende Eisenschranke ist vorläufig höchster Punkt, ein längeres Gefälle ruft. Nach km 9,1/1625 m ist das Rifugio „Santa Maria" auf der linken Seite, bei km 11,5/1495 m ein gemauerter Unterstand, und nach km 12,6/1440 m gelangen Sie zum Abzweig, der links auf einen schmaleren Forstweg führt (in einer scharfen S-Kurve mit dem Etna-Zona-A-Schild). Hier führt bald darauf ein schmaler Trampelpfad über erstarrte Lava. Das Rad muß für 1,2 km geschoben bzw. getragen oder die Option (siehe oben) in Gegenrichtung gefahren werden. Bei km 13,8/1440 m stoßen Sie auf die Fortsetzung des Forstweges. Bis km 16 verläuft die Strecke eben, dann beginnt der Weg leicht zu steigen. Nach km 17,3 ist die 1500 m-Marke erreicht, der Monte Maletto wird angesteuert. Das Rifugio „Monte Maletto" liegt links oberhalb im Wald, Sie fahren jedoch geradeaus auf der Hauptstrecke. Im weiteren Verlauf folgen das Rifugio „Mte. Scavo" (km 21,5/1740 m), die „Grotta di Mte. Nunziata", die Rifugi „Mte. Palestra" (km 24,5/1935 m) und „Galvarina" (km 26/1905 m). Der Weg verliert allmählich an Höhe, nach km 30/1770 m erreichen Sie eine T-Kreuzung und stoßen auf eine asphaltierte Straße. Hier rechts und bald darauf an der Kapelle „San Giov. Cualberto" und dem Eingang zum „Giardini Botanico" vorbei. Nach km 31/1735 m geht es links über die grüne Eisenabsperrung, noch kurz bergauf und bei km 32 rechts bis zum offiziellen Beginn des „Sentiero Natura", der das inoffizielle Ende Ihrer Tour ist.

Offroad-Tour B
Giro di Ginestre (38 km) ***

Die Tour führt an zahlreichen Nebenkratern des Etna vorbei, deren schwarze Schlackekegel den Ginsterwald überragen. Der Etnaginster erreicht hier Baumgröße, wird aber stellenweise von neueren, noch kahlen Lavaströmen durchbrochen. Im Frühjahr verzaubert ein gelbes Blütenmeer die Piana. Im Herbst blühen die jungen Triebe, das Laub färbt sich, und die Einheimischen tragen körbeweise Pilze zum Parkplatz. Die Abfahrt führt durch einen dichten Laubwald, weshalb die Giro im Hochsommer besser anders herum gefahren wird. Das gut ausgeschilderte Netz von Lavapisten ermöglicht ein Abkürzen bzw. zusätzliches Würzen mit Höhenmeter.

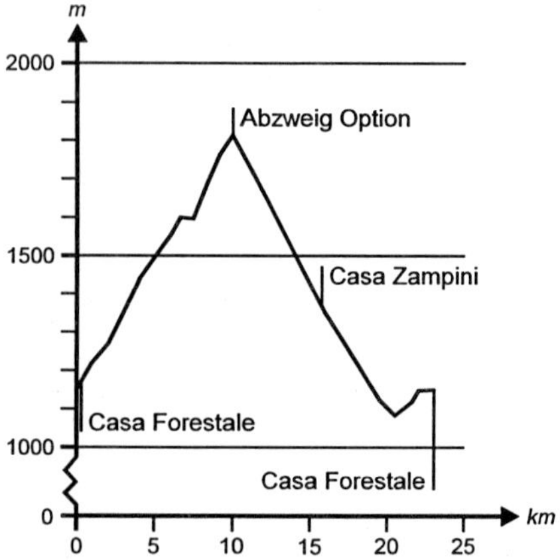

Von der Giro dell'Etna (Etappe 66) biegen Sie am nördlichen Ortsende von Bronte rechts ab (an der Pasticceria/840 m), das Hotel „Parco dell'Etna" ist dort beschildert. Dieses liegt 100 m oberhalb der Viale Kennedy, der Sie aus dem Ort heraus folgen. Die Straße mündet nach km 3,4/935 m in eine lavagepflasterte Straße, die bis zum „Piano dei Grilli" führt und an der Ruine eines Forsthauses endet (km 7,3/1145 m). Ende der Anfahrt, hier bitte den Kilometerzähler nochmals nullen. Die Mauer am Casa Forestale ist Tourbeginn (km 0/1160 m). Der Forstweg schwenkt bei km 1/1210 m an der Gabelung halb rechts um den Monte Ruvolo herum. Nach km 1,7/1235 m wird die Lava kurzzeitig etwas gröber. An der Gabelung (km 2,1/1280 m) links Ri. „Monte Ruvolo/Monte Arso", immer ansteigend, lediglich zwischen Monte Arso und Monte Lepre einige hundert Meter flach. An der Gabelung, deren Kennung eine uralte Eiche ist (km 5,8/1550 m), rechts Ri. „Monte Nuovo/Monte Rosso" und gleich darauf an der Gabelung links (km 6). Bei km 6,5/1600 m folgt eine Kreuzung, dort links in Richtung Monte Rosso (keine Beschilderung, lediglich Holztafel „Monte Nuovo" in Front). Nach km 6,7 ein kurzes Gefälle und weiter aufwärts, vorbei an einem „Etna-Iglu" (Sie werden sehen...) und dem kargen Monte Rosso. An der Gabelung bei km 9,2/1775 m rechts; bei km 9,3 stoßen Sie auf eine breitere Forststraße, folgen dieser aufwärts (zwischen Mte. Capra und Mte. Rosso) und fahren nach km 9,7/1805 m an der Gabelung rechts Ri. „Galvarina". Nun sind zuverlässige Bremsen gefragt! An der nächsten Gabelung rechts (km 10/1805 m).

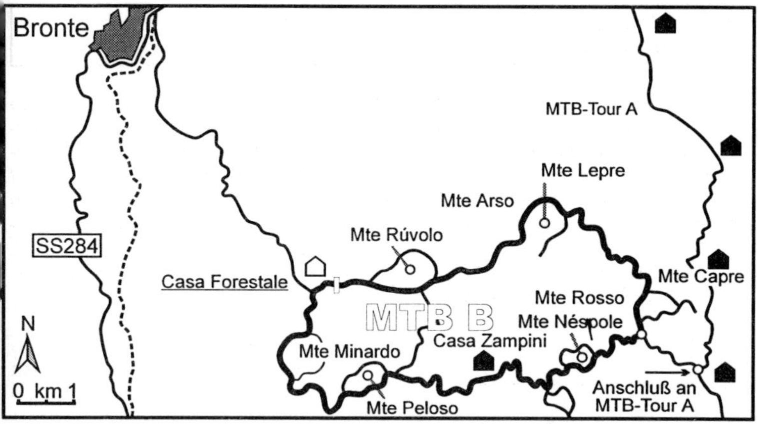

OPTION: Wenn Sie hier links Ri. „Galvarina" fahren, landen Sie nach 1,5 km auf der Strecke der Offroad-Tour A.

Bei km 13,6/1535 m kommt eine scharfe Rechtskurve Ri. „Casa Zampini". Es geht durch Ginster und Pinienwald. Das Casa Zampani sichten Sie bei km 15,8/ 1355 m (linker Hand). Fahren Sie links, vorbei an einem Etna-Schutzzelt (km 17,8/1220 m) und bei km 18/1210 m links um den Monte Peloso herum. An der folgenden Gabelung bei km 18,7/1160 m scharf rechts, vorbei an einem weiteren Schutzzelt und bei km 19,5/1115 m an der Gabelung rechts Ri. „Monte Menardo" (Holztafel). Nach km 20,5/1095 m überqueren Sie eine kleine Schranke, und bei km 21,5/1110 m geht's an der Gabelung rechts und gleich darauf durch ein Holzgatter. Sie erreichen eine Lichtung (km 22/1160 m) und folgen dem Weg geradeaus. Nach km 22,9/1160 m sind Sie wieder am Ausgangspunkt der Giro und rollen bergab nach Bronte.

Offroad–Tour C
Kratertour (18 km) ***

Die spektakuläre Kratertour in der Gipfelregion des Etna verdient das Prädikat: ***einzigartig!*** *Eine breite Lavapiste windet sich durch die vegetationslose Vulkanwüste zur Ruine der ehemaligen Forschungsstation, dem „Torre del Filosofo", hinauf. Von dort führt ein schmaler Fußpfad durch bizarre Lavafelder zum qualmenden Zentralkrater. Lediglich zwei kurze Steilpassagen der breiten Piste müssen eventuell geschoben werden, ansonsten wird der Schwierigkeitsgrad von extremer Höhe bestimmt (1925-2900 m). Für Herz und Kreislauf ist die spürbar dünne Luft eine zusätzliche Belastung. Wenn Sie die Faszination des*

Etna in Ruhe genießen wollen, sollten Sie deutlich vor den ersten Allradbussen (10 Uhr) aufbrechen! Das oberhalb des „Torre del Filosofo“ liegende Rifugio Alpino ist unbewirtschaftet und auch als Schutzhütte der Öffentlichkeit nicht zugänglich! Deshalb unbedingt ausreichend Proviant und Getränke (mind. 2 Liter pro Person) mitnehmen.

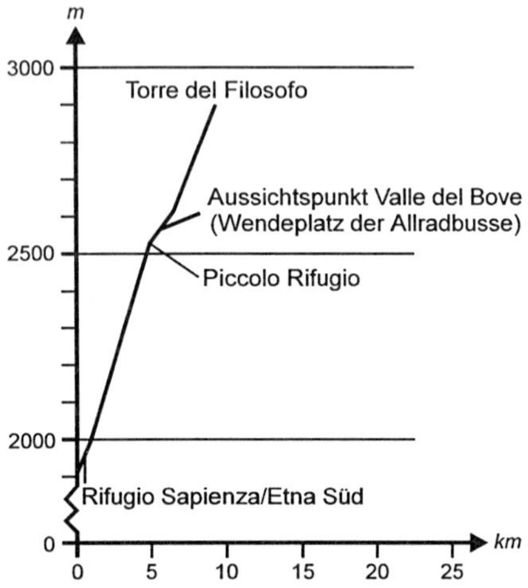

Mountainbike Percorso zum „Torre del Filosofo“ (ca. 2 Std., 975 Hm):
Start- und Stützpunkt der Tour ist die Alpenvereinshütte Rifugio Sapienza (km 0/1925 m). Steuern Sie den Parkplatz der Allradbusse an (rechts oberhalb der Hütte). Dort beginnt die Lavapiste, die kurzzeitig recht steil ist und bei km 1,2 die Seilbahn unterquert. Keine Bange, das erste Teilstück ist am schwierigsten! Nach km 1,6 haben Sie die Seilbahntrasse wieder gekreuzt und kurbeln scharf links den Hauptweg weiter bergauf – die Stichstraße rechter Hand führt zu einer Skihütte. Das erste Etappenziel, die neue Gipfelstation der Seilbahn (Piccolo Rifugio), ist schon bald hoch oben zu erkennen, aber erst bei km 5,1/2530 m erreicht (ca. 1¼ Std.). Der Nebenkrater „La Montagnola“ (2650 m), auf den auch ein Skilift führt, beherrscht das Blickfeld. Die Piste führt links zwischen den Ruinen des alten „Piccolo Rifugio“ hindurch. Es wurde ebenso wie das „Torre del Filosofo“ 1971 von einem Lavastrom zerstört. Dann wird die Piste deutlich flacher, und bei km 5,6 erreichen Sie einen Abzweig. Geradeaus führt der Hauptweg zu einem Aussichtspunkt (km 6,5/2550 m). Die Allradbusse spucken dort scharenweise „Hobbyetnaologen“ und „Profifotografen“ aus, die einen herrlichen Blick ins Valle del Bove werfen dürfen und dann auf schnellstem Weg zurück in die Zivilisation gebracht werden oder auf dem „Single Trail“ zum „Torre del Filosofo“ aufsteigen (für Extrem-Downhiller geeignet). Sie biegen bei dem Abzweig links auf die deutlich weniger befahrene Piste ab und erreichen die zerstörte Forschungsstation und das benachbarte Rifugio Alpino bei km 9/2900 m. Das Flachdach der Hütte eignet sich hervorragend für ein Picknick, bei gleichzeitiger Studie des Krateraufstiegs.

Aufstieg zum Kraterrand (1½ Std., 400 Hm):
In der senkrechten Achse zum Rifugio Alpino erhebt sich der Südostkrater. Der dampfende Vulkanschlot links davon ist Ziel des Aufstiegs: der Zentralkrater.

Der Einstieg dorthin ist etwas schwierig zu finden, da neuere Lavaströme den alten Weg im ersten Streckenabschnitt verschüttet haben. Steigen Sie vom Rifugio in leicht westlicher Richtung (links) steil nach oben. Nach 200 Metern sichten Sie den Trampelpfad. Dieser führt zum Südostkrater hinauf, verliert sich aber nach ca. 15 Gehminuten zwischen großen Lavabrocken. Links zeichnet sich deutlich ein jüngerer Lavastrom ab. Queren Sie dieses wegelose, ca. 200 m breite Lavafeld. Auf der anderen Seite ist der Trampelpfad wieder gut zu erkennen. Er führt in westlicher Richtung steil bergan, wobei der Sand mit jedem Schritt tiefer wird. Bei trockenem Wetter ist der Weg mit normalen Sportschuhen begehbar. Als Andenken werden Sie allerdings eine gute Portion Sand in den Schuhen mitbringen.

Warnung: Der Aufstieg zum Kraterrand ist nur bei klarem Wetter und nach Erkundigung der aktuellen Vulkanaktivität zu empfehlen. Die Gefahr, von explosionsartig herausschleudernden Lavabrocken getroffen zu werden, darf nicht unterschätzt werden. Ein nächtlicher Auf- bzw. Abstieg durch die schwarzen Lavafelder ist ohne ortskundigen Führer als lebensgefährlich einzustufen.

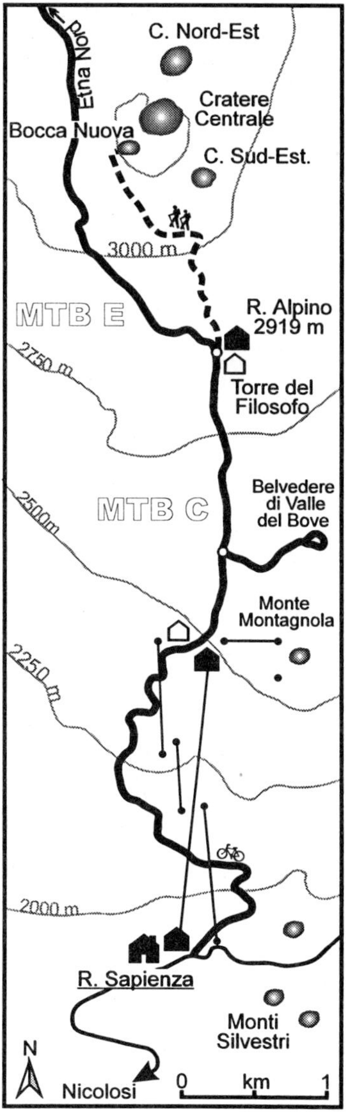

Offroad-Tour D: Giro di Belvedere dell'Etna e Peloritani
Capo Taormina – Peloritani – Capo Taormina (42 km) ***

Die Tour zeigt eindrucksvoll die Schönheit und Idylle der Peloritanischen Berge. Einem möglichen Besuch der malerischen Isola Bella folgt ein langer Aufstieg zu einem typischen Peloritani-Gebirgsdorf. Der anschließende 10 km lange Schotterpisten-Trail mit sensationellem

Etnablick und das Bad in der berühmten Gola d'Alcántara machen die Giro zu einem absoluten Highlight, auch wenn Dreiviertel der Strecke auf Asphalt zurückgelegt werden. Gut 1000 Höhenmeter sind zu bewältigen – auch mit Reiserad machbar!

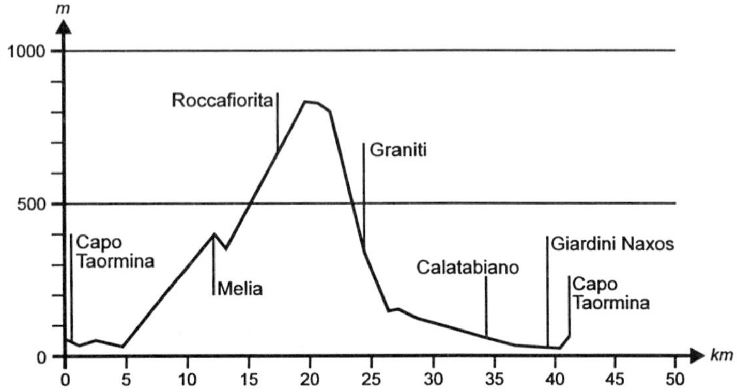

Etna Süd, Allradpiste

Starten Sie auf halbem Weg zwischen Giardini Naxos und Taormina am Capo Taormina (60 m), und fahren Sie auf der SS114 Ri. „Messina". Rechts unten ragt die malerische Isola Bella aus dem Ionischen Meer. Am höchsten Punkt des Capo Mazzarò führt eine steile Treppe zu dem Naturreservat hinunter (siehe Etappe 56). Unten in Letojanni angekommen, überqueren Sie ein Flußbett (km 4,7/20 m) und biegen links Ri. „Límina/Mongiuffi" ab. Die SP11 gewinnt bald an Höhe. In Melia (km 12,2/400 m) angekommen sind die Beinmuskeln hoffentlich noch nicht so „sauer gefahren" wie die zahlreichen Zitronen am Straßenrand. Eine kurze Abfahrt sorgt für Abwechslung, doch nach einer Flußquerung (350 m) geht's weiter aufwärts. Den folgenden Abzweig zum Santuario Madonna della Catena (480 m) links liegen lassen.

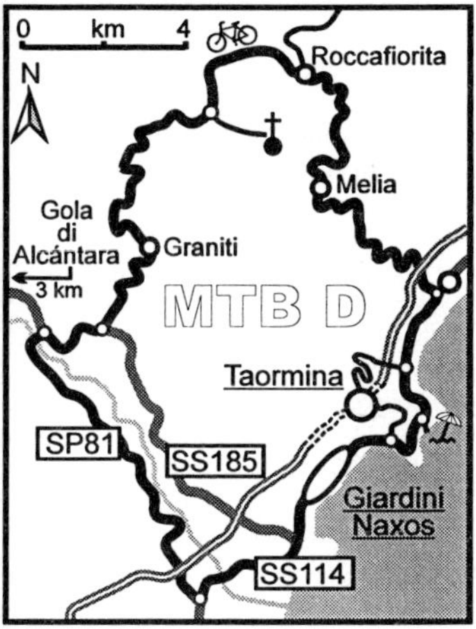

In Roccafiorita (km 17/ 720 m) ist das Gröbste geschafft. Am Ortsausgang (Ri. „Límina") bei einem Ristorante links, steil zum Friedhof hinauf. Wer nochmals „auftanken" möchte, tut dies in der kombinierten *Alimentari*-Bar an der Kirche beim Municipio. Einige aussichtsreiche Picknick-Tische zieren den Straßenrand, und immer wieder kann eiskaltes Peloritani-Wasser „gezapft" werden. Ein weiteres Santuario ist auf braunem Schild angeschrieben. Das Kloster thront auf dem 900 Meter hohen Gipfel des Monte Mongiuffi. Sie müssen nicht ganz soweit hinauf, denn die jetzt sehr steile Straße mündet bei ca. 850 m auf eine T-Kreuzung. Geradeaus scheint der Etna in den Himmel zu wachsen, links ist das Santuario beschildert, Sie fahren rechts. Die Straße wird zur Schotterpiste und beschreibt auf gleichbleibender Höhe einen Linksbogen. Folgen Sie immer dem „Hauptweg". Bald ist eine Art Paßhöhe erreicht. Sie erspähen weit unten das nächste Ziel, die Ortschaft Graniti (km 24/330 m). Schon kurz vorher haben die Reifen wieder Asphalt unter den Stollen. Sie rollen durch Graniti und stoßen bald auf die SS185 (km 26/155). Hier rechts Ri. „Gola d'Alcántara". Auch wenn Ihre Zeit nicht mehr für einen Abstecher zu der fantastischen Basaltschlucht reicht (von hier 5 Kilometer, siehe Etappe 62), führt der schönere Weg zurück nach Giardini/Taormina in diese Richtung. Der SS185 bis km 28/130 m folgen, bei einer Häuseransammlung links Ri. „Mitogio", den Fiume Alcántara überqueren und gleich darauf am Stopschild links auf die SP81. Sie rollen zwischen Orangen- und Zitronengärten dem Meer entgegen, gelangen wenig später am Piazza Vittorio Emanuele (Kirche mit Palmenvorplatz) in Calatabiano an (km 34/ 65 m) und halten sich links Ri. „Messina". Unten an der SS114 (km 36/40 m) wiederum links, am Radverleih „La Bicicletta" vorbei, durch zwei direkt aufeinander folgende Unterführungen und bei der ersten Ampelanlage (km 38,5) rechts Ri. „Schisòl" zur Strandpromenade. Hier links, vorbei an zahlreichen Restaurationen, Unterkünften und dem kleinen Touristenbüro. Am Ortsende von Giardini treffen Sie erneut auf die SS114 – Konditionsstarke fahren kurz vor der Q8-Tankstelle Ri. „Ospedale" die steile Abkürzung nach Taormina hinauf; die Strecke geradeaus über das Capo ist allerdings wesentlich einfacher zu fahren.

Offroad-Tour E:
Etna-Kraterüberschreitung (60,5 km) *** *(Skizze s. Offroad-Tour C)*

Die ultimative Etna-MTB-Tour führt von der Nordseite zur Gipfelregion hinauf. Aufstiegsmöglichkeit zum Krater und anschließend downhill zum Refugio Sapienza (Tour C). Von dort über Tour A zurück zur Strada di mareneve (insgesamt 2050 Höhenmeter!). Extrem ist nur Länge und Höhenmeter der Tour, den Streckenanspruch stufen wir als „mittel" ein und empfehlen daher, die Giro in zwei Tagen zu fahren. Übernachtungsmöglichkeit im Refugio Sapienza.

Vom Refugio Brunek (km 0/1400 m) die Strada di mareneve aufwärts strampeln. Km 2,5/1500 m beim Abzweig rechts Ri. „Etna Nord"; am Rifugio Nord/East (km 5,5/1790 m) geradeaus über den großen Parkplatz zu der großen Skihütte fahren. Dort bei den Masten des Skilifts beginnt die Lavapiste, die auch von den Allradbussen der Kratertouren befahren wird. Die genaue Wegführung ist jedes Jahr nach der Schneeschmelze ein wenig anders, die Piste ist aber nicht zu verfehlen. Bleiben Sie immer auf der Haupttrasse – einige Jeeps nehmen Abkürzungen, die zu steil zum Biken sind. Ca. 12 Kilometer und 1100 Höhenmeter sind es von hier bis zum Torre del Filosofo hinauf. Von der zerstörten Vukanstation über die breite Lavapiste rechts zum Rifugio Sapienza hinunter (siehe Tour C). Vom Rifugio Sapienza (km 26,5/1925 m) folgen Sie Tour A, zurück zum Rifugio Brunek.

Register

Bei mehreren Seitenangaben ist die jeweilige Hauptnennung ggf. durch **halbfetten** Druck gekennzeichnet; die Seitenzahlen der Fotos sind *kursiv* gesetzt.

Der Wind kommt immer von vorn

Der Titel dieses Buches steht stellvertretend für die Erfahrungen auf einer Fahrradreise.
Bei der Planung, Vorbereitung und Durchführung einer Reise, angefangen mit der Auswahl und Ausstattung eines geeigneten Fahrrades, gibt es eine Vielzahl von Details zu beachten.
Der Autor Jürgen Rieck hat in seinem Buch alle nötigen Informationen zusammengetragen. Die darin gegebenen Hinweise sind für jede Radtour gültig, gleich wie lange sie dauert und wohin sie geht. Sie sollen dazu beitragen, daß Fahrradreisen mit Planungsfehlern der Vergangenheit angehören.
Zur Vorbereitung Ihrer Reise sollten Sie sich dieses Buch besorgen. Da wird Ihnen auch dann der Spaß an der Reise nicht vergehen, wenn Sie das meteorologische Wunder erleben:
Der Wind kommt immer von vorn.

ISBN 3-921939-72-0; 176 Seiten, zahlreiche Fotos und Abbildungen.
Preis: DM/SFr 19,80

CYKLOS-Fahrrad-Reiseführer

Sizilien ist nicht das einzige Fahrrad-Reisegebiet. Für die wichtigsten radtouristischen Gebiete vor allem Europas erscheinen Fahrrad-Reiseführer mit Routenbeschreibungen auf bis zu 320 Seiten. Alle Bände dieser Reihe sind speziell für den deutschsprachigen Radtouristen konzipiert und recherchiert worden.
Im Jahr 2001 sind folgende Fahrrad-Reiseführer lieferbar:

Irland per Rad
Schottland per Rad
England per Rad
Island per Rad
Norwegen per Rad
Finnland per Rad
Südschweden per Rad
Dänemark per Rad
Holland per Rad
Belgien/Luxemburg per Rad
Südost-Frankreich per Rad
Südwest-Frankreich per Rad

Fortsetzung nächste Seite

Etappen-Übersichtskarte

(eine Übersicht der MTB-Touren befindet sich im entsprechenden Buchkapitel)

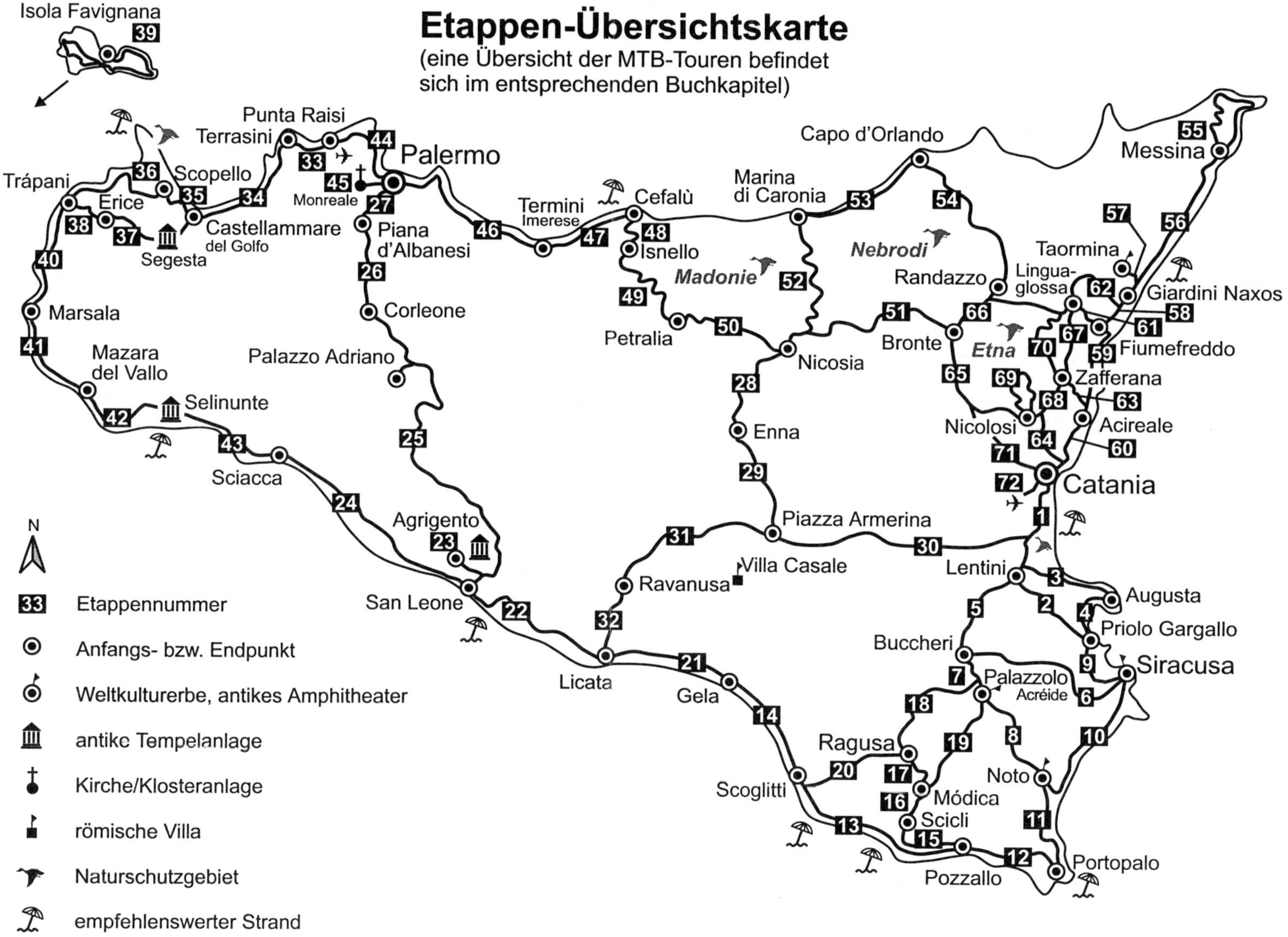